CW00432576

LA FIN DES EMPIRES

collection tempus

sous la direction de
Patrice GUENIFFEY
et Thierry LENTZ

LA FIN
DES EMPIRES

PERRIN
www.editions-perrin.fr

Secrétaire générale de la collection :
Marguerite de Marcillac

© Le Figaro Histoire/Perrin, un département d'Édi8, 2016
et 2017 pour la présente édition

12, avenue d'Italie
75013 Paris
Tél. : 01 44 16 09 00
Fax : 01 44 16 09 01
www.editions-perrin.fr

ISBN : 978-2-262-06968-1

tempus est une collection des éditions Perrin.

PRÉFACE

L'éternel retour

« Tout empire périra[1] », écrivait Jean-Baptiste Duroselle. Les vingt études qui suivent le montrent : mis à part les empires dont l'histoire continue – les États-Unis, mais s'agit-il d'un empire ? – et ceux dont l'histoire recommence – la Chine, peut-être la Russie –, des conquêtes d'Alexandre le Grand, il y a deux mille trois cents ans, aux Empires coloniaux fondés au XIXe siècle, aucun n'a survécu. C'est la première histoire globale de leur chute que propose cet ouvrage, offrant au lecteur une promenade de près de vingt-cinq siècles dans l'histoire du monde.

De l'un à l'autre de ces empires, les différences l'emportent trop sur les similitudes pour qu'on puisse en déduire un système qui rendrait compte du destin de chacun. Comme les êtres humains, ils se ressemblent avant tout par leur fin. Hors ce dépérissement commun, on trouverait difficilement matière à une définition suffisamment précise pour voir en eux autant de rejetons d'une même famille.

---

1. Jean-Baptiste Duroselle, *Tout empire périra. Théorie des relations internationales*, Paris, Publications de la Sorbonne, 1981. Jean Tulard dit aussi des empires qu'ils sont « voués à la mort », dans *Les Empires occidentaux de Rome à Berlin*, Paris, PUF, 1997, p. 12.

Quand on a défini l'empire comme résultant de la domination d'un certain nombre d'entités, politiques ou non, États, provinces, tribus, peuples, cultures, par une autre entité, politique celle-là, on a tout dit ou presque. Il existe des empires territoriaux et d'autres – les empires des steppes dont René Grousset a magistralement reconstitué l'histoire[2] – dont l'étendue est incertaine et les frontières mouvantes, des empires qui étendent leur puissance sur la terre et d'autres sur les océans, des empires industriels, des empires financiers, des empires liés aux nouvelles technologies et, dans *Le Parrain* de Francis Ford Coppola, l'un des protagonistes ne compare-t-il pas la mafia à l'Empire romain dont elle se serait inspirée ? En effet, il existe aussi des empires du crime, peut-être aujourd'hui les plus puissants de tous. L'empire est donc un concept élastique : il n'acquiert de véritable consistance que rapporté à un mode spécifique de domination – le rassemblement d'entités diverses autour d'une autorité centrale dont les directives sont relayées par un mode d'administration nécessairement indirect et décentralisé, compte tenu de l'étendue de l'empire –, ou lorsqu'on le compare aux autres formes politiques dont l'histoire fait mention : la cité, plus tard l'État-nation. Plus généralement, le mot, dérivé du latin *imperium*, exprime la puissance suprême, la « souveraineté parfaite », disait-on au Moyen Âge, de celui qui dit le droit et ne reçoit la loi de quiconque. L'empereur est le roi des rois, et lorsque celui de France, dont le trône était à cette époque – XIIᵉ-XIIIᵉ siècle – encore mal assuré, voulut affirmer son indépendance envers les autres puissances de la terre, il se fit déclarer par ses légistes « empereur en son royaume », façon de dire qu'étant investi de la suprême

---

2. René Grousset, *L'Empire des steppes : Attila, Gengis-Khan, Tamerlan*, Paris, Payot, 1989.

puissance, il n'avait de comptes à rendre à personne, sinon à la seule puissance qu'il admettait au-dessus de lui, celle de Dieu[3].

Les empires que nous avons retenus ici sont éloignés dans l'espace et le temps. Ils diffèrent aussi par la forme. Les institutions de certains d'entre eux tendent à l'unité, tels les Empires romain et napoléonien – si éphémère eût été celui-ci ; à la confédération, comme l'Empire aztèque ; à un système plutôt lâche, comme celui de l'Autriche-Hongrie ; à une organisation complexe, comme le fut celle de l'Empire ottoman. La légitimité qu'ils revendiquent peut avoir des fondements divers, de la religion à la volonté de détruire un empire ennemi (Alexandre le Grand contre Darius), et de celle de « civiliser » (Rome, Byzance, plus tard les Empires coloniaux espagnol ou français dont les motivations n'étaient pas seulement mercantiles) à celle d'instaurer un ordre politique conforme à la loi religieuse (l'islam) ou à cette prophétie séculière que fut, dans le cas de l'Union soviétique, le marxisme-léninisme.

La durée de vie des empires elle-même décourage toute comparaison : quelques années pour l'empire d'Alexandre ou pour celui de Napoléon, à peine plus d'un siècle pour les Empires inca et aztèque – si l'on date celui-ci de la fondation de la Triple Alliance entre les cités de Mexico, Texcoco et Tlacopan (1428-1521) –, un siècle pour celui de Charlemagne, trois pour l'Empire espagnol, quatre pour celui fondé par les successeurs de Mahomet avec des avatars conduisant jusqu'à la *Reconquista* de la fin du XVᵉ siècle, cinq siècles pour Rome, huit pour le Saint Empire romain germanique, près de mille ans pour l'Empire byzantin. Et que dire des deux mille

---

3. Sur tout ceci, voir Jacques Krynen, *L'Empire du roi, idées et croyances politiques en France, XIIIᵉ-XVᵉ siècle*, Paris, Gallimard, « Bibliothèque des histoires », 1993.

deux cents ans des « Empires chinois » qui, nous dira Danielle Elisseeff, n'eurent pas moins de « neuf vies » ! Nul ne sait quand mourra l'empire, surtout pas son fondateur. Ainsi celui d'Adolf Hitler était-il programmé pour mille ans et s'effondra-t-il au bout de sept.

Les circonstances de la disparition des empires ne se comparent qu'avec une extrême prudence : une longue « agonie » pour l'Empire byzantin, une « lente maladie de langueur » pour le Saint Empire germanique au début du XIXᵉ siècle et pour l'Empire ottoman au commencement du XXᵉ, une insurmontable crise de succession pour l'empire de Charlemagne, une défaite militaire pour l'Autriche-Hongrie en 1918 et la Russie en 1917, une désagrégation interne dans le cas de l'Empire mongol comme dans celui de l'URSS en 1991. Ils disparaissent souvent dans la guerre, mais peuvent aussi se décomposer en pleine paix ; leur fin est parfois paisible, accompagnée de peu de regrets – ce fut le cas du Saint Empire en 1806 –, elle est le plus souvent tragique, prenant dans le cas du Troisième Reich la forme d'une véritable apocalypse[4].

Quant aux causes de la chute, elles sont trop diverses pour qu'il soit possible, après les avoir recensées et mises en ordre, de repérer là encore des constantes, moins encore des règles qui, s'appliquant à tous les cas, auraient pu permettre de ne pas répéter les erreurs du passé.

Si l'empire est une entité étatique organisée ou revendiquée comme telle, c'est parfois son mode d'organisation qui l'affaiblit. Si le Saint Empire disparut dans une quasi-indifférence, n'est-ce pas – *aussi*, car cette cause n'est pas la seule – parce qu'il était progressivement devenu si inconsistant que ses institutions ne servaient quasiment plus à rien, si ce n'est, comme on a pu le dire, à organiser un service postal commun entre les États membres de

---

4. Ian Kershaw, *La Fin, Allemagne (1944-1945)*, Paris, Seuil, 2012.

cet ensemble qui s'était longtemps prétendu l'héritier de la Rome impériale ? Si le rêve impérial d'Alexandre ne survécut pas à son fondateur, n'est-ce pas parce que le conquérant, au demeurant disparu trop tôt, s'était peu soucié de l'organisation de ses conquêtes ? Ne doit-on pas rechercher le « commencement de la fin » de l'Empire ottoman ou de celui des Mongols dans l'absence de rationalité politique et administrative ? L'échec de Charlemagne ne prend-il pas sa source, au-delà des querelles entre ses héritiers, dans l'incapacité à réaliser l'amalgame des cultures franque et romaine ?

Un empire peut aussi souffrir de maladies congénitales qui l'affaiblissent, parfois sans qu'il s'en doute. La démographie peut perturber les équilibres internes qui en assuraient la stabilité : celles de l'Espagne, du Japon, de l'Angleterre ou de la France étaient devenues trop peu dynamiques pour pouvoir nourrir leur puissance, tandis que les colonisés, avec l'appui parfois des colons, aspiraient à une indépendance qui leur apparaissait d'autant moins chimérique que la métropole semblait plus en déclin.

Et que dire de l'infinie diversité politique, historique, ethnique, religieuse ou culturelle qui peut exister dans un empire de vastes dimensions, *a fortiori* dans les Empires coloniaux ? Si les empires se préoccupent rarement de ramener ces différences à l'unité, ou de les réduire, l'équilibre est forcément précaire, toujours menacé de se rompre. Bien souvent, la coexistence paisible d'autant d'intérêts divers ne repose que sur la puissance et la violence à laquelle recourra un pouvoir impérial que l'on a tendance, aujourd'hui, à idéaliser[5].

---

5. Gabriel Martinez-Gros observe ainsi justement, dans son étude sur Ibn Khaldûn (1332-1406) et l'histoire comparée des empires, que si la paix, le plus souvent garantie par les empires à l'intérieur de leurs

La personnalité de l'empereur n'est pas moins importante. Il ne suffit pas que celui-ci soit considéré comme investi, envoyé, fils ou habitant de la cité de(s) dieu(x). La caution divine ne le dispense pas de posséder talent politique, capacité militaire et savoir-faire administratif, même si la personnalité exceptionnelle de plusieurs fondateurs d'empires fut au principe même de l'absence de durée de leur création : croit-on que le pouvoir d'Alexandre, qui procédait de son génie, pouvait s'institutionnaliser ? Imagine-t-on un successeur à Napoléon qui en eût conservé le régime et les conquêtes, si ceux-ci ne s'étaient pas évanouis comme un songe dans les neiges de l'hiver russe ?

Lorsque l'empire dure, il faut encore un système de succession qui ne porte pas en lui le germe de l'affaiblissement du pouvoir ou de l'éclatement du territoire, sans parler des risques inhérents à tout système héréditaire. En supposant même que l'on ait surmonté ces différents obstacles, reste la question de l'acceptation du pouvoir par ses sujets : la longue liste des empereurs déchus ou assassinés en témoigne.

Ne comptons pas non plus pour rien les conditions matérielles qui pèsent sur le gouvernement de l'ensemble. Ainsi des moyens de communication, du réseau routier ou fluvial ou même du choix d'une langue administrative commune. Comment le pouvoir de Charlemagne pouvait-il s'imposer jusqu'aux confins de l'empire alors

---

frontières, apparaît aujourd'hui comme une « conquête humanitaire », plus encore comme l'« adéquation enfin achevée entre la nature réputée pacifique de l'homme et l'organisation de la société », voire comme le retour de l'humanité « dans l'Éden d'avant la faute », pendant la plus grande partie de l'histoire humaine la paix apparaissait certes comme un « bien précieux », mais dont l'acquisition avait pour prix le « désarmement de la rudesse naturelle de l'humanité » grâce à la violence de la « minorité en charge de l'État » (*Brève histoire des empires, comment ils surgissent, comment ils s'effondrent*, Paris, Seuil, 2014, p. 7-8).

qu'il fallait des semaines pour porter le moindre ordre de l'Èbre à la Baltique ? Comment parler d'une véritable organisation dans l'empire « nomade » de Gengis Kahn ? Comment, sans moyens de transport modernes, Moctezuma pouvait-il contrôler un territoire certes moins étendu que les 33 millions de kilomètres carrés de la Chine impériale, mais sans chevaux et sans chemins ? Comment l'Espagne aurait-elle pu, par la suite, maintenir durablement la cohésion d'un empire étendu sur pas moins de trois continents ?

À ces causes internes s'ajoutent encore celles qui tiennent à la difficulté de faire accepter l'empire par les puissances voisines. Par son existence même il constitue une menace sur leur propre sécurité. Trop vaste, disposant de trop de ressources, ou au contraire trop pauvre pour se satisfaire de ce qu'il possède... Il doit absorber ses voisins, les faire entrer dans l'orbite de son pouvoir, ou disparaître, submergé par la coalition de ceux qui le craignent ou convoitent ses richesses et sa puissance. Il lui faut conquérir pour subsister, comme l'expliqua Bonaparte :

« Mon pouvoir tient à ma gloire et ma gloire aux victoires que j'ai remportées, confia-t-il un jour à son secrétaire Bourrienne. Ma puissance tomberait, si je ne lui donnais pour base encore de la gloire et des victoires nouvelles. La conquête m'a fait ce que je suis, la conquête seule peut me maintenir[6]. »

La paix, chez lui, passe par la guerre, par des guerres qui s'avéreront sans fin. Mais la conquête au détriment d'États plus faibles, ou sur la périphérie d'empires rivaux, ne résout rien. Elle appelle des compensations que les

---

6. Louis-Antoine Fauvelet de Bourrienne, *Mémoires*, Paris, Ladvocat, 1831, 10 vol., t. III, p. 214.

conquérants n'ont pas toujours la lucidité d'accorder. Alexandre le Grand ou Napoléon maltraitaient ceux qui les soutenaient. Ils furent non seulement abandonnés, mais virent leurs anciens obligés se joindre à la grande coalition finale. Car, pour finir, si une grande puissance tente d'assurer son hégémonie, elle suscite contre elle de plus vastes coalitions qui finissent toujours par être victorieuses. Les exemples sont nombreux et viennent immédiatement à l'esprit : l'Espagne, les Habsbourg, Napoléon et le Troisième Reich, sans oublier le Japon fanatisé du général Tojo[7].

Enfin, on n'oubliera pas non plus que les empires finissent souvent victimes de leurs besoins financiers, notamment lorsque le financement de la guerre exige des prélèvements dont le poids excède bientôt les limites du supportable[8]. La puissance de l'Empire dépend en effet largement de sa force militaire et celle-ci des richesses mobilisables, produites ou confisquées. La part des ressources absorbées par le développement ou le maintien de l'hégémonie ne cesse de croître, à la fois par la hausse des dépenses et la raréfaction des recettes. C'est, souvent, l'érosion du « nerf de la guerre » qui finit par emporter l'empire. Alexandre passa en Égypte après ses victoires de Tyr et de Gaza (333), parce qu'il voulait s'emparer des régions fertiles du delta du Nil pour s'approvisionner en grains. Byzance succomba par le lent étranglement de ses échanges. Qui saura ce que les sécheresses et les crises frumentaires auront coûté à l'empire de Monte-zuma, placé face à une pression démographique qu'il ne

---

7. Hideki Tojo (1884-1948), Premier ministre de l'empire du Japon de 1940 à 1944, condamné à mort et exécuté en 1948.

8. P. Kennedy, *Naissance et déclin des grandes puissances, transformations économiques et conflits militaires entre 1500 et 2000*, Paris, Payot, 2004. Sur le cas particulier de l'Empire napoléonien, voir Pierre Branda, *Le Prix de la gloire. Napoléon et l'argent*, Paris, Fayard, 2006.

pouvait maîtriser ? Ici aussi, on pourrait multiplier les exemples à l'infini.

En dépit de cette hétérogénéité, la tentation est grande d'esquisser une théorie du phénomène impérial. Nombreux sont ceux qui, depuis Montesquieu, Edward Gibbon et Arnold Toynbee, s'y sont essayés[9].

L'histoire occidentale, pour ne pas sortir de ses frontières, ne présente-t-elle pas un enchaînement de formes politiques qui, de la cité antique, conduit à l'empire qui naît de l'échec de celle-ci, puis aux États-nations qui, sous la forme de royaumes souverains, naîtront des ruines de l'Empire romain et du fiasco des tentatives déployées pour le ressusciter[10] ?

Le sujet est, du reste, de nouveau à la mode, tant les empires, qui semblaient encore récemment relever d'une histoire définitivement morte, paraissent aujourd'hui prendre le relais des nations. Les publications se multiplient[11]. On s'est avisé qu'il avait existé des empires bien

---

9. On citera bien sûr *Considérations sur les causes de la grandeur des Romains et de leur décadence* de Montesquieu (1734), l'*Histoire de la décadence et de la chute de l'Empire romain* d'Edward Gibbon (1776-1788) et les douze volumes de *A Study in History* d'Arnold Joseph Toynbee (1934-1961) dont une version abrégée des six premiers volumes – *L'Histoire, un essai d'interprétation* – fut publiée par les éditions Gallimard en français en 1951.

10. Sur l'histoire de ces formes politiques occidentales, voir surtout Pierre Manent, *Les Métamorphoses de la cité, essai sur la dynamique de l'Occident*, Paris, Flammarion, 2010.

11. On citera, entre autres, *L'Idée d'empire dans la pensée politique, historique et philosophique* de Thierry Ménissier (Paris, L'Harmattan, 2006), le désormais classique *Empires, de la Chine ancienne à nos jours* de Jane Burbank et Frederick Cooper (Paris, Payot, 2010), *Bâtisseurs d'empires : Russie, Chine et Inde à la croisée des mondes, XVe-XIXe siècle* d'Alessandro Stanziani (Paris, Raisons d'agir, 2012), le dossier publié par la revue *Sciences humaines* en novembre-décembre 2013 et coordonné par Laurent Testot, ou encore la récente *Brève histoire des empires* déjà citée de Gabriel Martinez-Gros (2014).

avant qu'il existât des nations et que, des deux histoires, celle de la nation était la plus récente et la plus brève. N'est-ce pas en Mésopotamie et en Assyrie, là même où devaient naître l'agriculture, la civilisation urbaine et l'écriture que les premiers empires sont apparus il y a plus de trois mille ans ? N'est-ce pas en Chine, sous les Tang (618-907), que l'on vit l'État le mieux organisé de toute l'histoire humaine ? On s'est avisé aussi que si la nation est une invention européenne, le phénomène impérial transcendait les frontières civilisationnelles et possédait, en dépit de ses infinies nuances, une dimension universelle que le modèle de l'État-nation n'a pu acquérir, même si l'Europe l'exporta à travers le monde au temps de sa puissance. Aussi croit-on, ce qui participe de l'air du temps, qu'il existe entre les différentes expériences impériales suffisamment de points communs pour en esquisser une théorie commune. Si, jadis, c'était du côté de Rome, considérée comme le modèle par excellence de l'empire, que l'on allait chercher les éléments d'une théorie, c'est aujourd'hui hors d'Europe – critique de l'européocentrisme oblige – que l'on s'efforce de trouver les bases d'une interprétation commune[12]. Il faut dire que les historiens souffrent trop souvent aujourd'hui du mal de la comparaison. Au lieu de déduire, comme il convient, de chaque expérience historique particulière, forcément particulière, ce qu'elle a d'universel par sa portée morale ou ses enseignements, ils empruntent le chemin inverse : postulant l'existence d'une universalité dont on pourrait dire, comme Joseph de Maistre au sujet de l'Homme avec une majuscule, que si elle existe c'est

---

12. Voir par exemple l'ouvrage de Gabriel Martinez-Gros, *Brève histoire des empires*, *op. cit.*, qui présente l'œuvre d'Ibn Khaldûn comme offrant une grille de lecture – dans l'introduction de son *Livre des exemples* – qui permettait de rendre compte des particularités structurelles, voire de l'histoire de la plupart des empires.

bien à notre insu[13], ils s'imaginent voir dans l'histoire des peuples, des nations et même des empires autant de simples déclinaisons, dès lors immédiatement comparables, d'un destin unique.

Mais revenons à la célèbre phrase de Jean-Baptiste Duroselle citée au début de cette introduction. « Tout empire périra », écrivait-il donc en 1981, après qu'Hélène Carrère d'Encausse eut déjà pronostiqué l'effondrement de l'Empire soviétique[14]. Sans doute croyaient-ils tous deux, parfois à tort, l'avenir de l'URSS compromis par son incapacité croissante à maintenir la cohésion de l'empire, alors qu'en réalité c'est la crise du système communiste lui-même – la désagrégation du centre – qui allait entraîner, dans la foulée, la désintégration de son *imperium*. Il n'en reste pas moins que les années 1980, s'ouvrant avec la création du syndicat *Solidarité* en Pologne et se terminant avec la chute du mur de Berlin, marquaient bel et bien la fin d'un cycle, celui de la désintégration des empires qui avait, en fait, commencé avec le XXᵉ siècle : le Reich allemand, l'Empire austro-hongrois, l'Empire russe et l'Empire ottoman avaient été emportés par la tourmente de 1914-1918, sans oublier la Chine des Qing renversée par une révolution en 1911, tandis que la Seconde Guerre mondiale allait sonner le glas des Empires coloniaux fondés au XIXᵉ siècle. L'écroulement de l'Empire soviétique, un demi-siècle plus tard,

13. Il écrivait dans ses *Considérations sur la France*, à propos des constitutions révolutionnaires « faites pour l'*homme* » : « Or, il n'y a point d'*homme* dans le monde. J'ai vu, dans ma vie, des Français, des Italiens, des Russes, etc., je sais même, grâce à Montesquieu, qu'on peut être persan : mais quant à l'*homme*, je déclare ne l'avoir rencontré de ma vie ; s'il existe, c'est bien à mon insu » (Joseph de Maistre, *Œuvres*, éd. P. Glaudes, Paris, R. Laffont, coll. « Bouquins », 2007, p. 235).

14. Hélène Carrère d'Encausse, *L'Empire éclaté*, Paris, Flammarion, 1978.

paraissait confirmer le verdict : le temps des empires territoriaux était révolu. L'un des plus importants chapitres de l'histoire des formes politiques s'était achevé. Des trois principaux types d'organisation politique autour desquels l'histoire du monde s'était nouée – la cité, l'empire et l'État-nation –, le second avait rejoint le cimetière bien achalandé des régimes politiques défunts, et la victoire paraissait revenir à l'État-nation, désormais seule forme politique possible. Tout comme l'entre-deux-guerres avait vu la géographie de l'Europe s'enrichir d'États plus ou moins solides issus des empires renversés, l'après-Seconde Guerre mondiale avait vu le monde se remplir, de l'Afrique à l'Asie, de nations nouvelles dont l'implosion de l'Union soviétique, en 1991, devait encore augmenter le nombre.

Un quart de siècle après la chute du mur de Berlin, l'impression n'est plus la même. Bon nombre de ces nations nouvelles ont failli ou, comme l'ancienne Yougoslavie, tout bonnement disparu. Certes, les acteurs majeurs de la politique mondiale demeurent les États et les nations, mais les uns et les autres ont encore plus perdu en dignité qu'en consistance et en puissance. L'État-nation n'a plus vraiment la cote. Il était pourtant né, au début de l'époque moderne, entre le milieu du XVIe et celui du XVIIe siècle, comme la réponse trouvée par l'Europe aux dissensions religieuses entre protestants et catholiques qui la traversaient et menaçaient de provoquer sa ruine. L'État exerçant sa souveraineté sur un territoire enclos dans des frontières reconnues et sur la population qui y vivait était apparu comme la condition de la paix civile et de la sécurité extérieure, de la jouissance paisible de droits, de libertés et de franchises garantis par la puissance publique et même d'une participation collective – souvent embryonnaire – aux affaires de la cité, bref, comme l'expression politique d'une certaine idée du bien commun.

Depuis, l'histoire et ses tragédies sont passées par là. L'État-nation s'est chargé de représentations négatives, pas toujours justifiées : renfermé frileusement dans ses frontières et nourrissant des sentiments hostiles contre le monde extérieur, rétif à la circulation des personnes comme à celle des biens, protectionniste, égoïste, préférant la domination à la liberté, subordonnant les intérêts de l'humanité aux siens propres, célébrant la citoyenneté mais consacrant les inégalités, fourrier des idéologies, coupable d'avoir provoqué deux guerres mondiales, mis la planète en coupe réglée pour satisfaire sa volonté de puissance, s'efforçant à tout prix d'éradiquer les différences de mœurs ou de croyances, responsable enfin des massacres et des génocides qui ont endeuillé le XXe siècle.

L'Union européenne s'est construite, après la fin de la Seconde Guerre mondiale, contre les États-nations, puisqu'il était entendu que, ceux-ci portant la responsabilité de la tragédie, l'avènement de la paix européenne passait par une forme de fédéralisme qui, amoindrissant la souveraineté des nations, permettrait d'aller plus loin, et avec plus de succès, que les timides essais de concertation entre États qui, bien après que l'abbé de Saint-Pierre eut, au début du XVIIIe siècle, rédigé l'un des premiers projets de « paix perpétuelle », avaient vu le jour à l'époque du congrès de Vienne de 1814-1815, après la fin des guerres de la Révolution et de l'Empire napoléonien, ou, plus tard, au moment de l'adoption de la première convention de Genève – en 1864, sur le traitement des blessés de guerre – et de la création de la Société des Nations en 1919. Cette Europe à vocation fédérale, ouverte et sans frontières, n'a pas vraiment conquis le cœur des Européens, c'est le moins que l'on puisse dire, mais les nations y ont en grande partie perdu leur légitimité et leur prestige. Les guerres qui ont ravagé l'ancienne Yougoslavie (1991-1999), plus tard la décomposition des nations du Proche et du Moyen-Orient consécutive aux attentats du 11 septembre 2001 et à l'intervention américaine en Irak en 2003 ont alourdi le dossier déjà peu reluisant de l'histoire du fait national. L'empire et la « cité » – au sens large – y ont trouvé l'occasion d'un retour en grâce inattendu, même s'il est vrai que le sentiment largement partagé aujourd'hui de se tenir « au bord d'une de ces grandes crevasses de l'histoire humaine qui en bouleversent le cours » a pour effet nécessaire d'être plus attentif aux « immenses profondeurs de l'histoire »[15].

Jamais peut-être, on l'a dit, les empires n'ont fait l'objet d'autant d'études. Il existe des raisons légitimes à ce regain d'intérêt : la Chine ne s'efforce-t-elle pas de renforcer son pouvoir dans sa zone d'influence et la Russie postsoviétique de renouer avec sa diplomatie traditionnelle, sans parler des tentations califales dans le Croissant fertile, tous phénomènes que l'on croyait enfouis dans le sable des temps[16] ? Il y a dans l'air comme un parfum de déjà-vu. Il n'est donc pas illogique de redécouvrir aujourd'hui l'histoire, l'ancienneté, la longévité des empires.

De ceux-ci, on redécouvre surtout les mérites « civilisationnels » avec un regard bienveillant dont ne bénéficient assurément plus les vieilles nations occidentales. En même temps que les empires, revient en force la « cité », la communauté minuscule aux côtés de la vaste « fédération » impériale, l'infiniment petit et l'infiniment grand occupant ensemble le devant de la scène au moment où s'efface, ou du moins s'estompe, cette entité « moyenne », la nation, que l'on croyait assez forte pour atténuer

---

15. G. Martinez-Gros, *Brève histoire des empires*, op. cit., p. 11-12.

16. Voir J. Burbank et F. Cooper, *Empires, de la Chine ancienne à nos jours*, op. cit.

l'influence des différences naturelles ou sociales entre ses membres, mais pas trop vaste de manière que la chose publique pût faire l'objet d'une délibération et d'un contrôle collectifs. Pas de démocratie dans un empire ; pas de vraie démocratie non plus dans une cité où les habitants sont si proches et si étroitement liés par tous les liens de la vie sociale que le processus d'abstraction indispensable à la citoyenneté y devient impossible. Si l'empire ne peut avoir que des sujets, non des citoyens, la cité ne connaît que des parents, des alliés, des ennemis, des riches et des pauvres.

En exagérant à peine, on pourrait dire que la pente dominante de ce début de ce troisième millénaire en Europe paraît être au retour à l'Europe médiévale, celle du Saint Empire romain germanique qui, se réclamant de l'héritage des Césars, coiffait une pluralité de cités, duchés et principautés et assurait leur coexistence au sein d'un ensemble à peine moins inconsistant que l'actuelle Union européenne où les États ne trouvent pas aisément leur place, dont les nations se défient, mais où les communautés infrapolitiques, civilisations, villes, provinces, régions et « tribus » définies par les mœurs ou les croyances sont comme chez elles. Des Balkans à l'Espagne, de l'Écosse et la Belgique à l'Italie, les parties lentement et péniblement réunies par le lent processus de la construction étatique et nationale se détachent et aspirent à une autonomie qui ne pourrait s'épanouir que dans un cadre qui, peu ou prou, marquerait le retour à la forme impériale. L'Europe du futur ? Peut-être la vieille Europe des duchés, dont les États avaient fini par avoir raison à l'époque de la Renaissance, mais informe, sans substance ni consistance[17]. Pour le dire autrement, on

---

17. « Quand l'historien, écrivait récemment Jean Meyer, regarde la carte des régions économiques de l'Union européenne et, plus encore, lorsqu'il repère sur cette même carte l'implantation des courants

célèbre le cosmopolitisme de l'empire des Habsbourg, mais en passant sous silence les guerres et les violences qui furent partie intégrante d'une histoire impériale indissociable de la supériorité militaire. C'est cette mutation profonde de la nation à ce qu'on pourrait qualifier de « néo-impérialisme », dont le continent européen n'a, du reste, pas le monopole, que Samuel Huntington avait décrite dans un livre visionnaire et parfois mal compris[18].

On se demande ce qui, dans le « chapitre impérial » de l'histoire de l'humanité, séduit tant aujourd'hui. Même les « empires des steppes », même l'Empire ottoman – du moins avant l'épisode kémaliste et ses massacres à grande échelle – trouvent grâce aux yeux de nos contemporains. Il faut dire qu'en l'espèce, on repeint trop souvent l'histoire avec des mots et des idées d'aujourd'hui.

Ainsi leur expansionnisme nécessaire, leur volonté de toujours reculer leurs frontières, leur aspiration à une juridiction universelle – *Austria est imperare orbi universo* – ne sont-ils pas leurs traits les plus célébrés aujourd'hui. Si l'on excepte l'histoire de la Chine, « empire du Milieu » surtout préoccupé de défendre les frontières des territoires qu'il considère comme historiquement chinois et d'en assurer la cohésion sous l'autorité d'un pouvoir centralisé, ou celle du Japon qui se ferma, en 1639, à tout contact ou presque avec le monde extérieur[19], l'histoire

---

régionalistes et des mouvements séparatistes, il ne peut s'empêcher de voir resurgir la carte de duchés et comtés du Moyen Âge, avant l'émergence des puissants royaumes de France, d'Espagne, d'Angleterre. Comme si l'union de l'Europe menaçait de détruire les États nationaux anciens ou nés au XIXᵉ siècle » (*El Universal*, 4 août 2013).

18. Samuel P. Huntington, *Le Choc des civilisations*, Paris, Odile Jacob, 1997.

19. Après que la religion chrétienne eut été proscrite (1635), le pouvoir impérial japonais limita les relations avec l'étranger à quelques échanges avec la petite colonie de marchands chinois et hollandais

de la plupart des empires se confond avec les guerres qu'ils ont conduites pour s'étendre et ensuite se défendre dès lors que leur expansion les amenait au contact d'autres puissances non moins animées par la certitude de leur absolue légitimité, un même désir de puissance et le souci de leur propre sécurité.

Ce n'est pas le caractère conquérant et belliqueux de la plupart des empires qui, bien sûr, séduit tant les imaginations contemporaines. On célèbre bien plutôt en eux un mode d'administration en fait imposé au pouvoir impérial par l'étendue des territoires soumis à son *imperium*. Celle-ci leur interdisait de constituer ces territoires si éloignés les uns des autres et souvent hétérogènes à tous points de vue en un ensemble qui eût trouvé son unité dans une croyance, un mode de vie ou des intérêts partagés. Dès lors, il ne pouvait être question de réduire, voire d'éradiquer, les différences, seulement d'en assurer la coexistence au sein de l'ensemble impérial. Ce *soft power* est, à l'évidence, aux antipodes du modèle national, broyeur de différences et niveleur de particularismes, mais aussi facteur d'unité politique et d'homogénéisation sociale. L'empire ne combat pas les différences de coutumes ou de religion, il s'en accommode. Les Romains les intégraient à une civilisation civique commune, tandis que les Chinois leur imposaient la tutelle de l'administration impériale, les Mongols s'abstenant, eux, de toute ingérence dans le gouvernement de possessions qu'ils abandonnaient à des intermédiaires locaux[20]. C'est bien ce qui explique la vogue dont l'empire fait aujourd'hui l'objet : il apparaît ainsi comme l'expression historique

---

autorisée à résider sur l'île de Dejima, au large de Nagasaki. Le Japon resta fermé aux relations avec l'étranger jusqu'à la signature de la convention de Kanagawa, imposée par les Américains le 31 mars 1854, qui le contraignait à s'ouvrir au commerce occidental.

20. Voir J. Burbank et F. Cooper, *Empires, de la Chine ancienne à nos jours*, *op. cit.*

de valeurs – pluralité, diversité, tolérance – aujourd'hui dominantes.

Autre motif de réhabilitation : la paix. Si la plupart des empires ont reposé sur un fondement religieux qui en établissait la légitimité, il est bien vrai que depuis l'époque de la *pax romana*, l'idée d'empire a toujours été associée à celle de la paix. Il y a là un paradoxe : les empires n'ont-ils pas été bâtis, pour la plupart d'entre eux, les armes à la main, et ne se sont-ils pas effondrés dans et par la guerre ? Mais l'empire, c'est aussi, tant qu'il dure, le rassemblement au moins virtuel du monde connu sous l'autorité d'un maître unique, suffisamment lointain pour que son pouvoir ne se fasse pas trop sentir, assez proche pour maintenir l'ordre et la tranquillité jusqu'aux confins de ses immenses possessions. La fondation de l'Empire romain par Auguste avait ainsi permis aux citoyens d'une tumultueuse république d'échapper au cycle mortel des guerres civiles du Ier siècle avant Jésus-Christ et de garantir les conquêtes héritées de cette même république : la sécurité et la grandeur moyennant la monarchie universelle, mais au prix de la liberté civique.

Le souvenir de cet « âge d'or » laissa, après sa disparition à partir du IIIe siècle de notre ère, une trace profonde dans la conscience européenne, d'autant qu'à côté du souvenir resté vivant de l'immense empire qui avait unifié sous un même pouvoir tant de peuples différents, s'était imposé un autre idéal universel, celui du christianisme qui aspirait à unir sous le sceptre du vicaire du Christ le peuple des croyants pour l'accompagner vers le salut éternel. Face à l'empereur germanique se prétendant l'héritier légitime de la Rome impériale, se dressa bientôt un rival en universalité : la papauté qui, vers l'an mil, à l'époque de la réforme grégorienne, rêva d'un ordre qui soumettrait à l'autorité à la fois spirituelle et temporelle du vicaire du Christ tous les pouvoirs séculiers, empereur, rois et princes[21]. Césaro-papisme contre impérialisme, le conflit dura plusieurs siècles, marqué de guerres, de complots, d'excommunications d'empereurs par les papes et de dépositions de papes par les empereurs. Les deux candidats à l'héritage de Rome et à la monarchie universelle y laissèrent leurs forces. Ils sortirent pour ainsi dire épuisés de cette âpre lutte. L'empereur germanique y perdit à tout jamais ses chances de conquérir l'empire du monde et le pape d'ajouter le pouvoir temporel à ses prérogatives spirituelles. Surtout, leur affrontement permit à un troisième larron de tirer les marrons du feu : le roi de France qui, refusant de se soumettre à l'héritier autoproclamé des Césars et rejetant de la même façon la tutelle que voulait lui imposer le pape jusque dans les affaires temporelles, se déclara « empereur en son royaume » – *Rex est imperator en suo regno* –, récupérant à son profit l'*imperium* romain et donnant ainsi le coup d'envoi de l'histoire de l'État moderne. Des études ont montré combien juristes et même clercs avaient secondé les efforts des Capétiens – en particulier ceux de Philippe le Bel – pour argumenter à partir du droit romain et du droit canon en faveur de la prérogative royale et l'imposer face aux deux grandes figures universelles – l'empire et l'Église – qui avaient dominé l'histoire européenne jusqu'au commencement du XIIIe siècle[22].

L'Europe sortit transformée de ce long conflit. Si le roi de France se proclamait « empereur » chez lui, l'empereur n'était plus roi qu'en Allemagne. La roue avait tourné, même si l'idée impériale devait connaître encore de beaux jours lorsque les Habsbourg héritèrent de la

---

21. Voir H.-X. Arquillière, *Saint Grégoire VII, essai sur la conception du pouvoir pontifical*, Paris, Vrin, 1934.

22. Voir Jacques Krynen, *L'Empire du roi*, *op. cit.* Sur le conflit qui opposa Philippe le Bel au pape Boniface VIII, voir J. Fournier, *Le Problème de l'Église et de l'État sous Philippe le Bel*, Louvain, 1926.

couronne germanique. Mais l'empire de Charles Quint, comme ceux, terrestres ou maritimes, qui devaient ensuite voir le jour, de l'Espagne à l'Angleterre et de la France à l'Allemagne, participaient moins de la vieille aspiration impériale à la domination universelle, sinon pour les symboles (même si Charles Quint était assurément animé de la volonté de recoudre la tunique du Christ et de régner en son nom sur le monde enfin réunifié), que de la compétition qui mettait aux prises les États européens pour la suprématie et, parfois, l'hégémonie. L'impérialisme colonial allait bientôt succéder à l'empire continental. Désormais, titres et possessions impériales ajouteraient au rayonnement comme à l'influence des États, sans plus être la cause initiale de leur puissance.

Il faut dire que l'idée d'empire, tendant par essence à la domination universelle, s'accommodait mal d'un monde qui non seulement ne cessait de s'agrandir, mais avait perdu l'unité initiale que lui conférait l'isolement des grandes civilisations les unes par rapport aux autres :

« En 1200, l'humanité était [encore] divisée en plusieurs îlots de civilisation qui vivaient en vase clos, ou plutôt qui n'entretenaient les uns avec les autres que des rapports de contiguïté, certains se trouvant même complètement coupés des autres[23]. »

Ainsi l'Europe était-elle née de la désagrégation progressive de la Méditerranée romaine, et pour ainsi dire d'un double confinement. Entre le VIIIe et le XIe siècle (730-1000), l'espace jadis réuni sous l'*imperium* romain s'était scindé en trois parties, l'européenne proprement dite où les royautés barbares recueillaient la succession de Rome, les deux autres étant dominées, l'une par

---

23. Jean-Michel Sallmann, *Le Grand Désenclavement du monde (1200-1600)*, Paris, Payot, 2011, p. 11.

l'Empire byzantin, l'autre par la nouvelle religion musulmane. Si les croisades entretinrent longtemps le rêve universaliste visant à restaurer l'unité politique d'un monde unifié par le christianisme, le coup de grâce fut donné quelques siècles plus tard à l'idéal de la monarchie universelle, d'abord par le regain de l'expansion musulmane au milieu du XVᵉ siècle, ensuite par les découvertes de la fin de ce même XVᵉ siècle, enfin par la Réforme protestante qui divisa l'Europe quelques années plus tard. Si l'expansion musulmane originelle avait été stoppée, l'occupation de Constantinople par les Turcs, en 1453, puis leur pénétration dans les Balkans et jusqu'en Hongrie, à peine compensée par la reconquête de l'Andalousie en 1492, contribuèrent à clore davantage encore une Europe dont la fragmentation politique, déjà largement affirmée, devait faire obstacle à tout engagement commun pour chasser, comme disait le Tasse, l'« immonde Turc » : François Iᵉʳ n'allait-il pas, quelques années plus tard, conclure une alliance avec la Sublime Porte, faisant ainsi passer les intérêts stratégiques et commerciaux de son royaume avant ceux de la foi ? En revanche, la menace turque eut pour effet de *singulariser* l'Europe et de lui faire comprendre, par-delà son irréductible fragmentation politique, l'originalité et l'exceptionnalité de sa civilisation.

L'année même où le roi d'Espagne achevait la reconquête du califat de Cordoue, la découverte de l'Amérique, puis celle de la route du cap de Bonne-Espérance vers l'Inde (1498) eurent pour conséquence, en quelque sorte, de rapetisser l'Europe à mesure que le monde devenait plus vaste. Plus question, cette fois, de nourrir aucune idée d'universalité, d'autant que, quelques années plus tard à peine (1517), Luther, en affichant ses quatre-vingt-quinze thèses sur les portes de l'église de la Toussaint, à Wittemberg, donnait le signal d'un schisme religieux qui allait définitivement ruiner l'idée d'une unité politique conforme à l'unité de la foi, renforcer la tutelle des États sur les églises et accélérer la dynamique de formation des souverainetés.

Dès lors, l'empire ne pouvait plus être qu'un souvenir grandiose célébré par les poètes. Le mot était si riche d'évocations qu'il rappelait immanquablement la grandeur de Rome, et le rêve de la paix universelle, et si Napoléon en releva le titre en 1804, ce ne fut certes pas seulement pour briller d'un éclat particulier entre les souverains de son temps, mais afin de se parer du plus grand des titres. Du reste, le chef de la maison de Habsbourg, qui était en passe de perdre son titre d'empereur germanique, ne consentit à l'élévation de celui qui n'était encore que consul à vie qu'à la condition d'obtenir pour lui-même et ses successeurs le titre d'empereur d'Autriche. Il ne perdait pas au change, car il y avait des lustres – depuis l'émergence de la Prusse comme puissance – que le Saint Empire romain germanique n'était plus qu'une enveloppe vide. L'épisode napoléonien contribua, comme on sait, à l'affirmation du fait national en Europe, même si lui aussi témoignait de l'association étroite qui existait dans les esprits entre l'empire et la quête du Graal de la paix. « L'Empire, c'est la paix », proclamera Napoléon III, faisant moins allusion à une réalité géopolitique qu'à un mythe profondément ancré dans l'imaginaire collectif et qui ne fut pas toujours mensonger.

Stefan Zweig, assistant en 1941 au naufrage de l'Europe qu'il avait tant aimée, ne revenait-il pas par l'imagination à l'époque heureuse où la monarchie – impériale – austro-hongroise permettait à tant de peuples et de communautés différents de vivre en harmonie et loin des tumultes de l'histoire ?

« Si je cherche une formule commode qui résume l'époque antérieure à la Première Guerre mondiale, dans laquelle j'ai été élevé, écrira Zweig, j'espère avoir trouvé la plus expressive en disant : *C'était l'âge d'or de la sécurité.* Tout, dans notre monarchie autrichienne, presque millénaire, semblait fondé sur la durée, et l'État lui-même paraissait le suprême garant de cette pérennité. [...] Tout, dans ce vaste empire, demeurait stable et inébranlable, à sa place – et à la plus élevée, l'empereur, un vieillard ; mais s'il venait à mourir, on savait (ou on pensait) qu'un autre lui succéderait et que rien ne changerait dans cet ordre bien calculé. Personne ne croyait à des guerres, à des révolutions et à des bouleversements. Tout événement extrême, toute violence apparaissaient presque impossibles dans une ère de raison[24]. »

L'écrivain autrichien décrivait le bonheur, celui que donnent la paix, le repos et surtout l'illusion de croire pouvoir échapper à l'histoire et à ses inévitables tragédies. C'est bien cet imaginaire qui nourrit la redécouverte des empires aujourd'hui et explique le regard bienveillant que l'on porte sur eux. Ils évoquent un monde en ordre dans lequel chacun peut vivre sous la protection d'une autorité tutélaire qui, surtout préoccupée de se faire obéir, exige peu de sacrifices de ses sujets. L'empire – même sans substance et sans autorité, surtout sans autorité – serait, en cela, plus moderne que la nation ou la république qui ne garantissent dignité et liberté qu'en échange de sacrifices qui peuvent aller jusqu'à celui de la vie. Le doux empire promet un bonheur raisonnable et dispense de la peine d'être libre. Il est, en cela, accordé à la sensibilité des individus modernes.

---

24. Stefan Zweig, *Le Monde d'hier, souvenirs d'un Européen*, Paris, Le Livre de Poche, 1993, p. 15-16.

Pour autant, comme on sait, l'histoire continue, et ses acteurs, hormis l'inconsistante Europe qui s'imaginait avoir échappé à l'Histoire mais que l'Histoire rattrape déjà, ne sont plus des empires, mais des États et des nations. Les États-Unis, la Russie, la Chine, l'Iran, Israël et d'autres encore qui décideront demain de l'avenir du monde témoignent de la pérennité du modèle inventé par l'Europe à l'époque moderne et de l'éternel retour du tragique dont l'Histoire se nourrit. Comme des courants marins, il faut toujours se méfier des forces profondes de la géopolitique : l'Allemagne n'est-elle pas en train, au moment où nous écrivons ces lignes, de détruire pour la troisième fois l'Europe en tout juste un siècle ?

Quant aux rêves d'empires, ils se sont évanouis, si longue eût été leur durée, tout comme le songe de la paix universelle qu'ils ont, plus que tout autre régime, incarné. C'est à l'histoire du moment où le songe se dissipe que nous convions maintenant le lecteur.

Patrice GUENIFFEY
et Thierry LENTZ

1

LA FIN DE L'EMPIRE D'ALEXANDRE
(323-331 av. J.-C.)

par Claude MOSSÉ

Conquis en un peu plus de dix ans, l'empire d'Alexandre ne survivra que quelques années à la mort du conquérant, avec la disparition des deux derniers représentants de la dynastie macédonienne. Dès lors, il deviendra la proie de ceux qui avaient accompagné Alexandre durant la conquête, chacun d'eux s'efforçant de rester maître d'une partie de cet empire, voire de le reconstituer à son profit. La prise du titre royal entre 306 et 304 par les plus puissants d'entre eux aboutira à la constitution de trois grands royaumes hellénistiques : la Macédoine antigonide, l'Asie séleucide et l'Égypte lagide.

L'EMPIRE D'ALEXANDRE LE GRAND

L'héritage de Philippe II

Pour comprendre la fin de l'empire d'Alexandre, il importe d'abord de rappeler qui était Alexandre et comment s'est constitué cet empire.

Alexandre était le fils de Philippe II de Macédoine, auquel il succéda en 336 après l'assassinat de celui-ci dans des circonstances qui demeurent obscures. La Macédoine était l'un de ces « États » situés à la périphérie du monde grec et entretenait avec celui-ci – c'est-à-dire avec quelques-unes des cités les plus importantes – des relations plus ou moins régulières, pour autant que l'on puisse en juger à partir d'allusions d'Hérodote et de Thucydide. Les rois de Macédoine se voulaient descendants d'Héraclès et se considéraient comme grecs, même si leurs « sujets » demeuraient des « barbares ». Au IVe siècle cependant, la Macédoine avait étendu son contrôle sur certaines parties du monde égéen et, de ce fait, s'était trouvée mêlée aux conflits qui, durant les premières années du siècle, opposaient entre elles les trois plus importantes citées grecques, Athènes, Sparte et Thèbes. Ces conflits, par ailleurs, avaient suscité des interventions du *basileus* par excellence qu'était le roi des Perses – d'où les « paix du roi » qui jalonnent l'histoire de cette période. Durant les années suivantes, avec l'arrivée au pouvoir de Philippe II, d'abord régent du jeune roi Amyntas puis, après la mort de celui-ci, roi en titre, le royaume de Macédoine avait connu des transformations internes avec le développement du commerce et la mise en valeur des mines d'argent de Thrace qui avaient donné un caractère nouveau au pouvoir du roi des Macédoniens, un pouvoir reposant désormais sur une armée particulièrement équipée et entraînée grâce aux subsides qui lui étaient consacrés. Certes, il devait toujours prendre en compte l'accord de cette dernière pour la reconnaissance de sa légitimité, mais il avait tendance à mener sa propre politique qui allait très vite l'opposer à Athènes, la cité qui depuis les guerres médiques et l'époque de Périclès se voulait la représentante des cités grecques entrées dans son alliance et plus ou moins sous son contrôle.

Il ne saurait être question d'entrer ici dans les nombreux débats qui ont opposé les historiens depuis le XIXe siècle sur la nature de l'antagonisme entre Philippe et Athènes, antagonisme incarné pour cette dernière par le personnage le plus important de cette période, c'est-à-dire Démosthène. Parce que nous possédons de nombreux discours de ce dernier et parce qu'il a fini aussi par représenter, face aux ambitions de Philippe, la défense de la liberté grecque et du régime qui en était l'expression, à savoir la démocratie, l'historiographie s'est trouvée quasiment impliquée dans ce conflit. Il ne saurait être question non plus de s'attarder sur ces interprétations diverses. Le problème est plutôt de savoir pourquoi, vainqueur d'une coalition athéno-thébaine en 338 à Chéronée, Philippe II convoqua les représentants des communautés grecques – cités et États fédéraux – à Corinthe pour établir avec eux une alliance que les historiens désignent sous le nom de ligue de Corinthe. De cette alliance, Philippe II serait l'*hegemon*, c'est-à-dire le chef, tout en prenant en compte l'existence d'un conseil des alliés (*synedrion*). En cela, Philippe s'inspirait du modèle des alliances réalisées par Athènes aux Ve et IVe siècles. La première de ces alliances, la ligue de Délos, avait été détruite au lendemain de la défaite subie par Athènes à la fin du Ve siècle face à Sparte ; la seconde avait été constituée en 378-377 et subsistait encore.

Mais le problème essentiel est de savoir pourquoi Philippe donna pour objectif à cette alliance la guerre contre l'Empire perse avec l'intention proclamée de libérer les Grecs d'Asie de sa tutelle. Philippe, en agissant

ainsi, se posait en chef d'une Grèce unie sous sa direction. Il avait su habilement se faire admettre au sein
de l'amphictyonie delphique, c'est-à-dire l'organisation
composée des représentants des principaux États grecs
qui administraient le sanctuaire d'Apollon à Delphes,
et agissait ainsi en Grec, tout en demeurant le roi des
Macédoniens. Les opérations débutèrent dès la fin de
l'année 337 par un débarquement sur les côtes d'Asie
Mineure. Mais la mort de Philippe allait entraîner un
retard dans le développement de la campagne d'Asie. On
n'abordera pas ici les causes de l'assassinat de Philippe,
non plus que les problèmes auxquels se heurta le jeune
Alexandre pour faire reconnaître sa légitimité. Reconnu
roi par les Macédoniens de l'armée, il lui fallut d'abord
rétablir l'ordre dans son royaume puis régler le problème
de Thèbes, la cité qui avait participé à la guerre ayant
abouti à la défaite de Chéronée et qui avait été traitée
très sévèrement par le vainqueur. Thèbes, en effet, avait
été auparavant favorable à la politique de Philippe ; sa
participation à la guerre aux cotés d'Athènes apparaissant comme une trahison, elle fut donc durement châtiée
par Alexandre. Ainsi, est-ce après avoir réglé tous ces
problèmes que celui-ci songea à reprendre les opérations
en Asie.

La conquête

Mais ce qui devait être une opération limitée allait très
vite prendre une autre dimension. Alexandre débarqua
en Asie au printemps 334. D'après la tradition, il aurait
voulu s'arrêter à Troie pour rendre hommage à Achille,
dont il se voulait descendant par sa mère Olympias.
Mais en fait, ce qu'il voulait d'abord, c'était infliger au
roi perse Darius Codoman une défaite spectaculaire afin
de détacher de l'empire les cités grecques d'Asie. Ce fut

la fameuse bataille du Granique (juin 334), où Alexandre opposa la cavalerie macédonienne à celle de Darius et l'anéantit, ce qui lui permit en quelques semaines de se rendre maître de la Phrygie hellespontique et de Sardes, la capitale de la Lydie. Les cités grecques d'Asie se rallièrent au vainqueur qui proclama leur autonomie. La résistance perse s'organisa alors à partir d'Halicarnasse, dont Alexandre ne réussit pas à s'emparer. C'était là pour lui une menace grave, la cité dirigée par Memnon de Rhodes résistant et réussissant même à s'emparer de Chios et de Lesbos, et menaçant la région des Détroits par où arrivaient les renforts qu'attendait Alexandre. Celui-ci décida donc d'attaquer d'abord Darius, et ce fut l'occasion de la deuxième grande bataille de la conquête, celle d'Issos (en novembre 333). Darius s'enfuit, abandonnant une partie de son armée et de sa famille, et Alexandre réussit enfin à s'emparer de Tyr puis de Gaza. Désormais, il contrôlait toute la façade maritime de l'Empire perse. Puis, sans se préoccuper de ce que devenaient les régions intérieures, il choisit de passer en Égypte.

Avec le passage de l'armée en Égypte, il ne s'agissait plus de réaliser le programme de la ligue de Corinthe. Certes, l'Égypte avait depuis longtemps intéressé les Grecs dans la mesure où elle était l'un des lieux de leur approvisionnement en grain – dès le VIe siècle un comptoir avait été établi en Égypte à Naucratis –, mais une campagne en Égypte alors que Darius était toujours maître d'une partie de l'Asie Mineure répondait sans doute de la part d'Alexandre à d'autres préoccupations. On ne peut évidemment que supposer ce qu'était alors l'objectif d'Alexandre : se rendre maître de l'Empire perse, et pour ce faire garantir ses arrières en contrôlant le delta du Nil afin de pouvoir passer en Syrie et en Mésopotamie – d'où la fondation d'une cité, la première de ces Alexandries qui jalonneront son parcours ultérieur, mais qui allait devenir l'un des centres du monde né de ses conquêtes. Dans l'immédiat, Alexandre confia le contrôle du pays à Cléomène de Naucratis. Mais il faut évoquer le second « événement » de ce séjour en Égypte : la consultation de l'oracle d'Amon. On sait l'importance que · les écrivains postérieurs accordèrent à cette affaire. Alexandre aurait demandé à l'oracle s'il posséderait l'empire de la terre. À quoi celui-ci aurait répondu que le dieu lui accordait tout ce qu'il demandait. Il aurait alors demandé à l'oracle si le dieu avait châtié les assassins de son père. À quoi celui-ci aurait répondu que le père d'Alexandre était Zeus. On était donc là à l'origine du culte qui serait plus tard rendu à Alexandre. On sait le problème que posent les différents récits qui nous sont parvenus concernant l'aventure d'Alexandre. On se gardera de s'y attarder ici pour revenir à la suite d'une campagne qui allait prendre désormais une ampleur nouvelle. Alexandre, en effet, ne demeura que quelques mois en Égypte et repassa en Asie pour vaincre définitivement Darius. Ce fut la troisième victoire, celle de Gaugamèles, dans la haute vallée du Tigre, où Alexandre, affrontant pour la première fois une armée composée de chars porteurs de faux, s'en tira en invitant ses soldats à ouvrir leurs rangs pour laisser les chars s'engager, avant de se rabattre sur eux. Cela entraîna une nouvelle fois la fuite de Darius et permit à Alexandre de mettre la main sur les capitales royales : Babylone, puis Suse, et enfin Persépolis qu'il laissa ses soldats piller et brûler. Il s'agissait maintenant d'en finir avec Darius, mais Alexandre fut devancé par le satrape de Bactriane, Bessos, qui assassina le roi en juillet 330. C'est donc un cadavre que découvrit Alexandre et auquel, selon la tradition, il aurait donné des funérailles royales.

Devenu le successeur de Darius, Alexandre allait donner à la campagne une dimension nouvelle et plus personnelle. Il congédia les contingents alliés en leur

donnant de riches présents prélevés sur les trésors sur
lesquels il avait mis la main en s'emparant des capitales
royales. Mais demeurait le problème des Macédoniens de
son armée et de ceux qui les commandaient. Avant même
de reprendre la campagne vers les provinces orientales
de l'empire, il se débarrassa de ceux qui l'avaient accompagné depuis le début de la campagne, en particulier
Parménion qui avait le premier débarqué en Asie et était
en quelque sorte son second, en mettant en accusation
son fils Philotas qui aurait participé à une conspiration
visant à tuer Alexandre. Alors pouvait commencer la dernière partie de la campagne : la conquête de l'Arachosie
et la marche vers le Caucase et les frontières orientales
de l'empire. Entre-temps, Alexandre avait reçu des renforts d'Europe composés de mercenaires grecs et de
thraces, mais cette dernière partie de la constitution de
l'empire se révéla la plus pénible, du fait de la résistance
opposée par les chefs locaux. À la fin de l'automne 328,
Alexandre avait rétabli sa domination sur la Sogdiane
et la Bactriane, mais il allait se heurter à l'opposition de
certains de ses compagnons lorsqu'il décida d'adopter
des pratiques propres aux souverains achéménides et
exigea de ses compagnons la proskynèse, l'agenouille-
ment avant de s'adresser à lui. L'opposition se manifesta
plus encore lorsqu'il annonça son mariage avec la fille
de l'Iranien Oxyartès, Roxane. Rébellions, complots se
multiplièrent parmi les Macédoniens et certains de ses
compagnons grecs, tel Callisthène, le neveu d'Aristote.
Dans le même temps, Alexandre avait confié à des Perses
le gouvernement de certaines satrapies et constitué des
régiments recrutés parmi les Iraniens. Il entendait poursuivre son avancée vers l'Orient en pénétrant en Inde.
La campagne débuta par une guerre contre le souverain
indien Poros qui, vaincu, se soumit. Mais lorsqu'il préten-
dit poursuivre sa campagne indienne jusqu'au Gange, il
se heurta à l'opposition de son armée et dut reprendre le

chemin du retour vers Babylone, en longeant d'abord la vallée de l'Indus jusqu'à son embouchure, puis en traversant le désert de Gédrosie, traversée au cours de laquelle moururent de nombreux soldats. On était à la fin de l'année 325, au début de l'année 324. Alexandre était alors revenu à Suse où se déroulèrent les fameuses « noces » unissant des princesses iraniennes à des membres de la suite du roi (Ptolémée, Eumène de Cardia, Néarque, Perdiccas). Il y aurait eu parmi les Macédoniens une sédition qui fut durement réprimée, même si une partie d'entre eux furent envoyés en Macédoine sous le commandement de Cratère, chacun ayant reçu en plus de sa solde des cadeaux et une somme d'un talent. Durant l'hiver 324-323, Alexandre fit campagne contre les populations montagnardes de la région, puis revint à Babylone au début du printemps 323. Il aurait alors préparé la future campagne de circumnavigation de la péninsule Arabique depuis le golfe Persique jusqu'à l'Égypte. Mais il mourut subitement (de maladie ? empoisonné ?) en mai 323. Il était le maître d'un empire immense mais, comme on l'a vu au cours du récit de la conquête, il n'avait pas vraiment entrepris de l'organiser ; recourant davantage à des expédients en fonction des circonstances, confiant d'abord les satrapies aux seuls Macédoniens pour ensuite y admettre des Iraniens, et allant même jusqu'à introduire ces derniers dans les régiments macédoniens, avant de créer une phalange iranienne pour ensuite, devant la menace de certaines rébellions, de nouveau confier à ses compagnons macédoniens l'essentiel du pouvoir constitué en une décennie. L'empire d'Alexandre était ainsi un agglomérat de provinces diverses, et l'on doit avec beaucoup de prudence imaginer qu'il ait songé à l'helléniser. La façon dont cet empire se désagrégera en est la preuve la plus évidente.

Une succession précaire

De même que l'Empire macédonien ne présentait pas une structure uniforme, le pouvoir d'Alexandre au sein de cet empire était complexe. Il était toujours le roi des Macédoniens, même si la Macédoine, confiée aux soins d'Antipatros, un vieux compagnon de Philippe II, était loin. Elle était représentée par les soldats, cavaliers et fantassins de son armée. Il était par ailleurs le successeur de Darius et contrôlait de ce fait les satrapies demeurées entre les mains des Iraniens et ceux d'entre eux qui étaient intégrés dans l'armée royale. Il était enfin le *theos aniketos*, le dieu invaincu reconnu lors des Jeux olympiques de 324. On imagine aisément que le règlement de la succession d'un tel personnage ne manquerait pas de poser des problèmes. Or, si étonnant que cela paraisse étant donné le lieu où s'est posé le règlement de cette succession, c'est-à-dire Babylone, ce fut la succession d'Alexandre en tant que roi des Macédoniens qui fit aussitôt l'objet de vifs débats entre ses compagnons.

Alexandre, mort à trente-trois ans, n'avait pas d'héritier légitime. L'enfant qu'attendait son épouse Roxane n'était pas encore né et le seul membre de la famille qui pouvait prétendre à la succession était son demi-frère Philippe Arrhidée, apparemment débile. Ce fut donc entre ses compagnons demeurés maîtres de l'armée et du pouvoir que se disputa le choix d'un des deux successeurs éventuels. Alexandre n'ayant guère eu le temps, on l'a vu, d'organiser son empire, la prise de décision au lendemain de sa mort allait être l'objet de conflits entre ceux qu'on appelle désormais les diadoques, les compagnons qui formaient son entourage. Parmi ceux-ci, l'un des plus influents était Perdiccas, qui commandait une partie de la cavalerie dont le rôle avait été décisif dans les victoires remportées par Alexandre. Perdiccas était, si nous en croyons les sources, favorable à l'accession à la royauté de l'enfant attendu de Roxane. La majorité des Macédoniens, en revanche, penchaient plutôt en faveur de Philippe Arrhidée en dépit de sa débilité, parce qu'il s'agissait d'un fils, certes illégitime, mais de Philippe II. Il fallait enfin ne pas oublier qu'Alexandre avait envoyé peu auparavant Cratère en Macédoine, lui confiant les soldats repartis en Europe.

Tout cela aboutit à un compromis : Philippe Arrhidée et le futur Alexandre IV régneraient conjointement, tandis que les diadoques se partageraient le contrôle des différentes parties de l'empire. Perdiccas, en tant que chiliarque, titre hellénisé d'une fonction qui était celle du premier personnage après le roi à la tête de l'Empire perse, demeura maître de l'Asie cependant que s'établissait un partage provisoire : Ptolémée qui s'était emparé de l'Égypte en demeura le maître, la Thrace revint à Lysimaque, et la grande Phrygie, la Lydie et la Pamphylie à un personnage jusque-là demeuré à l'arrière-plan mais dont l'importance ira grandissant, Antigone le Borgne. Enfin, la Cappadoce reviendrait au Grec Eumène de Cardia s'il réussissait à la conquérir, et la Macédoine proprement dite demeurerait entre les mains d'Antipatros, devenu le *prostatès* (gouverneur) des rois.

Mais cette répartition n'allait pas tarder à voler en éclats. Il est bien évident que chacun de ceux qui s'étaient rendus maître d'une partie de l'empire rêvaient de prendre le pouvoir en Macédoine, mais c'était chose impossible tant que régnaient conjointement les deux membres de la famille royale macédonienne, d'où leurs interventions dans les affaires grecques. Devant ce danger, une partie des diadoques s'allia contre Perdiccas qui trouva la mort en 321, suivi de peu par Cratère. De ces troubles sortit un nouvel accord qui se concrétisa lors d'une réunion à Triparadeisos, en Syrie, qui confirma Antipatros dans sa fonction de gouverneur des rois et

de maître de la Macédoine (321). Mais ce nouvel équilibre n'allait pas tarder à s'écrouler encore avec la mort
d'Antipatros en 319, auquel succéda un personnage
secondaire, Polyperchon, alors qu'on se serait attendu
que la succession revînt à Cassandre, le fils d'Antipatros,
d'où l'alliance contre Polyperchon de Cassandre, Lysimaque et de cet Antigone le Borgne qui contrôlait un
territoire de plus en plus étendu en Asie au détriment de
Séleucos. Deux événements allaient bouleverser de nouveau cette tentative d'accord, la mise à mort de Philippe
Arrhidée en 316 par Cassandre et sa mainmise l'année
suivante sur Babylone et les satrapies supérieures d'où
il chassa Séleucos. Devant cette menace grandissante,
les amis d'Antigone se réunirent et, après de multiples
conflits opposant les uns aux autres, on parvint enfin à
une nouvelle paix générale en 311 : Ptolémée gardait
l'Égypte, Lysimaque la Thrace et Cassandre devenait épi-
mélète d'Alexandre IV ; seul Séleucos était tenu à l'écart
de l'entente. Un fait important est à signaler : les signataires de l'accord de 311 affirmaient leur souci de respecter l'autonomie et la liberté des cités grecques. Peu après,
en 310, Alexandre IV était assassiné à son tour. C'en était
fini de la dynastie des Argéades de Macédoine[1]. Désormais il ne s'agissait plus seulement de contrôler telle ou
telle partie de l'empire, mais avant tout de s'emparer de
la succession d'Alexandre en Macédoine. S'ouvre alors
une seconde période extrêmement complexe de la désagrégation de l'empire (310-301).

Dès 310, avec l'exécution d'Alexandre IV, le problème
de la royauté macédonienne ne se posait plus. Mais les
intérêts des cinq survivants de l'entourage d'Alexandre
étaient très divers. Il y avait d'un côté Ptolémée qui
s'était rendu maître de l'Égypte et avait de surcroît mis

---

1. La famille royale de Macédoine se disait originaire d'Argos, donc
grecque, et descendante d'Héraclès.

la main sur la dépouille d'Alexandre, ce qui lui donnait une sorte de légitimité, même s'il ne semble pas vraiment l'avoir revendiquée. Il y avait Lysimaque, dont les ambitions se heurtaient au contrôle de la satrapie dont il avait hérité, la Cappadoce. Il y avait Séleucos, maître de certaines satrapies asiatiques. Et en face d'eux, deux personnages qui menaient une politique différente pour autant qu'on puisse en juger. D'une part Cassandre, maître de la Macédoine qui avait réussi à mettre fin aux troubles qui déchiraient la Grèce en imposant aux cités grecques des régimes oligarchiques, tel celui qui fut établi à Athènes en 317 sous le contrôle du philosophe Démétrios de Phalère. Cassandre entendait rester maître de la Macédoine et d'une partie de l'Égée, mais en face de lui Antigone le Borgne, ce personnage resté relativement dans l'ombre jusqu'à la mort d'Alexandre, allait se révéler comme celui qui rêvait de reconstituer à son profit l'empire en s'emparant d'une partie des satrapies asiatiques qui dépendaient de Séleucos. Il s'appuyait pour ce faire sur les talents militaires de son fils, Démétrios, révélés lors du siège de Rhodes en 305, d'où le surnom de Poliorcète, « preneur de ville », qui serait désormais accolé à son nom.

Les guerres opposant ces différents personnages sont mal connues et ne s'achevèrent qu'en 301 avec la mort d'Antigone. Mais entre 311 et 301, un fait nouveau allait donner au conflit un tout autre sens : en 306, en effet, Antigone se proclama roi associé à son fils Démétrios. Or cette revendication du titre royal n'était liée à aucune mention d'un peuple ou d'un territoire. Antigone devenait le roi Antigone, et son fils, le roi Démétrios. Il s'agissait donc bien d'une royauté personnelle telle qu'avait été à la fin la royauté d'Alexandre, lorsqu'il avait réclamé à Olympie les honneurs divins ; et de fait, Antigone et Démétrios allaient être l'objet d'un culte à Athènes, dont Démétrios Poliorcète avait en 307 chassé Démétrios de

Phalère. Ce dernier s'était réfugié d'abord à Thèbes, puis à Alexandrie auprès de Ptolémée qu'il incitera à la création du fameux musée et de la non moins fameuse bibliothèque.

La prise du titre royal par Antigone et Démétrios ne pouvait laisser indifférents les autres diadoques qui, à leur tour, se proclamèrent rois entre 306 et 304. De ces rois, le plus dangereux pour Antigone était Cassandre, parce que maître de la Macédoine. Il obtint donc par l'intermédiaire de son fils Démétrios de rassembler contre lui les Grecs et singulièrement les Athéniens. Comme on l'a vu plus haut, Démétrios chassa d'Athènes Démétrios de Phalère et rétablit l'ancienne Constitution, c'est-à-dire la démocratie. Cette intervention constante dans les affaires grecques et en particulier dans la vie d'Athènes explique que Plutarque, disposant d'informations importantes plus ou moins contemporaines, ait consacré une de ses *Vies* à Démétrios.

La décomposition

On conçoit aisément qu'une telle politique ait pu inquiéter les autres diadoques. Ils se coalisèrent donc contre Antigone qui fut vaincu à Ipsos en 301, au cours d'une bataille où il trouva la mort. Un nouveau partage eut alors lieu : Cassandre conservait la Macédoine, Ptolémée l'Égypte, Lysimaque la Thrace et une partie de l'Asie Mineure jusqu'au Taurus, Séleucos le reste de l'Asie Mineure et la Syrie, et Démétrios quelques places sur les cités d'Asie Mineure, Chypre et Corinthe. Cet accord n'allait pas plus durer que les précédents. S'ouvre alors la dernière période, la plus confuse et la plus mal connue.

Elle commence avec la mort de Cassandre en 298-297. La Macédoine devenait donc la proie dont il fallait s'emparer, ce que fit Démétrios qui abandonnait à Ptolémée

Chypre, et à Séleucos et Lysimaque les bases qu'il avait conservées en Asie (294). Il n'allait cependant pas longtemps profiter de sa victoire. Lysimaque ayant été fait prisonnier par les Gètes, tribu thrace établie au IVe siècle sur le bas Danube, Démétrios envahit la Thrace mais se trouva alors mis en difficulté par une agitation en Grèce soutenue par le roi d'Épire, Pyrrhos. Lysimaque, libéré entre-temps, se joignit à Pyrrhos pour chasser Démétrios de Macédoine (289). Commence alors pour ce dernier une traque, sur laquelle Plutarque, dans sa *Vie de Démétrios*, s'étend longuement, et qui s'acheva par sa mort en 288. Il était alors prisonnier de Séleucos, lequel avait repris pied en Asie et représentait une menace pour Ptolémée et Lysimaque. On n'entrera pas dans les relations confuses entre Séleucos et Lysimaque qui aboutirent à la défaite et à la mort de Lysimaque à Couroupédion, en Lydie, près de Magnésie du Sipyle, en 281. Peu après, Séleucos était à son tour assassiné par un « fils » de Ptolémée, Ptolémée Kéraunos. Il avait eu la prudence d'associer à son pouvoir son fils Antiochos, qui conserva ainsi la royauté sur les provinces asiatiques.

Durant le même temps, la Macédoine avait été menacée par l'invasion celte à laquelle Kéraunos tenta vainement de s'opposer. C'est dans ces conditions que le fils de Démétrios Poliorcète, Antigone Gonatas, allait réussir à s'emparer de la Macédoine dont il fut reconnu roi en 276. Désormais, ce qui avait été l'empire d'Alexandre était réparti entre trois grandes monarchies : la Macédoine antigonide, l'Égypte lagide, et l'Asie séleucide. Il s'agissait, comme on l'a vu, de monarchies personnelles, même si elles étaient de fait rattachées à un territoire. Par ailleurs, la Macédoine antigonide demeurait le centre d'un système politique où la communauté des Macédoniens conservait au moins sur le plan idéologique, ce qui n'était pas le cas avec les systèmes politiques des deux autres monarchies. L'Égypte ptolémaïque était l'héritière à la fois du système pharaonique et de la présence du corps divin d'Alexandre, d'où la relative lenteur de l'établissement du culte royal, qui ne devint effectif qu'après la mort d'Arsinoé, l'épouse de Ptolémée II Philadelphe, le second et le plus célèbre des rois lagides d'Égypte. L'Asie séleucide, en revanche, demeurait un assemblage de communautés diverses, cités et États plus ou moins indépendants, et de territoires directement sous le pouvoir du roi.

On ne s'étendra pas longuement sur l'histoire de ces trois royaumes nés de la décomposition de l'empire d'Alexandre. Le premier à disparaître fut celui de Macédoine, lequel présentait pour la puissance alors grandissante de Rome le plus proche danger. Philippe V puis son fils Persée tentèrent de résister à Rome, mais ce dernier, vaincu par Paul Émile en 168, dut abandonner le royaume qui fut divisé en quatre provinces indépendantes, avant de devenir province romaine en 146.

Le royaume séleucide se décomposa dès la fin du IIIe siècle, mais certains rois séleucides conservèrent une certaine autorité. Ainsi, Antiochos III, qui tenta de reconstituer l'unité du royaume, y parvint-il presque, mais fut finalement vaincu, à Magnésie du Sipyle, défaite consacrée par la paix d'Apamée en 189 qui sanctionnait la pénétration de Rome en Asie. L'autre roi séleucide qui devait laisser un nom dans l'histoire fut Antiochos IV, celui qui s'empara de Jérusalem et suscita la révolte des Maccabées, qui est connue surtout par les sources juives. La décomposition du royaume se renforça après la mort du dernier Attalide qui offrit à Rome le royaume de Pergame, devenu province d'Asie en 133. Puis ce fut le cas de la Bithynie et de la Cilicie, à la faveur de la lutte menée par les Romains contre Mithridate, roi du Pont, ce dernier royaume devenant la province romaine de Syrie.

Ne subsistait plus que le royaume lagide, théâtre de querelles dynastiques qui aboutirent au règne du jeune

Ptolémée XIII et de sa sœur-épouse Cléopâtre – on sait ce qu'il advint de celle-ci, d'abord du fait de César, puis d'Antoine dont elle devint l'épouse et dont elle partagea le sort après sa défaite à Actium en 31 av. J.-C. C'en était désormais fini des royaumes nés de l'épopée d'Alexandre, d'où la question qu'au terme de cette aventure l'historien ne peut pas ne pas poser : son empire a-t-il existé autrement que dans l'imaginaire de ceux qui l'ont revendiqué ? On a vu qu'en fait Alexandre, roi des Macédoniens et *hegemon* de la ligue de Corinthe, avait transformé ce qui était à l'origine une guerre menée au nom des Grecs contre l'Empire perse afin de libérer les cités grecques d'Asie en une conquête de cet Empire perse et en une mainmise sur la royauté achéménide. S'agissait-il de la part du Macédonien d'une volonté délibérée de se rendre maître de la Terre entière ou d'un ensemble de circonstances qui aboutirent à la conquête de territoires de natures diverses soumis à des pouvoirs de natures tout aussi diverses et qui ne pourraient résister à la disparition de celui qui les avait conquis en une décennie ? Le sujet n'a cessé de susciter de multiples débats entre les historiens. Il ne saurait être question de les développer ici. On distinguera essentiellement ceux qui attribuent à Alexandre une vision claire de ses objectifs – helléniser le monde oriental – et ceux qui voient dans cette conquête et la construction de cet empire le fruit des circonstances. Une réponse catégorique semble exclue tant fut reconstruite l'image d'Alexandre. Il reste que l'Orient méditerranéen fut assez profondément hellénisé au niveau des villes et de la culture, dont elles furent les dépositaires, mais il n'en subsista pas moins des formes de sociétés, rurales essentiellement, qui demeurèrent étrangères à cet hellénisme. Ce sont ces contradictions qui méritent d'être retenues et sur lesquelles les recherches tant archéologiques qu'épigraphiques peuvent apporter, sinon des réponses, du moins des éclairages nouveaux.

BIBLIOGRAPHIE SÉLECTIVE

Mossé, Claude, *Alexandre. La destinée d'un mythe*, Paris, Payot, 2001 ; rééd. 2012.

Mossé, Claude, et Schnapp-Gourbeillon, Annie, *Précis d'histoire grecque*, Paris, Armand Colin, 1990 ; rééd. 2014.

Sartre, Maurice, *D'Alexandre à Zénobie. Histoire du Levant antique (IVᵉ siècle av. J.-C. – IIIᵉ siècle apr. J.-C.)*, Paris, Fayard, 2001.

Will, Édouard, Mossé, Claude, et Goukowsky, Paul, *Le Monde grec et l'Orient*, t. 2, *Le IVᵉ siècle et l'époque hellénistique*, Paris, PUF, 3ᵉ éd., 1993.

2

LA LONGUE AGONIE
DE L'EMPIRE ROMAIN D'OCCIDENT

par Jean-Louis VOISIN

« L'immense empire que les Romains possèdent a été acquis par leur valeur et n'est nullement un cadeau de la Fortune », déclare l'historien Flavius Josèphe (37-100 apr. J.-C.) dans un chapitre de sa *Guerre des Juifs* qu'il achève ainsi : « Quoi d'étonnant si leur empire a pour frontières à l'est l'Euphrate, à l'ouest l'océan, au sud la région la plus fertile de l'Afrique, au nord le Danube et le Rhin ? Il serait juste de dire que ces conquêtes sont encore inférieures aux conquérants. » Pourtant, lorsque Flavius Josèphe écrit ces mots à la fin des années 70, l'extension territoriale maximale de l'empire de Rome n'est pas encore atteinte. Mais il connaît bien l'armée romaine. Il l'a combattue en 66, lors de la révolte juive, avant de se rallier à l'occupant romain. Il a compris qu'avec sa discipline, son organisation, son entraînement permanent, ses légionnaires et ses généraux, cette armée était à la base de cet immense empire auquel Jupiter, le « Père des hommes et des dieux », le Jupiter de *L'Énéide* de Virgile, « n'avait assigné de bornes ni dans l'espace ni dans la durée, un empire sans fin ». Constitué lentement,

LE PARTAGE DE L'EMPIRE ROMAIN EN 395

Préfectures du prétoire
- Gaule
- Illyrie, Italie et Afrique
- Illyricum
- Orient

— Ligne de « partitio imperii »
— Frontière de l'Empire
····· Limite des diocèses

0   250   500 km

Océan Atlantique

Mer du Nord

Mer Caspienne

Mer Rouge

Mer Méditerranée

Pont Euxin

Scots
Pictes
York
Londres
BRETAGNES
Francs
Alamans
Burgondes
Marcomans
Trèves
GAULES
SEPT-PROVINCES
Bordeaux
ESPAGNE
Merida
Vandales Silings
Alains
Vandales Hasdings
Gépides
Goths
Huns
Alains
Huns
Huns
Goths
Goths
IBÉRIE
EMPIRE PERSE SASSANIDE
PANNONIES
Milan
ITALIE ANNONAIRE
Rome
ITALIE SUBURBICAIRE
Carthage
Constantine
AFRIQUE
Maures
Sirmium
DACIE
Sardique
Philippopoli
Andrinople
THRACES
Constantinople
Nicomédie
MACÉDOINE
Thessalonique
ASIE
Éphèse
PONT
Césarée de Cappadoce
Antioche
ORIENT
Alexandrie
ÉGYPTE

patiemment, depuis plus de cinq siècles, depuis que Rome, fondée en 753 av. J.-C. selon la tradition, avait commencé par dominer l'antique Latium, puis avait rassemblé par ses armes et par ses lois des peuples divers autour de son *imperium*, l'empire paraît éternel. Comme sa capitale.

Débats et controverses

Près de quatre siècles plus tard, vers l'an 440, un moine de l'île de Lérins, Salvien, originaire de la région rhénane, écrit un traité : *Du gouvernement de Dieu*. Son objectif ? Défendre et justifier la Providence dont doutent des chrétiens, désorientés devant les malheurs du temps. « Pourquoi Dieu permet-il que nous soyons plus faibles et plus malheureux que tous les peuples ? Pourquoi nous laisse-t-il vaincre par les barbares[1], passer au pouvoir de nos ennemis ? » Salvien donne sa réponse : « Malheur à nous et à nos iniquités ! Malheur à nous et à nos débordements ! [...] Nous avons mérité d'être vaincus. » Excessif, partial, ascétique, attentif à l'actualité, il justifie les victoires des peuples barbares par les vices des Romains que Dieu punit. Mais il reste attaché aux vertus perdues des anciens Romains qu'il idéalise et qu'il retrouve en partie chez les barbares païens. « Où sont les richesses et la gloire des Romains de jadis ? Il fut un temps où les Romains étaient très puissants, aujourd'hui ils sont sans forces : les anciens Romains étaient craints, maintenant c'est nous qui craignons [...]. » Pour Salvien, l'empire

---

1. À l'origine, un barbare, un terme grec, est celui dont la langue est incompréhensible. Puis, pour les Romains, il s'agit de tous les peuples, sauf les Grecs et les Romains. Enfin, dans l'Empire gréco-romain, barbare désigne celui qui se trouve à l'extérieur de l'empire et vit dans le *Barbaricum*. Ce mot, apparu au IIIe siècle, désigne l'espace, plutôt européen, au-delà du Rhin et du Danube, hors de l'*humanitas* (la civilisation), habité par les barbares.

de Rome marche à sa mort. Une fin ? Mais quand ? Et pour quel empire ? Celui d'Occident uniquement.

Car l'Empire romain de Salvien n'est plus celui de Flavius Josèphe. Devenu sous ce nom progressivement grec et chrétien, sa partie orientale le prolongera historiquement jusqu'en 1453. Le souverain de ce que l'on nomme depuis le XVIIe siècle « Empire byzantin », du nom ancien de Constantinople, n'est-il pas « par la grâce de Dieu empereur des Romains » ? Quant à l'empire d'Occident, avec quels événements précis faut-il faire coïncider sa fin ? Doit-elle se confondre avec l'institution impériale, avec une organisation territoriale ou avec la fin du monde antique et sa civilisation ? Des questions qui ne sont pas artificielles. Elles agitaient déjà les esprits de quelques contemporains. Elles alimentent toujours disputes et controverses des moralistes[2] et des historiens, suscitant deux thèmes principaux qui reflètent souvent les préoccupations des époques où ils sont formulés. L'un a été lancé au XVIe siècle par Jean Magnus, évêque d'Uppsala, puis repris par le calviniste François Hotman, à savoir que les barbares germains ont libéré les peuples de la tyrannie romaine. Ce que l'historien Pierre Riché nomme le grand débat entre germanistes et romanistes. L'autre poursuit et approfondit la discussion entre ceux qui penchent pour une rupture relativement rapide et violente entre Antiquité et Moyen Âge et ceux qui tiennent pour une période à part entière, immiscée entre les deux premières, aux contours chronologiques nécessairement plus flous, l'« Antiquité tardive ». Une notion qui se substitue à l'expression de « Bas-Empire » créée par l'historien français Charles Le Beau en 1752.

---

2. Lié à l'idée de décadence, l'exemple romain est devenu, depuis la Renaissance et depuis le temps des Lumières avec Montesquieu et ses *Considérations sur les causes de la grandeur des Romains et de leur décadence* (1734), un lieu commun.

Popularisée en France par Peter Brown, cette notion tend à minorer l'idée de décadence et de régression au profit d'une longue survivance du monde antique au sein de laquelle se construit, par petites touches successives, plus ou moins brutales, un ordre nouveau, le Moyen Âge.

Selon l'appartenance à l'une ou à l'autre de ces écoles, les repères chronologiques diffèrent et certaines dates sont privilégiées alors que d'autres sont minimisées. D'autant qu'en France – cela existe dans d'autres pays européens – des programmes scolaires ont tracé des cadres chronologiques, arrêtant des dates de convention, arbitraires qui s'appuient d'ordinaire sur la fondation et la prise d'une ville, sur un désastre militaire ou sur le décès d'un personnage emblématique. Cas d'école, le franchissement du Rhin à la fin 405 ou au début de 406 ou de 407, par peut-être 150 000 individus, barbares vandales, alains, suèves et quades, vraisemblablement à la suite de l'avancée des Huns vers l'ouest. Selon les auteurs, c'est le prélude à l'entrée en Gaule et à l'établissement d'autres peuples, dont ceux des Francs et des Burgondes[3], à la naissance du « vandalisme » en raison de l'importance des destructions ou bien un simple épisode mineur. Pourtant, il entraîne pour l'empire d'Occident l'insécurité en Gaule, la perte de la Bretagne (l'actuelle Grande-Bretagne), l'occupation de l'Espagne, l'amorce d'une période de guerres civiles au sommet de

---

3. Il s'agit de différentes populations barbares, tribus, fédérations de tribus, ligues, alliances, dont la formation, la durée, la date de leur apparition historique, la composition et l'identité, ethnique ou non, divisent les spécialistes. Leurs noms sont le plus souvent donnés par les Grecs ou par les Romains, leurs origines géographiques légendaires et leurs déplacements hypothétiques. Leur langue permet de les regrouper. Les Alains appartiennent au monde sarmate, celui de populations nomades de langue iranienne, qui s'étend du nord du Caucase aux plaines hongroises. Sont de langue germanique du groupe oriental les Burgondes et les Vandales ; du groupe occidental les Suèves, les Quades, les Francs.

l'État, lequel ébauche une nouvelle stratégie tandis qu'un usurpateur, Contantin III, s'installe à Arles de 408 à 411.

Or, plus les études historiques se précisent, moins elles enferment la fin de l'Empire romain d'Occident dans une date, mais l'intègrent à un processus qui s'étire sur plusieurs décennies, voire plusieurs siècles. Cependant, certaines d'entre elles, sans en avancer les causes[4], s'impriment dans les consciences. Elles esquissent une sorte de fil conducteur de la disparition progressive d'un empire dont Rome était le centre du pouvoir.

Un empire étonnant, « historiquement une structure inclassable », écrit l'historien Patrick Le Roux, une mosaïque de cités et de communautés locales regroupées en provinces. À sa tête, un prince, le premier des sénateurs du sénat de Rome. Héritier des conquêtes territoriales de la République romaine, cet empire – le principat – est né des guerres civiles qui ont suivi l'assassinat de Jules César le 15 mars 44 av. J.-C. Le vainqueur en a été le petit-neveu de César et son fils adoptif, Octave, devenu en janvier 27 av. J.-C. César Auguste. Jusqu'à sa fin, l'empire portera sa marque. C'est lui qui détermine les fondements du pouvoir impérial : l'*imperium* proconsulaire, c'est-à-dire un commandement civil et militaire qui, n'étant plus lié au consulat, échappe aux principes d'annualité et de territorialité ; la puissance tribunicienne, autrement dit les

---

4. Le lecteur curieux trouvera dans l'étude de l'historien Alexander Demandt, *Der Fall Roms. Die Auflösung des römischen Reiches im Urteil der Nachwelt*, Munich, C. H. Beck, 1985, une présentation de tous les auteurs (plus de quatre cents) qui, de l'Antiquité au xxᵉ siècle, ont présenté, daté et interprété la chute de Rome. Demandt a recensé deux cent dix éléments d'explication qu'il regroupe en six grandes typologies, avant de proposer un système explicatif. Certaines thèses ont été célèbres, telle celle d'Edward Gibbon développée dans son *Histoire du déclin et de la chute de l'Empire romain* (1776-1788) qui attribuait, dans l'esprit du siècle des Lumières, la chute de Rome aux progrès du christianisme, thèse que personne n'accepte actuellement en l'état.

pouvoirs du tribun de la plèbe, mais sans limites de temps ni d'espace, qui permettent de convoquer le sénat, de défendre la plèbe, de bénéficier d'une inviolabilité sacro-sainte ; l'*auctoritas* (« autorité ») qui s'énonce dans son surnom d'*Augustus* et qui rend ses décisions supérieures à celles de tout autre collègue ; le grand pontificat qui lui assure la prééminence dans la religion publique romaine, dimension religieuse renforcée par le culte impérial. En outre, Auguste trace les grandes lignes de sa gestion admi-nistrative composée de trois éléments, Rome, l'Italie, les provinces – les unes administrées directement par l'empe-reur, les autres, « les provinces publiques », par le sénat –, met sur pied un embryon de bureaux d'une administration centralisée et spécialisée, réorganise l'armée en une armée permanente cantonnée aux frontières de l'empire, ébauche un nouvel ordre social. Mis à l'épreuve par ses successeurs immédiats (les Julio-Claudiens de 14 à 68) et par une guerre civile (68-69), le nouveau régime tint bon.

Les Flaviens (de 69 à 96), les Antonins de (96 à 192), les Sévères (de 193 à 235) le précisent, le réforment, l'améliorent, l'adaptent sans le dénaturer, tandis qu'ils étendent l'empire à la Maurétanie (Maroc), à la Bre-tagne (la Grande-Bretagne), à la rive droite du Rhin (les champs Décumates, *grosso modo* le Bade-Wurtemberg), à la Dacie (la Roumanie et la Moldavie actuelles), à l'Arabie (Jordanie et Sinaï) et aux provinces de Mésopotamie et d'Assyrie qui bordent une partie des cours de l'Euphrate et du Tigre. Au total, quelque 10 millions de kilomètres carrés, Méditerranée comprise, que peuplent entre 60 et 100 millions d'habitants au IIe siècle. En 212, l'empe-reur Caracalla donne la citoyenneté romaine à tous les hommes libres de l'empire, qui peuvent conserver s'ils le souhaitent leur propre droit privé ou coutumes indigènes.

Entre 235 et 284, l'empire vacille, trente-six empereurs et usurpateurs se succèdent ! De façon simultanée, des raids de populations barbares sur le Rhin et le Danube se conjuguent avec des razzias de peuples sahariens au sud et des opérations militaires menées par la nouvelle puissance, celle des Perses sassanides, en Orient. Même la mer Noire et la Méditerranée, *Mare Nostrum*, ne sont plus sûres ! Pour la première fois un empereur, Dèce, est tué sur un champ de bataille en 251 ; un autre, Valérien, capturé par les Perses avant d'être mis à mort en 260. À chaque fois, un scénario quasi identique : défaite militaire, élimination du souverain, acclamation par les soldats d'un nouvel empereur, guerres civiles, nouvelles attaques barbares, etc. La crise militaire et politique entraîne des crises économiques locales ou plus générales qui favorisent d'autres agressions (brigandage, piraterie maritime et fluviale). L'empire est au bord du gouffre. Siècle d'effroi et d'angoisse que dévaste encore une crise morale : recours à la religion traditionnelle, persécutions contre les chrétiens accusés d'avoir rompu la paix avec les dieux, croissance de la magie et de l'ésotérisme, progression des religions à caractère astral de la partie orientale de l'empire.

Mais l'empire tient bon. Grâce à son armature administrative, à la fidélité de ses habitants, des provinciaux qui ne pactisent pas avec les barbares mais s'organisent sur place contre eux, grâce enfin à quelques rudes empereurs, soldats énergiques, souvent d'origine illyrienne. Parmi eux Dioclétien. Avec lui, et presque malgré lui, se profile un monde nouveau.

Sept dates pour une chute

286 ? Après avoir pris le pouvoir en 284, Dioclétien, par pragmatisme et pour tenter de résoudre les problèmes politiques et militaires qui fragilisaient l'empire, s'adjoint, avec le titre de césar, Maximien, un soldat expérimenté comme lui. Objectif ? Rétablir la situation en Occident.

Devant les résultats de l'opération et pour rehausser l'autorité de son adjoint, Dioclétien l'élève à la dignité d'auguste (c'est-à-dire d'empereur) vraisemblablement le 1er avril 286. Il en fait un collègue, éventuellement un rival, mais avec un rang inférieur au sien. Cette hiérarchie se traduit dans l'idéologie impériale fondée sur l'appartenance à des lignées d'ascendance divine : Dioclétien étant dit *Jovius* (« de Jupiter ») tandis que Maximien est dit *Herculius* (« d'Hercule »). Maximien réside à Milan, Dioclétien s'installe à Nicomédie. En 293, toujours pour mieux s'adapter aux contraintes stratégiques, Dioclétien transforme cette dyarchie en tétrarchie : les deux augustes sont assistés par deux césars, possibles successeurs, qui se répartissent les tâches et des zones de combat. Vers 300, l'unité de l'empire est rétablie, sa puissance s'exerce dans les limites territoriales du IIIe siècle, à l'exception de la Dacie et des champs Décumates qui sont perdus. Suit un train exceptionnel de réformes administratives, fiscales, militaires, qui visent à assurer la *tranquillitas* – un thème qui revient souvent – mais dont les effets modifient profondément le visage de l'empire. Ainsi le sénat de Rome devient une sorte de conseil municipal de la Ville, entouré de respect, mais qui ne joue plus aucun rôle en dehors de l'Italie. Est aussi reconnu le poids primordial de la partie orientale de l'empire, plus riche, plus active. Pour être plus proches des théâtres d'opération, aucune des résidences impériales permanentes ne se trouve à Rome, mais à Nicomédie, Milan, Trêves, Thessalonique. La Ville par excellence, celle qu'avait fondée il y a plus de mille ans Romulus, s'est transmuée en un lieu de mémoire, prestigieux et symbolique. L'empereur et la famille impériale y conservent des résidences, mais les souverains n'y viennent plus : trois visites impériales en vingt ans, dont l'une, exceptionnelle, à l'occasion de l'anniversaire des vingt ans de règne des deux augustes le 20 novembre 303. « Comble du paradoxe, il faut une usurpation, celle

de Maxence[5], pour que Rome redevienne capitale de 306
à 312 », écrivent Jean-Michel Carrié et Aline Rousselle.
S'appuyant sur les prétoriens et le peuple de Rome mécontents de voir leur ville privée de la présence impériale,
Maxence embellit la Ville et utilise son passé pour affirmer sur son monnayage que le renouveau de l'empire est
indissociable de celui de Rome. Les séjours romains des
empereurs à venir, Constantin en 326, Constance II en
357, ne seront que de courts intermèdes. En revanche, des
membres féminins de la famille impériale la choisissent
comme résidence. Rome n'est donc plus le centre politique
de l'empire. Elle est en quelque sorte déclassée et délo-
calisée, même si affectivement elle demeure « la » Ville.

330 ? Le 11 mai, Constantin, empereur unique d'un
empire réunifié, réformé et réorganisé, dédicace selon
les rites ancestraux la « Nouvelle Rome » (l'expression
apparaît dès 324), la « ville de Constantin », Constantinople. Il en avait décidé la création en 324, en partie pour des considérations stratégiques, en partie pour
commémorer sa victoire navale dans la mer de Marmara
sur son dernier rival Licinius. Dès cette date, les travaux
avaient commencé. Cette ville, il la veut semblable à l'ancienne, qui ne perd pas ses privilèges. Elle sera son égale.
Constantinople aura donc sept collines, quatorze régions
(sorte d'arrondissements), un forum, le *jus italicum* (droit
italique), des distributions de blé pour ses habitants, un
sénat. Et elle conservera le *palladium*, l'un des gages de
l'éternité de Rome, une statue de Minerve que, selon la

---

5. Né vers 275, ce fils de Maximien, l'un des tétrarques, vit à Rome.
Ulcéré de ne pas être nommé césar à la mort (25 juillet 306) de l'auguste Constance Chlore, alors que les soldats ont proclamé empereur
son fils, Constantin, il soudoie à Rome les cohortes prétoriennes qui
l'acclament empereur, suivies par les Romains, heureux de retrouver
dans leur ville un souverain, même usurpateur. Il sera battu et tué par
Constantin à la bataille du pont Milvius, le 28 octobre 312.

légende, Énée aurait arrachée aux flammes de Troie et emmenée en Italie avant qu'elle soit confiée aux vestales. Désirait-il que cette ville supplantât l'ancienne ou la renforçât ? La question reste posée. Il aurait pris sa décision, explique une chronique du VIIe siècle, le *Chronicon Paschale*, après qu'un oracle lui eut annoncé que l'Empire romain allait disparaître. En outre, l'idée que le monde vieillissait, que l'éternité de « la » Ville pouvait vaciller était répandue chez les auteurs aussi bien chrétiens que païens, en particulier dans les années qui achèvent la décennie de 310. En fondant cette Nouvelle Rome pour laquelle un horoscope avait été tiré, Constantin pouvait compter sur une prolongation de six cent quatre-vingt-seize ans. Constantinople pouvait donc remplacer Rome. Enfin, une série d'anciens mythes qui sont évoqués par des monnaies et que rappelle le palais de Daphné[6] renforcent l'idée de la fondation d'une autre Rome. Une décision capitale pour l'avenir, décision qui prend en compte le déplacement du centre de gravité de l'empire vers la Méditerranée orientale. Elle sera perçue par des auteurs antiques plus tardifs de manière contradictoire. Pour le païen Zosime qui écrit au début du VIe siècle, Constantinople est l'anti-Rome, « l'innovation d'un empereur qui rejette la tradition romaine et trahit l'empire » ; pour Hésychios de Milet (VIe siècle), païen lui aussi, « ce n'est plus un monde qui s'achève, mais une civilisation qui renaît avec Constantinople, fidèle à son modèle ancien ».

395 ? Le 17 janvier meurt à Milan l'empereur Théodose. Il laisse l'empire à ses deux fils, Arcadius (395-408) et Honorius (395-423). Théodose ne prévoit pas une

---

6. Construit par Constantin, ce palais porte le nom de la nymphe aimée par Apollon. Le dieu la transforma en laurier, la plante qui symbolise la victoire, fondement idéologique du principat : ainsi Auguste, dévot d'Apollon, place-t-il une statue de la Victoire dans le sénat de Rome.

partition définitive de l'empire, mais, semble-t-il, une sorte de collégialité comme Rome en avait connue à plusieurs reprises et que lui-même avait pratiquée avec Gratien[7] de 379 à l'assassinat de ce dernier en 383 sur l'ordre de l'usurpateur Maxime. À l'aîné de ses fils, Arcadius, âgé de dix-sept ans, revient l'Orient, avec Constantinople comme capitale ; au plus jeune, Honorius, qui a onze ans, est attribué l'Occident, dont Milan est la capitale, avec un tuteur, Stilicon. Théoriquement, ce général talentueux, fils d'un officier vandale et d'une Romaine, vrai maître du pouvoir, commandant en chef de toutes les armées, exerce la régence sur l'ensemble de l'empire dont il s'obstine à conserver l'unité. Il avait épousé la nièce de Théodose et donnera successivement ses deux filles en mariage à Honorius. Il se heurte très vite à Arcadius à propos de la politique qui doit être menée envers les Goths révoltés (chacun pensant les utiliser contre l'autre) et le commandement des troupes orientales. Mais, en principe, il s'agit encore d'un empire unifié : le pouvoir impérial est toujours réputé indivisible et unique. En réalité, dans ce « monde écourté », comme l'écrit le poète Claudien (vers 370-vers 404), coexistent « deux empires jumeaux », selon le mot du savant britannique Fergus Millar, avec une région charnière tiraillée entre Occident et Orient, l'Illyricum[8], dont le statut administratif est incertain. Deux ans plus tard, les deux *partes* de l'empire s'affronteront. Parce que Théodose fut le dernier souverain à exercer seul le pouvoir sur l'empire, que

---

7. Fils de l'empereur Valentinien (364-375), élevé à l'âge de huit ans à l'augustat (en 367), il fait nommer Théodose le Jeune empereur le 19 janvier 379 pour remplacer son oncle Valens disparu lors de la bataille d'Andrinople du 9 août 378. Gratien sera tué le 23 août 383 à Lyon par un lieutenant de Maxime, général révolté en Bretagne, empereur de 383 à 388.

8. Un ensemble constitué par des provinces danubiennes et balkaniques où passe la frontière linguistique entre le grec et le latin.

les années qui suivent sont celles du passage de l'unité au morcellement et que les différences entre l'Orient et l'Occident ne cessent de s'accentuer, de très nombreux historiens ont considéré que cette date marquait la naissance de deux histoires distinctes, de deux cultures spécifiques. Une coupure à nuancer malgré tout. Pour deux raisons. La notion d'unité de l'empire était relative. Sans aucun doute, elle existait, et parfois s'était même renforcée[9] dans l'application des lois romaines, le commandement de l'armée, l'organisation générale de l'administration, dans la citoyenneté romaine et dans le culte impérial, mais l'empire était aussi constitué d'un amalgame de cités, de cultures, de peuples profondément divers et souvent rivaux. En outre, les séparations momentanées de l'empire n'étaient pas une nouveauté. La dernière en date remontait au printemps 364, lorsque Valentinien, proclamé empereur par l'armée, avait élevé presque aussitôt son frère Valens au rang d'auguste. Puis les deux hommes s'étaient répartis troupes, généraux et hauts fonctionnaires avant de regagner leur capitale : Milan pour Valentinien, Constantinople pour Valens. Comme en 395, l'unité idéologique et juridique de l'empire n'était pas remise en question, mais chacun des deux frères mena en réalité sa propre politique.

410 ? C'est la troisième fois depuis l'automne 408 qu'Alaric, roi des Goths, assiège Rome et en fait le blocus depuis ses ports, Ostie et Portus. Grâce à ses murailles imposantes, celles construites par Aurélien (270-275), longues de dix-neuf kilomètres, renforcées sous Maxence, puis en 401-402 par Stilicon, grâce aussi à des négociations, la Ville-musée (plus ou moins 800 000 habitants)

---

9. Par exemple, l'uniformisation du statut des cités à partir de l'époque de Dioclétien, avec pour corollaire l'alignement de l'Italie sur le statut des provinces.

avait échappé à l'humiliation. L'objectif d'Alaric est de faire plier Honorius, empereur d'Occident, réfugié à Ravenne réputée imprenable, afin qu'il lui donne argent, terres et dignités. Car Alaric, ancien chef de troupes barbares au service de Théodose, connaît le fonctionnement et les faiblesses des deux empires, celui d'Orient et celui d'Occident, et joue l'un contre l'autre : avant de conduire les siens en Italie à la mort de Stilicon, assassiné pendant l'été 408, il avait administré l'Illyricum oriental au nom d'Arcadius, l'empereur d'Orient, qui est mort en mai 408 et à qui a succédé son fils Théodose II (408-450). Le 24 août 410, Alaric entre à Rome par une de ses portes du nord, la porte Salaria, ouverte à la suite d'une trahison ou d'un accord négocié, et s'empare de la ville. Il souhaite limiter le pillage à trois jours, interdit de tuer, d'incendier et de détruire les églises qui serviront de lieux d'asile. Ses ordres ne furent guère respectés, sauf en ce qui concerne les églises. Ses hommes incendient, tuent, violent. Au terme de ces trois jours, Alaric quitte Rome avec du butin et des otages, dont Galla Placidia, demi-sœur de l'empereur Honorius. Il gagne la Calabre où il meurt avant la fin de l'année. Pour la première fois depuis sa prise par les Gaulois en 390 av. J.-C.[10], Rome est tombée ! Une partie de sa population a fui, une autre a été tuée, sans que l'on sache ni le chiffre global ni la répartition. La nouvelle s'est répandue dans tout l'empire. De Bethléem, où vit saint Jérôme, à Hippone (l'Annaba actuelle), dont l'évêque est saint Augustin, elle bouleverse les esprits. L'empire d'Orient, indifférent, n'a pas bougé.

---

10. L'épisode est bien connu. Selon la tradition romaine, une bande de Celtes conduits par Brennus se serait emparée de Rome, à l'exception du Capitole, sauvé par les criaillements des oies. Mise à sac, brûlée, rançonnée (« Malheur aux vaincus ! »), la Ville aurait été occupée pendant six mois. Un récit légendaire qui ne coïncide guère avec ce qu'apprennent l'archéologie et l'histoire.

455 ? Venant de Carthage, qu'ils ont enlevée en 439 avec la province romaine proconsulaire (la partie nord de la Tunisie actuelle), s'étant constitué un royaume correspondant à l'ancienne Afrique romaine, les Germains Vandales mènent sous la conduite de leur roi Genséric un raid victorieux contre la ville de Rome. Ils la pillent et la ravagent pendant quatorze jours, avec des destructions et des vols beaucoup plus importants que ceux des Goths en 410. Ils rapportent en Afrique un immense butin matériel et humain. Butin matériel : le trône d'or du palais, les chars de parade, la vaisselle d'or, le toit du Capitole, les objets de culte du temple de Jérusalem rapportés par l'empereur Titus à Rome en 70. Butin humain : des hommes, des otages parmi lesquels la veuve de l'empereur Valentinien et ses deux filles. Genséric est le roi barbare le plus puissant d'Occident.

476 ? L'empereur Romulus Augustus, surnommé Augustule (« le petit Auguste ») car il a une douzaine d'années, est déposé le 4 septembre à Ravenne par un mercenaire germain, Odoacre. Ce dernier servait comme officier le père de Romulus, le patrice[11] Oreste, un Romain de Pannonie devenu commandant en chef des armées d'Italie au service de Rome. Oreste avait, quant à lui, profité de sa situation militaire et de la faiblesse de l'empereur légitime d'Occident, Iulius Nepos, pour le chasser et le remplacer en octobre 475 par son fils, le petit Romulus Augustus, usurpateur malgré lui, sans prendre pour lui-même le titre d'empereur. Mais ne disposant d'aucuns moyens, il peinait à payer ses troupes mercenaires qui voulaient obtenir pour elles des droits identiques à ceux des autres peuples barbares installés dans l'empire, en particulier la possession de terres. Aussi proclament-elles leur chef

---

11. Titre honoraire, viager, très rare, décerné normalement par l'empereur.

Odoacre « roi des nations », c'est-à-dire des troupes barbares d'origines diverses qui constituent l'armée. Après
avoir capturé et décapité Oreste, déposé et gracié le jeune
Romulus Augustus qu'il assigne en résidence en Campa-
nie, Odoacre conquiert l'Italie et entre à Rome. Considérant le titre d'empereur en Occident comme inutile,
puisque existe en Orient l'empereur Zénon[12], il lui envoie
à Constantinople, en accord avec le sénat de Rome, les
insignes impériaux – manteau de pourpre et diadème –,
signifiant de cette manière qu'il tient son pouvoir de ce
souverain, héritier légitime d'Auguste et de Constantin, et
qu'il rétablit à son profit l'unité de l'Empire romain. Zénon
lui accorde le titre de patrice mais confirme Nepos dans
celui d'auguste pour l'Occident. S'étant concilié l'aristocratie romaine qui le soutient, sans aversion mais sans
ardeur, acceptant comme empereur Nepos – impuissant
et confiné en Dalmatie –, puis naviguant en diplomatie
entre barbares et Constantinople, il trouvera plus fort et
plus fin que lui avec Théodoric. Lequel le tuera en 493,
avant de fonder en Italie le premier royaume barbare,
apparaissant comme un roi ethnique pour les siens, les
Ostrogoths, un rassemblement de divers groupes barbares
autour d'un noyau goth, et comme un représentant de
l'empereur pour les populations romaines.

480 ? Le 9 mai, Flavius Julius Nepos, toujours empereur d'Occident en titre, meurt en Dalmatie. Désigné par
l'empereur d'Orient pour diriger l'Occident en tant que
césar, il avait débarqué à Ravenne au printemps 474 avant
d'entrer à Rome en juin où il avait été reconnu auguste

---

12. Originaire d'Asie Mineure, ancien commandant de la garde personnelle de l'empereur d'Orient Léon Ier dont il a épousé la fille aînée,
Zénon se fait proclamer empereur à la mort de son beau-père le 18 janvier 474, avec l'accord de sa veuve, l'impératrice Vérine. Il régnera
jusqu'à sa mort en 491.

par l'empereur d'Orient Zénon. Peu soutenu en Italie, ni par l'armée ni par le sénat de Rome qui le considéraient comme un Grec, il y avait donc été renversé par Oreste et s'était réfugié en Dalmatie dont il était roi. Il y meurt, probablement assassiné. Ce sera Odoacre qui le vengera et s'emparera de la Dalmatie. À partir de sa mort, « il n'y eut plus à l'ouest ni empire ni empereur », peut conclure légitimement Marcel Le Glay. Mais le sénat de Rome existe toujours et administre toujours la Ville. Et le consulat ordinaire romain, une magistrature essentiellement honorifique ramenée depuis 396 à un seul individu (un autre consul existe, mais pour la partie orientale), continue à être brigué par les familles richissimes au moins jusqu'en 527 !

L'histoire sans fin

Comment choisir entre ces dates sans fin qui jalonnent une histoire événementielle très complexe dont Michel De Jaeghere a démêlé l'écheveau avec virtuosité ? Déjà dans l'Antiquité, les contemporains et les historiens hésitaient. Depuis le XIXe siècle, chacune de ces dates a été retenue par des savants, avec des arguments solides pour fixer la fin de l'Empire romain d'Occident[13] et sa dissociation d'avec l'Empire romain d'Orient. Suivant le point de vue adopté par les spécialistes – de Byzance, du haut Moyen Âge occidental, de Rome, du droit, etc. – pour appréhender cette « fin des fins », les critères qui signalent qu'une époque s'évanouit et qu'une autre s'entrouvre sont différents, toujours confus et difficiles à discerner. Comme si Rome n'en finissait pas de mourir. Deux exemples, la

---

13. Certains même, et non des moindres parmi les historiens, font remonter la césure entre Antiquité et Moyen Âge, au cours des crises du IIIe siècle. Ainsi Marc Bloch : « Le mur urbain du IIIe siècle séparait l'Antiquité du Moyen Âge. »

prise de Rome en 410 et la déposition de Romulus Augustule en 476, éclairent cette proposition.

En 410, Rome tombe, comme nous l'avons dit, aux
mains de barbares chrétiens. Le mythe d'une Rome
éternelle s'effondre. Si les conséquences stratégiques et
politiques de ce raid sont minimes, le retentissement psychologique et spirituel est démesuré. À plusieurs reprises
dans ses lettres, Jérôme s'avoue « consterné, bouleversé,
stupéfait », car avec la prise de la ville « qui prit tout
l'univers », « c'est l'univers tout entier, et la civilisation,
qui ont péri », c'est « le flambeau le plus éclatant du
monde qui s'est éteint », c'est « l'empire qui a été décapité » : Rome est devenue « le tombeau des peuples dont
elle était la mère ». À qui la faute ? « À nos péchés, à
nos vices », ajoute-t-il. « Aux chrétiens qui ont déclenché
la colère des dieux », affirment les tenants de la religion traditionnelle de Rome. Dès qu'il connut le sac de
Rome, Augustin aborda cette actualité dans une série
de cinq sermons : « Les nouvelles sont horribles : ce ne
sont qu'amas de ruines, incendies, pillages, meurtres,
tortures. » Ces sermons qui s'échelonnent sur une année,
à la fois consolation et exhortation, sont destinés à rassurer les chrétiens, qu'ils soient de sa pastorale ou qu'ils
aient quitté Rome pour se réfugier en Afrique, afin de
consolider leur espérance en Dieu. Augustin constate que
le monde vieillit, que Rome n'est pas éternelle, qu'elle
périt comme toute chose terrestre, que les malheurs présents ne sont pas un objet de scandale pour les chrétiens, qu'ils sont indépendants des *tempora Christiana*,
car au-delà se dessinent la loi divine supérieure aux
contingences humaines et la perspective d'un salut éternel. Cette distinction, il la reprendra à partir de 412 et
l'amplifiera dans *La Cité de Dieu*. Six à sept ans plus tard,
le jeune prêtre espagnol Orose, qui écrit ses *Histoires
contre les païens*, relève qu'un visiteur à Rome pourrait croire que rien ne s'est passé si ce n'est qu'existent

encore des ruines de bâtiments incendiés. Et le rythme des constructions chrétiennes, fondations nouvelles ou réaménagements de bâtiments plus anciens, n'a pas été ralenti par le sac de la ville.

C'est un sentiment assez proche de celui d'Orose qu'éprouve le Romain d'origine gauloise Rutilius Namatianus, préfet de Rome en 414, qui en 417 retourne dans sa patrie près de Toulouse, une région que les barbares ont dévastée. Dernier poète païen de l'Antiquité, il a mis en vers le récit de son voyage de retour dont ne subsiste que la partie maritime, d'Ostie à Luna, aux confins de l'Étrurie et de la Ligurie. Témoin de la prise de Rome, il a vu l'« assassinat de la mère du monde », il sait que « les villes peuvent mourir », mais il a foi dans le dynamisme de la « Ville chérie » dont il chante les charmes et les beautés. N'a-t-elle pas d'ailleurs effacé les traces du désastre ? Et, assure-t-il, « les siècles qui lui restent à vivre ne sont soumis à aucune limite, tant que subsistera la terre et que le ciel portera les astres ». En une décennie, Rome s'était relevée, malgré une population amoindrie. Et Namatianus, persuadé comme les Romains de l'éternité de la Ville, réclame un châtiment pour les Goths, cette « nation sacrilège » qui doit payer à Rome de riches tributs ! Illusion ? Confiance ? Rhétorique ?

Deuxième date, l'année 476, celle de la déposition du jeune Romulus Augustus et de l'envoi des insignes impériaux à Constantinople. A-t-elle été vécue dans l'indifférence générale ? On le répète. Et c'est très possible tant les événements sont en eux-mêmes insignifiants dans la mesure où le pouvoir du petit usurpateur est des plus minces et où règne encore, en théorie, un empereur légitime en Occident, Julius Nepos, qui détient ses pouvoirs de l'empereur de Constantinople, Zénon. Pour autant, « la chute sans bruit d'un empire », selon l'expression d'Arnaldo Momigliano, doit-elle être reléguée dans les coulisses de l'histoire ? Ce dernier s'insurgeait contre une telle attitude. Pour lui, la portée symbolique de l'épisode n'est pas négligeable et certains contemporains parmi l'aristocratie occidentale de l'Empire pouvaient l'avoir ressenti. Ainsi un Illyrien, le comte Marcellin, écrit-il vers 519 une chronique où il note : « L'Empire romain d'Occident que le premier des augustes, Octavien Auguste, avait commencé à tenir à partir de la 709ᵉ année de la fondation de la Ville, périt avec cet Augustule, en la 522ᵉ année de règne des empereurs qui l'avaient précédé, après quoi Rome fut tenue par les rois des Goths. » Quelques années plus tard, l'historien Jordanès[14], dans son *Histoire des Goths*, reprend une formulation quasi identique. L'un a-t-il influencé l'autre ou suivaient-ils tous deux une source commune, l'opinion émise par l'historien Aurelius Memmius Symmachus, consul en 485 ? Cette hypothèse, très plausible, a été avancée par plusieurs spécialistes. D'autant que des clercs reprennent à leur compte l'idée de la primauté et de l'éternité de Rome, mais au profit de l'autorité ecclésiastique. Quoi qu'il en soit, cette date, moins légitime que celle de 480, est devenue celle qui est retenue le plus souvent par les historiens modernes pour marquer la fin de l'Empire romain d'Occident. Une date conventionnelle, qui profite du nom emblématique du petit Romulus Augustus : ne réunit-il pas celui du fondateur mythique de Rome à celui du créateur de l'empire ?

Si ces dates peuvent *grosso modo* aider à comprendre la chute de la ville de Rome, elles sont impossibles à appliquer à l'ensemble des territoires qui composent l'Empire romain d'Occident. D'un point de vue juridique, l'empire

---

14. Goth d'origine, historien du milieu du VIᵉ siècle, il est très mal connu. On sait qu'il résuma l'*Histoire des Goths* qu'écrivit Cassiodore avant 526 pour le roi Théodoric, un ouvrage perdu, qui n'est connu que par celui de Jordanès, appelé aussi *Getica*.

demeure un ensemble unifié par des lois valides en théorie sur tout son territoire. La réalité est différente et contradictoire. Depuis les crises du IIIe siècle, les provinces connaissent en effet, et de façon beaucoup plus marquée qu'auparavant, une évolution spécifique, alors même que sur le plan administratif leur statut s'uniformise. Les facteurs qui expliquent ces variations sont multiples : proximité avec les frontières de l'empire et avec les populations barbares qui vivent à l'extérieur, importance et sédentarisation (ou non) de ces populations lorsqu'elles s'installent dans une région de l'empire, puissance des armées impériales qui y cantonnent, liaisons avec Rome, énergie de son gouverneur, mouvements sociaux internes constituent autant de facteurs à relever. Ainsi, pour le pouvoir impérial d'Occident, la Bretagne est perdue en 407, la péninsule Ibérique progressivement occupée par des populations barbares à partir de 409, l'Aquitaine passe aux Wisigoths en 418, l'Afrique envahie en 429 devient royaume vandale en 439, la vallée du Rhône et la future Savoie sont dominées par les Burgondes vers 443, tandis que les Francs contrôlent les territoires au nord de la Somme. Que reste-t-il à l'empereur d'Occident à qui ces souverains barbares reconnaissent une vague autorité, sorte de fiction légale à laquelle les deux parties s'accrochent ? L'Italie et quelques régions voisines.

Si l'on compare deux cartes de l'empire, l'une en 376, l'autre un siècle plus tard, en 476, un constat s'impose : en Occident, l'empire a disparu. Il n'existe plus qu'en Orient. Ce qui ne signifie pas que le monde antique se soit totalement évanoui. Au-delà des ruines, il en subsiste des fragments, un certain art de vivre réservé aux puissants, l'usage du latin, la survie de la cité passée sous l'autorité des évêques. Mais l'institution politique n'est plus. Comme disparaissent également en Occident une certaine culture moyenne, une architecture, un système fiscal et des choses infimes de la vie quotidienne que signalent Sidoine

Apollinaire (vers 430-vers 487) ou plus tard Venance Fortunat (vers 530-609), évêque de Poitiers dont les auditeurs sont ces barbares « incapables de faire la différence entre un bruit rauque et une voix harmonieuse ».

Anatomie d'un désastre

Les causes ? Un faisceau. Il y a d'abord la faiblesse et l'instabilité du pouvoir central, celui de Constantinople en Orient, de Milan ou de Ravenne en Occident. Alors qu'au IIIe siècle, malgré les crises de toutes sortes et les menaces de dislocation, le modèle impérial avait tenu bon grâce à une administration structurée, à une armée qui tant bien que mal résista et s'adapta, et grâce aussi à quelques personnalités d'exception (Gallien, Aurélien, Dioclétien), le Ve siècle ne connaît rien de tel. Politique confuse, renversement d'alliances, guerres de clans, ambitions personnelles : tout cela n'est pas nouveau, mais coexistait avec un réel souci de servir l'État et la *Romanitas* qui s'était poursuivie au IVe siècle avant de disparaître, ou peu s'en faut, au Ve siècle. De plus, la division de 395, qui ne devait être que passagère, semblable à celles qu'avait connues, nous l'avons vu, à plusieurs reprises l'empire, se révéla, pour des raisons multiples, pérenne.

Ce n'était pas non plus la première fois que l'empire rencontrait des barbares, qu'ils soient indigènes (Gaulois, Numides) ou qu'ils aient été installés à l'intérieur de l'empire. Mais qu'ils aient été ou non vaincus, ils avaient été assimilés, étaient devenus, pour les hommes libres, citoyens romains en 212, et avaient pris à leur compte les valeurs idéales que proposait Rome : *humanitas*, vie civique, sens de l'État, respect de la loi. Ne lit-on pas sur la tombe modeste d'un Africain tué en 238 lors de la révolte contre l'empereur Maximin le Thrace, jugé tyrannique : « Il mourut pour l'amour de Rome » ? De leur côté, les barbares de l'extérieur, du *Barbaricum*, auteurs de razzias et de raids incisifs à l'intérieur de l'empire, avaient été plus ou moins fixés et contenus au IIIe siècle par l'établissement de frontières militaires – celles que l'on nomme trop rapidement *limes* – sur le Rhin et le Danube et par une vieille pratique, celle de royaumes clients avec lesquels Rome passait des traités. Ces différents peuples connaissent l'Empire romain. Ils l'admirent, l'envient et éventuellement lui fournissent des guerriers, une tendance qui s'accentue dans la première moitié du IVe siècle où apparaissent des généraux d'origine germanique. Tout autre apparaît la situation au Ve siècle.

Ce que nous nommons les « grandes invasions » et que les historiens allemands appellent la « migration des peuples » (*Völkerwanderung*) commence vers 360. Si l'Empire romain d'Occident sait faire face à un regain d'agressivité de la part de peuples barbares qui vivent à ses limites occidentales, il en est autrement sur le Danube inférieur, domaine de Valens, devant la demande des Goths en 376 : passer le fleuve et s'installer dans l'empire. La requête des Goths est pressante. Pour des raisons diverses et mal connues – elles vont du changement dans leur mode de vie à un réchauffement climatique –, les Huns ont quitté les steppes de l'Asie centrale et se déplacent vers l'ouest, vers l'Europe centrale. Avec d'autres peuples, ils ont constitué une armée d'une redoutable efficacité, franchi le Don et bousculé les Goths que les Romains connaissent bien. C'est une partie d'entre eux, au nombre de 200 000 dit-on, celle qui refuse de se soumettre aux Huns, qui demande à être acceptée dans l'empire, en Thrace, et à y recevoir des terres. Pour l'empereur Valens, ces guerriers sont une aubaine. Il autorise donc leur entrée mais veut la contrôler selon les usages, comme s'il s'agissait de vaincus. Le transbordement d'une rive à l'autre du Danube s'effectue dans de mauvaises conditions. L'accueil des Goths, que suivent d'autres bandes barbares, est désordonné ; une échauffourée conduit à la guerre, la guerre à la bataille d'Andrinople (l'actuelle Edirne, en Turquie) le 9 août 378 : un désastre romain, seuls 6 000 hommes sur près de 30 000 survivent – parmi les morts, Valens. La frontière du Danube ouverte, les Balkans livrés aux barbares : la situation dont hérite Théodose est catastrophique. Il n'a pas d'armée à opposer aux barbares. Il doit se contenter de retourner leurs chefs les uns contres les autres. Limite-t-il les dégâts en passant en 382 un traité (un *foedus*) avec les Goths ? Accepte-il « la part du feu » ? Pour la première fois des barbares invaincus s'installent à l'intérieur de l'empire, en Thrace, conservent leurs particularismes et leurs structures tribales, deviennent propriétaires de leurs terres alors qu'ils ont détruit une armée romaine et fait mourir un empereur sur le champ de bataille ! En échange, ils fournissent des contingents militaires de soldats fédérés, combattant sous le commandement de leurs propres chefs.

Ce précédent se généralisera au ve siècle et s'aggravera. Car les peuples qui s'installent alors à la suite de leurs pérégrinations formeront des corps autonomes qui morcelleront la partie occidentale de l'empire. Le pouvoir romain, incapable de les détruire comme il est incapable de les assimiler, les utilise, lorsqu'il le peut, comme soldats à son service pour lutter contre d'autres populations barbares. Ces dernières conservent leurs institutions, leur façon de vivre, leur culture militaire, leur droit, adoptent le christianisme souvent sous la forme de l'arianisme[15],

---

15. Hérésie chrétienne développée par Arius (256-336), prêtre d'Alexandrie, et condamnée au concile de Nicée en 325 et à celui de Constantinople en 381. Affirmant que le Fils est une créature, inférieure au Père, seul incréé, elle se répand chez les Goths, les Vandales et les Burgondes.

profitent des circuits et des systèmes économiques mis en place par Rome (ainsi les Vandales en Afrique), même s'ils s'amenuisent, tandis que leurs princes collectionnent les titres romains pour mieux consolider leur pouvoir sur leurs peuples et créer ce que l'on nomme les « royaumes barbares », cherchent à épouser des femmes de l'aristocratie impériale et s'entourent d'une cour trop importante pour eux mais qui leur confère un statut culturel. Le pouvoir ayant horreur du vide, leurs princes remplacent presque naturellement les fonctionnaires de Rome. Paradoxalement, l'aristocratie romaine en place, pour des raisons diverses qui vont du maintien de leur pouvoir local à la complaisance envers de puissants étrangers en passant par le souci d'échapper à des destructions et de sauvegarder ce qui est possible, adopte leur genre de vie et accepte une germanisation de leur propre société. Ce sera à la tête d'une coalition de fédérés barbares et de troupes romaines que le patrice Aetius arrêtera et battra l'armée hunnique et germanique d'Attila au *Campus Mauriacus*, les champs Catalauniques, près de Troyes, en 451. Généraux barbares, rois barbares, Romains barbarisés sont devenus les acteurs principaux d'une vie politique qui se résume à des entreprises guerrières ou diplomatiques afin de préparer ou d'éviter les premières. La vie culturelle, elle, se rassemble presque entièrement autour des évêques et des clercs qui s'impliquent également de plus en plus dans l'administration locale. Un monde nouveau est en gestation.

Subsiste néanmoins le rêve impérial, celui de l'unité d'un empire qui doit renaître. Il habitera Justinien, dernier empereur d'Orient à avoir tenté par les armes autant que par les lois de reconstituer l'Empire romain de l'Espagne à l'Asie. Lorsqu'il meurt, à l'âge de quatre-vingt-trois ans, le 14 novembre 565, le pallium qui le recouvre le représente foulant le roi vandale, entouré des personnifications de Rome et de l'Afrique qu'accompagnent des allégories de peuples vaincus. Comme si l'Empire romain vivait toujours. Au vrai, les magistratures de Rome s'éteignent les unes après les autres : en 600, la préfecture urbaine. En 608, un ultime monument est érigé sur le Forum de Rome, une colonne en l'honneur de l'empereur d'Orient Phocas (602-610), colonne que l'on a prélevée sur un édifice déjà construit, pour remercier cet empereur d'avoir fait don du Panthéon au pape Boniface IV. L'année suivante, ce temple, construit par Hadrien sur l'emplacement d'un sanctuaire plus ancien réalisé par Agrippa entre 27 et 25 av. J.-C., est transformé en église : un résumé de la Rome impériale et un symbole. Rome est redevenue capitale d'un empire, mais un empire spirituel, celui de la chrétienté dont les souverains, les papes, portent le titre de Grand Pontife.

Cependant, le modèle impérial romain survit. C'est Charlemagne, qui est couronné empereur le 25 décembre 800 à Rome, acclamé « Charles Auguste [...] grand et pacifique empereur des Romains » et reconnu en 812 comme tel par Michel Ier, empereur d'Orient et lui aussi « empereur des Romains ». C'est Otton Ier qui restaure l'empire, la *renovatio imperii*, fonde ce qui deviendra le Saint Empire romain germanique et se fait couronner empereur à Rome le 2 février 962. S'il ne porte qu'exceptionnellement le titre d'*imperator Romanorum et Francorum*, pour ne pas froisser le *basileus* de Byzance qui estime être le seul à avoir droit au titre d'empereur romain, son sceau reprend le titre qu'il porte dans ses actes, *Imperator Augustus*. C'est encore Napoléon qui emprunte à Rome les insignes impériaux, tandis qu'auparavant, en Russie, Moscou était devenue la troisième Rome. Kaiser, Csar, empereur, autant de termes pour désigner une même référence, celle des césars et des empereurs romains. Avec, sous des formes diverses, le même idéal, l'idée impériale.

L'OCCIDENT ROMAIN EN 475

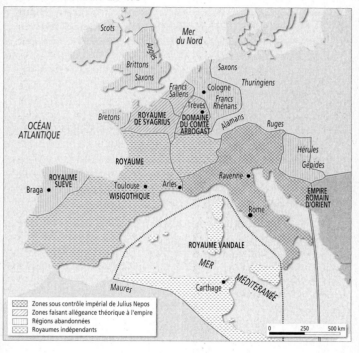

Scots

Mer
du Nord

Anglès

Brittons
Saxons

Saxons

Thuringiens

Francs
Saliens

Cologne

Francs
Rhénans

Trèves

Bretons

ROYAUME
DE SYAGRIUS

DOMAINE
DU COMTE
ARBOGAST

Alamans

Ruges

OCÉAN
ATLANTIQUE

ROYAUME

Hérules

Gépides

Ravenne

ROYAUME
SUÈVE

Braga

Toulouse

Arles

EMPIRE
ROMAIN
D'ORIENT

WISIGOTHIQUE

Rome

ROYAUME VANDALE

MER

MÉDITERANÉE

Maures

Carthage

Zones sous contrôle impérial de Julius Nepos
Zones faisant allégeance théorique à l'empire
Régions abandonnées
Royaumes indépendants

0   250   500 km

BIBLIOGRAPHIE SÉLECTIVE

Aillagon, Jean-Jacques, Roberto, Umberto, et Rivière, Yann (dir.), *Rome et les Barbares. La naissance d'un nouveau monde*, catalogue de l'exposition du Palazzo Grassi (Venise, janvier-juillet 2008), Venise, Skira, 2008.

Carrié, Jean-Michel, et Rousselle, Aline, *L'Empire romain en mutation. Des Sévères à Constantin, 192-337*, Paris, Seuil, 1999.

Chastagnol, André, *La Fin du monde antique*, Paris, Nouvelles Éditions latines, 1976.

Coumert, Magali, et Dumézil, Bruno, *Les Royaumes barbares en Occident*, Paris, PUF, 2010.

De Jaeghere, Michel, *Les Derniers Jours. La fin de l'Empire romain d'Occident*, Paris, Les Belles Lettres, 2014.

Heather, Peter, *The Fall of the Roman Empire. A New History*, Londres, Macmillan, 2005.

Inglebert, Hervé, *Atlas de Rome et des barbares, IIIe-VIe siècle*, Paris, Autrement, 2009.

Lançon, Bertrand, *L'Antiquité tardive*, Paris, PUF, 1997.

Le Bohec, Yann, *L'Armée romaine sous le Bas-Empire*, Paris, Picard, 2006.

Le Glay, Marcel, *Rome II, grandeur et chute de l'Empire*, Paris, Perrin, coll. « Tempus », 2005.

Maraval, Pierre, *Constantin le Grand*, Paris, Tallandier, 2011.

Mazzarino, Santo, *La Fin du monde antique. Avatars d'un thème historiographique*, Paris, Gallimard, 1973.

Modéran, Yves, *Les Vandales et l'Empire romain*, Arles, Errance, 2014.

Modéran, Yves, *L'Empire romain tardif, 235-395 ap. J.-C.*, Paris, Ellipses, 2003.

Morrisson, Cécile (dir.), *Le Monde byzantin. L'Empire romain d'Orient (330-641)*, Paris, PUF, coll. « Nouvelle Clio », 2004.

Ward-Perkins, Bryan, *The Fall of Rome and The End of Civilization*, Oxford, Oxford University Press, 2005 ; traduction française de Frédéric Joly, *La Chute de Rome. Fin d'une civilisation*, Paris, Alma Éditeur, 2014.

3

LA CHUTE VERTIGINEUSE
DE L'EMPIRE PERSE SASSANIDE
(début du VIIe siècle)

par Arnaud Blin

> « Quel est le pouvoir absolu que n'attendent pas la chute et la dégradation, ni l'apparition d'un maître et d'un bourreau ? Et de l'un à l'autre état la transition n'est pas longue ; il suffit d'une heure pour passer du trône aux genoux d'un autre. »
>
> Sénèque, *De la tranquillité de l'âme*

Héritier redouté de la grandeur des Achéménides, rival historique et souvent victorieux des Romains, l'Empire perse conjuguait puissance militaire, étendue et ancienneté.

Résultat de graves divisions intenses et d'une menace extérieure grandissante – la confrontation avec l'Islam conquérant des origines s'ajoutant à celle ancestrale de Byzance –, sa chute répondit à son apogée par son caractère à la fois spectaculaire et brutal ; les deux engendrant un imaginaire, presque un mythe, qui n'a jamais cessé de hanter la mémoire des hommes.

L'EMPIRE SASSANIDE AU VIᵉ SIÈCLE

Légende :

Axes des offensives sassanides

Expansion et victoires de l'Islam

- Empire sassanide au VIᵉ siècle
- Zone disputée aux Byzantins
- Empire romain d'Orient
- Territoires des Huns Hephtalites

Lieux : Kachgar, Otrar, Talas, Samarkand, KÖKTÜRKS, SOGDIANE, Sir-Daria, Amou-Daria, Boukhara, MER D'ARAL, INDE, Indus, Kaboul, Ghazna, BACTRIANE, Bactres, Merv, Herat, ROUTE DE LA SOIE, Nichapour, KHORASAN, Ispahan, Kerman, KERMAN, Persépolis, Chiraz, FARS, Daïbou, Mer Caspienne, Rey, Nehavend 642, Hamadhan, Chustar, Golfe Persique, AZERBAÏDJAN, Ctésiphon, MÉSOPOTAMIE, Tigre, Euphrate, Nisibe, ARMÉNIE, GÉORGIE, Tiflis, Koura, Trébizonde, Mer Noire, Ankara, EMPIRE ROMAIN D'ORIENT, Antioche, Damas, Jérusalem, Égypte, MER MÉDITERRANÉE, Alexandrie, Constantinople, Nicée, Athènes, La Mecque, Médine, Qadisiya 636, YÉMEN vers 570

Expansion de l'Islam 634-644

602-627

En 622, un homme s'apprête à renverser l'ordre géopolitique du continent eurasiatique à son profit. Khosrô II (r. 591-628) est à la tête d'un empire, celui des Sassanides, à l'apogée de sa puissance, et il semble sur le point de réécrire l'histoire du monde et d'imprimer à son peuple un nouvel âge d'or. En face de l'armée perse, l'Empire byzantin fait pâle figure et le choc décisif entre les deux superpuissances va vraisemblablement entraîner l'effondrement des Romains d'Orient. Mais les vents de l'histoire sont imprévisibles et ils vont brusquement changer d'orientation pour projeter l'Empire sassanide à sa perte. Contre toute attente, c'est un scénario inattendu qui va s'écrire et ce peuple fier et conquérant que sont les Perses sera bientôt réduit à l'impuissance par Héraclius, le sauveur de l'Empire byzantin, avant de subir le joug des armées musulmanes.

Car au moment même où Khosrô II s'apprête à réaliser le vieux rêve antique des Achéménides et à transformer la face du monde, un modeste caravanier dont il n'a logiquement jamais entendu parler et qui de toute manière ne représente rien pour le « roi des rois » est en train de vivre un événement en apparence anodin, qui pourtant se révèlera l'un des plus marquants de toute l'histoire de l'humanité. Cet homme, Mahomet, qui tente de communiquer à son entourage l'extraordinaire expérience spirituelle qu'il a vécue une douzaine d'années auparavant, est contraint de quitter sa ville natale, La Mecque, avec une poignée de partisans. Rien ne laisse alors présager que ce sera lui l'instigateur de la révolution qui va bientôt ébranler le monde et dont l'Empire perse sera l'une des premières victimes.

Le redoutable Khosrô aurait dû logiquement incarner la magnificence de la Perse aux côtés de Cyrus et Darius le Grand. Au contraire, son règne restera pour l'histoire associé au chant du cygne de cet empire qu'il voulait omnipotent et qu'il croyait éternel. De fait, un quart de siècle plus tard, l'Empire sassanide n'est plus. Balayé par les armées musulmanes qui, en 622, sont quasiment inexistantes, le glorieux Empire perse va s'effacer de la manière la plus soudaine et la plus improbable. Malgré tout, la civilisation dont cet empire – peu connu aujourd'hui en Occident – laisse une trace profonde irradiera cette partie du monde durant plusieurs siècles, et les fondations sociales, économiques, politiques et culturelles léguées par les Sassanides permettront aux envahisseurs, une fois ceux-ci installés sur les décombres de l'empire, de rayonner durablement sur le monde méditerranéen.

La chute des Sassanides fut déterminante à bien des égards et on ne saurait exagérer l'importance de cet événement cataclysmique causé tout à la fois par la montée en puissance des musulmans et par l'incurie du pouvoir perse. Car l'histoire des vingt et quelques années qui séparent la confrontation entre Khosrô II et Héraclius de la fuite du dernier des Sassanides, Yazdegerd III, se résume pour les Iraniens à une succession d'échecs militaires et d'errements politiques qui vont conduire l'Empire perse à la catastrophe. Rares dans l'histoire sont les empires qui auront connu un revers de fortune aussi dramatique, et le destin funeste des Sassanides est à ranger au côté de celui des grands empires amérindiens des Aztèques et des Incas qui, dans des circonstances assez similaires, se virent anéantis par l'irruption inattendue de guerriers insondables dont la foi inextinguible sembla décupler la puissance.

Les Empires perses

Après la Chine, la Perse constitue la civilisation la plus résiliente de l'histoire et son mérite est d'autant plus grand que sa situation géographique la plaça dans une position d'extrême vulnérabilité que même les Chinois ne peuvent lui contester. Située à un carrefour où nomades et sédentaires se sont régulièrement affrontés dans d'âpres combats, elle dut lutter pour son intégrité territoriale mais aussi pour sa culture et pour ses croyances. À l'instar de la Chine, elle parvint à se constituer une sorte d'anticorps qui lui permit, lorsqu'elle se révéla incapable de résister militairement, d'absorber l'envahisseur sur la durée pour renaître de ses cendres, chaque fois sous une forme nouvelle mais intégrant dans sa mémoire ses incarnations précédentes. Mais contrairement à celle-ci, elle ne put résister au raz de marée musulman[1] qui, après avoir anéanti ou presque le zoroastrisme[2], imprégna tous les pores de son corps et provoqua sa métamorphose. Malgré cela, la Perse parvint à préserver son caractère unique et, aujourd'hui encore, l'Iran se distingue culturellement de son entourage géopolitique[3].

---

1. Écrasés par l'armée abbasside à Talas (à la frontière des actuels Kirghizistan et Kazakhstan) en 751, les Chinois virent leur emprise potentielle sur l'Asie centrale remise en cause par cette défaite retentissante mais inexploitée par les vainqueurs. Plus lourde de conséquences aurait été une défaite probable face à Tamerlan en 1405, mais ce dernier mourut opportunément alors qu'il s'apprêtait à conquérir l'empire du Milieu.

2. Le zoroastrisme, également appelé mazdéisme, est une religion monothéiste, imprégnée d'une éthique rigoureuse, qui se développe en Perse au VIe siècle av. J.-C. Son fondateur est Zoroastre, son dieu Ahura Mazda. Le zoroastrisme véhicule un certain nombre de valeurs, comme la justice, que l'on retrouvera dans les religions abrahamiques. Religion officielle puis religion d'État des Empires achéménide et sassanide, le zoroastrisme survit aux invasions musulmanes comme religion minoritaire en Iran et il gagna aussi le sous-continent indien. Au XXIe siècle, le zoroastrisme ne compte plus que quelques centaines de milliers de pratiquants.

3. Le particularisme iranien s'exprime aussi dans le domaine religieux. Rappelons que l'Iran abrite au XXIe siècle un tiers des populations chiites du monde et que le pays est lui-même majoritairement chiite.

Dès l'Antiquité, la Perse occupa une position stratégique déterminante en plein cœur de l'Eurasie. Bien plus que les steppes d'Asie centrale, que le célèbre géopoliticien britannique Halford Mackinder percevait comme le pivot du monde, c'est le plateau iranien qui joua durablement ce rôle essentiel pour l'histoire du continent et même du monde. Avec la Chine et l'Inde à l'est et le bassin méditerranéen à l'ouest, l'Eurasie voyait s'épanouir sur ces trois zones ses principaux pôles de civilisation et ses grands centres économiques. Au nord, les vastes steppes, et au sud, les immensités désertiques de la péninsule Arabique constituaient autant de foyers potentiels d'instabilité. En plein centre de la masse eurasiatique, la Perse constitua le véritable « empire du Milieu », jouant un rôle de balancier essentiel pour la géopolitique eurasiatique, comparable à celui qu'eut l'Angleterre pour l'Europe de l'époque moderne.

La Perse prend forme avec l'Empire achéménide, fondé par Cyrus le Grand en 550 av. J.-C., qui devient la première véritable superpuissance eurasiatique et le plus vaste empire connu jusqu'alors. D'une certaine façon, les Achéménides préfigurent la grande Rome avec le développement simultané d'une administration efficace, d'un pouvoir décentralisé et d'une armée redoutable. Subdivisé en une vingtaine de provinces, ou satrapies, l'Empire achéménide, contrairement aux pratiques de l'époque, témoigne de mansuétude envers les peuples soumis qui participent à la gestion politique du pays et conservent leur autonomie culturelle. Cette approche contribue de manière significative à son expansion territoriale.

Grâce aux apports successifs de Darius, Cambyse et Xerxès, l'empire croit pour s'étendre à son apogée

---

C'est seulement au XVIe siècle que le chiisme s'imposa comme religion d'État en Iran avec l'arrivée au pouvoir des Séfévides.

depuis l'Indus jusqu'en Thrace (actuelle Bulgarie), écrasant par sa taille le monde grec, minuscule en comparaison. Pour autant, le combat asymétrique qui oppose la superpuissance aux armées hellènes ne joue pas en faveur des Perses qui butent systématiquement sur l'adversaire. Mais les échecs répétés face aux Grecs à Marathon (490), Salamine (480) et Platées (479), s'ils résonnent durablement sur la conscience collective occidentale, ne remettent pas en cause l'hégémonie perse sur l'immense zone occupée. Beaucoup plus dure est la défaite subie par Darius III face à Alexandre le Grand à Gaugamèles (ou Arbèles, 331), qui voit s'effondrer la dynastie achéménide après une confrontation où les Perses bénéficiaient pourtant d'une nette supériorité numérique. Malgré tout, Alexandre greffe son pouvoir sur les structures existantes et ce n'est qu'après sa mort que l'empire se voit démantelé. Avec l'hégémonie romaine qui s'affirme un peu plus tard sur une partie des zones contrôlées précédemment par les Achéménides, la Perse se confine pour le coup dans les seconds rôles. Pour autant, les Iraniens demeurent de redoutables guerriers et l'absence de pouvoir central les rend d'autant plus insaisissables. Durant la longue période de quatre siècles qui sépare le démantèlement de l'empire d'Alexandre de la prise de pouvoir des Sassanides, la Perse est brièvement sous domination grecque[4], puis parthe, la dynastie des Arsacides, du nom de son fondateur, Arsace Ier, s'octroyant le pouvoir à partir de 247 av. J.-C.

Les Parthes sont un peuple de guerriers nomades dans la tradition des hommes de la steppe qui, avec les Sarmates et les Alains[5] (deux peuples également

---

4. Elle est incorporée en 312 av. J.-C. à l'Empire séleucide.

5. Les Sarmates, apparentés aux Scythes, étaient descendus d'Asie centrale vers la Russie puis, avec la poussée des Huns, vers les Balkans.

iranophones), et surtout les Huns puis les Mongols et les Turcs, jouent un rôle essentiel dans la dynamique géostratégique du continent eurasiatique jusqu'au règne d'Ivan le Terrible au XVIᵉ siècle. La victoire historique de Carrhae (53 av. J.-C.), où la cavalerie iranienne des Parthes réduit à néant les légions romaines de Crassus, démontre qu'il faut toujours compter sur la puissance des armées perses. L'échec retentissant de Crassus – qui perd la vie durant le combat[6] – aura pour conséquence de fournir aux Perses l'espace nécessaire pour exister face à la superpuissance romaine dont ils subissent la menace perpétuelle. Les conquêtes latines sur l'Arménie et la Mésopotamie laissent un moment entrevoir une poussée de Rome vers la Perse, mais ces régions sont délaissées dès 117 avec la mort de Trajan et l'arrivée d'Hadrien qui préfère abandonner certains territoires pour consolider l'empire. La ligne de démarcation entre la Perse et Rome se fait sur le cours naturel de l'Euphrate. Maîtres de l'espace central du continent, les Parthes traitent avec la Chine et l'Inde et ils développent et protègent les voies commerciales entre Orient et Occident. Leur

---

Connus pour leur habileté à cheval, ils furent intégrés aux armées romaines et gothiques avant qu'on ne perde leur trace au IVᵉ siècle. Originaires de la mer Noire, les Alains subirent aussi la pression hunnique. Bons cavaliers, ils intégrèrent les armées vandales au tournant du Vᵉ siècle et pénétrèrent avec eux en Gaule, certains s'installant à Orléans, d'autres à Valence, avant d'échouer pour la plupart en Espagne et en Afrique du Nord. Ceux qui rejoignirent les armées hunniques s'installèrent en Ossétie. Ces deux peuples sont fréquemment mentionnés par l'historiographie grecque et romaine.

6. Membre du triumvirat avec Jules César et Pompée, Crassus souhaitait rehausser son prestige militaire face aux Parthes. Inexpérimenté et trop sûr de lui, il se fit entraîner dans le désert d'Anatolie par les cavaliers-archers de Suréna qui, contrairement aux Romains, étaient ravitaillés en vivres et en eau par plusieurs centaines de dromadaires. Déshydratés jusqu'à la paralysie, les légionnaires se firent tailler en pièces et Crassus succomba avec eux.

rôle d'intermédiaire commercial et culturel est historiquement significatif.

L'apogée de la puissance parthe se situe avec le règne
de Mithridate II (r. 123-88 av. J.-C.), souvent mentionné
dans l'historiographie latine. Celui-ci se proclame « roi
des rois », titre hérité des Achéménides, qui sera également adopté par les Sassanides. L'orgueilleux Artaban III[7], qui règne de l'an 12 à l'an 38, plonge le pays
dans une longue période isolationniste qui se prolonge
sur un siècle et demi. La politique – et la rhétorique gou-
vernementale – nationaliste et xénophobe qui caractérise
cette période laissera des traces sur le pays. La paix de
quarante ans contractée avec Rome durant la première
moitié du IIe siècle permet aux Parthes de refouler le
puissant empire helléno-bouddhiste des Kouchans[8] à
l'est, mais les hostilités avec Rome reprennent en 162.
S'amorce alors un long déclin qui va être fatal aux
Parthes. Malgré tout, ce long intermède entre les âges
d'or achéménide et sassanide est loin de constituer un
épiphénomène et les Parthes auront eu ce grand mérite
d'avoir préservé l'intégrité territoriale et culturelle de la
Perse durant la période qui coïncida avec l'émergence de
l'impérialisme romain.

Au IIIe siècle, alors que Rome va bientôt s'enfon-
cer dans une profonde période de crise (235-284) qui
annonce son propre déclin, un homme entreprend de

---

7. Pourtant, l'expression « fier comme Artaban » ne provient pas de
ce souverain, mais plus prosaïquement d'un personnage d'un roman-
fleuve du XVIIe siècle, *Cléopâtre*, signé Gautier de Costes.

8. Les Kouchans, une branche des Yuehzi décrits par les historiens
chinois, sont originaires de haute Asie. Ils s'imposent en Sogdiane et en
Bactriane au IIe siècle av. J.-C., où ils prennent la place des Grecs, et
fleurissent durant les trois premiers siècles de notre ère, en Bactriane
puis dans le nord de l'Inde et en Asie centrale, avant de décliner avec la
montée des Sassanides. Leur culture privilégia les apports bouddhistes
et helléniques.

recréer le grand Empire perse. En 224[9], Ardachir, bientôt Ardachir Ier, écarte les Parthes arsacides qui contrôlaient la majeure partie de l'Iran et s'empare de Ctésiphon, leur capitale, qui deviendra celle du nouvel empire[10]. Leur sort est fixé lors d'une bataille décisive qui eut lieu selon l'historien Al-Tabarî dans la plaine dite d'Hormizdaghan, entre Suse et Ispahan, au cours de laquelle le roi des Parthes, Artaban V, perdit la vie. Ardachir soumet l'Iran, l'Afghanistan et la Mésopotamie. L'État sassanide – qui hérite son nom d'un ancêtre d'Ardachir, Sassan – est né. Celui-ci se veut l'héritier de l'Empire achéménide.

Qui est Ardachir ? On connaît peu de détails sur sa jeunesse. Né dans les années 180, son ascension prend corps lorsque son père, Babak (Pabag), un prêtre zoroastrien, monte sur le trône de Persis, un modeste royaume du sud-ouest de l'Iran, d'où il déloge le souverain en place en 208. Avec l'appui de son père, Ardachir épouse la carrière militaire et s'illustre sur divers théâtres de guerre. Vers 222, après la disparition, peut-être accidentelle, peut-être orchestrée, de Shapour, son frère et successeur désigné de Babak, Ardachir devient roi de Persis. Rapidement, il exploite son assise politique et militaire pour partir à la conquête de territoires avoisinants avant de s'attaquer à l'Empire parthe. Connu pour ses qualités de stratège et son caractère implacable, il est aussi le champion du zoroastrisme qu'il impose comme religion d'État et dont il formule la doctrine dans *Le Testament d'Ardachir*. Pour parachever ses conquêtes, il commandite de grands travaux d'ingénierie et de vastes chantiers architecturaux, privilégiant ainsi le dynamisme

---

9. On cite parfois la date de 226, qui fut probablement celle du couronnement d'Ardachir. Celle de 224 est acceptée par les historiens contemporains comme étant celle où il accéda au pouvoir.

10. Ctésiphon est située à trente kilomètres de la future Bagdad, qui sera construite au VIIIe siècle.

de l'agriculture iranienne et la splendeur de ses zones urbaines. Il disparaît en 242.

Dès la création de l'Empire sassanide, les nouveaux maîtres de la Perse se trouvent en conflit quasi permanent avec Rome et, en ce sens, ils réitèrent la relation géostratégique de la période précédente. D'après les sources gréco-latines – Dion Cassius et Hérodien –, Ardachir Ier souhaitait reconquérir immédiatement tous les territoires achéménides. En 259, lors d'une bataille secondaire contre les Perses, non loin de Carrhae, décidément fatidique pour les Romains, l'empereur Valérien est capturé par Châhpuhr Ier (r. 239/242-270)[11], le fils et successeur d'Ardachir, et, selon certaines sources, réduit en esclavage[12]. S'ensuit pour Rome une période difficile et turbulente qui permet aux Sassanides d'asseoir leur pouvoir et leur autorité. Mais Dioclétien, qui réorganise l'administration de Rome dès 286, renverse la tendance et, avec Galère, met à sac la capitale sassanide, Ctésiphon, en 299, ce qui conduit les deux parties à des négociations fructueuses qui assurent une paix prolongée dans la région.

La confrontation avec Byzance

La lourde défaite des armées romaines à Andrinople, en 378, contre les Goths, redistribue les cartes et bouscule l'ordre des choses. La rupture géostratégique entérinée, une nouvelle période commence. En 387, la paix d'Acilisène signée par Théodose et Châhpuhr III scelle le sort de l'Arménie qui se voit coupée en deux et partagée

---

11. À la fin du règne d'Ardachir Ier, entre 239 et 242, Châhpuhr fut nommé corégent.

12. Déjà à cette époque, la gestion de l'Empire romain s'effectuait sur deux zones géographiques et Valérien partageait le pouvoir suprême avec son fils, Gallien, qui ne fera rien pour obtenir sa libération et qui régnera seul.

par les deux empires. La scission effective de l'Empire romain en deux entités quelques années plus tard (395) et la montée en puissance de l'Empire oriental au Ve siècle reconfigure les rapports de forces de la région, marquée désormais par l'opposition entre deux super-puissances, Byzance et la Perse sassanide, qui luttent pour l'hégémonie régionale mais doivent aussi composer avec la poussée des envahisseurs. Ces derniers se succèdent les uns les autres et menacent la sécurité des deux puissances rivales. En conséquence, Perses et Byzantins dispersent leurs énergies dans ces conflits sans fin qui les confrontent à des adversaires aussi divers qu'insaisissables contre lesquels il faut à chaque fois s'adapter. Des deux côtés, par la force des choses, on module ces situations qui font cohabiter postures défensives et stratégies offensives. Les Byzantins et les Perses doivent assurer leur sécurité vis-à-vis des envahisseurs tout en cherchant à renverser le *statu quo* géopolitique en leur faveur par rapport à l'autre puissance. La grande difficulté tient à ce qu'il faut constamment maintenir des réserves et ne jamais jeter l'ensemble de ses forces dans la bataille au risque de tout perdre. Les empereurs byzantins, à l'instar de Maurice (r. 582-602), auteur présumé du classique *Strategikon*[13], sont de remarquables stratèges qui inventent de nouveaux modes de combat et assurent la pérennité des ressources nécessaires à la poursuite de la guerre. Les Sassanides font de même et chacun protège ses arrières tout en essayant de renverser l'autre. Dans ce jeu à plusieurs, les alliances avec les ennemis de son ennemi garantissent une fluctuation permanente des rapports de forces et une incertitude géostratégique qu'on pourrait presque qualifier d'endémique.

---

13. Écrit ou commandité par Maurice, ce *compendium* de la stratégie byzantine s'inspire en grande partie de l'expérience de ses deux plus illustres généraux : Bélisaire et Narsès.

Malgré la menace constante qui pèse sur l'Empire sassanide, peut-être grâce à elle aussi, celui-ci se développe culturellement, spirituellement et économiquement. Les Sassanides favorisent une culture et une économie urbaine et commerciale dont la vigueur repose sur la sûreté des voies de communication développées au préalable par les Parthes. L'importante relation entre le pouvoir sédentarisé et les populations nomades du plateau iranien confère au premier une connaissance de la culture nomade qui lui sert à repousser ou à absorber les assauts des peuples d'Asie centrale. Du Ier siècle jusqu'au début du VIIe siècle, les frontières de l'Empire sassanide ne varient pas dramatiquement, même si certains territoires aux marches des deux empires rivaux rebondissent entre la Perse et Byzance. Durant le long règne des Sassanides, leur emprise sur le golfe Persique (et le détroit d'Ormuz) est incontestée, tout comme l'accès à la mer Caspienne. En revanche, ils doivent lutter ferme pour l'accès à la mer Noire et, surtout, à la Méditerranée.

Les Ve et VIe siècles constituent une période d'insécurité où se profile la menace des Huns hephtalites (appelés aussi Huns blancs), peuple d'Asie centrale dont on connaît mal l'origine[14], menace qui pèse à la fois sur le sort des Perses et des Byzantins. Entre 471 et 484, le roi perse Peroz Ier s'attaque aux Hephtalites à trois reprises, essuyant autant de défaites et offrant ainsi aux Byzantins

---

14. Mentionnés par l'historien byzantin Procope de Césarée (VIe siècle) qui les désigna sous le nom d'Hephtalites, ils étaient originaires de l'Altaï et essaimèrent sur une vaste zone couvrant l'Asie centrale jusqu'aux marches de la Chine et au nord du sous-continent, soit une dizaine de pays actuels comprenant notamment l'Afghanistan, le Kazakhstan, le Pakistan et l'Ouzbékistan. Les avis divergent selon qu'ils étaient d'origine turque, mongole ou iranienne. Leur relation avec les Huns, ceux d'Attila, qui regroupaient divers peuples d'Asie centrale, est mal établie. Le mot « Hephtalite » proviendrait du nom d'un clan, celui d'Hephta (Yé-Ta chez les Chinois qui les désignent sous ce nom).

l'opportunité de prendre l'ascendant. Le VIᵉ siècle est une période de grandes ambitions pour ces derniers qui, avec Justinien, élaborent un grand dessein impérial que deux généraux de premier plan, Bélisaire et Narsès, s'empressent de mettre en œuvre. En 530, Bélisaire obtient une grande victoire face aux Perses à Dara (Turquie) qui laisse entrevoir la restauration complète de l'Empire romain que Justinien s'était fixée comme objectif. Mais dès l'année suivante, les Perses prennent leur revanche à Callinicum (Syrie), lors d'une bataille coûteuse pour tous qui tempère les esprits et assure, pour un moment, le *statu quo*. Ailleurs, le refoulement des Hephtalites et des Slaves et la conquête de territoires repris aux Vandales, aux Wisigoths et aux Ostrogoths laissent à penser que les Byzantins vont réaliser en partie le rêve de Justinien[15]. Mais la grande stratégie byzantine est trop ambitieuse et, après la mort de Justinien en 565, ses faiblesses apparaissent au grand jour, d'autant plus que la poussée des Bulgares dans les Balkans commence à se faire sentir. À partir de 570, les rapports de forces s'inversent rapidement en faveur des Sassanides et les Byzantins sont contraints d'effectuer une volte-face stratégique qui leur fait adopter une posture défensive. Elle contribuera à

---

15. Les Ostrogoths et les Wisigoths constituaient un seul peuple d'origine germanique, les Goths, qui se sépara en deux entités suite au contact avec les armées romaines au tournant du IVᵉ siècle. Les Vandales, qui parlaient aussi le gothique, étaient originaires de Scandinavie. Descendus dans la Slovaquie d'aujourd'hui, ils furent au contact des Sarmates et des Alains qui les initièrent aux techniques des cavaliers-archers, à l'instar des Goths qui s'étaient familiarisés avec le combat monté lors de leur passage en Ukraine. C'est parce qu'ils subirent la pression de plus en plus forte des Huns, les grands perturbateurs de cette époque, que les Goths, les Vandales et les autres peuples germaniques furent contraints de pousser plus avant vers l'ouest. Une fois installés en Europe occidentale, ils se convertirent à l'arianisme (considéré avec le concile de Nicée de 325 comme une hérésie).

leur survie après le choc contre les musulmans qui va enterrer les Sassanides.

Entre-temps, un nouvel acteur était apparu sur le grand échiquier : l'Empire köktürk. Celui-ci fut le premier d'une longue liste d'empires créés par les peuples turcs à partir de l'Asie centrale. Les Köktürks, ou Turcs bleus (que René Grousset appelle les T'ou-kiue), s'étaient imposés sur une immense surface géographique couvrant l'ensemble de l'Asie centrale (comprenant notamment le Kazakhstan et la Mongolie d'aujourd'hui) depuis le nord de la Chine jusqu'aux marches de l'Iran. Chez les Sassanides, ils trouvèrent un allié avec lequel ils s'associèrent pour vaincre les Hephtalites, principal obstacle à leur hégémonie sur la zone. Logiquement, une fois l'ennemi commun éliminé (vers 565), l'alliance se désagrégea et les Turcs s'empressèrent de ravir la Bactriane[16] aux Sassanides dont ces derniers avaient hérité consécutivement au partage des territoires hephtalites. À partir de là, les Köktürks cherchèrent à exploiter la rivalité entre Perses et Byzantins pour tenter d'amoindrir la puissance sassanide, mais ils ne purent poursuivre ce dessein dans la mesure où leur propre empire se fragmenta par la faute de dissensions internes. Leur manège, tout éphémère qu'il fût, contribua à relancer la guerre entre Sassanides et Byzantins, au profit des premiers d'abord, puis des seconds. Ce conflit prolongé et dur favorisa sans aucun doute les conditions qui permirent ultérieurement aux armées musulmanes de terrasser simultanément les deux superpuissances alors bien affaiblies. Mais la guerre entre Byzance et la Perse n'explique pas tout et les luttes de pouvoir internes qui frappèrent les deux empires furent tout aussi destructrices que le conflit ouvert entre les

---

16. Intégrée à l'Empire achéménide, la Bactriane fut un important centre culturel durant l'Antiquité. La région tirait son nom de la ville de Bactres, l'actuel Balkh (Afghanistan).

deux puissances. D'ailleurs, ces luttes politiques contribuèrent grandement à entretenir la guerre. Chacun des
protagonistes essaya d'exploiter les faiblesses de l'autre
et ils tentèrent chacun leur tour d'intervenir dans les
affaires intérieures de leur rival en soutenant différentes
factions. Il est probable que si le danger avait été visible,
ils auraient su raison trouver, comme ils avaient su le
faire durant les siècles précédents. Mais personne ne vit
venir cette menace impromptue qui prit tout le monde
de court.

Traditionnellement, les envahisseurs se poussaient les
uns les autres depuis l'Asie centrale et la menace d'une
nouvelle invasion se profilait avec un certain nombre de
signaux annonciateurs. Les réseaux d'espions, en particulier côté perse, étaient parfaitement rodés pour percevoir
les prémices d'une invasion et communiquer leurs informations au pouvoir central. Mais encore fallait-il que
les agents de renseignements soient envoyés aux bons
endroits. Or, à l'époque, rien n'indiquait que le danger
le plus sérieux pût venir du sud et on regarda partout
sauf là où il fallait. À voir comment, au XXIe siècle, les
pays les plus puissants se font surprendre malgré les
ressources fantastiques qui sont allouées au renseigne-
ment, il est plus facile de comprendre comment on put
se fourvoyer ainsi alors que les moyens étaient beaucoup
moins sophistiqués. Au tournant du VIIe siècle, la mécanique géostratégique était dominée par une confrontation entre deux blocs, deux idéologies et deux volontés
d'imposer sa suprématie, et l'idée qu'une petite armée
de Bédouins incapables de s'entendre entre eux pourrait
oblitérer chacun de ces deux blocs était tout simplement
inimaginable.

Pourtant, la puissance de la religion n'était inconnue ni des Perses ni des Byzantins, et la confrontation
entre les deux dépassait le cadre de la rivalité politique

et territoriale. Les Sassanides avaient adopté le zoroastrisme comme religion d'État et ils persécutaient chrétiens et manichéens[17]. Ils tentèrent notamment, en vain, de convertir les Arméniens par la force. Avec la conversion de Constantin le Grand au christianisme qui suivit son illumination du pont Milvius (312), l'acharnement des Perses contre les chrétiens, dont on craignait, probablement à tort, qu'ils ne se constituent en une cinquième colonne au service de Rome et de Byzance, devint aussi une affaire politique. À terme, l'autonomie des Églises nestoriennes[18] atténua la suspicion envers tous les chrétiens et la guerre contre les religions exogènes se relâcha, notamment sous le règne de Yazdegerd Ier, dont l'attitude tolérante indisposa l'influent clergé zoroastrien qui vit là une tentative pour l'éloigner du pouvoir. Le fils de Yazdegerd, Warham Gur, poursuivit la politique de son père et il signa même un traité de tolérance avec les Romains (422) qui assura la liberté de culte des chrétiens en Perse et des zoroastriens dans l'Empire romain. La collusion étroite entre religion et politique qui définit l'essence même de l'Empire sassanide aura un effet important pour la suite des événements dans la mesure où, après la conquête arabe, l'islam se substituera aisément au zoroastrisme comme nouvelle religion d'État indissociable de la vie sociale et politique. Cette transition sera

---

17. Mani (216-276) fut le fondateur de la religion qui porte son nom. Sa mission coïncida avec l'arrivée au pouvoir des Sassanides. Lui-même apparenté aux Parthes arsacides déchus, il créa une religion aux prétentions universalistes qui rivalisait avec le zoroastrisme et remettait donc en cause l'autorité spirituelle des Sassanides. Le manichéisme, proche théologiquement du gnosticisme chrétien, gravitait autour de la dualité de l'être humain.

18. Le concile œcuménique d'Éphèse de 431 condamna la doctrine de l'archevêque de Constantinople, Nestorius, concernant la double nature, divine et humaine, de Jésus-Christ. S'ensuivit la création de l'Église nestorienne qui s'implanta durablement en Asie Mineure et essaima ensuite dans toute l'Asie.

facilitée par le fait que le zoroastrisme, chronologiquement la première des religions monothéistes, partage
un fond commun avec les religions du Livre qui avaient
récupéré au cours des siècles certains éléments développés préalablement par les adeptes de Zoroastre.

À bien des égards, l'histoire de la Perse sassanide
répéta dans ses grandes lignes celle de l'Empire achéménide, et ce furent les Grecs, en l'occurrence romanisés,
qui firent encore une fois obstacle à l'hégémonie de la
Perse sur la partie occidentale de la masse continentale
asiatique. Géopolitiquement, la dynamique de la région,
au tournant du VIIe siècle, était analogue à celle des Ve et
VIe siècles av. J.-C. Comme au temps des Achéménides,
les Sassanides menaient un combat frontal à l'ouest
contre une puissance sédentarisée tout en absorbant les
armées nomades qui poussaient au nord, à l'est et au
sud. Globalement, les Arabes présentaient un danger
bien moindre que les Slaves et les cavaliers-archers turcs
d'Asie centrale, notamment les Huns, dont la menace
pesa durablement sur l'empire.

Comment, en l'espace d'un moment, cette superpuissance pourtant bien ancrée dans la région va-t-elle se
faire renverser par un adversaire considéré jusque-là
comme secondaire ? Et pourquoi va-t-elle s'effondrer
alors que Byzance, qui pourtant semblait à l'époque infiniment plus vulnérable, parvint à surmonter la tempête ?
La réponse tient à la conjonction brutale d'une série
d'événements qui, au départ, semblaient en apparence
sans relation avec les autres.

L'éphémère renaissance de l'Empire sassanide

Après une période de déclin relatif qui suivit son premier âge d'or, l'Empire sassanide connut une renaissance
durant la seconde partie du VIe siècle qui se traduisit par

un élargissement important de ses frontières. De fait, son apogée territorial se situa durant les deux premières décennies du VIIe siècle, lorsque les Perses parvinrent jusqu'en Égypte, avec à la clé une large ouverture sur la Méditerranée, puis se projetèrent sur le Yémen, ce qui leur assura de surcroît le contrôle de l'accès à la mer Rouge, et donc, avec le détroit d'Ormuz, une emprise sur les deux points stratégiques de la péninsule Arabique. Cette époque vit l'étau iranien se resserrer dangereusement sur Byzance.

Les cycles impériaux sont souvent tributaires de la personnalité du plus haut dirigeant. Certes, nos connaissances des conditions économiques et sociales de l'époque sont imprécises et on sait trop peu de détails sur les politiques bureaucratiques qui pouvaient influer sur le pouvoir. Cette carence a pour effet naturel de mettre en exergue le rôle de l'empereur, probablement au détriment d'autres paramètres qui nous paraissent flous ou invisibles. Le fait est que la fortune de ces deux empires épousait de plus ou moins près les cycles de succession et que les qualités intrinsèques des dirigeants pesaient lourd dans la balance, plus encore peut-être chez les Sassanides que chez les Byzantins, habitués à vivre dans un état de dysfonctionnement politique quasi permanent qui n'empêcha pas leur empire de survivre durant mille ans. Ainsi le VIe siècle avait-il vu deux grands dirigeants prendre les rênes du pouvoir, Khosrô Ier et Justinien, quasiment au même moment (527 et 531), les deux jouissant d'un très long règne puisque Khosrô Ier se maintint sur le trône jusqu'à sa mort en 579, soit quatorze ans de plus que Justinien. La disparition de ces deux figures de proue engendra des deux côtés une instabilité politique qui contribua très certainement au recul de Byzance et à la disparition dramatique des Sassanides.

C'est avec la mort de Justinien en 565 que les événements s'accélérèrent. Justin II, qui lui succéda, commença par annuler les tributs fournis aux ennemis potentiels de Byzance, comme les Avars[19], pour qu'ils cessent leurs incursions territoriales. Ensuite, Justin II profita d'une révolte des Arméniens contre le gouverneur sassanide d'Arménie pour attaquer les Perses. Mais l'incurie de ses généraux provoqua l'effet inverse de celui escompté, l'armée byzantine se retrouvant assiégée à Dara, là où Bélisaire avait obtenu sa victoire historique. Après quoi, les Perses ravagèrent la Syrie, forçant Justin II à négocier une mauvaise paix. Fatigué psychologiquement, ce dernier laissa la régence à sa femme Sophie et à l'un de ses généraux, Tibère, qui lui succéda officiellement à sa mort en 578. Ces années virent les tensions croître entre les deux empires autour de l'Arménie qui passa à plusieurs reprises d'un camp à l'autre au gré des victoires militaires. Lorsque Khosrô Ier disparut à son tour, les deux gouvernements étaient en pleines négociations de paix. Mais son fils et successeur, Hormizd IV, refusa de lâcher Dara, et les efforts de Tibère pour arriver à un accord furent infructueux. Cependant, un général de talent, Maurice[20], parvint à prendre le dessus sur les Perses en Mésopotamie mais, avec la mort subite de Tibère en 582, il se vit contraint de revenir à Constantinople.

Alors que Maurice succédait à Tibère, les Perses étaient attaqués sur le front nord-nord-est par une

_____

19. On ne connaît pas l'origine des Avars. On les trouve dans le Caucase au début du ve siècle puis, à partir de 550 environ, en Hongrie où s'affirme leur puissance, qui perdure jusqu'en 805, lorsqu'ils se soumettent à l'autorité de Charlemagne. Plus tard, au xiiie siècle, le khanat avar se reconstitue dans la région du Daghestan.

20. Né en 539 en Cappadoce, Maurice (Flavius Mauricius Tiberius) était d'origine grecque, peut-être aussi arménienne. Célébré par les historiens pour ses qualités de stratège, il fut initialement notaire à la cour impériale avant d'être nommé, malgré son inexpérience dans le domaine militaire, à la tête des forces armées byzantines par Tibère. Du reste, il avait dans ce domaine un illustre prédécesseur : Narsès, qui avait obtenu son premier commandement à soixante-quatorze ans !

puissante armée turque. C'est là qu'un autre général de premier plan, Bahram Chobin[21], parvint à refouler la menace, les Perses obtenant une victoire magistrale sur les Turcs à Hérat (589). Envoyé sur le front caucasien pour ferrailler contre les Byzantins, Bahram Chobin se retrouvait simultanément sur un autre front, intérieur, dans le cadre d'une lutte féroce opposant l'empereur à la noblesse. En effet Hormizd IV avait pris le contre-pied de son père et il s'était engagé tête baissée contre l'aristocratie iranienne, celle-ci ayant trouvé en Bahram Chobin son champion. Incapable d'écraser la rébellion des nobles, Hormizd fut écarté du pouvoir sans ménagement. Après qu'on lui eut crevé les yeux (pratique courante de l'époque[22]), il fut assassiné. Son fils Khosrô s'empara du pouvoir, mais Bahram Chobin ne l'entendait pas de cette oreille et Khosrô fut contraint de s'enfuir pour trouver refuge chez les Byzantins. Maurice allait s'employer à le réinstaller sur le trône, espérant par cette bonne action obtenir des gains diplomatiques significatifs une fois l'usurpateur écarté. Pour la première fois depuis la prise de pouvoir d'Ardachir Ier en 224, les Sassanides voyaient leur légitimité contestée, en l'occurrence par un descendant des Arsacides.

Bahram Chobin vaincu lors d'une confrontation militaire en Asie centrale, Khosrô – désormais Khosrô II –

---

21. Bahram Chobin commença sa carrière militaire à la défense des frontières avant de s'illustrer contre les Byzantins, les Turcs et les Khazars. Ses exploits furent chantés par le grand poète persan Ferdowsi (v. 932-v. 1020).

22. La mutilation était un moyen d'éliminer un adversaire sans avoir recours à l'assassinat. L'empereur, ou *basileus*, à l'image de Dieu, se devait d'avoir un corps parfait, un visage mutilé renvoyant l'image contraire. Par ailleurs, la légitimité du *basileus* reposait sur ses capacités militaires, l'aveuglement rendant difficile le commandement d'une armée sur le théâtre des opérations. Outre la pratique de crever les yeux, on coupait parfois le nez ou la langue. La castration, plus rare, était également pratiquée.

récupérait son trône, mais il restait sous la menace de ses oncles dont il se débarrassa non sans mal. En 601, la guerre civile prenait fin, mais elle avait coûté cher. Le pouvoir était exsangue, les armées restaient ébranlées par ces conflits internes et Khosrô II avait dû payer à Byzance le tribut promis en retour des services rendus. Cette dette était payable en espèces mais aussi en territoires. À la même époque, Khosrô II éliminait le roi des Lakhmides, Nu'man III, avec qui il avait eu un différend. Les Lakhmides, un peuple arabe de confession nestorienne, constituaient un État tampon au sud de l'Irak qui fournissait un rempart contre les incursions arabes. Leur effacement consécutif à l'assassinat de leur roi aura des conséquences funestes lors de l'invasion musulmane quelques années plus tard ; dès 609 (?) les Perses subirent le contrecoup de l'assassinat de Nu'man III à la bataille de Dhi Qar, où, sans l'appui des Lakhmides – ou peut-être parce que ces derniers s'étaient ralliés à l'adversaire –, ils plièrent face à une armée arabe qui s'était projetée depuis le Sud[23]. Cette défaite inattendue laissait présager des nouveaux rapports de forces qui allaient bientôt bouleverser l'ordre des choses.

Restait le rapprochement avec Maurice qui augurait d'un retour à l'entente cordiale. Mais dans les faits, celle-ci n'allait jamais voir le jour, car en 602 Maurice était déposé par un usurpateur, Phocas. Ce changement impromptu poussa Khosrô II à profiter de la situation et les armées sassanides attaquèrent Byzance, ce qui eut pour effet de fragiliser l'assise de Phocas. Celui-ci devait désormais faire face à des révoltes aux quatre coins de l'empire, notamment à Édesse où il envoya un corps expéditionnaire pour mater la rébellion. Ayant eu

---

23. Les détails de cet affrontement, y compris sa date, nous sont inconnus et les diverses versions de l'événement, toutes écrites longtemps après les faits, divergent sensiblement les unes des autres.

vent de l'affaire, les Perses se pressèrent vers Édesse où ils écrasèrent les forces gouvernementales. Conforté par cette victoire, Khosrô II poussa ses armées plus en avant vers l'Arménie, puis la Cappadoce. La fortune de Phocas ne s'améliorant pas, sa légitimité se voyait contestée et la logique voulut qu'il se fasse assassiner (610). Il fut remplacé par un homme d'une autre trempe, Héraclius, qui, contre toute attente, allait sauver l'empire alors en pleine déconfiture[24].

Héraclius commença son règne en amorçant un rapprochement diplomatique avec la Perse mais Khosrô II voulait exploiter la supériorité des armées sassanides et il refusa toute négociation. À ce moment précis, Byzance semblait en passe de s'écrouler et le roi des rois pouvait rêver d'accomplir ce que même les Achéménides n'avaient jamais pu réaliser : la conquête de la Grèce et de l'Afrique du Nord. De fait, les premières années du règne d'Héraclius semblèrent projeter l'Empire byzantin vers la chute finale, les Perses poursuivant sur leur lancée. Après Damas en 613, Jérusalem tomba entre leurs mains l'année suivante. À cette occasion, les Sassanides s'emparèrent de la vraie (ou sainte) Croix qu'ils emportèrent à Ctésiphon – la lutte pour ces deux villes et pour la relique sacrée sera le principal enjeu des croisades cinq cents ans plus tard. Pour compliquer encore plus les affaires d'Héraclius, les Avars s'approchèrent dangereusement des portes de Constantinople en 617.

Héraclius était à ce moment acculé sur tous les fronts. D'une part, les armées perses s'emparaient de l'Égypte et de la Libye en 619, et avec elles d'une partie de la production agricole de l'Empire byzantin. D'autre part, l'occupation du Yémen donnait aux Sassanides le contrôle des mers. La partie semblait pratiquement jouée

---

24. L'épisode fera l'objet d'une tragédie signée Corneille, *Héraclius, empereur d'Orient*.

et l'étoile de l'Empire byzantin pâlissait à vue d'œil alors que ses territoires se réduisaient comme peau de chagrin. Un moment, Héraclius envisagea de se réfugier à Carthage, mais il préféra finalement rester sur place. Bien lui en prit car la situation réclamait sa présence au cœur de la tourmente.

La contre-offensive byzantine

Les situations dramatiques permettent à certains individus d'exception d'émerger pour changer la direction des événements en leur faveur. Héraclius était un homme de cette envergure et il est probable que si Phocas s'était maintenu au pouvoir, l'Empire byzantin aurait sombré durant ces années noires et Khosrô II triomphé, avec les conséquences qu'un tel dénouement aurait entraînées sur le cours de l'histoire. Mais ce dernier avait mangé son pain blanc et, lorsqu'il en avait encore la possibilité, il lui manqua ce petit rien qui aurait pu faire basculer l'histoire au profit de la Perse.

C'est au moment même où tout semblait perdu qu'Héraclius prit les mesures qui lui permirent d'inverser le courant. En premier lieu, il négocia une paix de compromis avec les Avars, au prix d'un lourd tribut, certes, mais qui lui permit de concentrer tous ses efforts contre la Perse. Puis il entama une réorganisation de fond en comble de l'État byzantin, de son économie, de son appareil militaire. Il subdivisa l'empire en quatre régions militairement autonomes, appelées thèmes, et se débarrassa des mercenaires au profit d'une armée qu'on pourrait qualifier de citoyenne. En d'autres termes, il réorganisa ses forces sur un canevas inspiré du modèle gréco-romain original. Outre le fait que l'État économisait les larges sommes précédemment allouées aux soldats professionnels, l'allocation de terres en échange des services militaires rendus permit l'éclosion d'une nouvelle classe de paysans-soldats qui allait devenir la colonne vertébrale des armées byzantines. La souplesse de la décentralisation militaire permettra à l'empire d'encaisser de gros échecs sans que l'ensemble de l'édifice s'effondre.

Ces réformes drastiques sauveront notamment Byzance de la menace musulmane[25]. Héraclius sut comprendre que les enjeux allaient au-delà de la confrontation immédiate avec la Perse et qu'il lui fallait le soutien du peuple tout entier. À cet effet, il se lança dans ce qu'on pourrait considérer comme la première croisade, exhortant son peuple à récupérer la Terre sainte et la vraie Croix des mains des « zoroastriens » – qui s'étaient substitués dans le discours officiel aux « Perses ». Sa campagne de propagande fut à tous points de vue exemplaire et rapidement il put passer d'une posture défensive à l'offensive à outrance. Nous sommes là en 622. L'Empire sassanide semblait ne jamais avoir été aussi fort et il atteignait son extension territoriale maximale. Bientôt pourtant, le vent allait tourner.

Dans une mise en scène parfaitement orchestrée, Héraclius quitta Constantinople habillé modestement en pénitent pour insuffler à son entreprise le caractère d'une guerre sainte. Mais son entreprise n'avait rien de modeste, tout au contraire, et par une manœuvre d'une audace inouïe – une opération amphibie à partir de la mer Noire – il organisa une contre-offensive sur l'Arménie, sa terre d'origine. L'attaque surprise des Byzantins provoqua l'effet escompté et Héraclius exploita l'avantage initial avec des manœuvres qui déséquilibrèrent l'ennemi, celui-ci se révélant incapable de résister. Héraclius poussa ses armées jusqu'en territoire perse

---

25. Malgré la retentissante défaite du Yarmouk (636) face à l'armée arabo-musulmane de Khalid ibn al-Walid, l'empire ne s'effondre pas alors que cette bataille longtemps indécise aurait pu lui être fatale.

et, l'année suivante, il envahit l'Azerbaïdjan. Chahin et Chahrbaraz, les deux redoutables généraux perses qui avaient mené avec succès les conquêtes en Afrique du Nord, étaient désormais incapables de répondre à l'agression byzantine et Khosrô II décida de monter une vaste contre-offensive pour surprendre à son tour Héraclius. Escomptant que ce dernier allait se replier sur Constantinople pour prendre ses quartiers d'hiver, il tenta une manœuvre maritime similaire à celle qui avait si bien réussi à son antagoniste. Toutefois, ses plans furent contrecarrés par la flotte byzantine qui se révéla bien plus solide que prévu. Par ailleurs, Héraclius avait décidé de se replier vers le nord plutôt que sur Constantinople. En conséquence, les Perses étaient obligés de retraiter sans avoir pu s'emparer de la capitale ennemie ni même s'opposer directement à Héraclius.

Sur ces entrefaites, l'empereur byzantin profita de sa liberté de manœuvre pour entrer en contact avec les Khazars, un peuple turc qu'il convainquit de s'allier avec lui contre les Perses[26]. L'armée alliée se projeta alors à travers l'Azerbaïdjan et pénétra en Mésopotamie, forçant ainsi Khosrô II à retirer ses troupes d'Anatolie pour tenter de refouler l'offensive. Celui-ci se montra impuissant et ne put empêcher son adversaire de s'emparer de son somptueux palais de Dastagird (628). Chahrbaraz, son général, se révolta alors contre lui, ce dont profita le

---

26. Les Khazars étaient alors au début de leur ascension. Par la suite, ils s'imposèrent comme l'une des premières puissances d'Asie centrale avant de s'effacer au xe siècle. Leur territoire s'articulait autour de la mer Noire et de la Caspienne, à la frontière de l'Europe et de l'Asie, sur une zone touchant aujourd'hui le Kazakhstan, la Russie et l'Ukraine. Un moment convertis au judaïsme, les Khazars eurent un rôle essentiel dans la dynamique géopolitique de la région où ils servirent d'arbitre entre l'Empire byzantin et le califat abbasside (750-945), et jouèrent le rôle d'État tampon entre les nomades des steppes et les sédentaires urbanisés moyen-orientaux.

propre fils de Khosrô, qui déposa son père sans ména-gement. Khosrô II mourut sans gloire, assassiné. Sa fin tragique anticipe la chute imminente de son empire et celle de la dynastie des Sassanides, chute dont il aura été l'un des premiers responsables.

Pourtant, le règne de son bourreau et successeur Kavad II s'annonça sous les meilleurs auspices lorsque celui-ci négocia rapidement la paix avec Héraclius, récupérant les territoires perses d'avant guerre selon des accords qui rétablissaient le *statu quo ante*. Après le règne désastreux de Khosrô II, l'arrivée de Kavad était annonciatrice de paix. De son côté, Héraclius avait fait jouer la raison en permettant le rétablissement de l'ancien équilibre géopo-litique plutôt que de profiter de sa suprématie militaire momentanée pour tenter d'écraser son adversaire.

Tout laisse à penser que, sauf événement extraordi-naire, les deux superpuissances se seraient rétablies avec la normalisation de leurs relations. Peut-être qu'une paix durable aurait même pu être envisageable. Mais il n'y eut pas de miracle et la Perse allait très vite être frap-pée par des événements extraordinaires dont elle ne put supporter l'ampleur.

Ainsi, quelques mois seulement après sa prise de pouvoir, Kavad II tomba grièvement malade et disparut à son tour, laissant le trône à son héritier naturel, un tout jeune enfant. Son règne avait été marqué par une violente purge de l'entourage de Khosrô II qui empoi-sonna durablement l'atmosphère et eut des répercus-sions néfastes sur l'avenir du pays. Chahrbaraz, l'homme fort qui avait été débouté par Kavad, revint alors sur le devant de la scène, se débarrassa de l'enfant roi et monta sur le trône. Sa prise de pouvoir fut éphémère et il fut lui-même assassiné au bout de quelques semaines. Puis ce fut au tour de Boran, fille de Khosrô II, de monter sur le trône, mais elle céda sa place presque aussi rapi-dement, non sans avoir démontré des qualités politiques prometteuses. En un espace de temps aussi court qu'il fut turbulent, quatre autres individus au moins – on hésite sur le chiffre exact tant la période est confuse –, dont une sœur de Boran, se succédèrent avant l'arrivée en 632 de Yazdegerd, troisième du nom, un enfant de huit ans, petit-fils de Khosrô II, qui sera le dernier roi des rois sassanides. Les généraux, en particulier, s'étaient montrés actifs dans ce jeu de chaises musicales mortifère. L'implosion du trône engendra une segmentation géographique du pouvoir avec des prétendants déchus qui trouvaient des points de chute dans les régions périphériques.

Ces luttes intestines avaient provoqué des fractures profondes au sein de la société, notamment entre les trois principales sources de pouvoir : la noblesse, l'armée et le clergé. Si l'on considère qu'en toute probabilité l'économie avait été saignée à blanc par la guerre avec Byzance, il est aisé de comprendre à quel point le pays était affaibli. Auparavant, ces cycles « bas » avaient généralement permis aux Byzantins de reprendre l'ascendant sur les Perses et aux guerriers des steppes de s'emparer de territoires aux marches de l'Iran. Mais durant les quatre cents ans qu'avait duré l'Empire sassanide, celui-ci avait su chaque fois remonter la pente. Comme la Chine, comme Byzance aussi, la Perse fit partie de ces empires dont l'épaisseur rendait la disparition improbable, et en 632, malgré toutes ces vicissitudes, la dynastie était parvenue à se maintenir sur le trône, bon gré mal gré. Eu égard à la dégradation conjoncturelle de la situation, il est fort possible que l'Empire perse aurait subi des échecs importants, mais rien n'indique qu'il n'aurait pu survivre sous une forme ou une autre. Byzance, elle-même amoindrie et fatiguée par la guerre, n'aspirait qu'à la paix. Les autres menaces s'étaient estompées. Au nord, les Kökturks entraient en phase de décomposition, alors que les Khazars n'étaient encore qu'un embryon d'État. Les Hephtalites hors course, il restait les Avars et les

Bulgares, mais ces deux peuples belliqueux s'étaient déjà projetés plus à l'ouest, loin des frontières de l'Iran. Pourtant, au sud, d'autres événements se précipitaient, indépendants en apparence de la partie qui se jouait entre Perses et Byzantins, jusqu'à ce que les deux mondes jusqu'alors éloignés ne viennent buter l'un contre l'autre.

Émergence des musulmans

Rien en apparence ne distinguait les nomades bédouins des autres peuples nomades aux marches de l'Empire perse. La culture bédouine qui prévalait dans la péninsule arabe rappelait par bien des aspects les peuples nomades des steppes d'Asie centrale, hormis la prépondérance du dromadaire par rapport au cheval – malgré l'existence dans les froides steppes du chameau de Bactriane[27]. Comme tous les peuples nomades, les Bédouins étaient organisés autour de clans fermés jaloux de leur indépendance. Même chez les Arabes urbanisés, l'organisation sociale était principalement horizontale et fragmentée, plus encore peut-être que chez les peuples turco-mongols. Dans ce contexte, il était difficile de concevoir qu'un de ces clans pourrait rallier un peuple entier et s'organiser de telle façon qu'il pourrait mettre en péril l'une ou l'autre des superpuissances de l'époque. Jusque-là, un seul de ces peuples nomades, les Huns, avait pu menacer l'existence d'un empire sédentaire, mais cette aventure avait rapidement tourné court et, malgré leur puissance militaire, les Huns s'étaient fait irrémédiablement

---

27. Épais, lourd et résistant, le chameau de Bactriane est particulièrement adapté aux variations climatiques extrêmes de l'Asie centrale. Animal de bât, il était – et est encore – exploité aussi pour sa viande, son lait et sa laine. Néanmoins, son apport militaire fut bien plus modeste que celui du dromadaire d'Arabie.

refouler par une armée romano-wisigothe aux champs Catalauniques (451), avant de s'évaporer de la surface de la terre. En revanche, la proximité des grands centres culturels gréco-romains et perses, sans oublier les yéménites[28], avait insufflé à la culture bédouine un degré de sophistication largement absent d'Asie centrale, que renforça l'économie marchande sur laquelle cette culture reposait en partie. Cette dimension rendit plus probable l'émergence d'une religion monothéiste, probablement le seul élément capable d'unifier un peuple et une société aussi peu propices à l'être.

L'aventure de Mahomet – ou Mohammed/Muhammad – se déclencha de manière inopinée et en l'espace de quelques années seulement ce modeste marchand créa simultanément une grande religion, un État et une redoutable machine de guerre. Par le fil de l'épée et par la conviction de sa parole, le Prophète unifia les peuples arabes et posa les bases de leur future suprématie sur un vaste pan du monde « connu ». Après sa disparition, et malgré les querelles de succession qui s'ensuivirent et qui allaient avoir des conséquences profondes et durables, les musulmans partirent conquérir le monde au nom d'Allah. En face, les Byzantins et les Perses constituaient un premier obstacle et un premier défi – et non des moindres.

Mahomet naquit en 570, soit cinq ans après la mort de Justinien. Il avait une dizaine d'années lorsque disparut

---

28. Le Yémen fut traditionnellement un foyer culturel et commercial. Unifié en 275 par le clan des Himyarites, il fut courtisé par les puissances du Nord alors que les armées yéménites se voyaient en conflit quasi permanent avec les Lakhmides et les Aksoumites d'Éthiopie. Le vie siècle fut le théâtre de violents conflits religieux, notamment entre juifs et chrétiens lors du règne de Yusuf Dhu Nuwas (vers 520-525), un Himyarite converti au judaïsme. Par la suite, Justinien tenta en vain de s'assurer le soutien des Himyarites chrétiens contre les Perses. Exploitant l'éclatement du pays, ces derniers s'emparèrent d'Aden en 570.

Khosrô Ier. C'est en 610 qu'il connut l'expérience spirituelle qui allait changer sa vie, l'année où Héraclius
s'emparait du pouvoir à Constantinople. En 622, alors
que les Perses semblaient sur le point d'anéantir Byzance
et qu'Héraclius préparait sa contre-offensive, Mahomet
quittait La Mecque pour Médine, où il arrivait le 24 septembre (l'Hégire). Huit ans plus tard, en 630, il s'emparait de la ville qui l'avait rejeté. Entre-temps, la Perse
avait perdu le conflit contre Byzance, Khosrô II avait été
assassiné et le pays était en proie à une terrible guerre
de succession. Cette même année, Héraclius ramenait
la vraie Croix à Jérusalem. L'année précédente, pour
des raisons d'ordre religieux, l'empereur byzantin avait
annulé le tribut affecté précédemment aux Arabes ghassanides, qui avaient longtemps joué un rôle d'État tampon similaire à celui des Lakhmides – mais au profit des
Byzantins[29]. Or, cette décision coïncida avec l'envoi par
Mahomet d'un corps expéditionnaire vers le nord. Cette
première confrontation avec les musulmans avait démontré à l'armée byzantine venue à leur rencontre qu'il faudrait désormais compter sur cet adversaire, même si cet
affrontement n'avait pas eu de caractère décisif.

Mahomet mourut en 632, alors que Yazdegerd montait
sur le trône à Ctésiphon. Le destin des deux hommes
allait bientôt se croiser de la manière la plus dramatique
qui soit. Le cheminement du Prophète et de ses disciples
avait été difficile et la lutte pour les cœurs s'était accompagnée d'une campagne politique et militaire ardue au

---

29. Le royaume ghassanide se trouvait à l'ouest de la zone occupée par les Lakhmides, sur un territoire comprenant des parties de la
Syrie, de la Jordanie et de l'Israël d'aujourd'hui. Alliés des Byzantins
qu'ils protégeaient des incursions arabes au sud, les Ghassanides eurent
néanmoins des différends religieux avec Constantinople du fait qu'ils
épousèrent le monophysisme, un courant chrétien né du refus de la
définition du Christ adoptée par le concile de Chalcédoine de 451. Ce
sont ces différends qui provoquèrent la réaction d'Héraclius.

sein de la péninsule Arabique. La dimension universaliste de la nouvelle religion couplée aux exploits militaires des musulmans ne pouvait que se traduire par une volonté de pousser plus loin, et les successeurs immédiats de Mahomet allaient poursuivre son action, déployant toute l'énergie de troupes électrisées par le message d'Allah pour se projeter hors de leurs bases régionales.

Côté perse, la déliquescence du régime politique avait inévitablement affecté les armées et le moral des soldats. Si on ne connaît l'état exact de l'appareil militaire iranien au début des années 630, on sait en revanche que les Perses avaient consumé leurs meilleurs généraux dans leurs luttes politiques intestines, à commencer par le plus formidable d'entre eux, Chahrbaraz. Le morcellement de l'empire en zones d'influence laisse à penser que les conditions n'étaient pas les meilleures pour organiser la défense du pays. Les musulmans, au contraire, avaient rallié à leur cause une poignée de capitaines de très grande qualité, dont l'extraordinaire Khalid ibn al-Walid, qui avait été un adversaire de Mahomet avant de le rejoindre lors de la prise de La Mecque. Al-Walid fut chargé par le premier calife, Abû Bakr, de mater les éléments dissidents qui s'étaient détachés après la mort de Mahomet[30]. Le leader charismatique disparu, tous les efforts consentis jusqu'alors par les musulmans risquaient d'être réduits à néant. Mais Khalid ibn al-Walid était l'homme de la situation et, une fois celle-ci rétablie, Abû Bakr lui enjoignit de poursuivre son élan vers l'Irak et la Syrie où il allait bientôt se trouver face à une armée byzantine. Bien qu'Umar, le successeur d'Abû

---

30. Abû Bakr (573-634) fut le premier compagnon de Mahomet qu'il accompagna à Médine lors de l'Hégire. Père d'Aïcha, la troisième épouse de Mahomet et sa préférée, il organisa le pèlerinage vers La Mecque de 631 et fut le plus proche conseiller du Prophète. À la mort de celui-ci l'année suivante, il fut choisi pour lui succéder et à ce titre inaugura le califat.

Bakr, démontrât moins d'enthousiasme envers Al-Walid que son prédécesseur, il le maintint à la tête de l'armée chargée de combattre les Byzantins ; bien lui en prit[31]. Le 20 août 636, au Yarmouk, après une longue campagne de deux ans, Al-Walid remportait une victoire magistrale qui était loin d'être gagnée d'avance et qui fut surtout le fait de son génie. Byzance terrassée, mais point anéantie – la réorganisation administrative et militaire d'Héraclius sauva l'empire du naufrage –, les musulmans pouvaient désormais se lancer à l'assaut de l'autre superpuissance.

La bataille décisive de Qadisya

Malgré ses faits d'armes, Khalid ibn al-Walid ne fut pas directement affecté à cette nouvelle campagne dont la responsabilité principale revint à un autre général, Saad ibn Abi-Waqqas. Survoltées par leurs victoires contre des armées réputées invincibles, les forces musulmanes ne craignaient plus personne, convaincues que leurs conquêtes exprimaient la volonté de Dieu. Si certaines des troupes employées contre les Byzantins rejoignirent Abi-Waqqas, c'est une autre armée, moins sollicitée que celle d'Al-Walid, qui affronta les Perses.

Nul ne peut dire avec certitude à quel moment eut lieu cette bataille parmi les plus décisives de l'histoire. Possiblement au mois de novembre de la même année (636), soit trois mois après la victoire sur Byzance. À la tête de l'armée perse, Rustam Farroukzhäd était généralissime.

---

31. Abû Bakr décéda après avoir contracté une forte fièvre. Umar (ou Omar, 577-644) lui succéda naturellement, dans la mesure où il avait été le principal architecte du califat et l'allié d'Abû Bakr au moment où se joua la succession de Mahomet. Initialement opposé à Mahomet, Umar s'était converti à l'islam et était devenu l'un des principaux compagnons du Prophète. Lui aussi avait activement participé à ses campagnes militaires.

On sait peu de choses de lui, hormis son rôle dans la guerre contre les musulmans. Une certitude : il n'avait pas l'envergure des généraux perses qui avaient remporté victoire sur victoire contre les Byzantins une quinzaine d'années auparavant.

C'est une constante dans l'histoire : les sédentaires privilégient l'infanterie et la cavalerie lourde, les nomades, la cavalerie légère. La confrontation entre Sassanides et musulmans ne fit pas exception à cette règle quasiment immuable, même si des deux côtés on comptait une proportion de fantassins élevée pour l'époque. Le cheval était l'animal de prédilection des Perses et les Arabes ne l'utilisaient que pour le combat, le dromadaire servant aux autres tâches comme le transport et le soutien logistique. Selon une longue tradition persane, l'armée sassanide disposait d'éléphants de combat – provenant d'Inde[32] – et de cornacs rompus à l'exercice périlleux et compliqué de piloter ces mastodontes lors d'une attaque frontale.

Si la qualité de l'armée perse avait sensiblement régressé durant les années qui avaient précédé la guerre, elle avait su maintenir sa masse, et bien que les chiffres fantasmagoriques qui nous sont parvenus par l'intermédiaire d'Al-Tabarî ne sont que de peu d'utilité, il est vraisemblable que les Sassanides jouissaient d'une supériorité numérique importante – soit deux ou trois fois plus d'hommes que les musulmans. L'historien Henri Pirenne – et d'autres après lui – a tenté d'expliquer la victoire improbable des Arabes en mettant en avant l'élément religieux, les armées musulmanes étant selon l'historien belge galvanisées par leur foi. Mais c'est oublier que l'intervention des Arabo-musulmans sur le grand échiquier se fit dans un contexte général où la guerre

---

32. Plus massifs mais néanmoins plus maniables que les petits éléphants de Mauritanie d'Hannibal.

opposant Perses et Byzantins avait déjà, comme nous l'avons vu précédemment, un caractère religieux prononcé. Dans la mesure où l'État sassanide se considérait toujours comme une théocratie – ou tout au moins une semi-théocratie – zoroastrienne, l'élément religieux avait pour les Perses une importance presque aussi considérable que pour les musulmans. Le caractère idéologico-religieux de cette guerre sainte s'inscrivait dans la même logique que la guerre byzantino-perse, et sur ce point il n'y avait pas vraiment de rupture. La différence entre les deux camps résidait surtout dans le fait que les musulmans bénéficiaient d'une chaîne de commandement limpide là où les Perses avaient vu la leur se déconnecter et s'affaiblir, avec toutes les frictions qu'une telle déliquescence de l'appareil stratégique pouvait entraîner. Le calife, Umar, un des fidèles compagnons du Prophète, avait une longue expérience de la guerre et c'est lui qui concevait la grande stratégie des musulmans, laissant ses généraux se concentrer sur les campagnes militaires.

Yazdegerd III, le roi des rois, n'était encore qu'un enfant d'une douzaine d'années dont les connaissances en matière de stratégie, sans parler de l'autorité, devaient être singulièrement limitées. C'est donc au seul Rustam que revint l'entière et lourde responsabilité de défendre l'empire. Pourtant, informé des détails de la déroute romaine au Yarmouk, le généralissime aurait dû savoir à quoi s'en tenir. Mais était-il possible, à cette époque, qu'un général sassanide puisse entrevoir que les Arabes aient pu monter une armée capable de vaincre la grande Perse ? Certes, les Byzantins avaient été vaincus mais, contrairement aux Perses, ils n'avaient pas jeté toutes leurs ressources dans la bataille, ce qui, d'ailleurs, avait évité à l'empire de sombrer. Dans le contexte culturel de l'époque, il est probable que les Perses ont sous-estimé la menace et qu'ils n'aient pas répondu au danger avec l'énergie nécessaire. Mais cette hypothèse ne repose que

sur des éléments conjecturels et aucun document solide
ne vient l'étayer.

C'est à Qadisya, en Irak, qu'eut lieu la bataille. Bien
qu'Al-Tabarî nous ait fourni sur celle-ci de nombreux
détails, on ne dispose en réalité que de peu de faits
tangibles sur la nature exacte des combats. Néanmoins,
l'on peut dans ses grandes lignes retracer les actions
principales. Comme au Yarmouk, la bataille s'étendit
sur plusieurs journées. Est-ce à dire que, malgré toutes
les vicissitudes rencontrées par les Perses, ils furent
cependant en mesure de repousser l'adversaire ? Rien
n'est moins sûr, car si les Byzantins avaient été à même
de remporter la victoire au Yarmouk, il semble que les
Perses, pourtant en supériorité numérique, étaient globalement surclassés par les musulmans. Pourtant, ce sont
les Perses qui surprirent les musulmans le premier jour,
grâce notamment aux éléphants de combat auxquels les
Arabes n'étaient pas habitués. Les Perses avaient placé
les pachydermes au centre de leur dispositif, comme
c'était la pratique, mais aussi aux ailes, ce qui eut pour
effet de désorganiser la cavalerie musulmane, paralysant
du même coup l'action des fantassins. Pour autant, Rustam ne sut pas exploiter cet avantage initial qui aurait dû
en toute logique faire pencher la balance en sa faveur.

Après une seconde journée qui ne donna rien de plus
que des escarmouches, c'est au troisième jour que se produisit le grand choc entre les deux armées. Cette fois-ci,
les musulmans ne se firent pas prendre au dépourvu et la
charge des mastodontes fut réduite à néant. Les hommes
d'Abi-Waqqas avaient médité sur les moyens d'anéantir
un éléphant. Ils essayèrent avec une flèche dans l'œil
suivie d'un coup d'épée sous le ventre – action réclamant
une audace particulière de la part de l'homme chargé de
cette délicate mission –, et cette technique réussit au-
delà de toute espérance. Privés de leur agent perturba-
teur, les Perses poursuivirent néanmoins leur tactique de

choc en essayant d'imposer leur masse sur l'adversaire. Mais ce dernier résista héroïquement et, bien que les combats acharnés se soient poursuivis jusque tard dans la nuit, les Perses ne purent jamais prendre le dessus. L'affrontement fut d'une telle intensité qu'on désigna cet épisode comme la « Nuit des hurlements ». Il semble que le bras de fer ait davantage fatigué l'armée perse que l'armée musulmane. En tout état de cause, Rustam fut incapable d'exhorter ses troupes exténuées à reprendre l'offensive, au contraire d'Abi-Waqqas qui déclarait que l'affaire pourrait rapidement être entendue pour peu que ses soldats poursuivent le combat.

Le lendemain, alors que les musulmans parvenaient à monter une offensive, une tempête de sable opportune – les vents étant favorables aux troupes d'Abi-Waqqas – permit à l'envahisseur de reprendre le dessus sur l'ennemi au bord de la rupture. En un instant, à bout de forces, l'armée perse se disloqua, Rustam fut tué et ses hommes se précipitèrent de manière désordonnée pour fuir leur destin. Coupés dans leur retraite par le fleuve qui, jusque-là, avait servi à approvisionner l'armée sassanide en eau, les Perses disparurent les uns après les autres par noyade ou succombèrent aux traits, aux épées, aux coups et aux blessures diverses. Faute de combattants, la bataille était terminée. La victoire musulmane était sans appel.

Effondrement de l'empire

C'est alors que se fit douloureusement sentir la faiblesse de l'État sassanide tant il fut dans l'incapacité de surmonter cette défaite, ce dont il aurait probablement été capable quelques années auparavant. Durant les quatre siècles de son existence, l'empire avait subi nombre d'échecs militaires, mais aucun d'entre eux n'avait remis en cause son existence. Là, pourtant, le constat était dramatique pour le pouvoir central qui se voyait d'un seul coup dépouillé de toute autorité. Toutefois, l'empire n'était pas encore tout à fait mort, les structures de l'État, même avec un pouvoir inexistant, se révélaient momentanément assez solides pour que la charpente se maintienne malgré tout ; mais sous elle, le vide total gagna bientôt cet espace, espace que les musulmans n'allaient pas tarder à remplir. Yazdegerd, obligé de quitter Ctésiphon, entreprit une longue errance qui le mena de ville en ville dans une vaine tentative pour retrouver l'élan susceptible de repousser les armées musulmanes. Toutefois, les Byzantins étant eux-mêmes aux prises avec cet ouragan qui soufflait de plus en plus fort de leur côté, les Sassanides n'eurent pas à subir une offensive de leur vieil adversaire. Probablement est-ce l'une des raisons pour lesquelles l'empire put subsister encore quelques années, l'immensité de l'espace et les moyens de communication rudimentaires de l'époque ayant aussi contribué à ralentir la chute.

Néanmoins, le sort en était jeté. La fragmentation de l'empire, qu'accompagnait la destruction de l'appareil militaire, rendait quasiment impossible la réorganisation d'une grande armée. Dans les territoires conquis, les nombreuses populations chrétiennes, longtemps opprimées par les zoroastriens, avaient accueilli les musulmans en libérateurs. De fait, après six années de turpitudes, Yazdegerd et son empire allaient être libérés de leur longue agonie : en 642, à Nahavand, les musulmans revinrent en force pour parachever leur triomphe. À la tête de leur armée, l'ancien compagnon de Mahomet an-Nu'mân ibn Muqrîn parvint à étouffer l'armée perse du général Firûzan. Les deux chefs trouvèrent la mort au combat et Yazdegerd fut contraint de s'échapper vers Merv où, selon la légende, il aurait été assassiné (651) de la manière la plus indélicate par un meunier qui ignorait avoir en face de lui le roi des rois déchu. À partir de là, les portes de l'empire étaient grandes ouvertes et les musulmans s'y engouffrèrent sans qu'aucune résistance vienne freiner leur poussée. Le fils de Yazdegerd et héritier présumé, Peroz, tenta en vain d'entretenir l'espoir d'une résurrection. Il terminera ses jours en Chine, à des milliers de kilomètres de l'ancienne capitale de l'empire défunt.

Ainsi s'acheva sans gloire l'histoire de ce qui fut un très grand empire. C'est là que les empires des Achéménides et des Parthes connurent une seconde mort, là que la Perse classique dont les Sassanides se réclamaient les héritiers disparut à tout jamais. Avec les Séfévides, une nouvelle Perse renaîtra, bien plus tard, de ses cendres[33], démontrant par là sa force intérieure et sa résilience, qui tinrent à trois facteurs : une position géographique et géostratégique privilégiant un vaste espace disposé entre l'Inde, l'Occident et les steppes d'Asie centrale (aujourd'hui la Russie) ; une épaisseur et un dynamisme culturels extraordinaires ; une forte dimension politico-religieuse qui s'exprima à travers le zoroastrisme puis l'islam chiite (le sunnisme étant la religion de l'occupant). En conséquence, le pays parvint à préserver contre vents et marées son identité et son âme, même durant les périodes les plus chaotiques ou lorsqu'il se vit soumis à une autorité étrangère, et il trouva toujours la force pour repartir. Ainsi, après la chute des Séfévides en 1722,

---

33. La dynastie des Séfévides émergea au tout début du XVIᵉ siècle avec Ismaïl Iᵉʳ (r. 1502-1524) et elle allait marquer la renaissance de l'Iran et de la culture persane. En choisissant l'islam chiite comme religion d'État, les Séfévides souhaitaient se distinguer des deux puissances sunnites avoisinantes, celle des Ouzbeks et celle des Ottomans. En 1722, les Séfévides furent renversés par des rebelles afghans sunnites qui s'insurgèrent contre l'intransigeance religieuse du régime.

la Perse se découvrit rapidement un nouveau champion avec l'incomparable Nadir Shah[34] (r. 1736-1747) qui, brièvement, redonna tout son éclat à l'Empire perse. Après l'inévitable présence occidentale, sous ses formes coloniales et postcoloniales, qui s'étendit sur deux siècles et le règne des Pahlavi, la révolution des Ayatollahs de 1979, dont les excès et l'intransigeance rappelèrent la période séfévide, se donna pour mission de restituer au pays son identité culturelle et religieuse et son statut de première puissance régionale.

Les Sassanides disparus, la civilisation persane allait sensiblement imprégner le nouvel empire, celui des Omeyyades, qui s'installa en lieu et place du leur, et la culture iranienne se propagea par la suite à toutes les régions investies par les musulmans – arabes d'abord, puis turcs. Cette culture résistera aux invasions mongoles et, grâce à Tamerlan, pourtant sans pitié envers les populations perses, elle influera profondément sur la culture timouride[35] qui illuminera un moment l'Asie centrale puis l'Inde des Grands Moghols. Grâce aux Arabes, la culture persane remontera par l'Ibérie vers l'Europe.

---

34. Nadir Shah s'empara du pouvoir consécutivement au chaos engendré par la destitution des Séfévides. Considéré, à juste titre, comme l'un des plus grands capitaines de l'histoire, il reconstitua en quelques années un grand Empire perse. Après son assassinat, le pays retomba rapidement dans l'anarchie.

35. La civilisation timouride, qui tire son nom de Tamerlan (Timur Lang), se développa autour de Samarkand et d'Hérat avec ses descendants durant tout le cours du XVe siècle. Tamerlan, qui épargnait les artistes et les scientifiques lors de ses campagnes meurtrières, ramena de nombreux Perses à Samarkand ; la culture persane, mélangée avec d'autres apports, forma la base du feu d'artifice culturel qui illumina l'Asie centrale à cette époque. Les Timourides écartés par les Ouzbeks en 1500, leur civilisation se propagea en Inde par l'intermédiaire de Babur, un descendant de Tamerlan (et de Gengis Khan) qui fonda la dynastie moghole en 1526. (Voir aussi le chapitre 6 : « L'Empire mongol, un géant aux pieds d'argile. »)

L'histoire de Byzance prit une direction contraire à celle de la Perse sassanide. Bien que fort malmenée elle aussi, la « deuxième Rome » résista aux musulmans – et à d'autres – sur la durée et se maintint huit cents ans de plus que son ancienne rivale, avant de succomber à son tour face aux coups de boutoir de l'Ottoman Mehmet II. Mais Byzance, dont l'étouffement fut aussi sûr que progressif, disparut à tout jamais en 1453, et, lorsque la Perse réémergea au XVIe siècle, il ne restait rien ou presque de l'Empire romain d'Orient. Durant cette période dramatique de l'histoire que fut le VIIe siècle, le destin de l'une et l'autre des deux superpuissances ne tint finalement qu'au hasard des luttes de pouvoir qui se dénouèrent au moment où Mahomet déployait ses premières armées conquérantes. Si la bonne fortune avait porté un homme ou une femme de la trempe d'Héraclius sur le trône, l'histoire de la Perse, celle du Moyen-Orient et, partant, celle du monde auraient pris une tout autre tournure.

BIBLIOGRAPHIE SÉLECTIVE

Sources classiques

Ibn Khaldûn, *Le Livre des exemples*, vol. I, Paris, Gallimard, coll. « Bibliothèque de la Pléiade », 2002.
Al-Tabarî, *La Chronique. Histoire des prophètes et des rois*, vol. 1, Arles, Actes Sud, 2001.

Études

Christensen, Arthur, *L'Iran sous les Sassanides*, Copenhague, E. Munksgaard, 1944.
Daryaee, Touraj, *Sasanian Persia. The Rise and Fall of an Empire*, Londres, I. B. Tauris, 2013.

Fischer, Greg, *Between Empires : Arabs, Romans and Sasanians in Late Antiquity*, Oxford, Oxford University Press, 2013.

Frye, Richard N., *The Golden Age of Persia*, Londres, Phoenix Press, 2000.

Hodgson, Marshall G. S., *The Venture of Islam*, vol. 1, *The Classical Age of Islam*, Chicago, University of Chicago Press, 1977.

Hourani, Albert, *Histoire des peuples arabes*, Paris, Seuil, 1993.

Norwich, John Julius, *Histoire de Byzance, 330-1453*, Paris, Perrin, coll. « Tempus », 2002.

Pourchariati, Parvaneh, *The Decline and Fall of the Sasanian Empire. The Sasanian-Parthian Confederacy and the Arab Conquest of Iran*, Londres, I. B. Tauris, 2008.

Roux, Jean-Paul, *Histoire de l'Iran et des Iraniens, des origines à nos jours*, Paris, Fayard, 2006.

Shayegan, Rahim, *Arsacids and Sasanians. Political Ideology in Post-Hellenic and Late Persia Antiquity*, Cambridge, Cambridge University Press, 2011.

Yarshater, E. (éd.), *The Cambridge History of Iran*, vol. 3, *The Seleucid, Parthian and Sassanian Periods*, Cambridge, Cambridge University Press, 2003.

4

LES CINQ MORTS
DE L'EMPIRE CAROLINGIEN
(800-899)

par Georges Minois

L'Empire carolingien fut éphémère : un siècle au maximum, et en réalité beaucoup moins, car une de ses particularités fut, tel le Phénix, d'être mort et ressuscité plusieurs fois. Sa date et son lieu de naissance sont bien connus : Noël de l'an 800 à Rome. Mais son décès peut aussi bien être placé en 839 qu'en 843, 877, 888 ou 899, suivant les critères retenus. En fait, on peut presque dire que l'histoire de l'Empire carolingien se résume à celle de son agonie, qui commence peu de temps après la disparition de son fondateur, Charlemagne. Dès le règne de son fils, Louis le Pieux, l'immense empire sombre dans la confusion, et cela en raison des défauts de sa conception. Bâti à la hâte sur des malentendus et des contradictions, il ne pouvait survivre longtemps à ses faiblesses internes. Michelet, réfléchissant à sa désagrégation rapide, écrivait déjà : « Pourquoi cet ordre a-t-il été si peu durable ? C'est qu'il était tout matériel, tout extérieur, c'est qu'il cachait le désordre profond, la discorde obstinée d'éléments hétérogènes qui se trouvaient unis par force. Diversité

LA DISLOCATION DE L'EMPIRE CAROLINGIEN AU IXᵉ SIÈCLE

BRETAGNE

Paris •

Rhin

Paderborn

Aix-la-Chapelle

SAXE

Verdun

LORRAINE

ROYAUME DE LOUIS

Rhin

Danube

Elbe

Elbe

Danube

ROYAUME DE CHARLES

BAVIÈRE

BOURGOGNE

AQUITAINE

Rhône

Lyon •

LOMBARDIE

Pavie •

ROYAUME DE LOTHAIRE

PROVENCE

ÉTATS DE L'ÉGLISE

DUCHÉ DE SPOLÈTE

CORSE

Rome •

—— Limites de l'Empire carolingien dans sa plus grande extension (814)

‑‑‑‑ Partage de l'Empire entre Louis, Charles et Lothaire au traité de Verdun (843)

·········· Fragmentation de la Lotharingie dans la seconde moitié du IXᵉ siècle de races, de langues et d'esprits, défaut de communication, ignorance mutuelle, antipathies instinctives ; voilà ce que cachait cette magnifique et trompeuse unité de l'administration romaine, plus ou moins reproduite par Charlemagne. C'était une torture que cet accouplement tyrannique de natures hostiles. » Pour l'historien romantique, l'Empire carolingien était un monstre, un mariage forcé de deux esprits incompatibles, l'esprit français et l'esprit germanique. Constat que les historiens ont depuis nuancé.

Un empire improvisé et contre nature

Ce n'est pas l'un des moindres paradoxes de cet empire que le fait qu'il ait été créé presque à contrecœur par son fondateur. Rappelons les faits. En l'an 800, l'Eurasie est divisée en trois blocs : d'abord le monde musulman, qui couvre l'Espagne, tous les rivages nord de l'Afrique, l'Égypte et le Proche-Orient, où se trouve le principal État, le califat abbasside de Bagdad. Ensuite, le monde byzantin, à cheval sur le détroit du Bosphore, comprend l'essentiel de la péninsule grecque et de l'Asie Mineure, ainsi que l'Italie du Sud ; il se trouve dans une situation critique : l'empereur (le *basileus*), considéré comme le successeur des empereurs romains, se prétend aussi en tant que tel souverain de l'Italie entière, d'où il a été chassé par les Lombards, ne conservant que des lambeaux de territoires au sud ; sur la défensive, il subit les attaques des Bulgares au nord, des Arabes au sud et à l'est. En 800, l'empereur Constantin VI a été écarté du pouvoir par sa mère, Irène, première femme à prendre le titre de *basileus*. Enfin, troisième monde : l'Occident, unifié pour la première fois depuis la chute de l'Empire romain d'Occident en 476, sous la direction du roi des Francs, Charlemagne. Ce dernier est le deuxième souverain de la dynastie franque des Carolingiens, ayant succédé en 768 à son père Pépin le Bref. En trente ans de règne, il s'est rendu maître d'un immense territoire allant de l'Elbe à l'Èbre et de la mer du Nord au Latium, couvrant la Gaule, l'Italie du Nord et du centre, tout le massif alpin, l'Autriche, la Bavière, une partie de la plaine hongroise, la Germanie jusqu'aux frontières orientales de la Saxe, les Pays-Bas et la Frise : 1,2 million de kilomètres carrés, environ 20 millions d'habitants, d'une grande diversité ethnique, linguistique, culturelle – Alamans, Burgondes, Thuringiens, Saxons, Bavarois, Lombards, Francs[1]. Ces derniers, centrés sur les régions entre Loire et Rhin, sont le peuple dominant, qui a imposé sa loi à l'ensemble, formant ainsi le *regnum Francorum*, le royaume des Francs. Le seul élément d'unité de ce bloc est la religion chrétienne, tous les peuples ayant été convertis de gré ou de force entre le Ve et le IXe siècle, le cas le plus récent étant celui des Saxons.

Le souverain de l'ensemble, Charlemagne, est *rex Francorum et Lombardorum*, roi des Francs et des Lombards, de culture exclusivement germanique, résidant dans son palais d'Aix-la-Chapelle. Il règne dans la tradition des rois barbares, son pouvoir reposant essentiellement sur son caractère de chef de guerre, de vainqueur, qui lui permet de conserver la fidélité des nobles en leur distribuant les dépouilles des conquêtes. La monarchie franque ne distingue pas la chose publique, la *res publica*, de la sphère privée : le roi est propriétaire du royaume, qui est partagé à sa mort entre ses fils. De plus, depuis Pépin le Bref, le roi est sacré : oint d'huile sainte lors d'une cérémonie religieuse, il est roi « de droit divin ». Les deux bases de son pouvoir sont donc la force militaire

---

1. Peuples germaniques installés dans l'ex-Empire romain d'Occident lors des Grandes Invasions des IVe et Ve siècles.

et le charisme religieux. Son modèle, c'est la monarchie biblique, celle de David en particulier.

Homme du Nord, Charlemagne ne manifeste aucune intention de prendre le titre impérial, qui n'ajouterait rien à son pouvoir réel. C'est le pape qui le pousse vers l'empire. Léon III se trouve en effet dans une situation très délicate : menacé par les Lombards et par les conflits entre grandes familles romaines, qui l'ont gravement molesté en 799, il a besoin d'un protecteur puissant qui serait son bras armé. Ce protecteur, c'est normalement l'empereur byzantin. Mais celui-ci – on l'a compris –, se trouve dans l'incapacité d'intervenir, et les relations entre Rome et Byzance sont de toute manière très tendues. Le seul autre sauveur possible est donc le roi des Francs, qui est déjà intervenu à plusieurs reprises contre les Lombards, dont Charlemagne s'est emparé de la couronne en 774. Mais après l'agression de 799, le pape estime qu'il faut aller plus loin et lui conférer un titre impérial qui légitimerait ses interventions en faveur du Saint-Siège et en ferait à la fois son obligé et son défenseur officiel. Faire du « royaume des Francs » un « Empire carolingien » est donc une idée du pape, relayé par quelques clercs de l'entourage de Charlemagne, comme Alcuin[2]. Charlemagne, quant à lui, ne semble pas en voir l'utilité : la notion latine d'*imperium* est étrangère à la mentalité franque. Les mots « empire » et « empereur » n'existent même pas dans les langues germaniques, où *Rîchi* (*Reich*) signifie à la fois royaume (*regnum*) et domination (*imperium*), et où le terme *Caeser*, empereur, est un emprunt aux Gréco-Romains (*Kaisar*, *Caesar*, qui donnera *Kaiser*). En 798 encore, lorsque les opposants byzantins à Irène viennent offrir ce titre au roi des Francs, Charlemagne

---

2. Ce moine anglo-saxon formé aux études classiques, qui vit à la cour de Charlemagne depuis 781, a la nostalgie de l'Empire romain antique.

le refuse. Il ne se laisse convaincre qu'après de longues négociations avec le pape à Paderborn en 799. Alcuin lui fait comprendre que le monde chrétien a trois têtes : le *basileus*, hors jeu, le pape, menacé, et lui-même, qui a la réalité du pouvoir ; il doit donc en profiter en acceptant l'honneur qui lui est fait et assumer le rôle d'empereur.

Le « roi » devient donc « empereur » en 800. Mais cette fusion de la tradition franque et de la tradition romaine est contre nature, et il s'agit d'ailleurs plus d'une juxtaposition que d'une fusion, comme le révèlent les hésitations de la chancellerie carolingienne entre 800 et 814. Charlemagne n'abandonnera jamais son titre de roi, adoptant comme formule définitive dans les diplômes : « Charles, sérénissime auguste, couronné par Dieu, grand et pacifique empereur, gouvernant l'Empire romain et, par la miséricorde de Dieu, roi des Francs et des Lombards. » La formule « gouvernant l'Empire romain » permet d'exprimer l'essence de la magistrature impériale en l'associant à la suprématie franque, marquée par le maintien du titre de roi des Francs. Charlemagne ne renie pas la royauté franque pour adopter l'*Imperium romanum*. Il opère une synthèse des deux, ce qui laisse déjà entrevoir un premier problème, celui de la succession : le titre impérial ne se scinde pas, alors que dans la tradition franque le titre royal se partage. Lorsqu'en 806 Charlemagne prépare sa succession en rédigeant la *divisio regnorum*, il répartit son « empire ou royaume » (hésitation révélatrice) entre ses trois fils, Charles, Pépin et Louis, chacun avec le titre de roi doté d'un royaume propre, à la mode franque, et le titre d'empereur disparaît : il semblerait que Charlemagne l'ait considéré comme une simple distinction honorifique décernée à titre personnel, l'« Empire carolingien » étant destiné à disparaître avec lui.

Il existe un deuxième problème. L'unité du nouvel empire repose sur la religion. Plus que d'un empire romain, c'est d'un empire chrétien qu'il s'agit, et par ce glissement le pape entend bien en être le véritable maître spirituel. Dans ce but, la papauté vient d'ailleurs de faire rédiger un faux document, la Donation de Constantin, d'après lequel le premier empereur chrétien aurait confié au Saint-Siège vers 330 la pleine souveraineté sur Rome, l'Italie et tout l'Occident. Lors du couronnement, en 800, le pape a réussi à couronner l'empereur avant les acclamations de la foule, montrant par là que c'est à lui que Charlemagne doit son titre. Ce dernier en a été furieux. Dès l'origine, donc, la question est posée : qui est le véritable maître de l'Empire carolingien ? Le pouvoir temporel est-il indépendant du pouvoir spirituel, ou dépend-il de lui ? Certes, Charlemagne jouit d'un tel prestige que le pape n'est pas en mesure de contester son autorité, mais qu'en sera-t-il avec un empereur de moindre envergure ?

Ainsi l'Empire carolingien, né dans l'improvisation pour servir les besoins de la papauté, sans idée claire des buts à atteindre à long terme, sans idéologie directrice, ne semble pas pouvoir durer bien longtemps. Résultant d'une tentative pour greffer la notion juridique latine d'État sur un monde germanique où l'autorité monarchique repose sur un engagement personnel, mutuel et contractuel entre le roi et les grands, avait-il des chances de survivre à son fondateur ? À chaque succession va resurgir la contradiction entre le partage à la mode franque et l'indivisibilité à la mode romaine, entre le choix par acclamation et la nomination par le pape. Charlemagne semble n'y avoir vu qu'un régime provisoire et personnel jusqu'au moment où, en 812, deux de ses trois fils étant morts, le destin ne lui laisse plus le choix : puisqu'il n'a plus qu'un fils, Louis le Pieux, celui-ci est sacré empereur à Aix-la-Chapelle en 813. Il hérite de tout l'empire… et de ses contradictions. C'est déjà le début de la fin.

Première mort de l'empire : Worms, 839

Louis le Pieux n'est pourtant pas un incapable. Conscient du caractère bâtard du régime, il tente de lui donner une organisation fondée sur un compromis, mais la contradiction fondatrice reste insurmontable et aboutit à une première mort de l'empire en 839. D'une certaine façon, Louis est à la fois le vrai fondateur et le fossoyeur de l'empire.

Fondateur : abandonnant les titres royaux pour ne conserver que celui d'empereur, il dépersonnalise le pouvoir en le centrant sur la fonction et en restaurant la notion d'État, la *res publica*, mais une *res publica christiana*. L'empire est avant tout un empire chrétien, et il garantit au pape une totale indépendance politique. La tentative de compromis est exprimée en 817 par la Constitution dite *Ordinatio Imperii*, adoptée après consultation d'une assemblée des grands, et qui concilie le principe unitaire et celui du partage. Le texte prévoit que le fils aîné de Louis, Lothaire, sera seul empereur, et que ses frères seront rois de royaumes autonomes soumis à l'empereur : Pépin régnera sur l'Aquitaine, Louis sur la Bavière. Il y a même une part prévue pour leur neveu Bernard, qui deviendra roi d'Italie. Tout cela supposait une bonne entente entre tous ces personnages.

Fossoyeur : Louis le Pieux prépare la fin de l'empire en raison de sa faiblesse de caractère et de sa soumission au clergé. Entouré d'abbés et d'évêques aux fortes personnalités, Benoît d'Aniane, Wala, abbé de Corbie, Hilduin, abbé de Saint-Denis, Agobard, archevêque de Lyon, Jessé, évêque d'Amiens, il accepte toutes les décisions des conciles, comme celui de Paris en 829, qui déclare que l'empire n'est qu'une partie de l'Église, et que l'empereur doit être soumis à l'autorité des évêques, directement responsables devant Dieu des actes du souverain.

Louis accepte même de subir une humiliation publique en 822 avec la pénitence que lui imposent les évêques pour avoir fait crever les yeux à Bernard d'Italie et à ses complices qui s'étaient révoltés. Il est vrai que Bernard en était mort, ainsi que quelques autres, mais ce genre d'incident n'aurait jamais conduit Charlemagne à se soumettre à un acte aussi dommageable pour le prestige d'un souverain.

Et ce n'est que le début. En 819, Louis s'était remarié avec la Bavaroise Judith, dont il avait eu un fils en 823, Charles. En 829, il décide de modifier les clauses de l'*Ordinatio Imperii* pour refaire le découpage de l'empire en prévision de sa succession, accordant une part à Charles : l'Alémanie, la Rhétie[3], l'Alsace, une partie de la Bourgogne. C'est le début de troubles très graves qui vont conduire en dix ans l'empire à sa perte. Les trois frères du premier lit, Lothaire, Pépin et Louis, contestent le nouveau partage, et la querelle dégénère en guerre ouverte entre le père et les fils, avec intervention du pape qui veut jouer les arbitres. En 833, au Champ du Mensonge, au sud-ouest de Colmar, Louis le Pieux, abandonné de tous, est fait prisonnier et contraint d'abdiquer au cours d'une séance humiliante à Saint-Médard de Soissons. Lothaire devient seul empereur, mais il doit reconnaître l'égalité avec ses frères, qui ont le titre de roi : l'empire est déjà dépecé en trois morceaux.

En 834, cependant, Louis et Pépin, qui craignent leur frère Lothaire, délivrent leur père, rétabli dans ses pouvoirs, tandis que Lothaire s'enfuit en Italie. En 837, Louis le Pieux procède à un nouveau découpage, remanié en 838 après la mort de Pépin. En 839, enfin, à l'assemblée de Worms, on procède à un remaniement général dans

---

3. Territoires correspondant au sud-ouest de l'Allemagne actuelle, du Rhin au lac de Constance, pour l'Alémanie, et à une partie de l'Autriche et de la Suisse pour la Rhétie.

lequel il n'est même plus question d'empire. Louis le Pieux fait deux parts, séparées par la Meuse, la Saône et le Rhône ; Lothaire choisit ce qui est à l'est de cette ligne, plus l'Italie ; Charles aura ce qui est à l'ouest, plus la Provence ; Louis aura la Bavière. Les trois rois seront sur un pied d'égalité complet : l'empire est mort et enterré avant même l'empereur, Louis le Pieux, qui s'éteint en 840.

Verdun, 843 : deuxième mort de l'Empire carolingien

Toutefois, Lothaire ne l'entend pas ainsi. Il avait été couronné empereur par le pape à Rome dès 823 et associé à son père. Il entend maintenant imposer son autorité à ses deux frères et ainsi rétablir l'Empire carolingien. Pour cela, il lui faut user de la force, mais il est battu à Fontenoy-en-Puisaye en 841, avant que l'année suivante Louis et Charles concluent à Strasbourg un pacte par lequel ils s'engagent à ne pas traiter séparément avec lui. Le fameux serment doit surtout sa célébrité au fait que, prêté en roman par Louis et en vieil allemand par Charles, il est le plus ancien texte dans ces deux langues que nous possédions. Le sort de l'empire et de l'empereur est ensuite réglé par un concile réuni à Aix-la-Chapelle : ce sont les évêques qui décident de la déchéance de l'empereur Lothaire et transfèrent l'empire aux deux frères, à condition qu'« ils le régissent selon la volonté de Dieu », c'est-à-dire selon leur volonté. Un empereur déchu, deux rois chargés de diriger l'empire sous la direction du clergé : peut-on encore parler d'un Empire carolingien ? La suite ne fait que confirmer sa disparition.

En effet, Lothaire persuade ses frères de négocier à trois pour arriver à un partage équitable, en tenant compte de trois exigences : les affinités de chacun, la cohérence et l'égalité absolue des trois lots – *affinitas, congruentia, aequissima portio*. Il s'agit bel et bien de partager l'empire, et donc d'y mettre fin dans les faits. On se heurte pourtant à une difficulté majeure : comment faire trois parts égales d'un territoire d'1,2 million de kilomètres carrés dont on n'a aucune carte ? Ici, il faut rendre hommage à l'esprit pratique des trois frères et à ce qu'il faut bien appeler leur administration. En octobre 842, ils nomment chacun quarante commissaires chargés de faire l'inventaire (*descriptio*) des territoires à partager. Cependant, la tâche se révèle impossible en raison des lacunes du recensement. On envoie alors dans tout l'empire des *missi* chargés de rassembler la documentation et, à partir de ces données, de partager non pas des superficies, mais des droits et des revenus, ce qui est beaucoup plus équitable. On dresse la liste des évêchés, des comtés, des domaines privés et surtout des domaines impériaux (*fisci*), en notant ce qu'ils rapportent au souverain et quels sont les droits de ceux-ci sur les seigneurs locaux. Ces droits et ces revenus sont mesurables, et peuvent donc être partagés, en tenant également compte des fidèles de chaque roi, nul ne pouvant conserver des bénéfices dans plusieurs royaumes. Il est également convenu qu'on ne touchera pas à l'Italie, à la Provence et à la Bourgogne rhodanienne, réservées à Lothaire, à la Bavière de Louis, ni à l'Aquitaine de Charles. En revanche, on ne tient absolument aucun compte des peuples et des zones linguistiques.

C'est un travail gigantesque, réalisé en quelques mois, d'octobre 842 à juillet 843, avec les moyens rudimentaires de l'époque, un des plus grands exploits administratifs de l'histoire. Il en sort le traité de Verdun, c'est-à-dire la carte – sans carte – des grands traits de la future Europe et de ses deux grandes parties : France et Germanie. Ce traité sera la référence obligée des tractations diplomatiques pendant tout le Moyen Âge et même au-delà. Les frontières sont précises, parfois capricieuses, afin de fournir des compensations et de tenir compte des exigences d'égalité, et pour cette raison elles ne suivent pas toujours les limites naturelles. Ainsi, le royaume de Charles (le Chauve), à l'ouest, la Francie occidentale, s'arrête à l'Escaut, à une ligne joignant Cambrai à Sedan, traversant l'Argonne, suivant la vallée de la haute Marne, le plateau de Langres, tout le cours de la Saône, en débordant sur la rive gauche pour englober le comté de Chalon ; puis, à partir de Lyon, au lieu de suivre le cours du Rhône, la frontière laisse sur la rive droite le Lyonnais, le Vivarais et l'Uzège à Lothaire. Le royaume de Louis (le Germanique) comprend les pays germaniques transrhénans moins la Frise. Entre les deux se trouve le royaume de Lothaire, courant de la Frise et des Pays-Bas actuels au sud de Rome, en passant par la Lorraine, la Bourgogne, la Provence et la Lombardie. On y trouve les deux capitales historiques, Rome et Aix-la-Chapelle. En tant qu'aîné, Lothaire conserve le titre d'empereur, mais ce n'est plus qu'un élément de prestige, une fiction. L'historien Robert Folz peut écrire à juste titre que « le traité de Verdun marque la fin de l'Empire carolingien ». L'empire est mort, vivent la France, l'Allemagne et la Lorraine ! Il laisse en effet la place à un illusoire régime « de fraternité et de concorde », suivant les termes du traité, unissant les trois royaumes du *regnum Francorum*.

877 : Charles le Chauve
et la troisième mort de l'Empire carolingien

Mais les fictions ont la vie dure. Après 843, alors que les royaumes de Louis le Germanique et de Charles le Chauve mènent leur vie propre, Lothaire tente de donner un semblant de réalité à l'empire, au prix d'un changement de nature. En 844, il fait sacrer son fils aîné, Louis II, roi des Lombards par le pape Sergius II, et en 850 il le fait sacrer *et* couronner empereur par le pape

Léon IV à Rome. L'innovation est lourde de conséquences pour le futur. Plus que d'une renaissance de l'empire de Charlemagne, il s'agit de la naissance d'un nouveau type d'empire : désormais s'impose l'idée qu'avant de devenir empereur il faut être couronné roi d'Italie – on dira roi des Romains – et que ce n'est plus l'assemblée des grands qui fait l'empereur, mais le pape, au cours d'une cérémonie qui associe sacre et couronnement, et qui doit obligatoirement se dérouler à Rome. Jusque-là, sacre et couronnement étaient dissociés : le roi était sacré et l'empereur couronné. Cela avait été le cas de Charlemagne, sacré roi des Francs puis couronné empereur.

Le rôle du pape comme faiseur d'empereur se trouve donc accru, et Nicolas Ier, dont le pontificat s'étend de 858 à 867, en tire les conséquences : c'est au pape, dit-il, d'assurer l'unité morale de la chrétienté, de nommer et de contrôler les empereurs. Ceux-ci ne sont plus que le bras armé de la papauté, comme l'admet lui-même Louis II dans une lettre de 871 au *basileus* : notre rôle est, dit-il, « la défense et l'exaltation de la mère de toutes les Églises ». De surcroît, la notion d'empire se replie sur Rome : lorsqu'en 855 meurt Lothaire, son royaume, la *Francia media*, est partagé en trois, à la mode franque, entre ses trois fils : l'aîné, Louis II, hérite de l'Italie, avec le titre impérial ; son frère Lothaire II régnera sur la partie septentrionale, qu'on appellera la Lotharingie, de la Frise au plateau de Langres ; enfin l'autre frère, Charles, hérite de la partie allant du lac Léman à la Méditerranée. Ainsi, le tiers de l'« Empire carolingien » est à son tour divisé en trois, et le nouvel empereur, Louis II, ne contrôle plus que le tiers du tiers de l'empire de Charlemagne, qui se réduit comme une peau de chagrin, ne couvrant plus que l'Italie du Nord et du Centre. Il y a maintenant cinq morceaux et un empereur qui n'est plus guère en réalité qu'une sorte de roi de Rome, sous la dépendance du pape.

Il garde cependant le titre d'empereur, ce qui perpétue la fiction. Mais même ce titre est menacé, car les deux oncles de Louis II, Charles le Chauve et Louis le Germanique, s'entendent en 868 à Metz pour se partager les territoires de leurs neveux. Déjà en 863, à la mort de Charles de Provence, Lothaire II avait pris le Lyonnais, le Viennois, le Vivarais et l'Uzège, et Louis II la Provence, ramenant le *regnum Francorum* à quatre morceaux. En 869, à la mort de Lothaire II, Charles le Chauve se jette sur la Lorraine, mais il doit s'entendre avec Louis le Germanique à Meerssen, sur la Meuse, en 870 : à Louis les territoires entre Meuse et Rhin, à Charles ce qui se trouve à l'ouest de la Meuse et la Frise. On est revenu à trois entités. Va-t-on vers une réunification de l'Empire carolingien ? La perspective se précise lorsqu'en 875 meurt l'empereur Louis II, sans descendant mâle. C'est alors le pape qui prend l'initiative. S'appuyant sur le texte de l'*Ordinatio Imperii*, qui prévoyait qu'en cas d'extinction de la lignée de Lothaire l'empire serait attribué par élection, sous contrôle de l'Église, il fait élire, par une assemblée dont la composition nous est inconnue, l'homme le plus capable de le protéger : le roi de Francie occidentale, Charles le Chauve, qui est sacré et couronné empereur à Rome par le pape Jean VIII le jour de Noël 875. Trois quarts de siècle jour pour jour après le couronnement de Charlemagne, on peut croire à la résurrection de son empire, et cette fois sans ambiguïté sous l'égide du pape, à qui Charles prête serment d'être fidèle défenseur de l'Église romaine. La devise dont se sert le nouvel empereur est révélatrice : *Renovatio Imperii Romani et Francorum* (« Empire restauré des Romains et des Francs »).

Pourtant, il y a des limites. D'abord, en Francie, la principale autorité religieuse et le principal conseiller de Charles, l'archevêque de Reims, Hincmar, est opposé à la reprise du rôle impérial par son maître, car il craint que cela ne l'entraîne dans des aventures risquées au détriment des affaires « françaises ». Et puis, la réunification de l'empire n'est pas complète : il manque la Germanie du frère de Charles, Louis le Germanique. Celui-ci meurt en 876, mais il a trois fils, dont deux sont en âge de régner : Carloman et Louis le Jeune, qui n'ont pas l'intention de s'effacer. Or, Charles le Chauve est battu à la bataille d'Andernach le 8 octobre 876 par Louis le Jeune, venu se poster sur le Rhin à vingt kilomètres en aval de Coblence. Le combat, furieux, est livré près de la ville, et laisse Charles le Chauve désemparé. Un an plus tard, le 6 octobre 877, il meurt dans les Alpes au cours d'une campagne militaire contre ses neveux. Il n'y a plus d'empereur. En Francie, les grands, dirigés par Hincmar, sont ralliés à l'idée d'une royauté « nationale » et rejettent l'idée d'empire : c'est la troisième mort de l'Empire carolingien.

888 : quatrième enterrement de l'empire

Pendant quatre ans, elle semble bien être définitive, car les candidats au poste d'empereur ne se bousculent pas, signe de la déchéance de cette fonction dépourvue de tout pouvoir réel. Quatre Carolingiens sont éligibles. Le fils de Charles le Chauve, Louis le Bègue, d'abord. Mais il n'arrive même pas à se faire obéir en Francie, et Hincmar lui déconseille vivement de tenter l'aventure. De toute façon, il meurt dès 879, âgé de trente-trois ans, ne laissant que deux jeunes fils, Louis III et Carloman. Autres candidats potentiels : les trois fils de Louis le Germanique. L'aîné, Carloman, n'est pas hostile à l'idée, et il commence même son voyage vers l'Italie, mais il tombe gravement malade, perd l'usage de la parole et meurt en 880. Son frère Louis le Jeune lui succède comme roi de Germanie et ne manifeste pas d'enthousiasme pour l'empire. Il meurt de toute façon peu de temps après, en 882. Reste le troisième fils, Charles, bientôt surnommé « le Gros ». Faute de mieux, le pape Jean VIII reporte donc sur lui ses espoirs. Car le pontife cherche désespérément un empereur : il se sent menacé par les attaques des Sarrasins et du duc Lambert de Spolète. Celui-ci, placé par le pape avec son frère Gui à la tête du duché de Spolète, mène en effet une politique personnelle et se retourne contre le souverain pontife. Il faut donc à ce dernier un protecteur. En janvier 880, il rencontre Charles le Gros à Ravenne, où ce dernier vient de se faire proclamer roi d'Italie. Le pape est rebuté par l'attitude désinvolte de Charles, mais il n'a pas le choix. Il lui rappelle tout de même qu'avant de venir se faire sacrer et couronner empereur à Rome, le roi d'Italie doit confirmer les privilèges de l'Église romaine et prendre des engagements envers le pape. Ce dont le Gros n'a rien à faire : il retourne en Germanie. Affolé, le pape envoie à ses trousses un légat pour l'implorer de revenir et d'accepter de devenir empereur. Pour le rassurer, le roi lui envoie deux « protecteurs », qui sont en fait les pires ennemis de Jean VIII : le duc de Spolète et son compagnon de brigandage, le marquis de Toscane, qui ne cessent d'empiéter sur les États pontificaux. Puis, en janvier 881, le roi de Germanie change d'avis et consent enfin à assumer la fonction suprême : il arrive à Rome sans prévenir et est sacré et couronné en février.

L'empire renaît. L'idéologie impériale reçoit même une nouvelle impulsion avec les écrits d'Hincmar, qui s'efforce de raviver l'antique idéal de la grandeur carolingienne, dans des traités comme le *De regis persona et regio ministerio* (« De la personne et de la fonction du roi »), sur les droits et les devoirs des souverains, et le *De ordine palatii* (« De l'organisation du palais »), tableau idéalisé du fonctionnement de l'administration impériale sous Charlemagne. Par ailleurs, la légitimité carolingienne garde sa force : lorsque Boson[4], comte de Vienne, un non-Carolingien, avait essayé en 879 de profiter de la faiblesse des fils de Charles le Chauve pour prendre le pouvoir, les quatre rois carolingiens encore vivants avaient conclu une union sacrée pour chasser l'intrus.

On pouvait donc espérer une véritable renaissance de l'empire. Mais Charles le Gros, sans mauvais jeu de mots, ne fait pas le poids. Sans parler de sa corpulence, qui constitue un véritable handicap dans ce monde de guerriers, il se montre incapable de faire face aux menaces croissantes. Sans réaction contre les Sarrasins, contre le duc de Spolète, il est un piètre protecteur de Jean VIII, assassiné à coups de marteau[5]. L'empereur est pourtant appelé en 885 par les grands du royaume de Francie, qui lui prêtent serment de fidélité dans l'espoir d'obtenir sa protection contre les Normands[6] pendant la minorité de Charles le Simple, le fils de Louis le Bègue, qui n'a que cinq ans. La menace normande est en effet plus pressante que jamais : en 881, Aix-la-Chapelle a été dévastée, le palais de Charlemagne saccagé ; en 885, Rouen est pillée, Paris assiégée et défendue par le comte Eudes et l'évêque Gozlin[7]. Charles le Gros arrive avec une armée

---

4. Charles le Chauve avait chargé ce personnage du gouvernement de l'Italie, où il ne tarda pas à mener une politique personnelle.

5. Après un pontificat de dix ans (872-882), Jean VIII est victime d'une conspiration ourdie par sa famille qui, d'après les annales de Fulda, l'empoisonne et l'achève à coups de marteau.

6. Ceux-ci multiplient les incursions depuis le début du IXe siècle, et on lit dans les annales de Saint-Vaast d'Arras : « Les Normands ne cessent d'emmener en captivité ou de tuer le peuple chrétien, de renverser les églises, d'abattre les murs, de brûler les villes. Sur toutes les places, ce ne sont que cadavres de clercs, de laïcs, nobles ou non, femmes, jeunes gens, bébés en nourrice. »

7. Eudes est le fils de Robert le Fort, comte d'Anjou et de Blois, qui s'est illustré dans la lutte contre les Normands ; Gozlin est évêque de Paris.

de secours en 886, mais il se contente d'acheter le départ
des Normands, puis il tombe malade, est opéré en 887
près du lac de Constance, tandis que des révoltes éclatent
un peu partout. À la tête des rebelles se trouve Arnulf,
fils bâtard de Carloman, le frère aîné de l'empereur.
Ce dernier se rend à la fin de 887 près de Mayence.
Contraint d'abdiquer, il meurt en 888.

Et une fois de plus, les historiens sonnent le tocsin :
« Avec Charles le Gros, on peut dire que l'Empire carolingien prend fin. Le rêve impérial continuera longtemps
encore de hanter les esprits, mais l'idéal auquel l'empire
d'un Charlemagne et d'un Louis le Pieux avaient répondu
et auquel, après eux, l'Église avait vainement tenté de
faire reprendre corps, ne correspond plus désormais à
aucune réalité », écrit celui qui fut peut-être le plus grand
spécialiste de cette période, l'historien Louis Halphen.
C'est la quatrième fois qu'on enterre l'empire.

899 : Arnulf et la vraie fin de l'Empire carolingien

Mais celui-ci a décidément la vie dure. Alors que
tout n'est plus que chaos et confusion, il tente encore
de renaître de ses cendres. En 888, l'ex-*regnum Francorum* n'est plus qu'un agrégat de royaumes et de principautés aux limites mouvantes. En Francie occidentale,
deux rois rivaux sont couronnés cette année-là : Eudes,
fils de Robert le Fort, auréolé de ses victoires sur les
Normands, et Gui, duc de Spolète ; dans le sud-est de
la Gaule, deux autres rois sont face à face : Rodolphe,
de la famille germanique des Welf, couronné à Saint-
Maurice, dans le Valais, d'où il contrôle la région du
Léman et la Bourgogne, et Louis de Provence, petit-fils
de l'empereur Louis II, couronné à Valence. En Italie,
deux candidats à la monarchie s'affrontent : le marquis

de Frioul, Bérenger[8], et le duc de Spolète, Gui, qui joue donc à la fois sur deux tableaux, mais est battu en 889 par Bérenger. Dans ces conditions, le nouveau pape, Étienne V, à la recherche d'un nouvel homme fort, ne peut que s'adresser à Arnulf, le vainqueur de Charles le Gros. Celui-ci a un atout majeur : c'est un Carolingien, même s'il n'est que bâtard, fils de Carloman et petit-fils de Louis le Germanique.

En 890, le pape lui écrit donc qu'il le verrait avec plaisir « visiter la demeure de saint Pierre et reprendre en main le royaume d'Italie pour l'arracher aux mauvais chrétiens et aux païens qui le mena[cent] ». Arnulf, cependant, n'est pas tenté par le titre impérial. Ce n'est qu'en 895, alors que Gui de Spolète menace de s'emparer de l'Italie, qu'il décide de quitter la Germanie, où il a réussi à s'imposer, pour venir à Rome ; il y est sacré et couronné empereur en février 896 par le pape Formose (891-896), au cours d'une cérémonie grandiose calquée sur celle de 800. Après un interrègne de huit ans, l'Empire carolingien renaît de ses cendres.

Pas pour longtemps. Arnulf se considère pourtant comme supérieur aux « roitelets », ainsi qu'il les appelle dédaigneusement. Il a même été consulté par l'archevêque de Reims, Foulques, pour arbitrer la contestation du trône de Francie entre Eudes et Charles le Simple, venu en personne à Worms et à qui il « concède le royaume paternel ». Mais à Rome même son titre d'empereur est contesté par Lambert de Spolète, le fils de Gui. Quelques jours après son triomphal couronnement, il doit entrer en campagne, campagne au cours de laquelle il est terrassé par une congestion cérébrale. Ramené en Germanie, il y meurt en décembre 899, un siècle tout juste après le couronnement de Charlemagne. Cette

_____

8. Bérenger est petit-fils de Louis le Pieux et de l'impératrice Judith par sa mère Gile.

fois, l'Empire carolingien ne s'en relèvera pas, même si deux autres personnages porteront le titre d'empereur, qui aura perdu toute signification : Louis III l'Aveugle (901-905) et Bérenger de Frioul (915-924)[9].

Triste destinée d'un empire apparu de façon fortuite, à la demande et pour les besoins du pape, et dont le fondateur lui-même doutait de son utilité. Sa prolongation n'a été due qu'aux circonstances, et très vite son existence a été menacée par une série de contradictions. La notion même d'empereur, qui suppose une autorité centrale forte, fondée en droit, est inconciliable, on l'a dit, avec la notion de royauté franque, qui repose sur un engagement mutuel entre le roi et les grands ; si le roi manque à ses promesses, les grands ne sont plus tenus de lui obéir, et ils le font savoir. Dans la société franque, depuis le VIIIe siècle, la structure sociale repose de plus en plus sur les liens vassaliques, par lesquels le souverain s'attache la fidélité personnelle des grands en leur confiant des « bénéfices », auxquels sont attachés des droits de justice et de finance, ce qui contribue à l'émiettement du pouvoir. Autre contradiction : la conception impériale du pouvoir, héritée de Rome, distingue nettement la sphère de l'État de la *res publica*, de la sphère privée, du patrimoine familial, distinction qui n'existe pas chez les Francs, où le roi se conduit en propriétaire du royaume. Un empire est indivisible et transmis par acclamation ; un royaume franc est partagé entre les héritiers de la famille royale. L'empire est-il un territoire ou un type de régime politique ? L'empire multiethnique est-il conciliable avec les royautés ethniques (franque, lombarde,

---

9. Louis III, roi de Provence et d'Italie, reçoit le titre impérial en 901, mais il est battu et aveuglé en 905, tout en conservant la Provence jusqu'à sa mort en 928. Quant à Bérenger, roi d'Italie en 888, descendant direct de Louis le Pieux, il reçoit le diadème en 915, mais il n'est qu'un instrument de l'aristocratie locale.

bavaroise, etc.) ? Louis le Pieux a bien tenté de réaliser la synthèse de ces aspects contradictoires dans son *Ordinatio Imperii* de 817, mais il n'avait pas les moyens de sa politique, pas de structure à l'échelle de l'empire, pas de personnel administratif.

Et puis, l'empire est victime du grand malentendu de départ, comme l'a judicieusement souligné Louis Halphen : « Alors qu'au point de départ la religion se trouvait comme absorbée par le pouvoir politique, elle devient maintenant maîtresse. Le pape, dont le rôle, au temps de Charlemagne, était celui d'un simple exécutant, finit par être le suprême dispensateur de la couronne impériale, et le but essentiel qu'il assigne à celui qu'il en gratifie est la protection du Saint-Siège. Ce renversement des rôles a pour effet de diminuer progressivement aux yeux des contemporains la valeur d'un titre plus lourd de charges que d'honneur. De maître de l'Occident qu'il était d'abord, celui qui en est investi n'est plus à la fin du IXe siècle qu'un auxiliaire du souverain pontife pour la défense de la foi. »

L'empire, passé sous la coupe de la religion à partir du règne de Louis le Pieux, est totalement dénaturé. La confusion des pouvoirs religieux et politique le met au service d'un clergé dont les objectifs obéissent à des considérations spirituelles et morales inadaptées à un fonctionnement efficace de l'État. Contrairement à la plupart des autres empires, l'Empire carolingien n'a pas succombé face à des invasions ou à des ennemis extérieurs ; il est mort de ses propres contradictions internes, et surtout de son péché originel : avoir soumis l'État à l'Église.

Bibliographie sélective

Bauer, Dieter R., Hiestand, Rudolf, Kasten, Brigitte, et Lorenz, Sönke (éd.), *Das fränkische Reich, 750-1000 : Herrschaft, Kirche, Mönchtum*, Sigmaringen, Jan Thorbecke Verlag, 1998.

Calmette, Joseph, *L'Effondrement d'un empire et la Naissance d'une Europe*, Paris, Aubier, 1941 ; Slatkine Reprints, 1978.

Fichtenau, Heinrich, *Das karolingische Imperium*, Zurich, Fischer, 1949.

Ganshof, François L., *The Carolingians and the Frankish Monarchy*, Londres, Longman, 1971.

Halphen, Louis, *Charlemagne et l'Empire carolingien*, Paris, Albin Michel, 1947.

Isaïa, Marie-Céline, *Histoire des Carolingiens, VIIIᵉ-Xᵉ siècles*, Paris, Seuil, coll. « Points Histoire », 2014.

Minois, Georges, *Charlemagne*, Paris, Perrin, 2010.

Riché, Pierre, *L'Empire carolingien, VIIIᵉ-IXᵉ siècles*, Paris, Hachette, 1973 ; rééd. 1994.

Theis, Laurent, *L'Héritage des Charles, de la mort de Charlemagne aux environs de l'an mil*, Paris, Seuil, coll. « Points Histoire », 1990.

5

LE RÊVE INACHEVÉ
DES EMPIRES ARABES
(VIIᵉ-XVᵉ siècle)

par Jacques PAVIOT

L'islam, « soumission à Dieu[1] », est une religion pro-
sélytique, que tout musulman doit répandre à travers
le monde : il s'agit d'étendre le *dâr al-islâm*, « demeure
de l'islam », aux dépens du *dâr al-harb*, « demeure de la
guerre »[2]. À la mort de Mahomet, animés par une intense
ferveur religieuse, les Arabes se lancent hors d'Arabie
pour diffuser leur nouvelle foi. Leurs succès inattendus,
qui les galvanisent, leur font conquérir rapidement de
vastes territoires, sans que ce fût le but recherché et ils se
trouvent créer un immense empire en un peu plus d'un
siècle, entre 633 et 751. Celui-ci regroupe des peuples
d'origines, de religions, de langues et de coutumes
diverses, s'étend en latitude de l'océan Indien à l'océan
Atlantique, compris entre l'Asie centrale et l'Arabie à l'est
et entre la mer Méditerranée et le Sahel à l'ouest. Si la

---

1. D'où *muslim* (pl. *muslimûn*), « musulman ».
2. Lorsque les musulmans ne se sentent pas assez forts, ils peuvent
signer des trêves, d'où la création d'un *dâr al-sulh*, « demeure de la
trêve », entre les deux territoires.

L'EMPIRE MUSULMAN VERS L'AN MIL

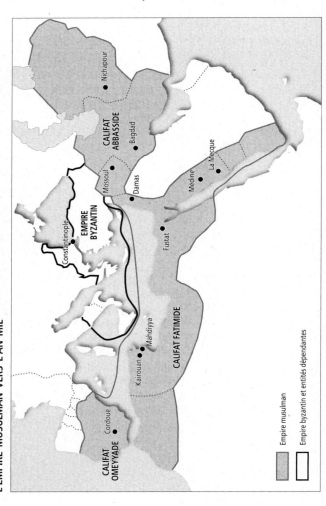

CALIFAT ABBASSIDE

Nichapour

Bagdad

Mossoul

Damas

La Mecque

Médine

EMPIRE BYZANTIN

Constantinople

Fustat

CALIFAT FATIMIDE

Mahdiyya

Kairouan

CALIFAT OMEYYADE

Cordoue

Empire musulman

Empire byzantin et entités dépendantes

çonquête militaire est relativement facile, la mise en place d'une administration étatique est plus lente et les distances interdisent un contrôle strict de la périphérie par le centre, ce qui favorise les forces centrifuges, la domination arabe se réduisant aux régions autour des grandes villes de Damas, Bagdad et Le Caire. De plus, des divergences apparaissent très tôt entre les fidèles de l'islam, notamment entre sunnites – ceux qui suivent la *sunna*, « habitude, norme de conduite », la tradition fondée sur les dits (*hadîth*) et les faits (donnés dans la *sîra*, « vie ») du Prophète, majoritaires – et chiites – ceux du *shî'a* (*'Ali*), du « parti (d'Ali) », avec un aspect plus spirituel, pour lesquels le pouvoir réside dans la famille du gendre du Prophète, minoritaires. Malgré tous ces désordres et divisions, le calife reste la figure, de plus en plus fictive, de l'unité du monde musulman.

Victoires et divisions (628-661)

L'expansion arabe, qui a parmi d'autres causes le surpeuplement de la péninsule et les valeurs guerrières des Bédouins, et qui est justifiée religieusement dans le *djihâd* – le combat dans les chemins de Dieu, contre les idolâtres ou les gens du Livre, sanctionné par les fameux versets de l'Épée dans le Coran[3] –, est lancée par Mahomet à partir de 628 dans sa lutte contre les Mecquois, quand il veut entraver leur commerce avec la Syrie en conquérant les oasis sur la route du Nord jusqu'à Tayma[4]. Une première attaque contre les Byzantins, en 629, échoue à Mutah, à l'est de la mer Morte. Cependant le Hedjaz est pratiquement conquis dès 630. La prise de La Mecque cette

---

3. IX, 5 (contre les idolâtres) ; IX, 29 (contre les gens du Livre) ; mais aussi IX, 73 (contre les hypocrites) et XLIX, 4 (contre les musulmans qui oppressent injustement d'autres musulmans).

4. Dans le nord-ouest de l'Arabie.

même année – ajoutée à la défaite des Sassanides face aux Byzantins trois ans plus tôt – entraîne le ralliement des Bédouins de toute la péninsule Arabique. Ceci incite Mahomet à vouloir se porter à nouveau contre les Byzantins avec une grande expédition à la fin de cette année 630 ; l'entreprise se limitera à une avancée jusqu'à Tabûk, à la frontière de l'Arabie. En mai 632, malade (il meurt le 8 juin), il ordonne une nouvelle expédition vers le nord.

L'alliance avec une grande partie des Bédouins éclate alors car elle était conçue par eux comme un contrat personnel. La première tâche du premier calife (« successeur ») du Prophète, Abû Bakr, est d'imposer son autorité et celle de l'islam dans toute l'Arabie. Ces guerres de nouvelle conversion débordent, sous son règne (632-634) et celui de son successeur, Omar (634-644), en dehors de la péninsule, en Mésopotamie (renommée Irak) contre l'Empire sassanide en 633-642 (la conquête de la Perse se poursuit jusqu'en 651), en Syrie avec Damas en 635 puis 636 et Jérusalem en 638, et même en Égypte en 639-641 contre l'Empire byzantin ; elles sont fulgurantes car ces deux empires sont épuisés de leur longue lutte[5]. Les Arabes ne font que s'emparer du pouvoir et des biens de l'État ou des grands propriétaires qui fuient, laissant en place l'administration (ainsi que la monnaie et la langue) byzantine ou sassanide pour récolter l'impôt ; eux-mêmes résident dans de nouvelles villes entièrement arabes et divisées selon les tribus, telles en Irak Bassora, fondée en 636, et Koufa, en 637, ou en Égypte Fustat, en 641 ; leurs gouverneurs ont grande latitude en raison de l'éloignement de Médine, tels Muâwiya[6], en Syrie, ou Amr ibn al-As[7], en Égypte.

---

5. Voir le chapitre 3.

6. Muâwiya ibn Abî Sufyân (v. 605-680), il se distingue lors de la conquête de la Syrie, avant d'être nommé gouverneur de Damas, puis de la Syrie tout entière ; il sera le fondateur de la dynastie des Omeyyades.

7. Mort en 663, il est le conquérant de l'Égypte, où il fonde Fustat (dans les environs du Caire aujourd'hui).

Dans le Coran, rien n'est indiqué sur le sort des peuples vaincus ; Mahomet a expulsé ou massacré les juifs de Médine, mais dans les oasis du nord il a appliqué une nouvelle règle, celle des protégés tributaires (*dhimmî*), réservée aux « gens du Livre » (juifs et chrétiens), auxquels sont ajoutés les sabéens[8] et les zoroastriens, alors que les païens doivent se convertir. Mais les non-Arabes qui se convertissent, les *mawâlî*, reçoivent un simple statut de « clients » des aristocrates tribaux arabes, alors qu'ils devraient être égaux dans la communauté musulmane.

Un autre problème, de nature politique, vient du fait que le Prophète n'a pas réglé sa succession entre les membres de sa propre famille (notamment son cousin Ali qui a épousé Fatima, la fille que lui a donnée sa première épouse Khadidja), de son clan (les Banû Hachim, les Hachémites), enfin de sa tribu (celle des Quraychites[9]). Ali n'a pas occupé de grandes fonctions durant la vie du Prophète, aussi, à la mort de celui-ci, a-t-on préféré choisir le premier des compagnons (*sahaba*) à s'être converti, Abû Bakr, de la tribu des Quraychites, le chef du premier pèlerinage à La Mecque, aussi père de l'épouse préférée Aïcha. Sur son lit de mort, deux ans plus tard, en 634, Abû Bakr désigne Omar, un autre compagnon, aussi de la tribu des Quraychites, également beau-père de Mahomet (et gendre d'Ali et de Fatima). Victime d'un assassinat par des Persans, Omar a le temps, selon la tradition, de nommer une commission formée des héritiers potentiels et qui doit élire un de ses six membres pour lui succéder : Othmân, toujours un compagnon et toujours un Quraychite, gendre de Mahomet, est choisi contre Ali. Durant

---

8. Descendants des habitants de Harran, en haute Mésopotamie, adorateurs des astres selon leurs ennemis.

9. Tribu arabe dotée d'un prestige particulier, maîtresse du territoire de La Mecque – et donc de la Kaaba. La Mecque, centre religieux de l'Arabie, aurait été fondée par Abraham.

son règne, de 644 à 656, la conquête cesse, mais surtout, dans l'organisation de l'empire, il favorise les membres de sa famille et de son clan, celui des Banû Omeyyâ, un clan traditionnellement ennemi de celui des Banû Hachim.

Sa politique crée du mécontentement partout : chez ceux qui ne peuvent profiter de la conquête, les Médinois et ceux qui se sont convertis avant les Quraychites, chez les religieux opposés au remaniement du texte du Coran, sans oublier chez les membres de la famille du Prophète qui considèrent que le califat leur appartient de droit. Finalement, une coalition liant Aïcha, Ali, les anciens compagnons Zubayr ibn al-Awam et Talhah, et le conquérant de l'Égypte, Amr ibn al-As, qui a été démis de son gouvernorat, entraîne l'assassinat d'Othmân à Médine : que l'on attente à sa vie montre combien le califat a déjà perdu de son prestige religieux et moral. Ali est – enfin – élu calife, mais reste sur lui la tache de l'assassinat qui lui fait perdre rapidement ses alliés et va amener à la première guerre civile (*fitna*) en Islam (656-661). Cette dernière ne se déroule pas à La Mecque ou Médine, abandonnées dès lors par le pouvoir, mais en dehors de l'Arabie, en Irak, où Ali a établi sa capitale, à Koufa. En décembre 656, Ali vainc à la bataille du Chameau[10], à Bassora, les forces de Zubayr et de Talhah, qui sont tués, et d'Aïcha, qui est renvoyée à Médine. Cette victoire ne rallie pourtant pas le reste du monde musulman à Ali : l'Arabie et l'Égypte ne bougent pas, et la Syrie, gouvernée par un petit cousin d'Othmân, Muâwiya, devient le centre de résistance à son pouvoir. Celui-ci demande justice pour l'assassinat d'Othmân et refuse de céder sa fonction de gouverneur à l'homme nommé par Ali, aussi le conflit est-il inévitable. Les deux armées se rencontrent à Siffin, sur les bords de l'Euphrate. Après plusieurs semaines indécises, l'affrontement a lieu

---

10. Parce qu'Aïcha y assistait, assise dans un palanquin installé sur un chameau.

le 26 juillet 656. Alors que les troupes d'Ali l'emportent, Amr ibn al-As, qui a rallié Muâwiya, fait ficher au bout des lances de ses soldats des feuilles du Coran, montrant par là qu'il faut s'en remettre à Dieu et non aux hommes. Une trêve est signée, un arbitrage est négocié – mais en l'acceptant Ali place le califat sur un plan d'infériorité. En outre, certains de ses partisans refusent un arbitrage humain et sortent de son obédience : ce sont les kharidjites (« ceux qui sont sortis »), qui créent ainsi la première dissidence religieuse dans l'islam. L'arbitrage est finalement rendu à Adhruh, en Palestine, en janvier 658, reconnaissant Ali coupable du meurtre de son prédécesseur et peut-être même le destituant du califat. Ali se retourne d'abord contre les kharidjites qu'il écrase en Irak en 659. En 660, Muâwiya est proclamé calife par ses partisans à Jérusalem et, en janvier 661, Ali est assassiné par un kharidjite à Koufa, avant de pouvoir entreprendre une expédition contre Muâwiya. Après sa mort, ses fidèles se rassemblent dans un parti (*shî'a*) qui prendra des teintes mystiques tout en glorifiant le combat contre les usurpateurs. Son califat est la cause de deux dissidences religieuses majeures dans l'islam : l'unité de l'*umma* fondée par le Prophète n'aura pas duré trente ans.

L'expansion omeyyade (660-750)

À la suite de cette première guerre civile, Muâwiya veut rétablir l'unité du monde musulman en restaurant le prestige du califat, replacé au centre du gouvernement de l'empire, qui reçoit un nouveau siège, à Damas, en 661, base du pouvoir du calife. Le fondement de ce pouvoir réside sur les liens de fidélité des tribus arabes, sur un contrôle accru des gouverneurs de province et sur le caractère héréditaire du califat – une nouveauté qui sera conservée : Muâwiya fonde ainsi la première dynastie musulmane, celle des Omeyyades. Cette stabilisation permet de reprendre la conquête au-delà du Taurus, la ligne de frontière avec Byzance, par terre et par mer : le siège est mis plusieurs fois devant Constantinople en 668-669 ; une série de raids est menée de 674 à 680. La construction de Muâwiya révèle sa faiblesse à sa mort, avec le déclenchement de la deuxième *fitna* (680-692). S'il a réussi à maîtriser les révoltes kharidjites récurrentes, s'il a habilement écarté du califat Hasan, fils aîné d'Ali et de Fatima, en revanche le second fils, Husayn, refuse de reconnaître son fils et successeur Yazid Ier. Les partisans d'Husayn le proclament calife, mais en rejoignant Koufa celui-ci est massacré à Kerbala en 680. Pour venger sa mort, al-Mukhtar, un noble arabe, soutient à Koufa une révolte au nom de leur demi-frère Muhammad ibn al-Hanafîya ; il est écrasé en 687. D'autre part, l'Hachémite Abd Allah ibn al-Zubayr, petit-fils d'Abû Bakr et neveu d'Aïcha, se proclame aussi calife à La Mecque et est éliminé en 692.

Le calife Abd al-Malik (685-705) rétablit l'ordre et procède à une « organisation » et un « ajustement » avec une arabisation du système (dans la langue et la monnaie) et une amélioration de la fiscalité, ce qui permet de reprendre l'expansion. À l'est, les Arabes vont au-delà du Khorasan[11] en Asie centrale, en Sogdiane[12] en 706-709 avec la prise de Boukhara, dans le Kharezm[13] en 710-712 avec la prise de Samarkand, dans le Ferghana[14] en 713-714, mais aussi vers le Béloutchistan[15], le Sind[16] – l'Indus étant atteint en 711-712 –, puis le Pendjab en 713. À l'ouest, vers l'Afrique du Nord : fondation de la forteresse de Kairouan en 670, grande expédition jusqu'à

---

11. Région du nord-est de l'Iran actuel.
12. Région recouvrant une partie de l'Ouzbékistan et du Tadjikistan.
13. Région s'étendant sur l'Ouzbékistan, le Turkménistan et l'Iran.
14. Vallée fertile dans l'est de l'Ouzbékistan.
15. Région s'étendant du sud-est de l'Iran au sud du Pakistan.
16. Région de la basse vallée et du delta de l'Indus.

l'Atlantique en 681, puis prise de Carthage en 695, de l'Afrique du Nord de 705 à 708 – plus difficile à cause de la résistance des Berbères –, passage du détroit de Gibraltar en 711. Enfin, un nouveau siège de Constantinople a lieu d'août 716 à septembre 717 (il est la cause d'un *hadîth* apocryphe : « Bienheureux le souverain, glorieuses les troupes musulmanes qui s'empareront de Constantinople… »). Deux batailles marquent les limites de cette expansion aussi rapide que phénoménale : celle de Poitiers en 732, perdue contre les Francs, et celle de Talas en 751, gagnée contre les Chinois[17].

Les conquêtes musulmanes sont extraordinaires. En effet, les Arabes ne disposent d'aucun avantage guerrier particulier : on ne combat pas sur le dos d'un chameau et la cavalerie est réduite. Leur victoire vient de la position centrale qu'ils occupent par rapport à des empires affaiblis qu'ils attaquent sur leurs provinces périphériques – qui sont mal défendues –, de forces combattantes toujours disponibles, de l'exaltation religieuse des guerriers, de l'appât du butin et aussi du fait qu'ils conquièrent des régions semblables en latitude aux leurs, où ils n'ont pas de problème d'adaptation.

Les troubles reprennent dans les années 740, dus aux kharidjites, aux chiites, aux Berbères, aux rivalités entre tribus arabes, aux ambitions des Hachémites, enfin au sort réservé aux convertis non arabes, les *mawâlî*. Ils se traduisent par la Grande Révolte berbère (739-743) dans le Maghreb, attisée par des prédicateurs kharidjites, et par une troisième *fitna* (744-747) qui amènent à la chute des Omeyyades en 750. La première tentative d'un califat arabe a fait long feu.

---

17. Aujourd'hui à la frontière du Kirghizistan et du Kazakhstan. Elle fut en fait remportée par les Abbassides, successeurs des Omeyyades, mais les Arabes n'iront pas plus loin contre les Chinois.

Le temps des Abbassides et des Fatimides

Les Abbassides (d'al-Abbas ibn Abd al-Muttalib, oncle paternel de Mahomet, du clan des Banû Hachim), vêtus de robes noires et arborant des bannières noires[18], arrivent au pouvoir grâce à la propagande qu'ils ont menée depuis de longues années à partir de Koufa, et particulièrement au Khorasan, base de leur puissance, et qui leur a permis de rassembler un grand nombre de mécontents : les *mawâlî* persans, les Arabes non nobles, les fils d'Arabes et d'esclaves, sans compter les extrémistes religieux qui attendent l'arrivée du Mahdi[19]... Le coup d'État éclate en 747, mais ils ne battent militairement les Omeyyades que trois ans plus tard et assassinent tous les membres de la famille (sauf un qui réussit à s'échapper). Ils créent un empire islamique multinational avec une nouvelle capitale, Bagdad, en Irak, terre de tant d'agitations, mais carrefour des grandes routes commerciales. Ils accomplissent une révolution sociale en accordant l'égalité aux *mawâlî*, aux demi-Arabes et aux non-Arabes ; d'ailleurs un certain nombre de califes sont nés d'une mère esclave[20]. Si les califes omeyyades ont plutôt gouverné à la manière de chefs de tribu (*shaykh*), les califes abbassides se fondent sur la religion comme source de leur autorité et ciment de l'empire – ce qui donnera naissance à une importante classe de religieux. Leur puissance est assurée par une armée soldée – dont fait partie l'élite du Khorasan, sorte de garde prétorienne – et non plus par les guerriers arabes ; pourtant celle-ci est rapidement formée d'esclaves

---

18. Le noir contre le blanc des Omeyyades, noir comme la bannière noire de Mahomet.

19. Le « bien guidé », qui doit venir rétablir la religion et la justice à la fin du monde.

20. Même si la voie a été ouverte par le dernier calife omeyyade.

militaires, principalement des Turcs d'Asie centrale. Le prestige des Abbassides se fonde aussi sur un cérémonial élaboré, hérité de la Perse sassanide ; le calife prend dès lors un nom de règne – *al-Saffâh*, « le Généreux », titre venant de la littérature messianique, pour Abul-Abbas. L'administration se développe également selon le modèle sassanide ; un *wazir* (vizir) dirige les différents *diwan* (bureaux) : chancellerie, armée, sceau, finances, postes et sûreté... Le plan de Bagdad montre combien le pouvoir se coupe du contact du peuple : une citadelle circulaire, la « ville ronde », comprenant le palais impérial et les différents services de l'administration avec la garde du Khorasan, autour de laquelle s'agglomère la ville des marchands et des artisans. Les provinces sont contrôlées par un émir (gouverneur), flanqué d'un *amil* (superintendant des Finances), surveillés par un maître des Postes chargé d'envoyer régulièrement des rapports à la capitale. La fin de l'expansion signifie des relations plus pacifiques avec les voisins, d'où l'essor du commerce international avec l'Orient indien ou chinois, l'Afrique soudanaise et l'Occident chrétien, ce qui permet l'ascension sociale du marchand[21].

Cependant, les fissures apparaissent vite dans ce bel édifice. Très tôt des révoltes éclatent : révoltes paysannes en Iran et en Asie centrale, menées par al-Muqanna[22] (de 776 à 780), par Bâbak[23] (qui crée un État en Azerbaïdjan de 816 à 837) ; révolte des esclaves noirs (les Zandj), qui se rallient aux kharidjites dans la région de Bassora, de 869 à 883. Si elles n'ébranlent pas l'empire, leur durée révèle une faiblesse intrinsèque ; même lorsqu'elles sont écrasées,

---

21. On voit bien son rôle dans *Les Mille et Une Nuits*.

22. « Le Voilé », qui fonde une secte hérétique : l'esprit divin serait passé d'Adam à Seth, considéré comme prophète, et à lui-même.

23. Sans doute d'origine iranienne, Bâbak (mort en 838) se met à la tête d'un mouvement dont les revendications sont religieuses et sociales – et les méthodes violentes.

le mécontentement demeure. Plus inquiétante est l'émancipation – autonomie voire indépendance – de princes
ou de gouverneurs, d'abord dans les provinces les plus
reculées de l'empire, puis de plus en plus près du centre.
Dès 756, fort du soutien des Arabes d'origine yéménite, le
survivant de la dynastie des Omeyyades, Adb al-Rahman,
fonde l'émirat de Cordoue. Au Maroc, l'émirat de Nekor
était fondé dès 710 sur la côte méditerranéenne, suivi en
744 de celui des Barghawâta, d'inspiration kharidjite, sur
les côtes de l'Atlantique ; en 758, les Zénètes[24], qui pro-
fessent le kharidjisme, fondent un émirat à Sijilmassa[25] ;
en 789, le chiite zaïdite Idriss Ier fonde sa dynastie à Fès.
Au Maghreb central, les Rustamides[26] créent une dynastie
kharidjite ibadite en 777. En Ifriqiya, les Muhallabides[27] se
succèdent comme gouverneurs de 768 à 795, remplacés
par les Aghlabides[28], reconnus émirs héréditaires par le
calife Harun al-Rashid en 800 (ils conquerront la Sicile).
En Égypte, le gouverneur d'origine turque Ibn Tûlûn prend
son autonomie en 868, l'étendant à la Syrie en 878. Les
Tahirides[29], gouverneurs héréditaires du Khorasan de 821
à 873, luttent contre le chiisme et défendent la culture
arabe à partir de leur capitale de Nichapour. Les Samanides – des sunnites –, descendants d'un aristocrate persan de Balkh, créent à partir de 819 ce qui deviendra un
véritable Empire arabo-persan s'étendant de la mer d'Aral
à la mer d'Oman, du Tigre à l'Indus, dont la capitale sera

---

24. Un des principaux groupes de tribus nomades du Maghreb.

25. Au Maroc, à la frontière du Sahara.

26. D'Abd al-Rahmân ibn Rustam, un Persan qui, à l'aide de Berbères
de Tripolitaine, envahit l'Ifriqiya, puis le Maghreb central où il fonde
Tahert. Les ibadites forment une branche modérée du kharidjisme.

27. D'al-Muhallab ibn Abi Suffrah, d'une famille arabe dont les
membres sont gouverneurs du Khorasan, d'Irak et d'Ifriqiya.

28. D'Ibrâhîm ibn al-Aghlab, chef militaire venant de la garde du
Khorasan.

29. De Tâhir ibn al-Husayn, un Persan converti (un des *mawalî*).

Boukhara ; il tombera en 999. Un chaudronnier du Sistan[30], al-Saffâr, se met à la tête d'une armée populaire et se rend maître de sa province en 867 ; ses successeurs, les Saffarides, reconnus gouverneurs, sont vaincus par les Samanides. En Irak du Nord et en Syrie, les Hamdanides (905-1004), de la tribu arabe des Banû Taghlib, influencés par le kharidjisme puis le chiisme, perpétuent la tradition du djihad contre les Byzantins. La plupart de ces émirs ou princes conservent leur fidélité nominale au calife : il suffit de citer son nom à la prière du vendredi et que celui-ci figure sur les pièces de monnaie.

Plus grave est la montée du chiisme. Les chiites ont vu comme un succès la prise du pouvoir par un membre de la famille du Prophète : un descendant d'Ali, Abû Hâshim, avait légué ses droits à Muhammad ibn Ali ibn Abdallah, père du premier calife al-Saffâh. Cependant, les chiites, vite déçus et même persécutés, abandonnent la règle de lignée masculine par rapport à Mahomet pour ne reconnaître que la lignée directe (considérée jusqu'alors comme inférieure chez les Arabes), donc celle des fils de Fatima. Du fils aîné Hasan descendent notamment les Idrissides du Maroc. Autour des descendants d'Husayn, le premier martyr, se constitue toute une théologie messianique : Ali, Husayn et leurs successeurs, imams infaillibles et porteurs de la lumière divine, sont seuls habilités à diriger la communauté par droit divin ; quand leur lignée s'éteint, le dernier imam s'occulte pour réapparaître à la fin des temps, se confondant par là avec le Mahdi de tous les musulmans, tout en dirigeant *in absentia* la communauté par un imam délégué. Pour leur propagande, ils reprennent ce qui a été pratiqué par les Abbassides : l'envoi, sous une fausse identité, de missionnaires. Durant la période, le chiisme se divise en différentes sectes, distinguées selon le

---

30. Région de l'Iran oriental.

degré d'arrêt dans la succession : les zaydites, chiites quin-
timains, pour qui Zayd ibn Ali, petit-fils d'Husayn mort en
740, est le dernier imam héréditaire[31] ; les ismaéliens ou
ismaïliens, dits aussi chiites septimains, pour qui le dernier imam est Muhammad ibn Ismâ'îl[32], fils d'Ismâ'îl ibn
Jafar, lui-même fils aîné de Jafar al-Sâdiq, arrière-petit-fils
de Husayn ; les chiites duodécimains, attachés à la descendance d'un autre fils de Jafar al-Sadîq, Mûsâ ibn Jafar
al-Kâdhim, jusqu'à Muhammad al-Mahdi, disparu en 874,
à l'âge de cinq ou neuf ans.

La première manifestation violente est celle des Qar-
mates, des ismaéliens, qui, durant la première moitié du
xe siècle, établissent une république en Arabie orientale
d'où ils lancent des expéditions contre l'Irak, la Syrie et
le Hedjaz (en 929, ils s'emparent de la Pierre noire[33],
rendue en 951). Les zaydites, par un descendant de
Hasan, fondent en 864 une dynastie dans les montagnes
du Tabaristan, en Iran septentrional. Au Yémen, un autre
descendant de Hasan fait œuvre de missionnaire et un
autre encore, al-Hadi ila l-Haqq Yahya, établit un pouvoir
qui se maintiendra par intermittences jusqu'en 1962.

Du Yémen, des missions sont envoyées en Inde et en
Ifriqiya. Au cours de cette dernière, Ubayd Allâh, un
Syrien déclarant descendre du septième imam et être
le Mahdi, peut être installé comme calife à Raqqada,
près de Kairouan, en 909 ; le nouveau califat est surnommé fatimide, du nom de Fatima, fille de Mahomet
et femme d'Ali. Il veut conquérir l'Égypte, avant l'Arabie
et l'Irak, dans le but de détruire le califat abbasside. La

---

31. Le cinquième descendant à partir d'Ali, en comptant Hasan, puis
Husayn et son fils Ali Zayn al-Âbidîn.
32. Décédé avant son père, qui est mort en 762.
33. La Pierre noire, conservée dans la Kaaba à La Mecque, est considérée comme une relique du temps d'Adam et Ève.

conquête de l'Égypte est réalisée en 969 et est marquée par la fondation d'une nouvelle capitale, al-Qâhira, « la Victorieuse » (Le Caire), avec une nouvelle mosquée, al-Azhar, comme foyer du chiisme ismaélien. Les conquêtes s'étendent à l'Afrique du Nord, à la Sicile, à la Syrie avec Jérusalem, au Hedjaz avec La Mecque et Médine, Bagdad étant même occupée en 1056-1057. Conscients de l'importance du commerce, les Fatimides développent les routes vers Byzance et l'Occident et vers l'Orient par la voie de la mer Rouge. L'affaiblissement de la dynastie, qui doit céder le pouvoir à des vizirs militaires, conduit à la suppression du califat par Saladin en 1171 et au retour à la foi orthodoxe, le sunnisme[34]. En outre, n'oublions pas qu'en Extrême-Occident l'émir de Cordoue Abd al-Rahmân III se proclame « commandeur des croyants » (calife) en 929, se posant en champion du sunnisme aussi bien contre le calife abbasside que contre le calife fatimide. Cependant, ce califat ne dure pas. Le pouvoir est pris par al-Mansûr (l'Almanzor des Occidentaux), vizir puis chambellan du calife en 978, qui lutte contre la *Reconquista*[35] (prise de Saint-Jacques-de-Compostelle en 985). Après la mort d'al-Mansûr en 1002, ses fils ne peuvent maintenir leur pouvoir et le califat sombre dans la guerre civile, la *fitna* d'al-Andalus de 1009 à 1031[36], et se décompose en *taifas*, petits royaumes (jusqu'en 1086).

Non seulement le corps de l'empire se trouve démembré, mais son cœur même est divisé. Le pouvoir politique échappe aux califes. Déjà, les Barmakides, une famille persane de Balkh, de religion bouddhique à l'origine,

---

34. La foi fondée sur la *sunna*, « coutume du Prophète ».

35. Mouvement de reconquête de la péninsule Ibérique, mené par les rois chrétiens du nord de la péninsule et initié selon la tradition dès 722, mais réellement au cours du XIᵉ siècle.

36. Où s'affrontent Arabes, Berbères et Slaves (les esclaves importés d'Europe orientale, qui occupaient de hautes fonctions) pour le contrôle du califat.

occupent les plus hautes fonctions de l'État, des débuts
des Abbassides à 803. La reprise en main par Harun al-
Rashid[37] n'empêche pas à sa mort, en 809, une quatrième
fitna entre ses deux fils demi-frères, al-Amîn et al-Mamûn,
le premier soutenu par les Arabes, le second (qui l'emporte en 813) par les Persans. En 874, le douzième imam,
l'enfant Muhammad al-Mahdi al-Muntazar, « s'occulte »
à Samarra, en Irak ; le chiisme duodécimain se répand
en Iran et en Irak. Originaire du Đaylam[38], la famille des
Bouyides[39], adepte de ce chiisme, se crée des principautés
dans la Perse occidentale. En 945, elle se rend maître de
Bagdad : le calife lui accorde le titre d'« émir des émirs »,
soit grand émir, qui a déjà été concédé avec tous les pouvoirs militaires et financiers neuf ans plus tôt à l'émir
Ibn Râiq. Il ne reste au calife que le pouvoir religieux, le
rôle de gardien de la foi orthodoxe – un chiite défendant
le pouvoir spirituel sunnite ! Malgré l'opposition de la
population à l'introduction de fêtes chiites (supprimées à
Bagdad au début du XIᵉ siècle), les Bouyides font respecter l'ordre et rétablissent une certaine prospérité dans les
provinces centrales de l'empire.

Le reflux

Le XIᵉ siècle est un siècle de crises pour le monde musulman. Celui-ci subit plusieurs vagues migratoires, internes
ou externes. La plus destructrice est celle des Banû Hilal et
des Banû Sulaym. Ces deux tribus arabes assez remuantes
ont été invitées au VIIIᵉ siècle à émigrer du Hedjaz et du

---

37. En 803, soupçonneux de leur tutelle, Harun al-Rashid se débar-
rasse des Barmakides, qu'il considère en outre comme trop conciliants
vis-à-vis des chiites et de ceux qui sont ouverts à une pensée fondée
sur la raison.
38. Territoire de la Perse, situé au sud de la mer Caspienne.
39. Des descendants de Buwayh ou Bûyeh.

Nejd[40] – en Arabie – vers l'Égypte. Quand les Zirides[41], qu'ils ont laissés en charge de l'Ifriqiya en 973, montrent des signes d'indépendance dans la première moitié du XIe siècle, les Fatimides, qui maintenaient les Banû Hilal et les Banû Sulaym en Haute-Égypte, les « lâchent » contre eux. Partis en 1050, ceux-ci défont l'armée ziride en 1051 et mettent à sac Kairouan en 1057 ; pendant un siècle ils ravagent le Maghreb et, à la fin du XIVe siècle, Ibn Khaldûn se lamente encore de leurs dévastations. Plus à l'ouest, des Berbères nomadisant du sud du Maroc jusqu'au Niger et au Sénégal ont fondé une communauté religieuse basée sur le djihad contre les Noirs et rassemblée dans un *ribât*[42], d'où leur nom d'*al-Murâbitûn*, Almoravides. À partir du milieu du XIe siècle, ils opèrent une expansion vers le nord et occupent tout le Maghreb occidental et central, choisissant comme capitale Marrakech. Appelés à l'aide par les Andalous, ils annexent la province à partir de 1086.

Bien que concomitante – ce qui est relevé par l'historien Ibn al-Athir (1160-1233) –, mais non programmée, l'expansion latine a lieu sur trois fronts à la même époque. Les souverains chrétiens en péninsule Ibérique lancent la *Reconquista* : Tolède est prise en 1085, mais les Almoravides l'arrêtent dès l'année suivante à Zallaqa[43]. Les Normands commencent la conquête de la Sicile à partir de 1061 – complétée trente ans plus tard – sur les Kalbides qui y ont pris le pouvoir en 948. En 1097, les croisés arrivent devant Antioche. Après sa chute l'année suivante, la conquête de la Syrie occidentale et de la Palestine avec

---

40. Vaste plateau semi-aride du centre de la péninsule Arabique.
41. Les Banû Zîrî, Berbères issus de la grande tribu des Sanhajas, qui était la grande rivale des Zénètes.
42. Un bâtiment fortifié de frontière, d'où sont menées des opérations de djihad.
43. Nom arabe de la localité qui se trouvait près de Badajoz ; l'Almoravide Yûsuf ibn Tashfin y bat le roi de Castille Alphonse VI, ce qui lui permet de conquérir al-Andalus.

Jérusalem en 1099 est faite sans problème et sans réaction des pouvoirs musulmans avant un demi-siècle. En effet, la Syrie et l'Irak du Nord se trouvent divisés en principautés turques concurrentes, qui ne savent s'unir à temps.

À l'est, la vague migratoire des Turcs est de la plus grande importance pour l'histoire musulmane. Ils étaient connus des Arabes depuis le VIII\u1d49 siècle, qui les achetaient comme esclaves et qui les utilisaient comme soldats ou administrateurs ; le calife al-Mutasim (833-842) en recrute un grand nombre – ils sont dès lors appelés *mamâlîk* (singulier *mamlûk*)[44] – pour remplacer l'ancienne garde du Khorasan. Les Turcs commencent à pénétrer dans le territoire du califat vers 970. Une première dynastie apparaît, celle des Ghaznévides, qui se convertit au sunnisme. Son premier représentant est Subuktegin, qui est en 977 gouverneur de Ghazni[45], aux confins de l'empire ; son fils Mahmûd, grâce à ses opérations de djihad contre les païens indiens qui lui rapportent un riche butin, fonde de 997 à 1030 un État qui s'étend du Khorasan et du Kharezm à l'Inde du Nord et à l'Iran central. Cependant, d'autres Turcs, de la tribu d'Oghuz, aussi convertis au sunnisme, immigrent dans l'Empire musulman, sous la direction de la famille des Seldjoukides. En 1040, ceux-ci vainquent les Ghaznévides dans le Khorasan ; quinze ans plus tard, ils entrent dans Bagdad, mettant fin au gouvernement des Bouyides. Leur chef, Tughrîl Beg, fait hommage au calife al-Qâim en 1058 ; il lui est décerné non pas le titre de grand émir, mais celui de *sultân*, signifiant « pouvoir, domination, autorité », et aussi celui de « roi (*malik*) de l'Orient et de l'Occident », montrant que le ressort de son pouvoir est sans limites géographiques ; il a de surcroît le droit de nommer à

44. « Esclaves », plus particulièrement « esclaves militaires ».
45. D'où le nom de la dynastie.

toutes les fonctions de l'État. Certes, le calife abbasside retrouve un défenseur militant du sunnisme, mais lui-même se retrouve avec encore moins de pouvoirs. Les premiers sultans seldjoukides, Tughrîl (1055-1063), Alp Arslan (1063-1072), le conquérant de l'Anatolie grâce à sa victoire contre les Byzantins à Manzikert en 1071[46], Malik Shâh (1072-1092), qualifié d'« ombre de Dieu sur terre », et leur vizir de 1065 à 1092, Nizam al-Mulk, un Persan, renouvellent le pouvoir musulman et la pratique de l'islam avec la fondation de madrasas, « lieux d'étude » des sciences de la religion et du droit – le *fiqh*, étude de la *charia*, la « Loi » musulmane – qui servent entre autres à former les membres de l'administration.

L'exploitation des ressources entraîne une féodalisation – si l'on peut employer ce terme purement occidental – de la société et de l'économie, au moyen de la distribution d'*iqtâ* (« concession fiscale » non héréditaire), marquant ainsi le passage d'une économie monétaire fondée sur les échanges à une économie « féodale » dont la richesse repose sur la terre. Cette rupture est d'autant plus marquée que le commerce international marque un arrêt, notamment en direction de la Chine, qui subit alors des soubresauts internes.

Jusqu'au XIᵉ siècle, malgré les divisions, le monde musulman reste arabe ; sa civilisation est florissante en tous les domaines, mais à partir de cette date on voit que les Turcs n'adoptent pas la langue arabe – ils sont le premier peuple musulman à ne pas le faire – et que le persan redevient une langue de culture. Par ailleurs, le droit, depuis les VIIIᵉ et IXᵉ siècles, s'est pour ainsi dire figé : de la période de l'*ijtihad*, « effort de réflexion », sur les solutions à apporter

---

46. Aujourd'hui Malazgirt, au nord du lac de Van. La défaite de l'empereur byzantin Romain IV Diogène permet aux Turcs et aux Turcomans de s'introduire en Anatolie.

aux problèmes juridiques – dans le cadre de la *charia* –, on
est passé à la période du *taqlîd*, « imitation », soumission
aux textes d'autorité, imposés par les grandes écoles de
Médine avec Malik ibn Anas (malikite)[47], de Koufa avec
Abû Hanîfa (hanafite)[48], de Syrie avec al-Awzâi (qui tombe
rapidement dans l'oubli)[49], puis celles d'al-Shâfii (chaféite
ou chafiite)[50] et d'Ibn Hanbal (hanbalite)[51]. Les madrasas
se répandent dans tout le monde musulman et deviennent
les centres de la tradition orthodoxe. Intellectuellement,
cette tradition est défendue par al-Ghazâli (1058-1111),
qui réfute le *kalâm*, la théologie spéculative, la *falsafa*, la
philosophie issue de la pensée grecque, l'ismaélisme, en
faveur de la *Revivification des sciences religieuses* (titre de
son ouvrage sur la vie spirituelle), pour se tourner vers le
soufisme[52] qu'il réconcilie avec l'orthodoxie.

Cela n'empêche pas un sursaut de l'ismaélisme, avec la
fondation, par Hasan-i Sabbâh[53], de la secte des Nizaris,

---

47. Qui respecte la pratique médinoise, considérée comme la *sunna*
de Mahomet et des compagnons, tout en introduisant une forme de
« réflexion personnelle ».

48. Qui est moins rigoriste et pratique l'usage de la « réflexion personnelle », suivie par les Turcs dès leur entrée dans le monde musulman.

49. Fondée sur la tradition ; elle se répand aussi au Maghreb et
dans al-Andalus.

50. Elle utilise le « raisonnement par analogie », permettant de
déduire des décisions à partir des textes fondamentaux, et le consensus
des docteurs de la communauté.

51. À tendance littéraliste et traditionaliste, visant à réduire le plus
possible la « réflexion personnelle ».

52. Mouvement mystique qui s'écarte de la doctrine sunnite mais se
développe assez tôt dans l'islam et vise à une communication personnelle, voire une union, avec Dieu ; un de ses aspects est la lutte contre
les passions intérieures.

53. Son père était de Koufa, mais il naît à Qom et fait ses études
religieuses à Rayy, où il se convertit à l'ismaélisme ; il complète sa
formation de missionnaire en Égypte de 1078 à 1081, année où il en
est déporté ; il mène alors une vie de prédicateur en Perse ; il s'empare
d'Alamut en 1090 et meurt en 1124.

dite des Assassins par les Occidentaux, qui regroupe les partisans de Nizâr, fils aîné du calife fatimide al-Mustansir écarté de sa succession. Ceux-ci s'établissent en Perse – où leur siège est la forteresse d'Alamut – et en Syrie et pratiquent l'assassinat politique vis-à-vis de leurs ennemis, musulmans ou chrétiens : l'une de leurs premières victimes est le vizir Nizam al-Mulk, en 1092. Par ailleurs, les Seldjoukides ne savent toujours pas rester unis : dès 1041, une branche se détache au Kerman, au sud-est de la Perse, puis en 1077 en Anatolie (les Seldjoukides de Roum), en 1078 en Syrie, enfin, à partir de 1092, la dynastie régnante elle-même se sépare (ou se réunit) pour gouverner en Iran et en Irak, mais le sultan du Kharezm, issu d'un *mamlûk* de Malik Shâh, les balaie de Perse en 1157 et d'Irak en 1194.

Leur faiblesse explique en partie l'installation relativement facile des Francs en Syrie. Un de leurs officiers, Zengi (v. 1084-1146), s'empare de Mossoul, puis d'Alep, et reprend le djihad contre eux : en 1144, il s'empare d'Édesse, aux mains des croisés. Son fils Nûr al-Dîn (1118-1174) agrandit son territoire en prenant Damas en 1154 et poursuit le djihad. Le califat fatimide s'affaiblissant de plus en plus, l'Égypte devient une proie pour les croisés et Nûr al-Dîn qui finalement l'emporte en envoyant un corps armé sous la direction du chef militaire kurde Shîrkûh et de son neveu Saladin ; ce dernier, d'abord vizir sunnite du calife chiite, abolit le califat fatimide en 1171. À la mort de Nûr al-Dîn, Saladin s'empare de son héritage et l'augmente, dans le but d'unifier les musulmans contre les croisés. Il règne ainsi sur l'Égypte, la Syrie, l'Irak du Nord et l'Arabie occidentale jusqu'au Yémen. Quand il est sûr de lui, il s'attaque aux Francs qu'il vainc à la bataille de Hattin ; quelques semaines plus tard, le 2 octobre 1187, jour anniversaire de la montée de Mahomet au ciel, il entre dans Jérusalem. Saladin fonde une nouvelle dynastie, celle des Ayyoubides, qui se partage son empire à sa mort en 1193.

Bien que résidant dans une capitale en déclin, le calife reste l'autorité religieuse suprême pour les sunnites. Le coup de grâce lui est porté par l'invasion des Mongols. Ceux-ci ont détruit l'empire du Kharezm, pénétrant assez profondément en Perse en 1219-1221. En 1253, le prince Hülegü part à la conquête de la Transoxiane, du Kharezm, de la Perse, de l'Irak. En février 1258, il s'empare de Bagdad et met le calife abbasside à mort. À partir de 1260, Hülegü est le nouveau souverain de la Perse, fondant la dynastie des Ilkhanides. À la suite de la dévastation des Mongols, l'Irak perd toute importance religieuse, politique ou économique, les grandes entités restantes étant la Perse et l'Égypte.

Là, en Égypte, sur le modèle connu, le sultan al-Sâlih (1240-1249) s'était constitué une armée privée composée de Turcs venant du Qiptchak, grande plaine s'étendant du nord de la mer Noire à la mer d'Aral. Ceux-ci, qui n'acceptent pas les termes de la libération du roi de France Louis IX[54], tuent son fils et héritier, et installent un nouveau régime, de type militaire, celui des Mamelouks. Ils vainquent les Mongols en Syrie en 1260 et chassent les derniers croisés en 1291. Afin de respecter la forme, le nouveau sultan Baybars (1260-1277) établit à son avènement un calife qu'il choisit dans la famille des Abbassides, mais qui n'a aucune autorité spirituelle. Les Mamelouks réunissent à nouveau la Syrie à l'Égypte et forment désormais le principal pouvoir « arabe » au Proche-Orient.

À l'ouest apparaît un nouveau mouvement réformateur berbère politico-religieux, celui des *muwahhidûn*, « partisans de l'unicité divine », des Almohades qui conquièrent les territoires almoravides au Maghreb et en péninsule

---

54. Louis IX débarque en Égypte en 1249 et s'empare de Damiette ; ses troupes s'avancent difficilement vers Le Caire, mais sont défaites à la Mansourah en 1250, le roi lui-même étant fait prisonnier ; il est libéré moyennant une rançon de 400 000 dinars et la restitution de Damiette.

Ibérique. Vaincus par les chrétiens en 1212 et par les Mérinides[55] en 1269, ils laissent un Occident musulman morcelé, entre Hafsides[56] en Ifriqiya (1229), Abdelwadides[57]
au Maghreb central (1236), Mérinides au Maroc (1258),
et Nasrides[58] dans le royaume de Grenade (1237).

Le 2 janvier 1492, le dernier souverain de Grenade,
Boabdil, se rend aux Rois Catholiques. En 1498, le Portugais Vasco de Gama atteint l'Inde, court-circuitant ainsi
le commerce à travers l'Empire mamelouk. En 1516, les
Turcs ottomans envahissent la Syrie, en 1517 l'Égypte.
Les dernières puissances nées de l'Empire arabe ont vécu.
L'institution du califat jouit toujours d'un prestige moral.
Le sultan ottoman ne reprend pourtant le titre de « commandeur des croyants » officiellement qu'en 1876, précédant donc de peu son abolition par Atatürk en 1924[59].
Cette suppression est mal acceptée dans le monde musulman et différentes tentatives de restauration par le chérif
de La Mecque Hussein ou le roi Farouk d'Égypte n'auront
pas de suite. La montée en puissance du salafisme[60], qui

---

55. Les Banû Marîn, des Berbères zénètes qui se rendent maîtres du
Maroc dans la première moitié du XIIIᵉ siècle.

56. Issus d'un général almohade, gouverneur du Maghreb oriental.

57. Des Berbères zénètes nomades.

58. Issus d'un émir arabe qui s'empare des villes du sud d'al-Andalus
lors de la disparition des Almohades.

59. Le sultanat ayant été supprimé l'année précédente.

60. De *salaf*, « ancêtres », c'est-à-dire les trois premières générations
de musulmans, celle de Mahomet et des compagnons, celle des « suivants » ou « successeurs », et celle des « suivants des suivants » ou « successeurs des successeurs ». On peut situer son origine avec la pensée du
juriste Ibn Hanbal, fondateur de l'école portant son nom, via le Syrien
Ibn Taymiyya (1263-1328) et l'Arabe Muhammad ibn Abd al-Wahhâb
(1703-1792), fondateur du wahhabisme, qui prône le respect strict de
la Révélation et condamne toute innovation (*bida*) apparue après le
salaf – l'État islamique va même jusqu'à utiliser une écriture ancienne,
le koufique, pour son drapeau. Aujourd'hui, on distingue trois tendances

prône le retour à la pureté de vie de Mahomet et de ses compagnons, incite ses partisans à désirer la recréation du califat : dès 1953 avec la création à Jérusalem du parti Hizb ut-Tahrir par Taqiuddin an-Nabhani (1909-1977), parti présent surtout en Asie centrale, à partir de 1994 en Afghanistan où le chef des talibans est « commandeur des croyants », en Irak et Syrie depuis 2014 – le parti le plus connu des Occidentaux –, avec Abû Bakr al-Baghdadi, qui s'est renommé calife Ibrâhîm et qui se prétend descendant de Mahomet[61].

BIBLIOGRAPHIE SÉLECTIVE

Bianquis, Thierry, Guichard, Pierre, et Tillier, Mathieu (dir.), *Les Débuts du monde musulman, VIIᵉ-Xᵉ siècle. De Muhammad aux dynasties autonomes*, Paris, PUF, coll. « Nouvelle Clio », 2012.

Cahen, Claude, *L'Islam. Des origines au début de l'Empire ottoman*, Paris, Bordas, 1970.

Garcin, Jean-Claude (dir.), *États, sociétés et cultures du monde musulman médiéval, Xᵉ-XVᵉ siècle*, 3 volumes, Paris, PUF, coll. « Nouvelle Clio », 1995-2000.

Lewis, Bernard, *Les Arabes dans l'histoire*, Paris, Flammarion, 1993.

Mantran, Robert, *L'Expansion musulmane, VIIᵉ-XIᵉ siècle*, Paris, PUF, 1969.

Sourdel, Janine, et Sourdel, Dominique, *Dictionnaire historique de l'Islam*, Paris, PUF, 1996.

---

dans le salafisme : le purisme (centré sur la pratique religieuse), l'activisme (en politique, à l'instar des Frères musulmans) et le djihadisme.

61. On peut remarquer que les zones actuellement contrôlées par l'État islamique sont celles des principautés turques au XIᵉ siècle : mais en sortira-t-il un Zengi, un Nûr al-Dîn, un Saladin ? Par ailleurs, la pratique du *takfîr*, *fatwa* d'excommunication d'un musulman qui est rendu à l'état de *kâfir*, « mécréant, infidèle », par l'État islamique le rapproche des kharidjites.

6

L'EMPIRE MONGOL,
UN GÉANT AUX PIEDS D'ARGILE
(XIIIe-XIVe siècle)

par Arnaud BLIN

> « Dans un premier stade, un État atteint les limites de son expansion, ensuite il se rétrécit en des phases successives, jusqu'à sa destruction et sa disparition. »
>
> IBN KHALDÛN, *Muqaddima*

Le plus célèbre « Empire des steppes » connut une expansion foudroyante résultant à la fois du génie de son fondateur, de la mobilité de sa cavalerie, alors la plus puissante du monde et enfin d'un modèle administratif efficace et original, s'appuyant sur les élites locales.

Mais, les dissensions claniques, inhérentes à la culture nomade, le déchirèrent, l'affaiblissant au profit du voisin et rival turc qui finit par avoir raison de lui.

L'EMPIRE MONGOL AU XIIIᵉ SIÈCLE

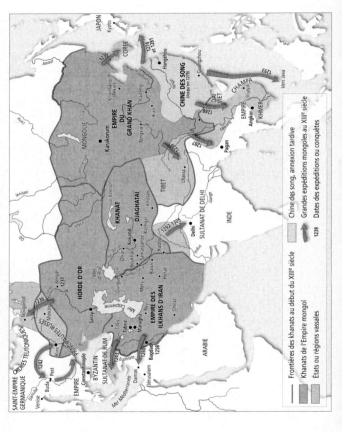

L'Empire mongol fondé par Gengis Khan au début du XIIIe siècle constitua le plus vaste édifice territorial de l'histoire[1]. Plus étendu que l'Empire achéménide du grand Darius ou que l'empire d'Alexandre qui s'y substitua, infiniment plus considérable que l'Empire romain ou celui de Charlemagne, l'Empire gengiskhanide fut aussi l'un des plus éphémères des grands empires historiques. De ce fait, il n'eut guère le temps de connaître la grandeur – ni la décadence. Pourtant, cet État-continent reposa durant sa courte existence sur des infrastructures politiques et institutionnelles relativement solides qui auraient pu lui permettre de perdurer. Il n'en fut rien. Dès la fin du XIIIe siècle, l'Empire mongol n'était plus qu'une constellation de mini-empires rivaux qui, les uns après les autres, allaient plus ou moins rapidement se déliter. De cette aventure monumentale, seuls l'empire chinois des Yuan (1271-1368) fondé par Qoubilaï Khan et l'Empire moghol (1526-1540, 1555-1857) institué par Babur laisseront une œuvre pérenne. Mais l'empire de Qoubilaï tint sa réussite à la capacité qu'eurent les Chinois d'absorber l'envahisseur, avant de l'affaiblir pour s'en débarrasser, et l'empire des Grands Moghols, s'il fut construit de toutes pièces par un descendant direct de Gengis, Babur, ne fut pas à proprement parler un héritage de l'Empire gengiskhanide. Ailleurs, les empires de la Horde d'Or, des Djagataïdes et des Ilkhanides consu-

---

1. Environ 33 millions de kilomètres carrés à son apogée, soit à peu près équivalent à l'Empire colonial britannique durant l'entre-deux-guerres qui, lui, s'étendait sur plusieurs continents. À titre de comparaison, sur la même zone, l'Empire russe s'étendait au XIXe siècle sur environ 23 millions de kilomètres carrés. Les grands empires de l'Antiquité étaient quant à eux beaucoup moins étendus, le plus grand d'entre eux, l'Empire achéménide, totalisant environ 8 millions de kilomètres carrés. Les grands empires ayant des frontières souvent mal établies et en état de flux permanent, il est évident que toute tentative de mesurer leur superficie aboutit à des chiffres qui restent approximatifs.

mèrent leurs énergies et leurs talents dans des querelles infra-mongoles que vinrent alimenter Turcs, Arabes, Perses et Européens, eux-mêmes enferrés dans leurs propres conflits[2]. Au bout du compte, les Mongols s'effa-cèrent au profit de l'autre grand peuple des steppes, les Turcs, qui, au terme de leur fuite précipitée, parvinrent à construire une œuvre infiniment plus solide que celle de leurs cousins de haute Asie. De l'empire de Gengis Khan, il restera surtout la mémoire d'une épopée tout à la fois fantastique et inachevée, qui vit l'audace inouïe de ses architectes s'accompagner d'une extraordinaire cruauté envers les nombreux peuples qu'ils subjuguèrent, sans parler de ceux qu'ils exterminèrent à tout jamais.

Un siècle, quatre moments

L'histoire de l'Empire mongol est contenue dans un espace-temps très court dont on distingue aisément les étapes spécifiques. En un sens, on pourrait presque dire que sa durée est inversement proportionnelle à l'espace territorial investi. Entre les débuts de l'expansion et l'apogée de l'empire, il s'écoule moins d'un demi-siècle, soit à peu près le temps qu'il faudra ensuite pour que l'empire se désagrège. Le déclin progressif des morceaux qui s'en détachent sera plus long, mais deux siècles après l'envolée de Gengis Khan, qui démarre en 1206, et sans compter l'aventure singulière des Moghols, il ne reste

---

2. La Horde d'Or, créée par un petit-fils de Gengis Khan, Batu, occupa un vaste territoire au nord de la mer d'Aral, avant de se diluer, sur plusieurs siècles, en une multitude de khanats. Le khanat djagataïde, du nom du deuxième fils de Gengis Khan, occupa la zone centrale de l'Asie avec en son cœur la Transoxiane à partir de laquelle Tamerlan allait reconquérir brièvement une partie de l'Empire gengiskhanide au tournant du XVe siècle. L'éphémère empire des Ilkhans, créé par un autre petit-fils de Gengis Khan, Hulagu, occupa l'espace iranophone.

que quelques poussières de cet empire monumental dont l'histoire se décline en quatre moments distincts.

Le premier moment, qui va de 1206 à 1241, est celui de la création, sous Gengis Khan, et de la première expansion, sous Tolui (qui assure la régence) et Ogodeï – ses successeurs immédiats qui poursuivent son action. Le deuxième moment, entre 1241 et 1260, témoigne du début de la fissuration de l'empire qui cependant reste unifié malgré les querelles incessantes qui minent l'édifice. Le troisième moment, qui débute donc en 1260, est celui de la fragmentation en quatre unités qui chacune poursuivent leurs conquêtes tout en respectant plus ou moins l'intégrité territoriale des uns et des autres. L'empire, bien que nominalement unifié, ne l'est plus dans les faits. Le quatrième moment, qui commence vers l'an 1300, est celui du déclin et de la dérive des empires. L'un après l'autre, et chacun à sa manière, les quatre Empires gengiskhanides se fragmentent davantage, régressent ou s'effondrent. En Chine, la dynastie Yuan est renversée après un siècle d'existence, et en Mongolie même, les Gengiskhanides s'effacent au profit des Oïrats, un peuple mongol cantonné jusque-là à un rôle de faire-valoir.

On voit donc que si surprenante et mystérieuse que fût l'émergence de l'empire de Gengis Khan, son déclin précipité fut tout aussi dramatique. L'effondrement de l'Empire mongol fut-il conditionné par la manière dont il fut érigé ? Ou, au contraire, la disparition de l'Empire gengiskhanide et l'agonie des empires héritiers furent-elles causées par des éléments conjoncturels ? Nous verrons que, comme le résumait sobrement René Grousset, le grand historien des empires de la steppe : « La plaie de ces nations mongoles était la coutume des partages familiaux. » Pour autant, l'histoire des empires des Djagataïdes et de la Horde d'Or (ou kipchak), qui maintinrent durablement leur intégrité politico-territoriale, démontre que la balkanisation n'était pas toujours une fatalité.

Logiquement, la fragmentation de l'Empire gengiskhanide et le déclin des empires qui s'en réclamèrent furent
aussi le fait d'événements circonstanciels. En particulier,
l'épisode qui nourrit le mythe fondateur de Gengis Khan
fut à l'origine des ressentiments qui précipitèrent la fin
du Grand Empire.

Gengis Khan crée un empire de toutes pièces

La grande particularité de cet empire à l'histoire singulière, de ce monstre géopolitique, est la rapidité avec
laquelle il se constitua à partir de rien, en l'espace de
quelques années seulement. Comme la création biblique
de l'univers, celle de l'Empire mongol revêtit un caractère surnaturel qui n'échappa ni à son concepteur ni à sa
descendance. Sa vie durant, Gengis Khan fut animé de la
conviction intime que les forces célestes l'avaient investi
d'une mission sacrée : conquérir le monde, le monde
entier. Son entourage, chamans compris, ne fit rien pour
l'en dissuader.

L'historiographie moderne a démontré comment
les lames de fond économiques, sociales et culturelles
déterminent sur le temps long les grandes orientations
de l'histoire. Elle a souligné aussi comment ces grands
courants visibles *a posteriori* mais rarement prévisibles
écrasent l'individu, le pouvoir et l'événement ponctuel
qui formaient auparavant l'ossature de l'historiographie
classique. Toute règle a ses exceptions et celle-ci en est
une de taille. Car ici, force est de constater que ces lames
de fond sont inexistantes. Ici, tout émane d'un homme
isolé, et la création de l'Empire mongol est bien le fait
d'un seul individu. Rien dans l'histoire de la haute Asie
ne laissait présager au tournant du XIIIe siècle l'ouragan
qui allait s'abattre sur l'ensemble ou presque du continent eurasiatique.

Depuis Attila, près de huit siècles auparavant, la menace des steppes était restée confinée à une zone circonscrite et elle avait surtout concerné la Chine et la Perse. Les peuples de haute Asie étaient divisés depuis toujours et aucun individu n'avait réussi à fédérer ces peuplades disparates qui se disputaient un espace aussi vaste qu'il était pauvre et inhospitalier. Jusque-là, chacun de ces peuples s'était contenté au mieux de mener des raids de plus ou moins grande envergure contre les pays sédentarisés – et donc riches – à l'est et au sud. Ici et là, des embryons de civilisation avaient certes émergé, à l'image des Samanides (des Iraniens) ou des Ouïgours (des Turcs) – à ces derniers les Mongols emprunteront la langue écrite. Déjà au VIᵉ siècle, avant les invasions arabo-musulmanes, l'immense empire des Köktürks, ou Turcs bleus, avait fait illusion avant de se morceler irrémédiablement[3]. Mais globalement, la région était foncièrement une zone de non-droit comme on dirait aujourd'hui, où régnait la loi du plus fort.

Dans cet espace instable, le plus fort le restait rarement longtemps, et les rapports de forces étaient dans un état de flux permanent. En Asie centrale, les Turcs étaient majoritaires ; certains étaient urbanisés et considéraient les Mongols comme frustes et inférieurs. Les Mongols étaient eux-mêmes divisés et peu organisés. Les tentatives précédentes pour unifier la nation mongole avaient toutes échoué et rien ne laissait pressentir que d'autres tentatives pussent aboutir. Rien non plus ne pouvait laisser présager que l'homme qui y parviendrait serait un adolescent démuni qui avait vu son père, un

---

3. L'Empire köktürk est fondé en 551 par Bumin Khan et ses fils, des Turcs originaires du Sinkiang (Xinjiang). Premier empire à afficher son caractère turc, il impose sa suprématie sur la haute Asie au détriment des Xiongnu et s'étend sur un espace territorial considérable allant des frontières de la Chine jusqu'en Crimée. Mais ce formidable empire se délite rapidement par l'effet de dissensions internes.

chef de clan, se faire assassiner par des rivaux et qui errait depuis dans les steppes tel un animal traqué, sa vie et celle de sa famille ne tenant qu'à un fil qui menaçait d'être sectionné à chaque instant.

Pourtant, l'homme qui parviendra à réaliser l'unité mongole et, à partir de là, à projeter la puissance insoupçonnée de cette nouvelle nation au-delà de ses frontières encore incertaines, est bien ce tout jeune homme vulnérable qui répond au nom de Temujin, dérivé du mot fer (temur)[4]. Comment expliquer l'ascension foudroyante de cet individu parti, littéralement, de rien ? Car contrairement à nombre de grands conquérants historiques comme Alexandre, Charlemagne ou Napoléon Bonaparte, ce Temujin ne dispose d'aucun avantage, d'aucun tremplin à partir duquel se propulser. Temujin, qui n'est pas encore Gengis, ne possède ni armée, ni nation, ni argent, ni pouvoir, ni même un protecteur. Il n'a aucun modèle devant lui dont il pourrait s'inspirer, aucun livre qui pourrait l'orienter. Son destin, il l'affrontera seul.

L'événement qui bouleverse sa vie est l'enlèvement, devant ses yeux, de sa jeune femme, Borté, par un chef de clan rival. Impuissant face à un adversaire de beaucoup supérieur, Temujin choisit de prendre la fuite, laissant sa bien-aimée dans les bras de l'ennemi. Cette décision servira de mythe fondateur à sa légende, que relate la fabuleuse épopée mongole rédigée peu après sa mort et qu'on connaît sous le titre d'*Histoire secrète des Mongols*. Tout l'homme est là, dans cette terrible décision : la maîtrise de soi, l'intelligence, la patience, la volonté, la prise de risque. Car Gengis n'abandonne pas pour autant celle

---

4. Il aurait été nommé ainsi parce que appartenant à une famille de maréchaux-ferrants (ses frères et sœurs portaient des noms similaires), peut-être en référence, selon la tradition mongole, à un ennemi vaincu. L'autre conquérant de la steppe, Tamerlan, ou Timur Lang, aura un prénom étymologiquement similaire.

qu'on lui a ravie de force. Pour récupérer l'aimée, Temu-jin monte une armée avec son compagnon de toujours et futur rival, Jamuqa. Une fois prêt, il attaque les ravis-seurs, récupère Borté et extermine leur tribu. L'homme est implacable. Il n'abandonne jamais rien ni personne – pas plus ses proches que ses adversaires. Borté res-tera à ses côtés jusqu'au bout de leur aventure et elle sera son principal conseiller. C'est elle qui va gérer sa succession. Chez les Mongols, les femmes occupent une place prépondérante dans la société. Plusieurs d'entre elles tiendront les rênes du pouvoir au sein de l'empire.

Mais l'enlèvement de Borté va porter aussi en germe la chute – au sens propre et figuré – de l'empire. En haute Asie, le rapt d'une femme équivaut à son mariage forcé avec le ravisseur. Ainsi de Borté, qui devient la femme de son bourreau. Or, celle-ci accouche de son premier fils, Jochi, précisément neuf mois après avoir été récupé-rée par Gengis, d'où les spéculations et les rumeurs sur la paternité de l'enfant, rumeurs qui ne feront qu'aug-menter après la mort des principaux protagonistes, Jochi compris, dont la lignée va souffrir de la remise en cause croissante de sa légitimité.

À partir de cet événement dramatique, tout va s'en-chaîner. Avec sa petite armée et auréolé de cette victoire qui, bien que modeste, démontre la force de son carac-tère, Temujin s'arroge un certain pouvoir local et, grâce à son intelligence politique, réussit à se faire proclamer chef de sa tribu. Puis, après moult péripéties qui le voient combattre puis éliminer l'ami Jamuqa, il est élu chef de la nation mongole. Nous sommes en 1206. Avec ce chan-gement de statut, Temujin devient Gengis Khan, titre qui reflète son caractère bien trempé ou peut-être l'étendue de ses ambitions[5]. À quarante ans ou plus, il n'est plus

_____

5. Il n'existe pas de certitudes par rapport au sens de ce nom. Selon l'interprétation classique, Gengis, ou Chinggis, signifierait ferme, fort,

tout jeune. Au-delà de cette région oubliée des steppes de haute Asie, personne ne connaît cet homme qui fera bientôt trembler tout un continent. Bientôt on entendra parler de celui qui, selon l'*Histoire secrète des Mongols*, a « des yeux de feu, son visage de l'éclat » et ressemblait à sa mère – aucun portrait du vivant de Gengis Khan (s'il y en a eu) ne nous est parvenu, ceux que nous connaissons ayant été effectués après sa mort, y compris la célèbre peinture chinoise sur soie qui le montre avec un paisible visage confucéen arborant une longue barbe blanche. En revanche, le portrait psychologique qu'en fait Grousset nous donne un aperçu de ce que pouvait être son caractère : « Gengis Khan se présente à nous comme un esprit pondéré, d'un ferme bon sens, remarquablement équilibré, sachant écouter, d'amitié sûre, généreux et affectueux malgré sa sévérité, ayant de réelles qualités d'administrateur, pourvu qu'on entende par là l'administration de populations nomades et non celles de peuples sédentaires. »

Ses succès, espacés à ses débuts, mais qui ensuite vont s'enchaîner à une vitesse croissante, provoquent un effet boule de neige qui permet aux armées mongoles de se lancer toujours plus loin et toujours plus fort. Certes, l'instabilité géostratégique de la masse eurasiatique, qui est à cette époque excessivement morcelée politiquement, va servir les intérêts des conquérants de la steppe. Mais cette situation n'explique qu'une partie du succès des armées mongoles. La stratégie de Gengis Khan est basée sur sa tactique : on divise l'adversaire, on l'éparpille, on l'isole, et puis on frappe et on anéantit chaque élément un à un. Lorsqu'il est en position de faiblesse, il retraite, mais pour revenir en force plus tard. Parfois, ces

---

implacable, du mot *ching*. Une autre interprétation associe ce nom au mot turc *tängiz*, soit mer ou océan, donc le « roi des mers », soit le souverain universel.

allers-retours durent des années, et même des décennies, comme ce sera le cas avec la conquête de la Chine qui démarre avec Gengis et ne sera accomplie que par son petit-fils, Qoubilaï. Gengis Khan, dont la légende mongole veut qu'il ait pour ancêtre un loup bleu (*börté-cino*), est imprégné du culte du loup inhérent à la culture de la steppe et sa tactique s'inspire en partie de celle des meutes de haute Asie. Ainsi, on identifie la victime, on prépare minutieusement l'attaque, on attend avec une patience infinie le moment propice, puis on jette toutes ses forces sur l'adversaire. Mais la légende veut que Gengis ait eu comme autre ancêtre une biche fauve (*qo'ai-marai*), un animal qui sait anticiper l'attaque d'un prédateur et fuir le cas échéant… Cette dualité symbolise celle du personnage et elle caractérise aussi d'une certaine manière la stratégie mongole dont la force venait de sa capacité à mélanger offensive à outrance et défensive stratégique.

De manière générale, la supériorité des armées mongoles, qui d'ailleurs incorporaient autant de Turcs que de Mongols, sur leurs adversaires de l'époque était à chercher dans leur frugalité, leur simplicité, leur mobilité, leur capacité de concentration, leur adaptabilité. Face aux guerriers turco-mongols, toutes les autres armées – occidentales, musulmanes ou orientales – semblaient passablement lentes et pataudes, et les avantages dont celles-ci jouissaient dans certains domaines, comme la masse, le combat rapproché ou le tir à distance selon les cas, se voyaient effacés par leurs trop nombreuses lacunes.

La construction de l'empire se fait progressivement. Gengis conquiert les régions limitrophes de la Mongolie et, une fois celles-ci consolidées, il se projette un peu plus loin. Chaque campagne est soigneusement pensée et préparée. Rien n'est laissé au hasard. Gengis Khan crée un véritable service de renseignements digne des services modernes que nous connaissons aujourd'hui. Ses armées intègrent les éléments récupérés des adversaires déchus, et les ingénieurs et les architectes des régions conquises sont mis au service de l'État et des armées. Les Mongols s'approprient certaines des techniques militaires – par exemple pour les sièges – de leurs adversaires. Si le pouvoir politique reste entre les mains de la famille de Gengis Khan, l'armée mongole, en revanche, est méritocratique. Les meilleurs généraux de Gengis, Djébé, Mukali et, surtout, Sobodeï, sont issus du rang[6]. Sobodeï n'est ni un homme de la steppe, ni un membre de l'aristocratie mongole, ni même un cavalier. Fils d'un simple maréchal-ferrant, il se hisse au sommet de la hiérarchie par son intelligence et son génie guerrier et s'impose comme le grand stratège de l'armée mongole et le principal maître d'œuvre de sa stratégie après la disparition de Gengis Khan.

Après la mort de Gengis, ce décalage entre un pouvoir politique népotique et une armée méritocratique provoquera un certain déséquilibre, avec d'un côté un pouvoir décadent et de l'autre une armée en pleine possession de ses moyens. À terme, l'effritement du pouvoir politique se répercutera sur l'appareil militaire. Car si les capacités militaires des Mongols vont encore s'accroître

---

6. Avec Sobodeï, Djébé fut l'un des deux généraux à commander initialement un *tuman*, soit 10 000 hommes. À ce titre, les deux hommes obtinrent le rang d'*orlok* (« aigle »), soit le rang le plus élevé de l'armée gengiskhanide, et ils unirent leurs efforts pour soumettre les territoires russes. Mukali, qui avait combattu Gengis Khan dans sa jeunesse, fut également élevé au plus haut rang militaire ; sa loyauté envers son maître fut exemplaire. Après la conquête du Kharezm, il s'illustra lors des guerres contre la Chine du Nord. Des trois hommes, seul Sobodeï survécut à Gengis Khan, Mukali et Djébé ayant trouvé la mort respectivement en 1223 et 1225.

après Gengis Khan, la gouvernance de l'empire va très vite démontrer ses grandes limites.

Peut-être l'explication de cette déficience politique est-elle à chercher dans le fait que l'Empire mongol fut un « empire nomade », selon l'expression de Gérard Chaliand, créé par un peuple toujours en mouvement pour qui rien, par définition, n'a de permanence, la frontière entre la vie et la mort étant elle-même mal définie. Le fait est que Gengis ne laissera aucune trace architecturale de son épopée impériale et que Karakorum, la capitale de l'Empire mongol (située au sud du lac Baïkal), ne survécut pas à celui-ci. Bien qu'elle n'ait jamais été rasée, comme Persépolis par exemple, par des étrangers indélicats, elle s'effaça d'elle-même, comme ces villes fantômes de la ruée vers l'or californienne, quelques rares vestiges témoignant aujourd'hui de son existence, mais sans laisser soupçonner qu'elle fut le cœur d'un empire monumental[7].

Même à son apogée, Karakorum fut à l'image mouvante et fugace des hommes qui établirent l'empire : Giovanni di Plano Carpini, ambassadeur du pape qui rendit visite au Grand Khan, Güyük[8], et puis Guillaume de Rubrouck, envoyé de Saint Louis, notèrent tous deux avec étonnement l'aspect modeste de cette ville qui ressemblait davantage à un campement qu'à une cité

---

7. Du reste, elle souffrit de la guerre entre Qoubilaï et Arigh Bok (voir plus bas).

8. Fils d'Ogodeï, élu Grand Khan en 1246, Güyük était proche des nestoriens dont il sollicita le conseil. Sa mort prématurée en 1248 prévint une guerre avec Batu, son principal rival, qui s'annonçait particulièrement violente. Probablement à cause de son intérêt pour le christianisme, Güyük avait le regard fixé vers l'Occident. Sans doute aurait-il monté une opération d'envergure vers l'Europe s'il n'était pas mort. Il soutint Alexandre Nevski, le bourreau des Teutoniques, non sans arrière-pensées. La lettre, rédigée en persan et en turc, qu'il envoya au pape Innocent IV a été préservée au Vatican. Dans celle-ci, il refuse l'invitation du pape à se faire baptiser.

impériale. Devant le palais du Grand Khan, seule la présence incongrue d'un arbre en argent au pied duquel se tenaient quatre lions s'abreuvant de lait de jument, symbole éloquent de l'unité de l'empire mais aussi de sa division – œuvre confectionnée non sans un certain cynisme clairvoyant par un orfèvre parisien récupéré au cours de la campagne en Hongrie –, signalait la qualité de l'habitant de ces lieux et laissait soupçonner sa magnificence.

L'architecture en dit souvent plus long sur le caractère et la santé d'un État que de longs traités, et l'étonnement des deux ambassadeurs européens est déjà une indication de la fragilité intrinsèque de l'empire qui, à l'époque, était pourtant militairement sans rival. Peu après le passage de l'émissaire de Rome, avec la conquête de la Chine par Qoubilaï, Karakorum s'effacera au profit de Pékin où Qoubilaï choisit de transférer sa capitale (et l'arbre en argent) pour y créer une véritable cité impériale. C'est là que l'homme venu de la steppe va fixer l'empreinte de son passage. Mais dans cette culture des steppes où la trace orale revêt une importance capitale – chacun se doit de connaître les noms de ses ancêtres sur sept générations –, l'épopée gengiskhanide s'inscrit en lettres d'or dans cette *Histoire secrète des Mongols* qui a permis à des générations d'historiens de retracer fidèlement la marche victorieuse de son maître d'œuvre. Ce n'est pas un hasard si cette histoire, rapportée sur papier mais dont la force tient à son caractère oral, s'arrête justement avec la mort du fondateur de l'empire et l'avènement de son successeur, Ogodeï, qui imprime un nouveau virage, sinon un nouveau visage, à ce lourd héritage conquérant.

Les guerres de succession

Gengis Khan meurt en 1227, alors qu'il approchait les soixante-dix ans. Outre l'incroyable étendue de ses conquêtes, l'homme a créé une véritable structure impériale dotée d'un remarquable réseau de communications qui ouvre et sécurise les voies commerciales et permet au pouvoir central d'exercer efficacement son autorité. Surtout, il a établi l'État de droit sur l'ensemble du territoire. Si le pouvoir est jalousement préservé par une aristocratie de sang mongole, la bureaucratie administrative, qui épouse le modèle ouïgour, est assurée par les élites locales. La pratique de la torture est abolie, tout comme l'usage d'otages. Les plénipotentiaires et messagers étrangers disposent de l'immunité diplomatique. Les peuples jouissent de la liberté de culte. Gengis laisse un empire prospère, dynamique et robuste, mais qui repose sur un pouvoir central omnipotent et hermétique. C'est du haut de cette pyramide pourtant bien assise que viendra le mal qui va ronger une belle mécanique.

Dans l'immédiat, on ne voit poindre aucun nuage à l'horizon et sa succession s'opère avec facilité pour la raison que tout a été décidé au préalable avec sa femme Borté. L'avenir de l'empire se décide sur la descendance immédiate du couple impérial qui a produit quatre fils. Si, avec le recul, le démembrement de l'empire semble inévitable, son fondateur reste dans l'idée d'un Grand Empire. L'illusion est d'autant plus aisée qu'à la fin de sa vie son œuvre est en pleine expansion. Pour trouver une solution qui permette à la fois le maintien de l'unité et l'assouvissement de l'appétit d'indépendance des uns et des autres, Gengis et Borté privilégient un empire fédéral qui laisse une part d'autonomie à chacun des héritiers. Le Grand Khan est désormais élu par un conseil familial comprenant les quatre khans. Sa légitimité tient à son lien direct avec Gengis, ce qui n'est pas sans poser de problèmes par rapport à la maison de Jochi. Mais pour l'heure, on escamote le problème.

Durant les siècles qui vont suivre, cette source douteuse de légitimité directement liée au fondateur pèsera très lourd dans la géopolitique tumultueuse de la haute Asie, et ce bien après la disparition de l'Empire gengiskhanide. Même le grand Tamerlan, qui parvint lui aussi à se tailler un immense empire, n'osa jamais se revêtir du titre de Grand Khan, préférant placer nominalement à sa tête un homme de paille descendant de Gengis, lui-même répondant au modeste titre de « grand émir ». Babur, issu à la fois de la lignée de Gengis et de celle de Tamerlan, revendiquera sa légitimité chez le premier et non chez le second dont il était pourtant plus proche culturellement[9].

La succession immédiate de Gengis fut donc sans grande incidence, d'autant que sa mort survint à un âge avancé, le couple impérial ayant désigné l'heureux élu en suivant des critères rationnels plutôt qu'affectifs. Du reste, la situation n'était guère compliquée. Jochi, l'aîné, était mort avant Gengis. Le deuxième, Djagataï, ayant été jugé inapte à la succession par ses parents, le pouvoir suprême était donc promis au troisième fils, Ogodeï. Le quatrième et dernier des fils légitimes, Tolui, se voyait quant à lui chargé de la régence et de l'organisation du conseil qui devait élire officiellement le successeur

---

9. Babur (1483-1530) revendiqua son héritage gengiskhanide, d'où l'adoption du titre de Moghol (Mongol) qu'il choisit pour la dynastie qu'il fonda en Inde. C'est parce qu'il se révéla incapable de reprendre l'ancienne capitale de Tamerlan, Samarkand, aux Ouzbeks que Babur réorienta ses efforts ailleurs, en l'occurrence vers l'Afghanistan puis l'Inde, qu'il conquit en 1526. Les Moghols, dont l'âge d'or coïncida avec le règne d'Akbar (r. 1556-1605), qui imposa son indépendance politique par rapport aux principes de l'islam, se maintinrent au pouvoir jusqu'à l'arrivée des Britanniques.

désigné. D'une certaine façon, Borté avait dessiné l'avenir de l'empire en privilégiant l'héritage de ses fils plutôt que l'œuvre de son mari. Après avoir écarté les maisons de Jochi et de Djagataï du pouvoir suprême, Gengis et Borté leur avaient en quelque sorte accordé une compensation en privilégiant leur autonomie. À terme, cette autonomie se métamorphosera en un désir d'indépendance qui ruinera le futur du Grand Empire et provoquera son disloquement.

L'empire de Gengis hérité par Ogodeï s'étendait des marches de la péninsule coréenne jusqu'à la mer Caspienne. Bien que déjà gigantesque, il était encore en pleine expansion et ne comprenait pas encore la Chine du Sud (Song) et la Perse, ni la Russie et l'Ukraine qui seront conquises durant les décennies qui suivent la disparition du fondateur. Désormais, les Mongols pouvaient se permettre de monter des opérations de grande envergure sur plusieurs théâtres à la fois et ils s'activèrent de manière simultanée sur le front oriental, le front occidental et vers le sud. Ainsi se projetèrent-ils vers la Corée, le Tibet, la péninsule indochinoise, le nord de l'Inde, même plus tard vers le Japon, où ils seront par deux fois victimes d'une météo capricieuse[10].

Sous l'impulsion de Sobodeï et de Batu, l'armée mongole partit conquérir l'Europe en 1240 et rien ne semblait pouvoir l'arrêter dans cette entreprise. Après avoir rasé la

---

10. Les Mongols tentèrent d'envahir le Japon en 1274 et en 1281. L'historiographie classique a longtemps privilégié la thèse selon laquelle, par deux fois, la flotte mongole fut décimée par des ouragans et donc incapable de mener à bien sa double tentative d'invasion. Aujourd'hui, les historiens attribuent l'échec mongol à une météo défavorable, certes, mais aussi à la résistance farouche des armées nippones. Faute d'informations précises, il est difficile de trancher, mais la seconde thèse est tout à fait plausible, d'autant qu'à la même époque les armées mongoles se révélaient incapables de faire sauter le verrou vietnamien.

Russie, Sobodeï divisait son armée en deux, l'une s'atte-
lant à la Pologne, l'autre à la Hongrie. À deux jours d'in-
tervalle, les 9 et 11 avril 1241, l'armée de Baïdar, petit-fils
de Gengis, écrasait les Polonais et leurs alliés alors que
Sobodeï et Batu se jouaient habilement des Hongrois. Au
moment où il s'apprêtait à submerger l'Europe, Sobodeï
reçut la nouvelle de la mort d'Ogodeï. Selon la tradi-
·tion mongole, un tel événement nécessitait la présence
à Karakorum de tous les membres de la famille impériale, ce qui signifiait en conséquence le rapatriement de
quasiment toutes les troupes, hormis celles chargées de
contrôler certains des territoires conquis. Contre toute
attente, l'Europe était sauvée, *in extremis*, Sobodeï ne
jugeant pas utile de laisser des hommes sur place. Probablement songea-t-il à revenir plus tard poursuivre la
conquête de cet Occident qui le fascinait depuis toujours.
Mais il n'en aura plus l'occasion. Quant à l'Europe, plus
jamais elle ne reverra ces redoutables cavaliers avec leurs
petits chevaux râblés fouler son sol.

Cependant, cette campagne couronnée de succès sur le
plan militaire eut des conséquences fâcheuses sur l'avenir de l'empire, dans la mesure où elle fut cause d'un
conflit ouvert. La montée en puissance de Batu, occa-
sionnée par son impressionnante série de victoires militaires sur le front occidental, avait provoqué une tension
extrême avec Güyük, le fils d'Ogodeï. C'est ce conflit qui
poussa Batu à poursuivre le premier ce qu'on pourrait
qualifier de politique d'indépendance. Ayant tenté par
tous les moyens d'empêcher Güyük d'accéder au titre
suprême, ses vains efforts le conduisirent à créer son
propre empire, celui dit « de la Horde d'Or » – du fait
que Batu avait une fascination pour ce métal. Fils de
Jochi, dont la légitimité était contestée, Batu choisit probablement la seule voie qui s'offrait à lui, et l'avenir lui
donnera raison. Mais ce premier grain de sable allait précipiter le démembrement du Grand Empire et engendrer

la naissance des quatre futurs empires héritiers. De cet héritage divisé, la maison de Güyük/Ogodeï sera écartée, elle qui avait caressé le rêve d'emporter tout le morceau.

Autre conséquence de la campagne européenne, les longues absences des hommes donnèrent aux femmes l'opportunité de gouverner l'empire, tâche dont elles s'acquittèrent avec un sérieux qui commençait à faire défaut aux hommes. Mais leur ascension entraîna d'âpres luttes d'influence qui eurent à nouveau pour effet de fragiliser l'ensemble au profit de ses composantes. Ces conflits politiques permirent à la femme d'Ogodeï, Töregene, de se positionner de manière à choisir le successeur de celui-ci. Au même moment, Sorkhokhtani, la femme du quatrième fils de Gengis et Borté, Tolui, assurait l'assise de sa maison sur la Mongolie et la Chine du Nord, ce qui permettra à sa descendance de s'emparer du pouvoir suprême un peu plus tard. Ebuskun, femme de Djagataï, assura quant à elle l'avenir de son *ulus* (sa « maison ») et sa maîtrise sur le reste de l'Asie centrale. Ainsi les luttes de pouvoir intervinrent-elles sur deux sentiers parallèles : entre les hommes sur le théâtre militaire, entre les femmes sur la scène politique. En conséquence, chacun convoitant le pouvoir suprême, l'époque vit ce pouvoir se polariser progressivement autour des quatre *ulus*, provoquant du même coup des montagnes de ressentiments.

La succession d'Ogodeï allait donc se révéler beaucoup plus problématique que celle de Gengis. À la mort du deuxième Grand Khan, aucun de ses frères n'était encore vivant, ce qui, vu le nombre de prétendants de la seconde génération, rendit la succession compliquée. Cette fois, le successeur désigné par Ogodeï, en l'occurrence un de ses petits-fils, se vit écarté au profit de Güyük.

Selon une tradition bien ancrée dans la société mongole, la fête tenait une place prépondérante, tout comme la consommation, souvent dangereusement élevée, d'alcool sous forme de lait de jument fermenté (*aïrag* ou *koumys*). Or, cette consommation immodérée semble avoir eu des effets de plus en plus délétères sur la santé des souverains, qui se succédèrent à une moyenne trop élevée pour que l'état de l'empire n'en soit affecté. Chaque changement de pouvoir occasionnait une âpre lutte entre les divers prétendants, lutte arbitrée par les femmes qui assumaient la régence tout en s'activant, comme on l'a vu, au profit de leur propre lignée. Ces guerres de succession s'accompagnaient de surcroît d'une paralysie des engagements militaires qui avait tendance à s'éterniser par l'effet d'intrigues qui consommaient toutes les forces vives. Ainsi faudra-t-il cinq longues années pour résoudre la difficile succession d'Ogodeï, tandis que son fils et successeur, Güyük, ne se maintiendra que deux années au pouvoir avant de mourir, à quarante-deux ans, de causes naturelles. La mise au point de la succession de Güyük durera trois ans, ce qui fait qu'entre la mort d'Ogodeï en 1241 et l'accession de Möngke, fils de Tolui, au trône en 1251, soit une décennie, l'empire ne sera demeuré sous l'emprise d'un souverain suprême que durant deux ans.

Outre l'essoufflement de l'élan stratégique que toutes ces luttes de pouvoir occasionnèrent, la présence durable autour de la capitale de troupes inactives eut des effets négatifs sur les soldats qui, en toute logique, ne dédaignaient pas non plus la consommation abusive de produits alcoolisés. En haut de la pyramide, toutes ces intrigues n'incitaient guère les uns et les autres à se projeter trop loin du centre du pouvoir, alors qu'en bas les guerriers se relâchaient imperceptiblement. En conséquence, cette fragilisation de l'appareil gouvernemental qu'accompagna un affaissement de la capacité militaire eut pour résultat une fragmentation du pouvoir politique. Avec tous ces prétendants au pouvoir suprême et leurs partisans, tous les mécontents, sans compter les jeunes loups qui arrivaient sur le devant de la scène, il devenait difficile de maintenir le cap qu'avaient su tenir Gengis Khan et son premier successeur.

Alors que les Mongols, par leur propre faute, s'engageaient sur la voie du déclin, leurs cousins des steppes, les Turcs, montaient en puissance : outre les Mamelouks – principalement des Kipchaks et des Coumans[11] –, les futurs Ottomans, obligés de fuir la steppe pour éviter d'être annihilés par les Mongols, allaient bientôt fonder un empire en Anatolie.

Le commencement de la fin

Les quatre empires résiduels qui émergèrent en 1260 ne correspondaient plus déjà à la descendance immédiate de Gengis et Borté, puisque deux de ces empires étaient dirigés par des fils de Tolui, Qoubilaï et Hulagu. Alliés, ils se liguèrent contre un autre de leurs frères, Arigh Bok, qui lui aussi prétendait au titre suprême, et c'est le soutien apporté par Hulagu à Qoubilaï qui engendra la création de l'Empire ilkhanide de Perse – en persan *il-khan* signifie « khan subordonné ». Les deux autres empires résiduels étaient issus des maisons de Jochi et de Djagataï. En conséquence, la maison d'Ogodeï s'éteignit avec Güyük, non sans avoir âprement résisté à sa mise à l'écart.

––––––––––––

11. Les Kipchaks et les Coumans, deux peuples turcs qui s'associèrent pour former une confédération (Xe-XIIIe siècle), avant de subir le joug des Mongols, ont joué un rôle prépondérant en haute Asie, avant et après l'irruption des Gengiskhanides. Absorbés par la Horde d'Or, ils firent parler la loi du nombre et devinrent majoritaires au sein de ce khanat qu'on désigne aussi sous le nom de khanat kipchak. Parallèlement, les Kipchaks et les Coumans formèrent l'ossature de l'armée mamelouke et lui fournirent son plus illustre général, Baybars (1223-1277), le héros de la guerre contre les Mongols ilkhanides (voir plus bas).

A priori, on pourrait supputer que la rapidité avec laquelle furent menées les grandes conquêtes ait pu avoir un effet négatif sur leur résilience et leur solidité. Dans les faits pourtant, l'emprise des Mongols sur leurs territoires se révéla plutôt forte, ce pour plusieurs raisons. D'une part, durant l'apogée de l'empire, la supériorité militaire des Mongols demeurait telle qu'hormis certaines circonstances particulières, aucune armée ni aucun peuple n'était capable d'y résister. D'autre part, les structures administratives instaurées par Gengis Khan permettaient d'assurer les acquis. Par ailleurs, l'extrême brièveté de la vie de cet empire exclut les cycles classiques de déclins impériaux et on ne voit pas que les descendants de Gengis se soient noyés dans la décadence, la paresse et le luxe, même si encore une fois on ne peut négliger les effets que put avoir la consommation excessive d'alcool sur la santé des souverains mongols.

Les faiblesses de l'État mongol sont donc à chercher ailleurs. Elles tiennent à deux éléments aisément identifiables que nous avons déjà mentionnés : une incapacité chronique à gérer les inévitables luttes de pouvoir dans un environnement où les conflits faisaient partie intégrante de la culture et de la vie ; un système de légitimation du pouvoir mal conçu pour un empire aussi vaste et aussi puissant, où le souverain suprême était choisi par voie électorale au sein du cercle restreint de la famille impériale. En somme, on avait maintenu un système qui avait durant des siècles empêché l'unification de la nation mongole. Gengis l'avait par tradition adopté, tout en exploitant ses faiblesses, probablement parce que lui-même s'était servi de ce système pour s'emparer du pouvoir et éliminer physiquement ses adversaires. Ses successeurs héritèrent de ces pratiques et en profitèrent, mais avec l'effet politique inverse puisqu'ils engendrèrent la déconstruction de l'édifice que l'illustre fondateur avait péniblement bâti. Le régime semi-fédéral légué à Ogodeï fut certes conçu pour pallier ces déficiences, mais il était insuffisamment enraciné pour résister aux premières tempêtes.

Ce fut donc la grande erreur de Gengis que de ne pas avoir su mettre en place les mécanismes susceptibles de maintenir l'intégrité de l'empire. Lui qui avait la capacité de changer le système ancestral ne le fit pas. Mais en avait-il la volonté ? L'homme s'était emparé d'un continent, mais sans doute n'avait-il pas eu le courage de combattre la tradition. De ce point de vue, il pourrait être considéré comme le principal responsable et l'agent de sa propre chute, même si celle-ci intervint plusieurs décennies après sa disparition. Certes, ses successeurs immédiats auraient pu potentiellement rectifier le tir, mais avec le temps qui figea les coutumes récupérées ou instaurées par le Grand Khan, cette éventualité devint de plus en plus improbable.

À quand dater la fin et la mort de l'empire nomade ? Si les premières failles sont déjà apparues avant, on peut néanmoins situer son apogée autour de 1255, avec le règne de l'énergique Möngke qui poursuivit l'œuvre de Gengis et d'Ogodeï. Mais si l'empire atteint son extension territoriale maximale vers 1260, il est déjà à cette époque en phase de régression politique. Cette régression est d'autant plus vive que les Mongols subissent à cette époque leurs premiers revers militaires. Ces deux éléments sont naturellement dépendants l'un de l'autre, le second étant une conséquence du premier.

En effet, les Européens ne furent pas les seuls à être sauvés de la catastrophe par la mort subite du Grand Khan. Quelques années après les Occidentaux, les Mamelouks d'Égypte profitèrent de la disparition soudaine de Möngke pour repousser une offensive qui aurait pu leur être fatale sans cet événement à la fois imprévu et salutaire. De fait, la bataille d'Ayn Jalut, le 2 septembre 1260, constitua le premier véritable coup d'arrêt des

Mongols. Avec le départ d'Hulagu – pour rappel, le frère de Möngke et de son éventuel successeur, Qoubilaï – et d'une partie de ses troupes pour la grande assemblée, le *kuriltaï*, l'armée mongole qui était chargée de renverser les Mamelouks n'était pas la plus impressionnante qu'on ait vue.

Néanmoins, l'issue de l'affrontement fut surtout déterminée par les choix stratégiques des Mamelouks qui, au lieu d'attendre les Mongols, allèrent à leur rencontre et tentèrent avec succès de leur refuser le combat rapproché. En conséquence, les archers mamelouks, supérieurs à leur adversaire pour le tir à distance, s'imposèrent aux cavaliers-archers mongols qui s'usèrent dans des charges successives que les Turcs encaissèrent les unes après les autres. Leur chef, Ketbhuga, tué au combat, les Mongols perdirent soudainement tous leurs moyens et, malgré l'arrivée d'un corps expéditionnaire, ne purent éviter la débandade.

Ce premier échec dans une bataille rangée en annonça d'autres, d'autant que l'armée mongole fut totalement surclassée et même franchement humiliée par un redoutable général qui fera encore parler de lui : Baybars. Avec le recul, cette bataille sauva probablement l'Islam et elle marqua un tournant irréversible dans l'histoire de l'Empire mongol.

Paradoxalement, c'est l'accession au pouvoir du plus célébré des descendants de Gengis Khan, Qoubilaï, en 1260 justement, qui amorça le chant du cygne du Grand Empire. Cette année-là, Qoubilaï s'arrogea le pouvoir suprême d'une manière jugée illégitime par une partie de son entourage et il fixa son attention sur l'Orient pour se désintéresser progressivement du reste. Occupé par la conquête de la Chine qu'il ne souhaitait pas abandonner, Qoubilaï dérogea à la sacro-sainte – et stratégiquement absurde – règle qui voulait qu'à la mort du Grand Khan tous les prétendants au trône et les grands électeurs reviennent précipitamment à Karakorum pour le *kuriltaï*. Cette décision fatidique allait précipiter son destin ; par ce choix, Qoubilaï plaçait *de facto* la conquête de la Chine au-dessus de l'avenir du Grand Empire. De fait, Arigh Bok et Qoubilaï organisèrent chacun de son côté un *kuriltaï* pour élire le Grand Khan. Qoubilaï devança son rival d'un petit mois dans cette entreprise (4 juin 1260), mais Arigh Bok revendiquait la légitimité d'avoir organisé sa rencontre à Karakorum, siège traditionnel des *kuriltaï*, contrairement à Qoubilaï, qui s'était fait élire en Chine, à Shangdu – dans l'actuelle Mongolie-Intérieure. Le clan divisé en deux, l'inévitable guerre allait opposer non seulement les deux prétendants qui s'affrontaient frontalement, mais aussi, aux marches de l'empire, leurs partisans. Ainsi, deux futurs khans, Hulagu (Ilkhanides) et Berké[12] (Horde d'Or), le premier proche de Qoubilaï, le second d'Arigh Bok, entrèrent en conflit sur le front occidental et cette guerre allait se poursuivre bien au-delà de la guerre de succession. Concernant cette dernière, il fallut attendre trois années avant qu'un des deux protagonistes n'émerge victorieux. Qoubilaï, avec ses troupes aguerries par l'invasion de la Chine, surclassa Arigh Bok. Vaincu, celui-ci s'inclina, en échange de quoi Qoubilaï lui laissa la vie sauve – il mourut peu après, en 1266.

Pour autant, cette victoire, d'un point de vue politique, était une victoire à la Pyrrhus, dont les effets se firent sentir immédiatement. L'accession de Qoubilaï au pouvoir suprême intervenait à un moment où celui-ci était déjà usé par les querelles de succession et où les héritiers de Jochi et de Djagataï volaient de leurs propres ailes. Il

---

12. Berké était le fils de Jochi et le frère de Batu. Il fut le premier gengiskhanide à se convertir à l'islam. Plus tard, allié aux Mamelouks, il contribuera à l'affaiblissement des Ilkhanides.

est probable que Qoubilaï, dont l'intelligence était particulièrement aiguisée, avait compris quel serait le destin
de l'empire et qu'il ne chercha pas à entraver la marche
de l'histoire. Lui-même désirait construire sa propre
destinée et conquérir de nouveaux territoires. De toute
manière, ce marginal était un sédentaire dans l'âme, et
il ne put préserver ce qui, de toute manière, ne pouvait
plus l'être. Porté au pouvoir par le soutien indéfectible
de quelques irréductibles partisans, il se sentait légitimement tenu de récompenser ces derniers en leur offrant
davantage d'autonomie, à commencer par Hulagu.

Comme nombre de conquérants des steppes, Qoubilaï
était fasciné par les grandes civilisations urbanisées, la
plus grande d'entre elles étant la Chine. Il était presque
logique qu'il abandonne une part de son *imperium* pour
s'emparer de ce joyau. Mais cette transition effective ne
se fit pas d'elle-même. Qaïdu, le dernier représentant
de la maison d'Ogodeï, entendait reprendre le flambeau
gengiskhanide et il contesta jusqu'au bout l'autorité de
Qoubilaï, ce qui eut pour effet d'accélérer le processus
de désintégration. Une fois Qaïdu écarté, Qoubilaï aurait
pu tenter de recoller les morceaux, mais le retour à l'âge
d'or mongol était illusoire et Qoubilaï concentra tous ses
efforts pour assurer son assise sur la partie orientale qui
lui tenait à cœur. Avec lui, le Grand Empire toucha donc
à sa fin. Pour autant, l'aventure gengiskhanide n'était pas
tout à fait terminée.

Le naufrage des empires résiduels

1260 fut donc une date charnière. Mais les Empires
mongols qui émergèrent de la division du Grand Empire
se maintinrent un temps et certains connurent même une
indéniable réussite, tout au moins sous forme d'expansion territoriale. Ce fut d'abord le cas de Qoubilaï qui

parvint à unifier la Chine et fonda une dynastie, celle des Yuan, qui allait marquer son histoire[13]. Malgré tout, les régimes impériaux issus de la steppe qui se greffèrent sur des civilisations bien établies, comme la chinoise ou la persane, ne surent se maintenir éternellement au pouvoir. Face à cet éclat qui les éblouissait, les guerriers nomades qui n'y prirent garde subirent le sort d'Icare et finirent par se faire compresser par les forces sociales internes contre lesquelles ils ne savaient résister.

L'empire des Ilkhanides, fondé par le fils de Tolui, Hulagu, fut le premier des Empires gengiskhanides à sombrer. Premier déjà à subir une grande défaite militaire, celle d'Ayn Jalut, alors qu'il était encore dans les limbes, il ne se remit jamais de cet échec qui, avec le temps, se révéla décisif. Les Mamelouks, malgré quelques défaites sans conséquences, ne perdirent jamais l'ascendant qu'ils s'étaient octroyé initialement sur les Mongols et ils signèrent une seconde victoire historique à la bataille de Homs, le 29 octobre 1281, contre une coalition comprenant, outre l'armée mongole, une seconde armée composée de soldats arméniens, géorgiens, de Turcs seldjoukides et de chevaliers francs conduits par le roi d'Arménie, Léon II, et le roi de Géorgie, Démétrius II. Ce corps hétéroclite fit bonne figure puisqu'il parvint à déstabiliser initialement l'armée mamelouke du sultan Qalawun. Mais ce dernier se ressaisit et il parvint

---

13. Si, dans l'histoire multimillénaire de la Chine, la dynastie des Yuan n'occupa chronologiquement qu'un seul siècle, elle contribua à la réunification du pays et au développement du commerce, des sciences, des arts, des grands projets d'ingénierie et encouragea l'ouverture vers le monde extérieur – peu après la chute des Yuan, les Chinois montèrent leurs grandes expéditions maritimes –, soit autant d'apports qui transformèrent la société chinoise. L'erreur principale des Yuan fut politique, dans la mesure où ils écartèrent les élites intellectuelles chinoises du pouvoir alors que celles-ci constituaient traditionnellement la colonne vertébrale du pays.

à opérer une contre-offensive en direction de l'armée mongole du général Mengü Temür qui, concentrée sur le front du dispositif, se révéla incapable de résister[14]. L'Ilk-han mongol Aghaba, le fils d'Hulagu, en retrait durant la bataille, décida de prendre sa revanche en montant une nouvelle opération mais, fauché par la mort, il ne put mettre son projet à exécution. Son fils et successeur, Arghun, chercha au contraire à résoudre les différends par la voie diplomatique. Par la suite, les Ilkhanides semblèrent un moment en passe de rétablir l'équilibre géopolitique régional en leur faveur, notamment avec l'énergique Ghazan, le fils d'Arghun, qui choisit de se convertir à l'islam en 1295. Mais l'empire était déjà trop fragilisé et, après la disparition de Ghazan, il s'effondra de lui-même avant de disparaître en tant que tel vers 1335[15]. La rivalité avec les Djagataïdes et la Horde d'Or, dont profitèrent les autres puissances en lice, contribua très certainement à leur chute.

La dynastie des Yuan de Qoubilaï connut un autre destin, mais avec une conclusion tout aussi tragique. Les Mongols de Chine n'avaient jamais pu masquer le caractère foncièrement colonial de leur entreprise et, malgré certaines apparences trompeuses, leur légitimité était fondée sur la force. La militarisation de la société chinoise dont ils avaient été les vecteurs se retourna à terme contre les dirigeants avec l'émergence de factions régionales qui s'organisèrent en mouvements de gué-rilla. Par ailleurs, de violents conflits internes minèrent le pouvoir central et des inondations exceptionnelles (1351) poussèrent des centaines de milliers de paysans

---

14. Après la victoire, Qalawun renonça à la poursuite et il laissait Léon et Démétrius retraiter en bon ordre.

15. De ses décombres renaquit lentement la nation perse, sept cents ans après la disparition des Sassanides, qui trouvera sa plénitude avec l'âge d'or séfévide.

aux abois dans les bras de la guérilla. Tout ceci fit pencher la balance en faveur des États rebelles qui refoulèrent l'armée impériale en 1368. Incapable de résister, le dernier empereur des Yuan, Togon-Temür, mourut le 23 mai 1370, son fils étant contraint de s'enfuir vers Karakorum.

Les Empires mongols restés nomades ou semi-nomades connaîtront d'autres fortunes. En Russie, l'emprise des Mongols se résumera à une question de rapports de forces entre l'envahisseur et les peuples assujettis, et il n'y aura là aucun phénomène d'intégration ou d'absorption. La Horde d'Or et le khanat djagataïde se maintiendront en Russie et dans les steppes d'Asie centrale, avant que Tamerlan ne vienne contrecarrer à la fin du XIVᵉ siècle leurs velléités de reconstituer l'Empire gengiskhanide. Le redoutable Toktamitch, descendant direct de Gengis Khan, réunifia la Horde d'Or, alors momentanément divisée, avec la bénédiction initiale de Tamerlan, et il avait les capacités et la volonté de reconstruire un vaste Empire mongol à une époque où une telle entreprise était possible. Malgré de grandes qualités politiques et militaires, Toktamitch fut cependant surclassé par l'invincible Tamerlan qui, menacé par la montée en puissance de son ancien protégé, empêcha la renaissance du phénix[16].

Au milieu du XIVᵉ siècle l'Empire djagataï se fractura en deux parties, les uns régnant sur la Transoxiane (qui correspond à peu près à l'Ouzbékistan actuel), les autres sur le Mogholistan (à cheval sur le Kazakhstan,

---

16. La relation entre les deux hommes fut pour le moins ambiguë et, malgré les ambitions affichées de Toktamitch et ses offensives répétées contre Tamerlan, ce dernier ne se résolut que tardivement à éliminer un rival qu'il avait longtemps couvé. Probablement Tamerlan privilégia-t-il la dimension affective à la raison politique qui aurait dû le pousser à écarter cet adversaire beaucoup plus tôt.

le Kirghizistan et le Xinjiang d'aujourd'hui), avant donc d'être brièvement reconstitué pour être livré aux armées de Tamerlan. Tamerlan (1335-1405), un Turc semi-urbanisé, parvint à recréer une partie de l'Empire gengiskhanide, mais ses descendants immédiats furent incapables de maintenir son élan, préférant cultiver les arts et les sciences au sein des deux joyaux de l'éphémère civilisation timouride que furent Samarkand et Hérat, avant de se faire écarter par les Ouzbeks[17]. Conséquence de l'irréversible défaite de Toktamitch en 1395, le khanat kipchak/Horde d'Or se balkanisa puis agonisa jusqu'à la fin du XVIIIe siècle. Les Russes annexèrent alors son dernier avatar, le khanat de Crimée, dont la principale activité se résuma durant les deux derniers siècles de son existence à fournir des esclaves des pays slaves à l'Empire ottoman. Les Russes, dont le ressentiment à l'égard des Mongols fut à la mesure des exactions subies durant deux siècles, se délectèrent de leur revanche jusque dans l'ère soviétique avec la vassalisation de la vulnérable Mongolie. Quant au modeste Mogholistan, il survécut tant bien que mal à l'épisode timouride et s'étiola doucement avant de disparaître formellement à la fin du XVIIe siècle.

---

17. Ce sont les descendants de Tamerlan qui firent l'âge d'or de la civilisation timouride (de Timur Lang) qui perdura environ un siècle après la disparition de Tamerlan en 1405. Fascinés comme ce dernier par les arts et les sciences, ses fils et petit-fils poursuivirent sa politique culturelle agressive qui attira – au départ par la force – à Samarkand et puis Hérat les plus grands artistes, penseurs, poètes, astronomes et architectes du monde musulman, notamment les Persans. Néanmoins, ce goût prononcé pour les arts et les sciences se fit au détriment des impératifs militaires et les Timourides se virent éliminés en 1507 par les Ouzbeks chaïbanides, des Turco-Mongols descendants de Gengis et Jochi. Les Grands Moghols, par l'intermédiaire de Babur, renouèrent avec la tradition timouride dont ils se réclamaient et qu'ils perpétuèrent et développèrent, cette fois en Inde.

L'effondrement des empires originels donna l'occasion à d'autres d'occuper certains espaces libérés. Ainsi les Oïrats (ou Kalmouks), peuple mongol écarté du pouvoir par Gengis, profitèrent-ils de l'évanouissement de l'empire des Yuan pour prendre leur revanche en se lançant dans leur propre aventure conquérante, limitée cette fois aux steppes de la Mongolie. Cet empire connut son apogée vers 1450, avant de s'affaisser de lui-même. Modelé sur le moule gengiskhanide, il souffrit des mêmes maux. L'Empire dayanide, du nom d'un descendant direct de Qoubilaï, Dayan, profita à son tour du délitement de l'Empire oïrat pour se substituer à lui. Sous l'impulsion d'une femme exceptionnelle, Mandougaï, qui prit Dayan sous sa protection avant de le placer à la tête du pouvoir, cette entité eut elle aussi pour vocation de reconstituer le Grand Empire. Malgré le long règne de Dayan (1479-1553), qui assura son emprise sur la Mongolie, son territoire sombra rapidement après sa mort dans les querelles de succession, recréant à l'identique l'histoire des gengiskhanides, bien que sur une échelle réduite.

Jusqu'au bout de leur aventure impériale, l'ombre de Gengis plana ainsi au-dessus des peuples de la steppe. Mais ceux-ci, écrasés par l'ampleur de la tâche et le poids de la légende, sombrèrent les uns après les autres dans l'inévitable violence autodestructrice qui s'attacha à ces entreprises conquérantes toutes aussi vaines qu'éphémères. Dépourvu d'un solide point d'ancrage, les empires nomades n'étaient pas faits pour durer et s'ils surent faire trembler la terre, ni Attila, ni Gengis, ni plus tard Tamerlan ne parvinrent à établir un État viable dans la durée. Ce constat de faillite, du moins en termes de résilience politique et territoriale, n'empêche pas de mesurer les conséquences extraordinaires que put avoir l'irruption soudaine des armées des steppes sur des dizaines de peuples et de nations. Pour les seuls Gengiskhanides, leur percée eut pour effets notoires de

revitaliser la nation perse, d'unifier la Chine et de fournir au peuple russe l'énergie du désespoir qui lui permit
de se construire en tant que nation. Ailleurs, les armées
mongoles provoquèrent des changements parfois sur-
prenants : ainsi de l'anéantissement sans coup férir de
la secte des Assassins, ce groupe terroriste qui sévissait
depuis deux siècles au Moyen-Orient et que personne
jusque-là ne s'était montré capable de refouler[18].

Six cents ans après s'être refermée, l'histoire glorieuse
et chaotique de l'Empire mongol fascine tout autant
qu'elle interpelle tant elle déroge aux lois universelles
de la conquête. C'est ainsi que ces marginaux de l'histoire que furent les guerriers des steppes ont pu marquer
durablement de leur empreinte notre conscience collective. Aujourd'hui, privilégiés que nous sommes de vivre
dans des systèmes fondés sur l'équilibre des pouvoirs et
la sécurité des biens et des personnes, nous avons peine
à imaginer ce que purent ressentir ces millions d'êtres
humains répartis sur des milliers de kilomètres qui, en
un court instant, se virent soumis par ces hommes venus
de nulle part. Mais l'incomparable machine à conquérir de ces guerriers dans l'âme n'eut d'égale que leur
formidable incapacité à préserver ce bien qu'ils avaient
peut-être trop aisément acquis. Comme le résumait si
bien René Grousset, face à la loi des steppes qui poussa

---

18. C'est en 1256 que les hommes d'Hulagu s'emparent de la forteresse jusqu'alors imprenable d'Alamut, en Iran, siège de la secte des
Assassins. Les Hachichiyyins, mot à l'origine incertaine (fumeurs de
haschisch ?) dont est dérivé le mot assassin, s'étaient constitués en
groupe terroriste vers le milieu du XIᵉ siècle afin de contester le pouvoir
des Turcs seldjoukides. Implantés en Iran puis en Syrie, ils s'étaient
détachés du mouvement ismaélien. Leur ascension coïncida avec les
croisades et ils furent actifs aussi contre les Francs, à qui l'on doit
divers témoignages sur leurs activités. Bien qu'anéantis en Iran par les
Mongols, les membres de la branche syrienne maintinrent un semblant
d'activités, mais avec un pouvoir extrêmement réduit qui s'étiola avec
le temps.

les hordes nomades à subjuguer les peuples sédentarisés, « il est une autre loi – opposée –, celle qui fait lentement absorber les envahisseurs nomades par les vieux pays civilisés ; phénomène double, démographique d'abord : les cavaliers barbares, établis à l'état d'aristocratie sporadique, sont noyés et disparaissent dans ces denses humanités, dans ces fourmilières immémoriales ; phénomène culturel ensuite : la civilisation chinoise ou persane vaincue conquiert son farouche vainqueur, l'enivre, l'endort, l'annihile. Souvent, cinquante ans après la conquête, tout se passe comme si elle n'avait pas eu lieu ».

BIBLIOGRAPHIE SÉLECTIVE

Allsen, Thomas T., *Mongol Imperialism. The Policies and the Grand Qan Möngke in China, Russia and the Islamic Lands, 1251-1259*, Berkeley, University of California Press, 1987.

Amitai-Preiss, Reuven, *Mongols and Mamluks. The Mamluk-Ilkhanid War, 1260-1281*, Cambridge (Royaume-Uni), Cambridge University Press, 1995.

Blin, Arnaud, *Tamerlan*, Paris, Perrin, 2007.

Chaliand, Gérard, *Les Empires nomades*, Paris, Perrin, 2005.

Di Cosmo, N., Frank, A. J., et Golden, P. B. (dir.), *The History of Inner Asia, The Chinggisid Age*, Cambridge (Royaume-Uni), Cambridge University Press, 2009.

Farale, Dominique, *De Gengis Khan à Qoubilaï Khan. La grande chevauchée mongole*, Paris, Economica, 2005.

Grousset, René, *L'Empire des Steppes*, Paris, Payot, 1982.

Grousset, René, *Le Conquérant du monde. Vie de Gengis-Khan*, Paris, Albin Michel, 2008.

Histoire secrète des Mongols. Chronique mongole du XIIIᵉ siècle, traduite par Marie-Dominique Even et Rodica Pop, Paris, Gallimard, 1994.

Plancarpin, Jean de, *Dans l'Empire mongol*, Toulouse, Anarchasis, 2014.

Plan Carpin, Jean du, *Histoire des Mongols. Enquête d'un envoyé d'Innocent IV dans l'Empire tartare, 1245-1247*, Paris, Éditions franciscaines, 1961.

Ratchnevsky, Paul, *Genghis Khan, His Life and Legacy*, Oxford (Royaume-Uni), Blackwell, 1991.

Roux, Jean-Paul, *Histoire de l'Empire mongol*, Paris, Fayard, 1993.

Rubrouck, Guillaume de, *Voyage dans l'Empire mongol, 1253-1255*, Paris, Imprimerie nationale, 2007.

Soucek, Svat, *A History of Inner Asia*, Cambridge (Royaume-Uni), Cambridge University Press, 2000.

Weatherford, Jack, *The Secret History of the Mongol Queens*, New York, Broadway, 2010.

7

LES CINQUANTE-CINQ JOURS DE CONSTANTINOPLE (1453)

par Sylvain Gouguenheim

> « Jamais il n'est survenu, jamais il ne surviendra d'événement plus épouvantable[1]. »

Empire millénaire héritier de l'imaginaire universel de Rome, Byzance fut en réalité en état de guerre quasi permanent, le schisme orthodoxe ajoutant à sa rivalité avec l'Islam la division mortifère du monde chrétien comme en témoigne l'échec des croisades. Une succession de souverains et de généraux d'exception assumèrent sa gloire, puis sa survie, jusqu'à ce que le monde en présence de l'Empire turc finisse par avoir raison d'elle au terme d'un siège qui marqua incontestablement un tournant dans l'histoire du monde.

---

1. Note portée sur un manuscrit du monastère crétois d'Agarathos.

L'EMPIRE BYZANTIN AUX XIVe-XVe SIÈCLES

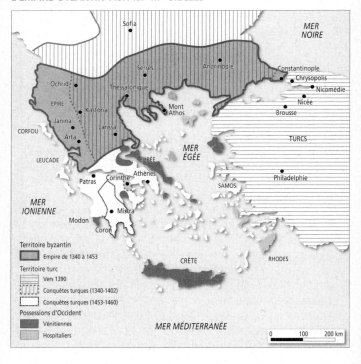

MER
NOIRE

Sofia

Serrès

Andrinople

Constantinople

Chrysopolis

Ochrid

Thessalonique

Nicomédie

ÉPIRE

Kastoria

Mont
Athos

Nicée

Janina

Brousse

CORFOU

Larissa

Arta

TURCS

LEUCADE

EUBÉE

MER
ÉGÉE

Athènes

Philadelphie

Patras

Corinthe

SAMOS

MER
IONIENNE

Mistra

Modon

Coron

CRÈTE

RHODES

Territoire byzantin

◼ Empire de 1340 à 1453

Territoire turc

▥ Vers 1390

▦ Conquêtes turques (1340-1402)

▭ Conquêtes turques (1453-1460)

Possessions d'Occident

◼ Vénitiennes

◼ Hospitaliers

MER MÉDITERRANÉE

0   100   200 km

29 mai 1453. De longs cortèges d'hommes, de femmes et d'enfants entravés sont embarqués dans les dizaines de navires ancrés dans la Corne d'Or : près de 50 000 nouveaux esclaves destinés à finir leur vie dans l'immense Empire ottoman. Derrière eux, une ville dévastée, parcourue par la foule des soldats du « Padischah », le sultan Mehmet II ; des rues jonchées de milliers de cadavres, qui flottent aussi à la surface des eaux, « tels les melons gâtés dans le canal », notera le Vénitien Nicola Barbaro, rescapé du siège. Constantinople vient de tomber aux mains des Turcs. L'Empire byzantin, vieux de mille ans, à l'agonie depuis des décennies, a cessé d'exister.

Les péripéties du siège sont connues grâce à de nombreux témoignages oculaires : les lettres détaillées du légat pontifical, le cardinal Isidore de Kiev, adressées au pape Nicolas V et à l'humaniste grec Bessarion ; les journaux tenus par l'archevêque génois de Mitilène, Léonard de Chio, et le Russe Nestor-Iskander ; le rapport du marchand florentin Jacopo Tedaldi ; le poème du lettré Ubertino Pusculo, etc. Le grand logothète impérial Georges Sphrantzès, chargé de la fiscalité et de missions diplomatiques, ami de Constantin XI, laissa un bref récit ; sous son nom circule un second texte écrit en réalité vers 1580 par Makarios Melissinos, archevêque de Monemvasia.

S'y ajoutent des narrations contemporaines insérées dans des récits plus larges : l'humaniste Laonikos Chalcocondylas détaille dans ses *Histoires* la montée des Ottomans ; Critobule d'Imbros, Grec proche des Turcs, dédie à Mehmet II un ouvrage qui prend ses informations dans les deux camps ; Michel Doukas, favorable à l'union des Églises grecque et latine, est l'auteur d'une *Histoire* assez bien informée pour les XIVe et XVe siècles. Parmi les chroniqueurs turcs, on retiendra surtout Tursun Beg, qui assista au siège et Sadeddin (1536-1599)[2].

---

2. Les traductions de ces auteurs sont indiquées en bibliographie.

CONSTANTINOPLE

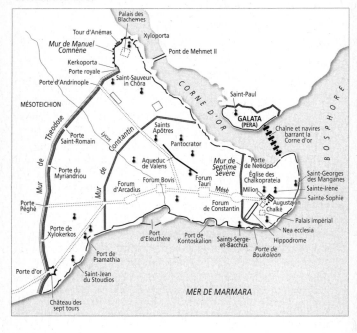

Le dernier acte de l'histoire de Byzance se joua donc avec la prise de la capitale – si l'on néglige les conquêtes ultérieures de Mehmet II s'emparant du Péloponnèse et de Mistra en 1460, après Athènes (1456), Corinthe (1458) et Thèbes (1460), ultimes lambeaux de l'Empire grec. Les dates sont bien établies ; il reste à déceler l'origine du mécanisme fatal dont mourut l'ancien Empire romain d'Orient.

La peau de chagrin

Le processus d'affaiblissement se lit dès la fin du XIe siècle ; la défaite de Manzikert face aux Turcs menés par Alp Arslan, qui captura l'empereur Romain IV (1071), fut la première grande alerte. Le regain de la puissance impériale sous les Comnènes[3] au XIIe siècle trouva un démenti tragique dans la prise et le sac de Constantinople par les croisés en 1204. En 1261, les Grecs réussirent à éliminer l'Empire latin d'Orient bâti par les Vénitiens et leurs alliés, mais la restauration des Paléologues[4] fut illusoire. En dépit de réussites culturelles, la désagrégation politique et la fragmentation territoriale l'emportèrent.

L'empire ne pouvait plus se prétendre universel. Territorialement et culturellement, il se rétracta, s'identifiant à sa composante grecque. Au début du XIVe siècle, ne demeurent entre ses mains que la frange côtière de l'Asie Mineure, les îles de la mer Égée, une partie de la Thrace et de la Macédoine, et le Péloponnèse. Des principautés deviennent indépendantes en Morée, à Athènes, autour de Trébizonde qui se donne le titre d'« empire », tandis que des cités italiennes s'emparent de places commerciales d'envergure, à Péra, sur l'autre rive de la Corne d'Or, et à Chio pour les Génois, à Modon et Coron pour

---

3. Dynastie au pouvoir de 1057 à 1185.
4. Dernière dynastie impériale (1261-1453).

les Vénitiens. En 1302, les navires de la Sérénissime for-
çaient l'entrée de la Corne d'Or.

Jusqu'au siège de 1453, les empereurs ne purent que
retarder la lente et inexorable asphyxie, scandée par des
défaites militaires et des traités humiliants. Puissance
de second rang, minée par des conflits internes, voire des
guerres civiles[5], Byzance céda sans cesse du terrain à ses
ennemis. Les Serbes, dont le royaume atteignit son apogée
dans la première moitié du XIVe siècle, s'étendirent vers le
sud : en 1345, ils s'emparèrent de la Chalcidique et du mont
Athos, et leur roi, Étienne Dusan, se proclama « empereur
des Serbes et des Grecs ». En 1347, il fit la conquête de
la Thessalie et de l'Épire : la Serbie est alors l'État le plus
prospère de la région. Quant aux Turcs, rassemblés sous la
domination des Ottomans à la fin du XIIIe siècle, ils accen-
tuèrent alors leur expansion. Leurs victoires s'égrenèrent,
inéluctables, tant aux dépens des Grecs que des Bulgares
ou des Serbes. Ils s'emparent de Brousse en 1326, de Nicée
– jadis siège des conciles œcuméniques – en 1329, puis sont
vainqueurs en 1337 à Nicomédie et campent à quatre-vingts
kilomètres de Constantinople. Lorsqu'ils prennent Gallipoli
en 1354, contrôlant le passage entre l'Asie et l'Europe, les
dés sont jetés ; Byzance n'a plus la maîtrise de la mer.

Sa politique étrangère est commandée par l'évolution
de la puissance ottomane : Jean Cantacuzène devenu
empereur (1347-1354) appela les Turcs à l'aide contre
les Serbes et autorisa leur installation en Thrace. Cela
n'empêcha pas le sultan de s'emparer d'Andrinople en
1365. Cinq ans plus tard, la défaite serbe de la Maritsa
face aux troupes de Murad Ier fut dramatique : la Serbie
devint vassale des Ottomans, tandis que les routes terrestres entre Byzance et l'Europe latine étaient coupées.

---

5. Guerre entre le coempereur Andronic II et son petit-fils, le coempereur Andronic III (1320-1327) ; rébellion du grand-duc Apokaupos
contre le régent Jean Cantacuzène (1341-1345).

Vassal du sultan

Le traité signé en 1373 entre Jean V et Murad Ier consacra l'humiliation d'un empereur qui acceptait de payer un tribut annuel et laissait son fils Manuel en otage à la cour ottomane : il devenait, peu ou prou, le vassal du sultan. On était loin des souverains régnant du Xe au XIIe siècle, qui ne s'abaissaient jamais à quitter les frontières de leur empire : c'étaient les autres princes qui se déplaçaient pour venir à leurs pieds. En 1400, Manuel II parcourt l'Europe, quémandant en vain l'aide des Italiens, des Français, des Anglais. L'empire, sans puissance ni prestige, ne fait que survivre et n'est plus en mesure de décider de son destin.

Les Turcs étaient vainqueurs sur tous les fronts : Sofia tomba en 1385, Thessalonique en 1387 ; deux ans après, la victoire du « champ des Merles[6] » contre les Serbes acheva d'isoler Byzance de l'Occident. À partir de l'accès au pouvoir de Bajazet (1389), Constantinople devint la cible déclarée des ambitions ottomanes[7]. Le sultan convoqua en 1394 Manuel II et les derniers souverains chrétiens des Balkans, les terrorisant littéralement. Les rares tentatives de croisades menées par les Latins échouèrent de manière désastreuse. La dernière eut lieu en septembre 1396 : la coalition conduite par le roi de Hongrie Sigismond, où figuraient de nombreux Français, dont l'amiral du royaume Jean de Vienne et Jean sans Peur, fils du duc de Bourgogne Philippe le

---

6. Ce combat de « *Kosovo Polje* » (bataille de la plaine du Kosovo) vit la défaite le 15 juin 1389 des Serbes du prince Lazar Hrebeljanović et de son gendre Vuk Branković, seigneur du Kosovo, alliés au roi de Bosnie Tvrtko Ier, face aux troupes de Murad Ier.

7. Devenu sultan à la mort de son père Murad Ier à la bataille du Kosovo, Bajazet régna jusqu'à sa défaite contre Tamerlan. Il mourut prisonnier du souverain mongol en 1403.

Hardi, fut écrasée devant Nicopolis, sur le Danube, par Bajazet, soutenu en l'occasion par son vassal serbe Stefan Lazarević. L'année suivante, le sultan entama le siège de Constantinople. La cité ne fut sauvée que par l'invasion de Tamerlan en 1402 : reparti en hâte en Anatolie, Bajazet fut battu près d'Ankara. Sa chute offrit aux Grecs un répit : le traité signé par Jean VII et Soliman (un des fils de Bajazet) en 1403 abolit le tribut et la vassalité de Byzance ; mais la peur des Mongols précipita une immigration turque de l'Anatolie vers la rive européenne des Détroits.

Les tensions réapparurent vite : Constantinople fut de nouveau assiégée en 1411 puis en 1422. Cette année-là, faute d'engins de siège, les Turcs durent lever le camp, mais ils avaient pris connaissance du système défensif de la ville. Le traité signé le 22 février 1424 réduisit l'empire à sa capitale et à ses faubourgs. L'empereur versait un tribut annuel de 100 000 ducats et devait reconnaître tenir son trône du sultan ! C'est peut-être ce jour-là que l'Empire grec est vraiment mort. Après leur victoire de Varna en 1444 contre les Hongrois, qui avaient répondu à l'appel à la croisade du pape Eugène IV, les Turcs s'emparèrent de l'isthme de Corinthe en 1446 et ravagèrent la Morée, raflant 60 000 esclaves[8]. Deux ans plus tard, ils triomphèrent à nouveau des troupes hongroises du régent Jean Hunyadi à la seconde bataille du Kosovo : toute la péninsule balkanique était entre leurs mains, à l'exception de l'Albanie, défendue par le légendaire Skanderbeg[9]. Désormais, plus personne n'osa leur livrer la guerre.

----

8. Les Hongrois étaient dirigés par le roi Ladislas Ier, qui trouva la mort dans l'affrontement, et Jean Hunyadi, commandant de Transylvanie.

9. Héros national de l'Albanie, Skanderbeg, de son vrai nom Georges Castriota (1405-1468), triompha durant vingt-cinq ans de toutes les offensives turques.

L'impossibilité de parvenir à l'union des Églises inter-disait en outre toute alliance militaire entre Byzance et les Latins. C'est en vain qu'en 1438-1439 Jean VIII se rendit au concile de Florence pour signer un accord que refusèrent les patriarches orientaux et le peuple de Constantinople. Inévitable d'un point de vue religieux, ce rejet équivalait à un suicide militaire : tant que durerait le schisme[10], aucune aide d'importance ne viendrait des cours européennes. Pour l'Europe latine, Constantinople était alors condamnée. La ville fut laissée à elle-même, symbole trompeur de pérennité, simple îlot de chrétienté au sein d'un Empire islamique invincible. Tout juste entretint-on l'illusion, qui donnait bonne conscience, qu'elle résisterait à tous les assauts grâce à ses formi-dables murailles.

Le fantôme d'une capitale

La première moitié du XVe siècle vit aussi la situation intérieure de l'empire s'assombrir. Les ravages de la peste et la montée de l'insécurité liée à la multiplica-tion des pouvoirs et des conflits locaux affaiblirent l'État. L'aristocratie avait perdu son assise foncière à cause des conquêtes ottomanes et la masse des paysans s'enfonçait dans une telle pauvreté que Jacques Lefort évoque une « désintégration de l'économie rurale ».

La frappe monétaire, en déclin, s'émietta. Les pres-tigieuses monnaies byzantines, perdant leur crédibilité, cédèrent le terrain aux monnaies italiennes. En 1453, Constantin XI n'a pas les moyens de financer la défense

_____

10. La rupture entre les Églises latine et grecque s'effectua dès 867 : le patriarche de Constantinople refusa de reconnaître la suprématie du pape ; la crise de 1054 ne fut qu'un épisode mineur. Le sac de 1204 rendit toute réconciliation impossible.

de sa ville ; il vide le trésor impérial, met les églises à contribution, mais le grand-duc (commandant de la marine) Notaras et les aristocrates byzantins ne livrent pas leur fortune. Léonard de Chio les dénonça : « Ô Grecs impies, détrousseurs de leur patrie, avares ! Alors que l'empereur démuni et en larmes les suppliait de l'aider à lever des troupes, ils juraient être ruinés par la dureté des temps, eux qu'ensuite l'ennemi trouva pleins aux as. » L'une des explications de la chute de l'empire réside dans cette disparité croissante entre l'indigence publique et des richesses qui ne servent plus le bien commun. Les cacher ne sauva pas leurs détenteurs : Notaras fut décapité, ainsi que ses fils, sur ordre du sultan, quelques jours après la chute de la ville.

La dégradation politique et économique provoqua une profonde crise morale, marquée par la croyance en l'approche de la fin des temps et l'impression désespérante d'être abandonné par Dieu. Retour du paganisme, engouement pour les pratiques divinatoires et, dans les zones occupées par les Turcs, conversions à l'islam mues par le souci d'échapper à une condition inférieure : les Byzantins vivaient, selon les mots de Marie-Hélène Congourdeau, une « crise spirituelle qui s'apparente à une crise d'identité ».

Constantinople n'est plus alors que l'ombre d'elle-même, « une ville mélancolique et mourante », résume Steven Runciman. Les témoignages des voyageurs concordent : en 1437, l'Espagnol Pero Tafur est frappé par l'importance des zones inhabitées et la faible densité d'une population que l'on peut évaluer à 50 000 âmes. Il y en avait dix fois plus au XIIe siècle. Si Sainte-Sophie est préservée et a conservé sa majesté, l'ancien palais impérial et l'hippodrome sont à moitié en ruine, la cathédrale des Saints-Apôtres en triste état. Les quartiers les plus prospères sont ceux peuplés par les Vénitiens, les Florentins ou les Catalans.

*« Les Turcs considéraient comme rien ce qui était
à leur disposition, car ils aspiraient toujours
à ce qu'ils n'avaient pas » (Critobule)*

Le futur empereur Constantin Dragasès, l'un des six
fils de Manuel II, avait réussi à reconquérir le Péloponnèse entre 1427 et 1433 ; en 1444 il reprit une partie de la Grèce centrale, avant d'être vaincu par Murad
II en 1446. À la mort de son frère Jean VIII, il devint
empereur (6 janvier 1449) ; le sultan avait, à en croire
Sphrantzès envoyé en ambassade, donné son accord !
Ses qualités militaires étaient certaines, son habileté
diplomatique pas moindre, mais il ne disposait d'aucune
réelle puissance, ni militaire (Byzance n'a plus de marine
de guerre digne de ce nom) ni financière. Ses efforts,
conjoints à ceux du pape alarmé par la menace turque,
aboutirent à une nouvelle union des Églises, proclamée
solennellement à Sainte-Sophie le 12 décembre 1452.
Inutile et tardive fiction. Le peuple accepta passivement,
espérant être récompensé par une aide militaire qui ne
vint jamais…

Mehmet II accéda au pouvoir le 3 février 1451, à l'âge
de dix-neuf ans. Doté d'une réelle culture – il maîtri-
sait plusieurs langues –, profondément pieux, il déploya
d'emblée ses qualités stratégiques. Il héritait d'une formidable armée, perfectionnée par Murad II. Les janissaires
en constituaient l'élite : ces hommes étaient le fruit du
devshirmé, institution consistant à enlever des enfants
chrétiens à leurs familles. Convertis à l'islam, soumis
à une discipline implacable et dotés de privilèges, ils
étaient universellement redoutés.

Le jeune sultan fit de Constantinople son objectif
majeur. Dans le discours très vraisemblable que lui prête
Critobule, il expose son ambition : sans la maîtrise de
la ville, l'Empire turc ne sera jamais à l'abri des Grecs

qui y fomentent des séditions, ni d'une expédition armée venue du monde latin. En outre, la cité servira de base de départ, d'« acropole », pour de futures conquêtes. En la détenant, les Turcs régneront à la fois sur l'Asie et sur l'Europe. L'occasion est propice : Byzance est affaiblie, isolée, encerclée.

En février 1451 Mehmet II reçut les ambassadeurs de Constantin et les rassura : il jura de respecter les traités et l'intégrité de la ville impériale. Mais il cessa de verser la contribution financière due au titre de l'entretien du prince turc Ohran, ancien prétendant à la succession de Bajazet et retenu en otage à Byzance. Lorsque Constantin XI s'en plaignit à la fin de l'année, le Padischah répondit en expulsant les Grecs de plusieurs villes qu'il contrôlait. La guerre était inévitable.

Entre mars et août 1452 Mehmet II fit construire sur la rive européenne du Bosphore une imposante forteresse, de la taille d'une petite ville, à Rumeli Hisari (*Bogaz Kesan*, « le coupe-Bosphore »), où il installa une garnison de janissaires et une puissante artillerie. Quand, en juillet, Constantin lui envoya des ambassadeurs afin de s'assurer que le fort n'était pas le prélude à une attaque, le sultan les fit exécuter. Seul le pape saisit l'importance du danger, sans pouvoir apporter mieux qu'une modique aide militaire : deux cents hommes conduits par le cardinal Isidore de Kiev arrivèrent à Constantinople le 26 octobre. Mehmet avait soumis tout navire empruntant le détroit à un tribut. Une galée vénitienne qui refusait d'obtempérer fut coulée, ses marins décapités, son capitaine empalé (novembre 1452). Venise, qui se savait trop faible pour riposter et ne voulait pas perdre ses avantages commerciaux, ne réagit pas.

À un contre vingt

La ville de Constantinople épousait grossièrement la forme d'un trapèze dont la grande base s'étendait du côté de la terre, à l'ouest, entre le palais des Blachernes et la porte d'Or, la petite base longeant la mer de Marmara. Elle bénéficiait de formidables remparts, longs de vingt-cinq kilomètres environ, remontant à Théodose le Grand (fin du IVe siècle), et récemment restaurés. Ils étaient toutefois trop fragiles pour y placer des canons, ce qui affaiblira la défense lors du siège.

Si le mur maritime se réduisait à un simple rempart, bien protégé par les bas-fonds de la mer de Marmara et la chaîne tendue à travers la Corne d'Or, l'ensemble qui garantissait la ville à l'ouest était spectaculaire. Il commençait par un fossé de dix-huit mètres de profondeur sur cinq mètres de large, terminé par un escarpement crénelé. Venait ensuite un couloir de douze à quinze mètres, le péribolos, qui s'arrêtait au pied d'un premier mur, haut d'environ huit mètres, épais de cinq et jalonné de tours espacées de cinquante à cent mètres. Derrière cette enceinte, un nouvel espace vide, large de douze à dix-huit mètres, puis le mur intérieur, haut de douze à quinze mètres, épais d'environ cinq mètres et lui aussi flanqué de tours de près de vingt mètres de haut qui commandaient les intervalles entre celles du mur extérieur. On choisit de placer la défense sur ce dernier, pourtant plus long – ce qui, eu égard à la maigreur des effectifs, n'était peut-être pas judicieux. Le point le plus vulnérable se situait dans la section qui plongeait dans la vallée du Lykos, le Mésoteichion, entre les portes d'Andrinople et de Saint-Romain. C'est à sa hauteur que Mehmet II avait placé sa tente ; c'est là que Constantin XI choisit de se poster.

La disparité des effectifs était gigantesque, même si l'on ne dispose pas de données précises concernant l'armée turque. Les chroniqueurs Doukas et Chalcocondylas parlent de 400 000 hommes, Critobule de 300 000 et Nicola Barbaro – peut-être le plus réaliste – les limite à 160 000. Il est probable que les défenseurs (4 983 Grecs, selon Sphrantzès chargé de les recenser, auxquels s'ajoutent environ 2 000 Génois, Vénitiens et Catalans, soit au maximum 8 000 hommes) luttèrent à un contre vingt. Les Turcs avaient la maîtrise de la mer, avec une flotte forte de près de deux cents navires, contre moins de trente bâtiments byzantins et italiens, retranchés derrière la chaîne barrant la Corne d'Or. Les affrontements navals tournèrent cependant à l'avantage des chrétiens, meilleurs marins et dotés de vaisseaux plus élevés.

Aucun secours ne vint d'Europe, hormis, le 26 janvier, les sept cents combattants expérimentés conduits par le grand chef militaire génois Giustiniani auquel l'empereur confia le commandement des remparts terrestres[11]. La France et l'Angleterre, engoncées dans leur interminable guerre, ne bougèrent pas ; Vénitiens et Génois ne savaient trop sur quel pied danser, craignant, s'ils envoyaient leurs escadres, de compromettre leurs positions commerciales dans l'Empire ottoman. Venise se décida pourtant, mais tardivement. Ses navires, partis à la fin du mois d'avril, n'allèrent pas au-delà de l'Eubée. S'ils étaient arrivés à temps, « nul doute que la ville eût été sauvée », affirma Jacopo Tedaldi.

L'artillerie de Mehmet II est célèbre. L'ingénieur hongrois Orban construisit pour lui un monstre de huit mètres de long, projetant des boulets de quatre-vingt-sept centimètres de diamètre et de près de cinq cents kilos. Il chauffa trop et, une fois réparé, fut moins redoutable.

---

11. Giovanni Giustiniani, membre d'une grande famille génoise, était l'ancien dirigeant de la ville de Caffa, sur la mer Noire.

Moins spectaculaires, mais sans doute plus efficaces, furent les canons « en forme de gamma » (Critobule), c'est-à-dire les mortiers dont les tirs paraboliques passaient au-dessus des murailles ou venaient s'écraser au milieu des navires.

Selon Barbaro, une dizaine de pièces furent disposées au niveau des Blachernes, des portes Saint-Romain, Péghé et d'Andrinople, qu'elles bombardèrent sans discontinuer. Certes, leur cadence était faible, les plus grosses ne tirant guère que sept boulets par jour. Mais chaque jour une centaine de projectiles s'abattaient sur la muraille, causant de sérieux dégâts, faisant s'écrouler des pans de mur, voire des tours. L'historien turc Sadeddin y vit la réalisation du verset coranique « Tu les frapperas avec des pierres qui contiennent la sentence de ceux qu'elles atteignent » (sourate CV, v. 4).

Il reste, de l'avis des spécialistes, que cette artillerie valait plus par ses effets psychologiques que matériels. Les défenseurs parvinrent notamment à combler les brèches en érigeant des palissades de bois recouvertes de terre qui amortissait les boulets et dispersait leurs effets.

« Le sultan transforma la terre en mer » (Doukas)

Mehmet II plaça ses corps d'élite en face de la porte Saint-Romain. « Son armée, tel le sable le long de la mer, s'étendait d'une rive à l'autre au pied des murs » (Sphrantzès). Devant le palais des Blachernes campaient les auxiliaires Bachi-Bouzouks[12] ; l'armée venue d'Anatolie occupa le secteur sud jusqu'aux approches de la mer de Marmara. La rive de la Corne d'Or au-delà de

---

12. Du turc *başıbozuk* (« têtes non standardisées », autrement dit « troupes irrégulières »). Ces combattants d'origine albanaise constituaient une cavalerie légère qui terrorisa les populations des Balkans.

Péra était tenue par les troupes du vizir Zagan Pacha, un Albanais converti à l'islam et devenu l'un des plus influents conseillers de Mehmet II. Des chrétiens (Serbes, Hongrois) avaient rallié une armée qui comptait aussi de nombreux « convertis de force », indique dans une lettre au sultan le cheikh Aq Sems ed-Din, qui déplore leur tiédeur religieuse et une ardeur qu'excite seule la promesse du butin.

Du côté grec, à la droite de l'empereur, Giustiniani couvrait la porte d'Andrinople, tandis que la partie la plus au nord fut confiée aux Génois des frères Bocchiardi[13] et les Blachernes à Girolamo Minotto, dirigeant de la colonie vénitienne de la ville. Grecs, Vénitiens, Génois et Catalans se partagèrent le reste des remparts. Tous étaient équipés d'excellentes armures, supérieures à celles des Turcs. Les combattants des deux camps disposaient d'armes blanches, de nombreuses armes de jet, ainsi que de couleuvrines et d'arquebuses.

Un premier assaut eut lieu la nuit du 18 avril ; au bout de quatre heures de lutte les Turcs renoncèrent, laissant des centaines de morts, dont bon nombre furent étouffés par la masse des assaillants, ou ensevelis dans les fossés, sous la terre et le bois jetés par leurs compagnons. Derrière leurs murailles battues par les canons les défenseurs avaient été héroïques, usant de toutes leurs armes, jetant des pierres, de la poix, des objets enflammés à base de naphte. « Pour un qui mourait à l'intérieur, ils étaient cent à mourir dehors » (Jacopo Tedaldi).

Le 20 avril, trois imposants vaisseaux génois et un bâtiment byzantin forcèrent le blocus et gagnèrent la Corne d'Or, malgré les soixante-quinze navires les attaquant. Cet échec fit germer dans l'esprit du sultan un plan spectaculaire : en deux jours il fit construire dans la

---

13. Les frères Antonio, Paolo et Troilo Bocchiardi avaient levé une compagnie de soldats et secouru spontanément Constantinople.

colline une route de bois d'environ quatre kilomètres, qui
contournait la ville de Péra. La nuit du 22 au 23, près de
quatre-vingts bâtiments de petite taille – des fustes à un
seul rang de rames –, toutes voiles dehors et rameurs en
place, glissèrent ainsi sur les rondins et entrèrent dans
la Corne d'Or, dans un concert de musique et de clameurs, à la frayeur des défenseurs, obligés désormais de
disperser encore davantage leurs maigres effectifs pour
surveiller la partie nord du front de mer. C'était le seul
avantage réel de l'opération, car les Turcs ne pouvaient
rivaliser avec les bâtiments chrétiens. Une tentative nocturne d'incendie de leurs navires, menée avec retard,
avorta, sans doute à la suite d'une trahison.

Dans les trois premières semaines de mai, les Turcs
firent feu de tout bois, creusant des mines, déjouées par
les défenseurs, et amenant des tours roulantes, qui furent
incendiées. Les assauts des 7 et 12 mai échouèrent.
Les défenseurs trouvaient chaque fois la parade, mais
leurs munitions s'épuisaient, les vivres manquaient et
la fatigue les accablait. Des querelles éclatèrent entre
ces hommes surmenés, Grecs contre Latins, Vénitiens
contre Génois, que l'empereur apaisait à grand-peine.
Le 23 mai, le brigantin[14] parti vingt jours plus tôt à la
recherche de la flotte de secours envoyée par Venise
revenait bredouille : son équipage avait choisi de rentrer
se battre et de mourir dans la ville… De ce jour, le moral
de la population s'effondra. Des événements sortant de
l'ordinaire, tels de gigantesques orages, ou malheureux,
comme la chute de l'icône de la Vierge lors d'une grande
procession le 25 mai, furent interprétés comme le signe
que Dieu s'éloignait de la cité en raison de ses péchés.

Le 25, Mehmet II offrit à l'empereur le choix entre
l'abandon de la ville, le versement annuel d'un lourd
tribut ou l'assaut suivi de la mise à sac ; la population

---

14. Vaisseau de petite taille à faible tirant d'eau.

serait épargnée si elle se convertissait à l'islam. Personne parmi les défenseurs ne faisait confiance au sultan et l'empereur refusa d'abandonner son poste. Le lendemain, Mehmet II prononça un long discours où il s'affirmait certain du succès, que des paroles de Mahomet et le Coran auraient annoncé. Dans la nuit du 27 au 28, les Turcs comblèrent les fossés entourant la muraille, empêchant leurs ennemis de dormir par une musique incessante et la lumière de milliers de feux allumés dans leur camp. Le 28, les chrétiens firent une immense procession, suivie d'une messe commune aux catholiques et aux orthodoxes où tous se pardonnèrent leurs offenses. Constantin XI s'adressa aux chefs militaires et aux notables, rappelant qu'ils devaient mourir pour leur foi, la gloire passée de Constantinople et en se montrant dignes des héros de l'Antiquité. Ubertino Pusculo les montre tous prêts à affronter la mort pour défendre la liberté.

« Ce fut le jour d'Arès… » (Chalcocondylas)

Arès : le dieu grec de la guerre, de la guerre déchaînée, meurtrière ; l'humaniste Laonikos Chalcocondylas avait bien choisi sa formule. Rien ne se produisit avant la nuit. Vers 1 heure du matin, l'ultime assaut commença, précédé par l'immense clameur de la *chahada*, la profession de foi musulmane : « Ô, si tu avais entendu ces voix crier vers le ciel : *"Illala Mahomet Russullala"*, c'est-à-dire "Dieu est le plus grand et Mahomet est son serviteur", tu aurais été pétrifié ! » écrit Léonard de Chio. Les Turcs faisaient retentir cymbales, cornes et tambours ; aux clameurs des combattants se mêlèrent les plaintes des blessés ; au tonnerre des détonations, les sonneries des cloches encourageant sans discontinuer les chrétiens : tous ces bruits se fondirent en un assourdissant fracas. La fumée dégagée par les armes obscurcit la vue et la chaleur fut si forte, rapporte Nestor-Iskander, que des combattants en moururent…

Mehmet II lança ses troupes de tous les côtés à la fois pour éparpiller les défenseurs et empêcher tout renfort au Mésoteichion. Les attaques se succédèrent, ne leur laissant ni répit ni repos : « La masse des projectiles tombait sur eux comme des flocons de neige » (Critobule). Ils réussirent pourtant à repousser les deux premières vagues ; envoyées à la mort, celles-ci n'avaient d'autre but que d'épuiser des défenseurs qui, au contraire des assaillants, n'étaient pas relayés. À l'aube, après quatre heures de combat sans une seule accalmie et des centaines, peut-être un millier de morts, les janissaires attaquèrent des hommes à bout de force. Leur approche à pas lents, au son d'une musique que l'on entendait jusqu'au Bosphore, glaçait le sang. Mais après une heure de corps-à-corps, ils butaient toujours sur des défenseurs stupéfiants de résistance et de courage. Et puis, brusquement, tout céda.

L'histoire est faite de mouvements de fond, de longues poussées séculaires ; elle dépend aussi parfois de minuscules faits qui précipitent son cours. Constantinople ne pouvait sans doute échapper à Mehmet II. Mais, dans le terrible combat du 29 mai, deux incidents quasi simultanés donnèrent la victoire aux Turcs : d'une part, le charismatique Giustiniani fut blessé et, malgré les objurgations de l'empereur, quitta la bataille et s'embarqua sur un navire qui l'emmena à Chio où il mourut. Son abandon provoqua la fuite des combattants génois jusque-là exemplaires. Par ailleurs, des janissaires aperçurent une poterne mal refermée, entre les Blachernes et le rempart, la Kerkoporta, et s'y engouffrèrent. Une fois dans l'espace entre les deux murailles, ils taillèrent en pièce les Grecs. Constantin XI et ses proches moururent les armes à la main. « La ville fondée par Constantin, fils d'Hélène, disparut sous un autre Constantin, fils d'une autre Hélène », se désola le cardinal Isidore – Constantin XI était en effet le fils de la princesse serbe Hélène Draga…

La vision du drapeau turc hissé au sommet de la muraille bouleversa les témoins : en quelques secondes chacun comprit que l'univers dans lequel il vivait n'était plus. L'inimaginable s'était produit : la bascule dans un autre monde. La défense s'effondra ; les combattants des autres secteurs, se voyant pris à revers, se rendirent ou se jetèrent dans le vide[15]. Un cri remplit l'espace : « La ville est prise ! », et ce fut la panique. Dans une fuite éperdue, quelques-uns purent s'embarquer sur une quinzaine de vaisseaux, essentiellement génois et vénitiens, qui parvinrent à franchir le blocus ; d'autres crurent trouver refuge dans les églises, attendant l'arrivée de l'ange censé arrêter l'ennemi devant la colonne de Constantin. Le martyre commença.

« Il y eut alors un immense bain de sang » (Critobule)

Le pillage dura trois jours. Les chroniqueurs, chrétiens et musulmans, sont unanimes : la population fut massacrée (vieillards, malades, enfants en bas âge) ou réduite en esclavage. « Durant toute la journée [du 29] les Turcs firent, par toute la cité, un grand carnage de chrétiens. Le sang coulait sur la terre comme s'il en pleuvait et formait des ruisseaux. Les corps furent jetés dans la mer et charriés par elle… », rapporte Barbaro.

Les viols de femmes et de jeunes garçons furent innombrables. Critobule a su rendre l'effroi qui s'abattit sur des habitants surpris à l'aube : « De vertueuses jeunes femmes et de belles vierges rayonnantes furent arrachées

---

15. Des Crétois, enfermés dans trois tours, résistèrent jusqu'à ce que les Turcs, rendant hommage à leur bravoure, les laissent partir au début de l'après-midi.

avec violence de leurs appartements, traînées brutalement au-dehors, tandis que d'autres virent surgir comme dans un cauchemar, alors qu'elles dormaient encore, des hommes en armes, les mains couvertes de sang, écumants de rage... » À l'inverse, Tursun Beg s'extasie : « Ils tirèrent dans les rues les beautés grecques, franques, russes [...], et les adolescents qui suscitent le trouble, les rencontres paradisiaques [...] ; jeunes filles semblables aux étoiles de la Lyre, aux seins ronds, aux yeux malicieux et languides... » Hormis quelques quartiers épargnés (le Stoudion, le Pétrion), partout les maisons et les églises furent pillées, les livres déchirés ou vendus à bas prix, les icônes détruites, dont celle de la Vierge de la Chôra que l'on disait peinte par saint Luc. Une civilisation disparaissait.

Mehmet « le Conquérant » entra dans Sainte-Sophie, fit grâce à quelques rescapés, puis un imam prononça la *chahada*. Alors, « les rayons lumineux de l'islam dissipèrent les sombres ténèbres de la méchanceté » (Sadeddin). *Hagia Sophia* était devenue une mosquée.

On procéda au partage du butin. Mehmet se réserva nombre de jeunes filles et de jeunes garçons ; il envoya quatre cents enfants en cadeau au sultan d'Égypte et aux rois de Tunis et de Grenade. Les prisonniers italiens et catalans furent exécutés, ainsi que plusieurs notables grecs. Le haut dignitaire Sphrantzès passa dix-huit mois en esclavage avant d'être libéré contre rançon ; son fils et sa fille périrent dans le harem du Padischah.

Un monde nouveau

Lorsque Constantinople tomba, tout était fini depuis longtemps. L'empire de Byzance était déjà mort, sa capitale, en partie délabrée, était condamnée. Mehmet II s'est emparé du fantôme d'une cité, qu'il s'employa d'ailleurs à repeupler, installant des Grecs captifs issus d'autres régions puis attirant de nombreux Turcs. La tardive prise de conscience du danger par les Latins a fait de la chute de la ville une rupture majeure, alors qu'elle n'était qu'un épilogue. Soucieux de protéger leurs intérêts, Vénitiens, Génois, Florentins et Catalans traitèrent avec le sultan. L'Europe demeura apathique, certains esprits voyant dans les Turcs les descendants des Troyens et dans la chute de la ville l'expiation du sac de Troie par les Grecs, vision partagée même par Chalcocondylas. Aucune volonté de reconquête n'anima le monde latin, en dehors de la papauté. L'humaniste Enea Silvio Piccolomini, alors secrétaire de l'empereur Frédéric III et futur pape Pie II, pleura en vain « la seconde mort d'Homère et de Platon ».

S'il y eut rupture, ce fut donc celle des consciences européennes qui prenaient enfin la mesure de l'hégémonie turque en voyant disparaître le symbole d'un passé antique vers lequel se tournaient les humanistes. La perte de la ville et la conquête ottomane changèrent également les mentalités du peuple grec : anéanti politiquement, soumis à une colonisation de près de quatre siècles, il se replia à l'ombre de son Église, rassemblé par sa langue et sa fidélité à l'orthodoxie qui, plus que jamais, lui apparut comme la condition de sa survie. Dès lors, un passé en partie mythifié servit de ciment à une conscience nationale qui révéla sa force dans la sanglante guerre d'indépendance menée en 1821-1829.

La chute retentissante de la ville le 29 mai 1453, à l'écho comparable à celle de Jérusalem en 1099, inaugurait un nouvel ordre du monde, sanctionnait un état de fait et achevait un processus séculaire, celui de l'extinction de Byzance. Rien n'avait changé, les Turcs étant déjà sur les rives du Danube ; tout changeait, puisque leur empire se gouvernerait désormais à partir de « *la* ville ». Le bouleversement ne fut pas seulement mental, il affecta l'ensemble de la politique balkanique et méditerranéenne. Constantinople regagna son rang de capitale, celle d'un nouvel empire, européen et asiatique, maître des détroits reliant la mer Noire et la Méditerranée. L'Istanbul turque, dont le nom fut forgé à partir de l'expression grecque « *eis tin polin* » (« vers la ville »), allait s'affirmer comme le centre d'un monde ottoman qui poursuivit son expansion. En 1461, le dernier territoire grec, « l'empire de Trébizonde », tombait : une romance a conservé le souvenir de l'héroïque jeune femme qui défendit alors le château de Kordyle. Après les victoires de Kosovo, de Varna, la prise de Constantinople signait une fois de plus l'efficacité militaire d'un empire dont les armées prirent Belgrade en 1521, Rhodes en 1522, et assiégèrent Vienne sept ans plus tard.

Les équilibres, les centres et les orientations politiques n'étaient plus les mêmes : le Turc conquérant remplaçait le Grec affaibli et méprisé ; bénéficiaire involontaire, le Russe s'affirmait à l'est d'une Europe qui entrait dans une ère nouvelle. Dès 1458 le métropolite de Moscou s'exclamait sans pitié : « Constantinople est tombée pour avoir trahi l'orthodoxie. » En 1512, le moine Philothée, écrivant au tsar Basile II, récapitulait l'histoire universelle : « Deux Romes sont tombées, mais la troisième est debout et il n'y en aura pas de quatrième. »

BIBLIOGRAPHIE SÉLECTIVE

Sources

Elles sont présentées et partiellement traduites en italien par Agostino Pertusi, *La caduta di Costantinopoli*, 2 volumes, Milan, A. Mondadori, 1976.
Quelques traductions intégrales :
Critobule d'Imbros, *Mehmet II erobert Konstantinopel. Die ersten Regierungsjahre des Sultans Mehmet Fatih, des Eroberers von*

Konstantinopel, traduction Diether Roderich Reinsch, Vienne, Styria Verlag, 1986.

Georges Sphrantzès (Makarios Melissinos), *Die letzten Tage von Konstantinopel*, traduction Endre von Ivanka, Vienne, Styria Verlag, 1965.

Nestor-Iskander, *The Tale of Constantinople : Of Its Origin and Capture by the Turks in the Year 1453*, traduction Walter K. Hanak et Marios Philippides, New York, A. Caratzas, 1988.

Études

Angold, Michael, *The Fall of Constantinople to the Ottomans*, Londres, Pearson, 2012.

Heers, Jacques, *Chute et mort de Constantinople, 1204-1453*, Paris, Perrin, 2004.

Kadaré, Ismaïl, *Les Tambours de la pluie*, Paris, Fayard, 1994. Magnifique récit de ce que pouvait être alors un siège.

Nicol, Donald M., *Les Derniers Siècles de Byzance*, Paris, Les Belles Lettres, 2005 (1ᵉ éd. *The Last Centuries of Byzantium*, Londres, R. Hart-Davis, 1972).

Philippides, Marios, et Hanak, Walter K., *The Siege and the Fall of Constantinople in 1453*, Farnham, Ashgate, 2011.

Runciman, Steven, *La Chute de Constantinople 1453*, Paris, Hachette, 1968.

8

D'UN EMPIRE, L'AUTRE :
DU MEXICAIN À L'ESPAGNOL
(1519-1522)

par Jean MEYER

Plutôt que de parler d'Empire *aztèque*, il convient de parler d'Empire *mexica*, très exactement *culhua-mexica*, ce que l'on peut franciser en *mexicain*. L'on pourrait encore se demander si le terme d'empire convient pour ce que certains spécialistes préfèrent qualifier de confédération. S'il existe de fait une Triple Alliance, en 1519 l'hégémonie appartient à la ville de Mexico-Tenochtitlán, et cette confédération procède depuis presque cent ans d'une physique de la puissance qui lui vaut de dominer 250 000 kilomètres carrés et des millions de sujets, au sein d'un espace quatre fois plus vaste, baptisé Méso-Amérique par les anthropologues, monde qui présente une homogénéité culturelle certaine : le centre et le sud du Mexique actuel, le Guatemala et le Salvador, l'ouest du Honduras et du Nicaragua. Sans unité linguistique ni ethnique, cet espace est issu d'une culture mère olmèque[1]

---

1. Olmèques : le « peuple du caoutchouc » (terme mexica) vécut sur le golfe du Mexique, dans une région tropicale humide qui correspond aujourd'hui en partie aux États de Tamaulipas, Veracruz et Tabasco. La culture des Olmèques a influencé toute l'Amérique moyenne, la Méso-Amérique des archéologues et anthropologues. Ils nous ont légué des têtes colossales aux traits négroïdes.

L'EXPANSION AZTÈQUE

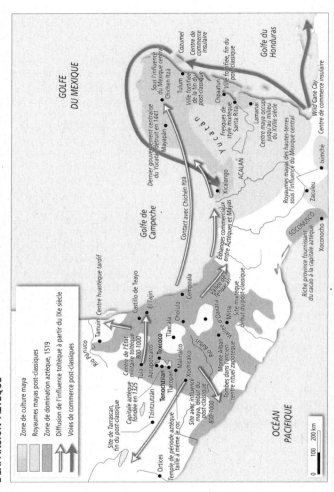

Légende :
- Zone de culture maya
- Royaumes mayas post-classiques
- Zone de domination aztèque, 1519
- Diffusion de l'influence toltèque à partir du IXe siècle
- Voies de commerce post-classiques

Labels sur la carte :

GOLFE DU MEXIQUE

OCÉAN PACIFIQUE

Golfe de Campeche

Golfe du Honduras

Yucatán

ACALAN

SOCONUSCO

RÍO PÁNUCO

Río Balsas

Tamuín — Centre huastèque tardif

Castillo de Teayo

El Tajín

Centre de l'État militaire toltèque
Tula 800-1000

Cholula

Tlaxcala

Texcoco

Tenochtitlán — Capitale aztèque fondée en 1325

Tlacopán

Azcapotzalco

Malinalco

Xochicalco — Site avec influence maya, début du post-classique 800-1000

Tzintzuntzán

Site de Tarrascan, fin du post-classique

Ortices — Temple de période aztèque taillé à même le roc

Cempoala

Monte Albán, l'ancien centre rituel zapotèque

Tombes dans l'ancien centre rituel zapotèque 800-1000

Vallée d'Oaxaca

Mitla — Site mixtèque, début du post-classique

Vallée de Tehuacán

Échanges commerciaux entre Aztèques et Mayas

Xicalango — Contact avec Chichén Itzá

Mayapán — Dernier gouvernement centralisé du Yucatán, détruit en 1441

Chichén Itzá — Sous l'influence du Mexique central

Tulum — Ville fortifiée de la fin du post-classique

Cozumel — Centre de commerce insulaire

Chpaatun — Ville fortifiée, fin du post-classique

Santa Rita — Fresques de style mixtèque

Lamanai — Centre maya occupé jusqu'au milieu du XIIIe siècle

Wild Cane Cay — Centre de commerce insulaire

Royaumes mayas des hautes-terres sous l'influence du Mexique central

Zaculeu

Iximché

Xoconocho — Riche province fournissant du cacao à la capitale aztèque

Échelle : 0   100   200 km

(1500-600 av. J.-C.) et profondément marqué par la cité-État de Teotihuacán (250-750 apr. J.-C.). Les Mexicains sont des tard-venus dans ce monde où ils viennent tout juste de s'imposer par la conquête lorsque arrive à Mexico, le 8 novembre 1519, l'Espagnol Hernán Cortés – pour rencontrer le souverain Montezuma II.

Un empire jeune

Après une longue période encore mal connue, durant trois millénaires cette Amérique moyenne voit la mise en place et l'évolution de sociétés complexes qui subissent deux tendances contradictoires, à savoir l'unification et l'affirmation des différences. Les historiens, à la suite des archéologues, distinguent une ère préclassique formative, de 3000 av. J.-C. à 250 apr. J.-C., puis une période classique, de 250 à 900 de notre ère, et enfin une période postclassique qui s'achève avec l'arrivée des Espagnols. Entre 250 et 750, tout est dominé par l'apogée de Teotihuacán, immense ville dont le nom signifie « la demeure des dieux », puis sa ruine est suivie de l'éclosion de cités-États sur tout le haut plateau[2] ; enfin, de 1428 à 1519, on assiste à la formation de l'Empire mexicain.

Au cours des siècles, périodiquement, se produisait la descente des barbares du Nord, appelés génériquement Chichimecas, qui se sédentarisaient au contact de la civilisation agricole et urbaine du Centre ; les derniers arrivés, à la fin du XIIIe siècle, sont les Mexicas,

---

2. Teotihuacán, célèbre par ses gigantesques pyramides de la lune et du soleil, est située à cinquante kilomètres au nord-ouest de la ville de Mexico. Le site est d'une richesse extraordinaire et les fouilles continuent. La ville fut incendiée, mais les causes de sa chute ne sont pas définitivement connues : descente de peuples belliqueux du Nord ? Lutte des classes ? Crise écologique ? Auparavant, son influence commerciale et culturelle se fit sentir jusqu'en Amérique centrale.

nos « Aztèques ». La légende en fait un peuple errant, comparable à l'ancien Israël, qui se serait mis en marche vers 1111 pour arriver dans la vallée de l'actuelle Mexico en 1276. Se rendant insupportables aux premiers occupants, ils sont vaincus en 1319, confinés en 1325 sur la petite île de Tenochtitlán, au milieu du grand lac. Pardonnés, ils sont engagés comme mercenaires et fondent sur la petite île voisine Tlatelolco, en 1357. Tezozomoc, le puissant souverain d'Azcapotzalco, ville située sur la rive occidentale du lac, les associe à ses conquêtes et donne à Tenochtitlán et Tlatelolco le rang de seigneuries ; les nobles mexicains sont admis à des alliances matrimoniales, si bien que leur seigneur, Chimalpopoca, investi en 1417 quand il avait douze ans, est le petit-fils du grand Tezozomoc. Il suit son exemple et préside à la première étape de l'expansion. On peut dater de l'an 1428 le début des conquêtes avec la conclusion de la Triple Alliance entre les cités de Mexico-Tenochtitlán, Texcoco et Tlacopan.

Entre 1430 et 1450, tout le bassin lacustre de Mexico est conquis et les Mexicains franchissent déjà le cercle des montagnes qui l'entourent. De 1440 à 1469 règne le grand et redoutable Montezuma Ilhuicamina, avec le titre de *tlatoani*, terme nahuatl que l'on peut traduire par empereur. On parlera d'un empire puisqu'il y a conquête militaire, domination des vaincus et présence d'un césar à la tête d'une organisation politique. Le *tlatoani*, élu par un collège de guerriers, en fonction de ses aptitudes militaires avant tout, mais aussi politiques, doit immédiatement faire une campagne militaire victorieuse. La transmission du pouvoir ne suit pas de ligne dynastique.

Le règne de Montezuma Ier est marqué à ses débuts par une sécheresse prolongée durant des années, sécheresse qui provoque en 1450 une terrible famine et la mort de multitudes. Toutes les sociétés de l'Amérique moyenne ont pratiqué les sacrifices humains, mais les Mexicains leur donnent à partir de cette tragédie une nouvelle dimension, dans l'espoir de satisfaire la divinité agraire Tlaloc et d'éviter le retour de la sécheresse. C'est ainsi qu'en 1487, lors de l'inauguration du Grand Temple de Mexico dédié à Tlaloc et aussi au dieu tribal mexicain Huitzilopochtli, sont sacrifiés entre 20 000 et 80 000 victimes… L'année mexicaine était de dix-huit mois de vingt jours et tous les vingt jours il fallait à nouveau sacrifier des victimes de qualité, à savoir des prisonniers de guerre. Il serait exagéré de voir dans la collecte des futurs sacrifiés le moteur de l'expansion, de l'« impérialisme » mexicain, car « la guerre fleurie », ainsi appelée parce qu'elle est soumise à des règles minutieuses, comme une « guerre en dentelles », a pour unique but la capture de guerriers destinés au sacrifice ; elle se fait en un lieu et un moment déterminé, sans conquête, contre des seigneuries relativement éloignées. Les territoires déjà conquis ne peuvent fournir de prisonniers.

Les conquêtes progressent vers l'est, jusqu'à l'Atlantique, et le sud, jusqu'au Pacifique. Elles ont pour but non point tant d'assurer la sécurité de l'empire que de lever de nouveaux tributs. C'est ainsi que sous le souverain Ahuizotl, les Mexicains soumettent Oaxaca, puis le Soconusco, le long de la côte pacifique, en marche vers le Guatemala ; et la Huasteca entre le haut plateau et l'Atlantique. En revanche, tous les essais de marche vers l'ouest se sont brisés sur la résistance victorieuse des Tarasques, autour de ce qui est aujourd'hui l'État du Michoacán[3]. À la mort d'Ahuizotl, en 1502, Montezuma II est élu. La guerre contre la « république » de

---

3. Tarasques : peuple du centre-ouest du Mexique actuel, aux origines encore mal connues, sans doute en contact avec les peuples andins. Leur langue n'a rien à voir avec celles des Mexicains, des Tlaxcaltèques…

Tlaxcala, cité-État parlant la même langue que les Mexicains, formant confédération avec Huejotzingo et Cholula – une autre Triple Alliance – cesse alors d'être la « guerre fleurie » traditionnelle pour devenir une vraie guerre : vers 1500-1515 Huejotzingo et Cholula sont vaincues et passent sous la domination mexicaine, mais les quatre seigneuries qui forment la « république » – ce sont les Espagnols qui ont cru y voir une forme politique républicaine – de Tlaxcala luttent sans désemparer. L'arrivée de Cortés sera providentielle pour ces « républicains » qui deviendront ses alliés. Sans eux, il n'aurait jamais triomphé, et de ce fait ils n'ont jamais été « conquis ».

Montezuma se préparait à écraser Tlaxcala et à dominer les Quichés et Cakchiqueles (Guatemala actuel) quand il apprit le débarquement des Espagnols.

Le règne de Montezuma II

Une phase sans précédent de l'histoire de l'Amérique moyenne avait déjà commencé lorsque, en 1502, Montezuma avait été élu comme neuvième monarque mexicain. Pour la première fois dans l'histoire, le centre du Mexique, d'un océan à l'autre, était soumis à une autorité impériale, à une domination qui s'étendait à de nombreux peuples et territoires dotés de statuts divers, mais reconnaissant tous la suprématie de Mexico, tous payant tribut. Comme dans tous les empires, il y a hétérogénéité des parties, et inégalité de condition des populations concernées. Si les Mexicains dominent, ils ont des alliés et pas seulement des sujets. Le cœur de l'empire, autour du lac de Mexico, est passé en cent cinquante ans de 250 000 à plus d'un million d'habitants ; la capitale peut compter 200 000 ou 300 000 âmes en 1519, grâce à une agriculture intensive qui permet trois récoltes par an et au tribut qui afflue des quatre coins de l'empire : le tribut d'un an consiste en dizaines de milliers de tonnes d'aliments, 100 000 vêtements de coton, 30 000 ballots de plumes, des objets précieux, des animaux rares qui enrichissent le jardin zoologique de Montezuma. Sans compter les contingents de travailleurs qui viennent à Mexico pour les grands travaux hydrauliques du lac : barrages, digues, canaux, ponts, chaussées reliant l'île à la terre ferme.

À l'arrivée de Cortés, l'empire – ou la confédération – a atteint une extension qui lui permet de contrôler plus ou moins et d'exploiter environ 250 000 kilomètres carrés, un espace organisé en provinces aux statuts très divers. Mexico exerce un fort ascendant sur ses alliés, même si Texcoco, au sein de la Triple Alliance, est plus qu'un brillant second. L'empire est né en moins d'un siècle grâce à la guerre, mais aussi à la diplomatie, car les Mexicains savent quand il convient de respecter les us et coutumes de leurs nouveaux sujets. Pour qui n'a pas oublié l'histoire de la Grèce antique, la situation est moins difficile à comprendre, en dépit de sa grande complexité. Tout le centre du haut plateau est divisé en nombreux petits États indépendants, à la manière des cités grecques. Chacune de ces seigneuries ou principautés a le même type d'organisation politique : un monarque élu, assisté d'un ou de plusieurs conseils, entouré de dignitaires exerçant des fonctions militaires et administratives. Tant qu'ils sont alliés ou soumis à la Triple Alliance, ils conservent leurs institutions et une réelle autonomie, mais malheur à eux s'ils prétendent changer de camp, ne pas payer le tribut ou se rebeller. Le châtiment est terrible.

Les expéditions militaires mexicaines, conquérantes ou punitives, démontrent une force réelle, même si elle n'a rien à voir avec celle des États européens des XVᵉ et XVIᵉ siècles ; rien à voir non plus avec la Rome républicaine ou impériale. Il n'y a pas d'armée régulière, mais une élite guerrière de chevaliers groupés en deux ordres militaires et religieux, les chevaliers-aigles et les chevaliers-tigres, reconnaissables à leur coiffe zoomorphe, l'aigle et le tigre, redoutables prédateurs, étant leur totem. Ce n'est qu'après de nombreux exploits que le guerrier peut accéder à cette élite militaire. Les Mexicains n'installent pas des garnisons à la romaine dans les provinces conquises, encore moins des colonies de vétérans ; pas de gouverneur non plus. Tant que le tribut est payé, tout va bien, mais dans ces conditions les autorités locales sont parfois tentées de secouer un joug qui est tout récent – et lourd. Les sujets récemment soumis ne sont pas assimilés ; ils se souviennent de leur indépendance perdue, n'oublient ni la dureté de la conquête ni le poids souvent écrasant du tribut. Le pouvoir des collecteurs repose sur la puissance de Mexico, la peur bien entretenue : les autorités provinciales sont invitées aux nombreuses grandes fêtes de la capitale et doivent assister aux sacrifices humains (à bon entendeur, salut !) ; un refus d'y assister, une simple absence équivaut à une déclaration de guerre. De plus, Mexico-Tenochtitlán sait négocier plus subtilement et coopter ces élites. Les alliés reçoivent toujours leur part de butin, les invités repartent chargés de riches cadeaux, certains sont dispensés de tribut en échange de divers services, comme, par exemple, la garde des frontières.

Tout cela coûte cher et il faut guerroyer pour satisfaire les besoins de la Triple Alliance et conserver la fidélité des noblesses locales laissées en place. C'est ainsi qu'au moment où Colomb arrive, le grand conquérant Ahuizotl achève la conquête d'Oaxaca et s'installe à Acapulco, sur le Pacifique. Ces entreprises sont de plus en plus lointaines et difficiles. À l'ouest, les Tarasques barrent la route, et à cent vingt kilomètres de Mexico Tlaxcala résiste toujours.

Les vaincus ont toujours tort. Il ne faut pas l'oublier quand on lit sous la plume des historiens, depuis le XVIe siècle jusqu'à nos jours, que le dernier *tlatoani*, Montezuma II, avait réalisé une véritable révolution politique en donnant à son pouvoir une dimension « absolutiste ». L'homme, nous dit-on, était d'une religiosité extrême qui n'avait d'égal que son amour pour le pouvoir. Il est certain qu'il s'est appuyé sur les guerriers et les prêtres, au détriment des grands commerçants mexicains, si importants dans l'empire. Citons par exemple le célèbre historien britannique Robertson, dans la traduction française de 1778 de son *Histoire de l'Amérique* : « Son ambition avait détruit l'ancienne Constitution et introduit à sa place le despotisme pur. Il avait méprisé leurs lois, violé leurs privilèges et réduit ses sujets à la condition d'esclave. » Cet auteur ne fait que citer les historiens espagnols du XVIe siècle. On peut s'accorder à reconnaître la centralisation croissante de l'empire, sans en faire le résultat de la volonté d'un monarque qui laissait en place les souverains locaux.

Les campagnes militaires de Montezuma connurent des succès divers, mais ne purent réduire les Tlaxcaltèques contre lesquels – on l'a dit – la guerre avait cessé d'être fleurie, pour devenir une campagne systématique. En 1515 les Mexicains furent rudement battus, mais la « république » de Tlaxcala souffrait de plus en plus de sa condition d'île au milieu de l'empire de la Triple Alliance ; c'est ainsi que le sel vint à manquer peu avant l'arrivée d'Hernán Cortés.

Faiblesses de l'empire

Que seraient devenus Montezuma et l'empire si Cortés ne s'en était emparé ? Certes, leur futur n'était pas évident, l'empire était fragile et passait par un moment difficile, entre famines et rébellions constantes des peuples dominés. Cet État ne prétendait pas – encore – au contrôle absolu de tout l'empire, car sa jeunesse même ne lui permettait pas d'y penser. Des centaines de seigneuries, petites et grandes, restaient autonomes, et cette réalité politique explique le revirement des cités lorsque se présente l'habile Cortés. Comme le dit Robertson dans le texte déjà cité : « Plusieurs des chefs ou nobles du premier rang s'étaient soumis au joug avec une grande répugnance. Dans l'espoir de le secouer et de recouvrer leurs premiers droits, ils avaient recherché la protection de Cortés et s'étaient réunis à un ennemi étranger contre un opposant domestique. » D'où l'effondrement de l'empire.

Les « faiblesses » de l'empire ont permis à Cortés de triompher machiavéliquement. Mais sans son arrivée, il aurait pu parvenir à sa maturité. Jeune, en pleine croissance, il était normalement fragile. Sans plus. Cela dit, les résistances à ce processus d'unification ont été le meilleur atout d'un Cortés bien conseillé, et les Tlaxcaltèques ont été les fossoyeurs de la suprématie mexicaine autant, sinon plus, que l'Espagnol. On peut dire que la guerre à mort de Mexico-Tenochtitlán contre Tlaxcala condamnait les Mexicains à devenir la proie de Cortés, de la même manière que la guerre à mort de Byzance contre le Bulgare chrétien la condamnait à tomber sous les coups des Turcs.

Les à-coups climatiques ont contribué à assombrir le règne de Montezuma II, d'autant que la très rapide croissance démographique du cœur du haut plateau, encore plus forte dans les bassins de Mexico et Toluca, a créé une surcharge démographique qui rendait pénible la moindre chute dans la production de maïs. Certains démographes estiment qu'en 1519, sur ces 500 000 kilomètres carrés, soit 2 % de la surface du continent, vivait 40 % de la population américaine. D'où une fragilité qui explique la chute plus rapide de la population au Mexique qu'au Pérou à partir de la conquête.

Les chroniqueurs ont beaucoup insisté sur les présages de mauvais augure qui auraient angoissé les Mexicains, et en particulier Montezuma ; et aussi sur le mythe du retour attendu de Quetzalcóatl, le héros fondateur, blanc et barbu, mythe dont aurait bénéficié un Cortés identifié, en un premier temps, à Quetzalcóatl[4]. Cela ressemble beaucoup à une lecture *a posteriori* faite aussi bien par les Indiens que par les envahisseurs. Ainsi les informateurs de Bernardino de Sahagún[5], contemporains de la conquête, énumèrent-ils huit présages funestes, tous rapportés à un Montezuma de plus en plus troublé : la comète de 1509 notamment, puis les prophéties du roi de Texcoco, Nezahualpilli, qui annonce la ruine avant de mourir en 1515. Peu après arrive la nouvelle de la présence de mystérieux étrangers venus de la mer. C'est qu'en 1517 et 1518 les Espagnols rôdent sur la côte du Yucatán et de Campeche. Il est certain que les grandes cultures de l'Amérique moyenne, avec leur conception cyclique du temps, contenaient un certain pessimisme, présent dans la dualité de la vie et de la mort et dans le cycle de cinquante-deux ans qui s'achevait dans l'attente du pire. Cortés a bien pu arriver en fin de cycle et être reçu comme l'initiateur d'un nouveau, porteur d'espérances.

---

4. Quetzalcóatl, héros civilisateur légendaire, sans doute roi-prêtre historique du peuple toltèque ; sa capitale était Tula, dont les ruines se trouvent à quatre-vingt-dix kilomètres au nord-ouest de Mexico. Pour des raisons mystérieuses, Tula s'effondre au milieu du XIIe siècle. La légende veut que Quetzalcóatl se soit immolé sur un bûcher, transformé en étoile, pour revenir un jour et retrouver son trône.

5. Frère Bernardino de Sahagún, remarquable religieux, de la première génération de missionnaires. Son *Histoire générale des choses de la Nouvelle-Espagne* est une extraordinaire somme anthropologique et historique qui repose sur le témoignage de ses informateurs mexicains.

La guerre des mondes

L'empire était arrivé à un point de grandeur d'autant plus remarquable qu'il avait été atteint en peu de temps. La nation mexicaine était guerrière et entreprenante, l'autorité du monarque considérable, les revenus illimités. Si, avec les forces qu'on pouvait réunir en un moment, Montezuma était tombé sur les Espagnols alors qu'ils étaient encore sur une côte stérile, ils auraient péri dans un combat inégal ou abandonné leur entreprise. Les hésitations d'un souverain tourmenté donnèrent à Cortés la possibilité de révéler son génie ; ce temps perdu permit à l'envahisseur de fomenter la guerre civile qui lui donnerait la victoire.

Vingt-six années s'étaient écoulées depuis que Colomb avait conduit les Européens dans le Nouveau Monde. La fin de la guerre de Grenade, en 1492, avait libéré les énergies qui se réinvestirent en Italie, en Afrique et en Amérique. La conquête fut conduite avec une logique implacable et une grande énergie. Entre 1493 et 1511 les Grandes Antilles sont prises, de 1509 à 1514 les Espagnols débarquent sur le continent au Darién et à Panama. Entre 1503 et 1520 arrivent à Séville quatorze tonnes d'or, ce qui déchaîne les convoitises et les candidatures à l'aventure. En 1517 et 1518 deux expéditions partent de Cuba pour se renseigner sur le Mexique. Tout cela ne peut être ignoré des Mexicains et contribue à l'inquiétude cristallisée en présages.

Du côté espagnol, on est motivé par l'espoir de trouver de l'or, mais aussi par l'orgueil d'un peuple qui vient d'achever la *Reconquista* et se sent investi par Dieu d'une mission évangélisatrice : saint Jacques, le patron de l'Espagne, apparaîtra à cheval au milieu de la bataille pour donner la victoire à Cortés – et aussi aux conquérants du Pérou et du Chili. La conquête est une entreprise mixte, publique et privée, puisque si la Couronne autorise, participe au butin – en prélevant le 20 % des prises – et fiscalise le résultat, c'est la compagnie – militaire et capitaliste, le chef et sa troupe – qui finance l'opération et partage les bénéfices. Elle agit, prend possession, traite avec les autochtones au nom du roi.

Les deux mondes n'ont pas la même conception de la guerre. Tandis que les Espagnols mènent une guerre « moderne », à l'européenne, qui peut conduire, avec l'artillerie, à la destruction totale de l'adversaire sur le champ de bataille, les Mexicains luttent pour faire des prisonniers qui seront sacrifiés et ne cherchent donc pas à les tuer durant la bataille qui est pour eux une collection de combats singuliers. Cela explique, beaucoup plus qu'une supériorité technologique discutable, les victoires de petites armées espagnoles sur un adversaire dix fois, cent fois plus nombreux.

Hernán Cortés

L'homme a trente-trois ans quand il débarque au Mexique ; son compagnon Bernal Díaz del Castillo, auteur d'une *Histoire véridique de la conquête de la Nouvelle-Espagne*, le décrit ainsi : « Son regard était à la fois doux et grave ; sa barbe foncée et rare recouvrait peu sa figure, ses cheveux, de la même teinte, avaient la coupe de l'époque. Il avait la poitrine large et les épaules bien taillées, son corps était mince, son ventre effacé, la jambe et la cuisse bien faites. » C'est encore un homme de la Renaissance, et déjà un moderne, fils d'une Espagne qui vient de vivre la fusion agitée des couronnes de Castille et d'Aragon, avec le mariage d'Isabelle et de Ferdinand et la victoire sur les musulmans andalous : Grenade est tombée en 1492. Le bagage culturel de Cortés a joué un rôle décisif dans son succès. Il avait étudié le latin à Salamanque, mais surtout assimilé la législation des *Siete Partidas*, recueil fondamental élaboré par le roi Alphonse le Sage (1221-1284). Sans connaître le droit à fond, il était capable de faire au bon moment les citations décisives et de créer les institutions indispensables. C'est ainsi qu'à peine débarqué il fonde la municipalité qu'il baptise Villa Rica de la Vera Cruz, « la riche ville de la vraie Croix » (aujourd'hui Veracruz), tout un programme !

Homme d'une grande intuition pratique, il avait lu notamment Jules César, comme le prouvent ses *Cartas de Relación* (« Lettres de récit »), véritable manifeste politique adressé à l'empereur Charles Quint – accompagné d'un grand trésor fort bien reçu par le Habsbourg au bord de la faillite. Sans vouloir faire de lui un héros moderne et visionnaire, il faut reconnaître qu'il voyait grand et loin. C'est ainsi qu'il considérait le Mexique comme un marchepied pour l'évangélisation de... la Chine, prédisant qu'un jour elle dominerait le monde. Il n'est pas allé si loin, mais, incontestablement, son projet mexicain a quelque chose de visionnaire ; immédiatement il travaille à créer une nouvelle société dans ce qu'il appelle la « Nouvelle-Espagne », une société fondée sur le mélange des sangs, par le mariage entre les Espagnols et la noblesse indienne. Christian Duverger illustre bien son désir de conserver quelque chose, beaucoup de choses, de la civilisation américaine. Il voulait ainsi incorporer ces sociétés à la monarchie composée d'Espagne et que l'on reconnaisse comme grands d'Espagne les princes mexicains. Autrement dit, il n'a rien à voir avec les soudards de la conquête du Pérou et, comme Alexandre, il a une vision d'unité par la réconciliation. C'est lui qui a donné son nom à cette Nouvelle-Espagne qu'il aimait tant qu'il demanda à y être enterré.

La montée vers Mexico

Tout avait commencé par une brève escarmouche et une simple cérémonie. Cortés, dans le marécage forestier du Tabasco, perd une espadrille, gagne une courte bataille, prend possession du pays au nom de Sa Majesté et reçoit en cadeau vingt jeunes femmes esclaves, dont Malintzin, « la Malinche », en espagnol, dont il fait sa maîtresse, son interprète et un conseiller politique d'une valeur inouïe ; elle est baptisée sous le nom de Marina. Puis, sur la plage de Veracruz, Cortés est visité par les ambassadeurs de Montezuma accompagnés de 4 000 guerriers. Ils ont pour mission de le convaincre de rentrer chez lui et pour ce faire le comblent de cadeaux fabuleux, ce qui a pour résultat de persuader les Espagnols que la folle entreprise de Cortés, dont ils ne voulaient plus entendre parler, fera d'eux les hommes les plus riches de la terre.

Cortés traite les Mexicains avec la plus grande courtoisie, les fait assister à une charge de cavalerie, au tir des canons et des arquebuses, puis à une messe, avant de leur dire qu'il veut rencontrer le grand Montezuma, comme envoyé de Sa Majesté l'empereur. C'est alors que le visitent les envoyés du seigneur de Cempoala, une province non mexicaine tributaire de l'empire. Ils lui offrent une alliance contre Mexico. Marina lui avait déjà expliqué que bien des sujets de Montezuma le craignaient, le haïssaient et souffraient impatiemment le joug. Cette confirmation l'incite à se rendre à Cempoala et à renforcer sa minuscule troupe (trois cents ou quatre cents hommes, quinze chevaux) d'une armée indienne. Bernal Díaz del Castillo raconte comment le seigneur des lieux, « avec force larmes et soupirs, lui dit comment les Mexicains les tenaient soumis, et chaque année exigeaient de leur livrer de nombreux fils et filles pour les sacrifier et d'autres pour servir dans leurs maisons et champs, et il présenta tant de plaintes que je ne m'en souviens plus ».

Le 16 août 1519, il se met en marche vers Tlaxcala, car le seigneur de Cempoala lui a conté la guerre à mort entre Mexicains et Tlaxcaltèques : une alliance devrait être possible, confirme la Malinche. Une série de durs combats opposent Cortés à ses futurs alliés, mais la haine des Mexicains étant plus forte que la crainte de l'étranger, le « sénat » de Tlaxcala opte pour l'alliance. « À notre entrée dans la ville, les Indiens et Indiennes, qui se pressaient pour nous voir, étaient de gai visage et si nombreux qu'ils ne tenaient plus dans les rues et sur les terrasses des maisons. Notre entrée fut le 23 du mois de septembre de l'an 1519. » Cortés, bouche d'or, convainc que l'heure de la libération arrive avec lui, il respecte les idoles, mais interdit les sacrifices humains et fait dresser des autels chrétiens.

Grâce à la très solide alliance avec Tlaxcala, Cortés triomphera. Sans elle, il n'aurait pas réussi. C'est elle – et Marina – qui lui inspire son projet de société nouvelle. Une deuxième ambassade mexicaine renouvelle et les présents et la demande de repartir ; elle le met également en garde contre les « félons » de Tlaxcala et lui conseille de passer par Cholula, jadis alliée de Tlaxcala, récemment soumise à l'empire. Cortés y va le 11 octobre, accompagné de 6 000 alliés ; apparemment bien reçu, il ordonne le 18 un véritable massacre : 3 000 morts en deux heures, écrit-il, puis le pillage et la destruction. Cortés a été très critiqué pour ce bain de sang aux motivations peu claires. Les Tlaxcaltèques avaient dit que les Mexicains lui tendaient un piège à Cholula ; eux-mêmes ne pardonnaient pas la soumission de leur ancienne alliée ; enfin, Cortés a pu vouloir épouvanter les Mexicains. Un courtisan mexicain dit alors au souverain : « Nous ne sommes pas à égalité, nous sommes comme rien. » Bernal Díaz del Castillo, qui a participé à l'affaire, donne raison à Cortés et aux alliés de Tlaxcala. Selon lui, Montezuma avait bel et bien tendu un piège aux Espagnols. Toujours est-il que Montezuma accepte enfin que Cortés vienne à Mexico, s'excuse de l'affaire de Cholula – ce qui revient à reconnaître qu'il y avait bel et bien piège – et lui envoie des guides. Cortés se méfie et prend une autre route, ce qui lui permet de découvrir depuis les hauteurs la splendeur de l'immense cité. « On aurait dit les choses de féerie que conte le livre d'*Amadis des Gaules*, à cause des grandes tours et des pyramides et des édifices qui se dressaient sur l'eau, et des soldats se demandaient si ce qu'ils voyaient était réel ou un songe [...] et certains qui avaient été à Constantinople, dans toute l'Italie et à Rome disaient n'avoir jamais vu place si bien construite et avec tant de justesse. »

Le 8 novembre 1519, Cortés et Montezuma se rencontrent. Leur dialogue est rapporté par les informateurs de Bernardino de Sahagún. Le *tlatoani* s'exclame : « Non, non, ce n'est pas un rêve, je ne me lève pas encore endormi, je ne le vois pas en rêve, je ne rêve pas... c'est que je te vois, j'ai mis mes yeux sur ton visage... Tu t'es fatigué, tu es arrivé à ta ville : Mexico. Tu es venu t'asseoir sur ton trône. Ils te l'ont réservé, conservé ceux qui sont déjà partis, tes substituts. Il y a cinq jours, il y a dix jours, j'étais angoissé, le regard fixé dans la Région du Mystère. Et tu es venu entre les nuages, la brume... Viens et repose-toi... »

Des délices au désastre

Trois cents, 400 Européens au milieu de 300 000 Mexicains. À peine quelques milliers de Tlaxcaltèques qui n'ont aucune confiance en l'hospitalité de Montezuma. Cortés les écoute et le 14 novembre séquestre l'empereur : il le traite très amicalement et avec le plus grand respect, mais il l'a tiré de son palais pour le garder avec lui en otage. Six mois s'écoulent dans une tranquillité étonnante. Cortés apprend beaucoup, et vite, à commencer par la langue, le nahuatl. Il tisse un réseau d'amitiés et d'alliances, par exemple avec le prince Ixtlilxochitl, de la ville voisine de Texcoco, fondée au temps des Toltèques, qui reçoit le baptême au grand dam de sa mère[6].

Et puis, de même que la guerre civile entre Mexico et Tlaxcala a contribué à la victoire espagnole, la rivalité entre Espagnols a failli tout compromettre. Le gouverneur de Cuba, dont Cortés avait cessé de reconnaître l'autorité, envoie une expédition assez nombreuse pour arrêter ou tuer celui qu'il considère comme un rebelle. Dix-huit vaisseaux débarquent un millier de soldats à Veracruz. Leur chef, Pánfilo de Narváez, chargé d'arrêter Cortés et de le ramener en cage à Cuba, réussit à faire dire à Montezuma que celui-ci est un usurpateur dont il va le délivrer… Nous sommes en mai 1520. Que faire ? Attendre l'arrivée de cette armée à Mexico, c'est la défaite assurée. Sortir au-devant de Narváez, c'est perdre la capitale de l'empire. Cortés joue le tout pour le tout. Laissant à Mexico cent cinquante hommes sous le commandement de son lieutenant Pedro de Alvarado, il descend à marches forcées sur Veracruz. C'est avec un peu plus de deux cents soldats qu'il devrait affronter Narváez. Il envoie des émissaires habiles qui débauchent un certain nombre d'hommes, puis, le 20 mai, il surprend et défait l'adversaire. Il renvoie Narváez à Cuba, mais récupère à son service la majorité des vaincus qui décident d'aller à Mexico avec lui.

---

6. Le descendant du prince Ixtlilxochitl, Alva Ixtlilxochitl, nous a légué une précieuse histoire de Texcoco. Sa mère et sa grand-mère, héritières en droite ligne des souverains de Texcoco, épousèrent des Espagnols qui défendirent les intérêts de ces princesses.

Mais presque au même moment une catastrophe a lieu. En l'absence de Cortés, la peur parmi les Espagnols et leur brutalité se conjuguent au mécontentement croissant des Mexicains, qui sont humiliés par la captivité de Montezuma et informés des divisions entre leurs adversaires. Que ce soit pour prévenir la révolte ou pour une autre raison, Alvarado profite traîtreusement d'une fête solennelle au Grand Temple, qu'il avait autorisée, pour faire massacrer six cents nobles désarmés. « Pedro de Alvarado, pour sa décharge, dit à Cortés que la cause en fut qu'il avait été prévenu qu'après leurs fêtes et danses et sacrifices aux dieux Huichilobos et Tezcatepuca, les guerriers allaient venir lui faire la guerre comme ils l'avaient concerté entre eux… Et Cortés lui répondit très irrité que cela était très mal fait, et une grande erreur et peu véridique », rapporte Bernal Díaz. Le résultat est le soulèvement de toute la ville, si bien que les Espagnols se retrouvent assiégés. Prévenu, Cortés arrive le 24 juin avec sa nouvelle armée et des milliers de Tlaxcaltèques. On le laisse entrer sans problème, et il se retrouve lui aussi assiégé, dans une situation rendue intenable par la mort de Montezuma. Cortés lui avait demandé de calmer ses sujets, mais une volée de pierres l'avait gravement blessé le 25 juin et il avait dédaigné de survivre à ce dernier affront, arrachant ses pansements, refusant toute nourriture et mourant le 29.

La nuit du 30 juin passe à l'histoire comme *la Noche Triste*, « la triste nuit ». La sortie nocturne au milieu d'une pluie torrentielle est un désastre. Sous les coups des Mexicains, 700 Espagnols (sur 1 300) et 4 000 Tlaxcaltèques sont morts ; les prisonniers seront sacrifiés. Cortés réussit à gagner Tlaxcala avec les survivants.

La fin de Mexico-Tenochtitlán

Sans la fidélité de Tlaxcala, Cortés était perdu. Il travaille patiemment, systématiquement à préparer la reconquête de la capitale. Il multiplie les tentatives diplomatiques, car il ne supporte pas l'idée de devoir détruire cette merveille et son rêve d'une société nouvelle. Les Mexicains, galvanisés par leur chef, d'abord Cuitláhuac, frère de Montezuma, puis, après sa mort, Cuauhtémoc, le jeune neveu de Montezuma, ne veulent rien savoir. Ils seront seuls face à une grande coalition de toutes les autres nations formée par Cortés. Au printemps de 1521, ce dernier fait construire treize bateaux de douze mètres, portés en pièces détachées jusqu'au lac de Mexico. Le 28 avril, il passe en revue six cents Espagnols avec cent dix-huit arquebuses, trois canons et quinze couleuvrines qui seront montées sur les bateaux ; les Tlaxcaltèques et presque toutes les cités du bassin de Mexico mettent à sa disposition entre 50 000 et 150 000 combattants. La prise de Mexico est une guerre indienne, la vengeance par l'alliance avec Cortés. Le 15 mai, le siège commence après d'ultimes négociations. Au milieu du lac, Cortés avait rencontré le jeune Cuauhtémoc. On ne sait ce que se sont dit les deux hommes.

Le blocus total de la ville avec la coupure de l'aqueduc d'eau potable provoque famine et épidémies, au milieu de durs combats. Le 13 août, Cuauhtémoc est pris. Son nom signifie « Aigle qui tombe ». La résistance cesse aussitôt. Cortés écrit que 67 000 Mexicains sont tombés en combattant et que 50 000 sont morts de faim.

> Sur les chemins, les dards brisés,
> Les chevelures éparses.
> Les maisons sans toit,
> Leurs murs rougis par le feu.

Les vers pullulent par les rues,
Et les murs sont tachés de cervelles.
Rouges, les eaux
Et quand nous les buvons
C'est boire comme du salpêtre.
[…]
Pleurez, mes amis,
Comprenez qu'avec ces faits
Nous avons perdu la nation mexicaine.

C'est ce que dit un des « chants tristes » (*icnocuicatl*) com-posés après la chute de la grande Tenochtitlán. Le « récit » d'Alva Ixtlilxochitl se révèle d'un recours indispensable : « Ce jour-là, les malheureux Mexicains souffrirent les plus grandes cruautés jamais faites en cette terre. Les pleurs des femmes et des enfants étaient tels que le cœur des hommes en était brisé. Les Tlaxcaltèques et les autres nations se vengeaient cruellement du passé et pillèrent tout. Ixtlilxo-chitl de Texcoco, allié de Cortés, et les siens, comme en fin de compte ils étaient des leurs et leurs parents, avaient pitié d'eux et empêchaient les autres de traiter avec tant de cruauté femmes et enfants, et Cortés et ses Espagnols le tentaient de leur côté […]. C'était chose admirable de voir les Mexicains. La gent de guerre confuse et triste, adossée aux murs des terrasses, contemplant la perdition ; et les enfants, les vieillards, les femmes, pleurant. Les seigneurs et la gent noble, tous confus… Presque toute la noblesse mexica disparut et seuls survécurent quelques gentils-hommes enfants ou d'une extrême jeunesse. »

Un nouvel empire

Mexico-Tenochtitlán, en un premier temps, s'était abandonnée à Cortés qui n'aurait jamais voulu détruire cette « immense fleur de pierre » au milieu des deux lacs qui mêlaient leurs eaux douces et saumâtres. Il ne l'aurait jamais fait si les Mexicains, révoltés par le massacre du Grand Temple, ne s'étaient enragés au point de la défendre jusqu'au bout. Quand, le 13 août, Cortés reçut son cadavre, elle était « tellement défaite et détruite... qu'il n'en restait pratiquement pas pierre sur pierre ».

La chute de la ville impériale rallia au vainqueur les sujets qui ne l'avaient point déjà fait, ainsi que les seigneuries encore indépendantes. Cortés et ses compagnons s'enracinèrent dans la Nouvelle-Espagne, mais la conquête ne s'arrêta pas là. L'Espagnol accomplit d'un coup ce que le Mexicain n'était pas arrivé à faire : en 1522, avec ses armées indiennes, où les vaincus de la veille occupaient une place d'honneur, Cortés obtiendrait la soumission sans combat des Tarasques, parviendrait jusqu'aux côtes occidentales, ne tarderait pas à remonter jusqu'à la Californie et à descendre en Amérique centrale, toujours à un rythme fulgurant.

En peu de temps, Hernán Cortés, à la tête de ses « cinq cents » hidalgos, avait donné à l'Espagne deux grands empires, le mexicain et le tarasque, et une douzaine de principautés et seigneuries, sans compter la « république » de Tlaxcala, l'allié sauveur, respectable et respecté. Soit 1 million de kilomètres carrés et une population bien supérieure à celle de l'Espagne. D'une certaine manière, cette fin de l'Empire mexicain est suivie immédiatement de sa victoire posthume. S'ouvre un autre chapitre, celui de l'extraordinaire métissage des hommes, des animaux et des plantes, une transformation écologique sans précédent tant par sa rapidité que par sa profondeur. L'éducation diffusée par les religieux et l'extraordinaire capacité d'assimilation des Indiens portent des fruits remarquables. La classe dirigeante indienne s'adapte de manière surprenante et pour le XVIe siècle on peut parler de « la fusion heureuse des deux sociétés et des deux cultures », Espagnols écrivant en nahuatl, Indiens écrivant en espagnol ou en latin. Pour les masses, victimes des épidémies et du servage, c'est une autre histoire. Au XVIIe siècle, la condition du peuple s'améliore tandis que la noblesse indienne, toujours présente, prend une identité de plus en plus espagnole. Les villages, juridiquement appelés « pueblos », utilisent admirablement le droit espagnol pour défendre leurs droits et une identité nouvelle, amalgame d'éléments indiens et européens[7]. Ce n'est qu'à partir de l'indépendance du Mexique (1821) que les Indiens subiront les premiers assauts de la modernité et du libéralisme ennemi des corporations dites d'Ancien Régime.

Bibliographie sélective

Baudot, Georges, et Todorov, Tzvetan, *La Conquête : récits aztèques*, Paris, Seuil, 1983.

Bennassar, Bartolomé, *Cortés, la conquête de l'impossible*, Paris, Payot, 2001.

Bernand, Carmen, et Gruzinski, Serge, *Histoire du Nouveau Monde*, Paris, Fayard, 2 tomes, 1991-1993.

Boturini, Lorenzo, *Historia general de la América Septentrional* [1749], Mexico, Universidad Nacional Autónoma de México (UNAM), 1990.

Chaunu, Pierre, *L'Amérique et les Amériques*, Paris, Armand Colin, 1964.

Cortés, Hernán, *Cartas de Relación de la conquista de México*, Mexico, Editorial Porrúa, 2002 ; en français : *La Conquête du Mexique*, Paris, La Découverte, 2007.

Díaz del Castillo, Bernal, *Historia verdadera de la conquista de la Nueva España* [1568], Mexico, Colegio de Mexico, 2005 (édition critique) ; en français : *La Conquête du Mexique*, Arles, Actes Sud, 2009.

---

7. Voir le chapitre 8.

Duverger, Christian, *Cortés*, Paris, Fayard, 2001.

Graulich, Michel, *Montezuma ou l'apogée et la chute de l'Empire aztèque*, Paris, Fayard, 1994.

Gruzinski, Serge, *Le Destin brisé de l'Empire aztèque*, Paris, Gallimard, 1988 et 2010.

León-Portilla, Miguel, *Visión de los vencidos. Relaciones indígenas de la conquista*, Mexico, Universidad Nacional Autónoma de México (UNAM), 1959 ; et Barcelone, Crítica, 1990.

Sahagún, frère Bernardino de, *Historia general de las cosas de la Nueva España*, Mexico, Editorial Porrúa, 1956, 4 tomes ; en français : *Histoire générale des choses de la Nouvelle-Espagne*, Paris, Masson, 1880 (consultable en ligne sur Gallica).

Yañez, Agustín, *Crónicas de la conquista*, Mexico, Universidad Nacional Autónoma de México (UNAM), 1950 et 1993.

9

CHRONIQUE D'UNE MORT ANNONCÉE : LA FIN DU SAINT EMPIRE (1806)

par Michel KERAUTRET

Entre tous les empires ayant existé au cours de l'histoire, le « Saint Empire romain germanique » (*Heiliges Römisches Reich deutscher Nation*) présente d'abord une originalité remarquable : sa durée de vie particulièrement longue. Même s'il n'a pas reçu d'emblée ce nom sous lequel on le désigne à partir de 1500 environ, sa date de naissance, 962, est certaine, comme celle de sa mort, le 6 août 1806 – celle-ci a fait l'objet d'un acte de décès formel, rédigé par le dernier empereur, François II de Habsbourg-Lorraine. Quant à l'identité de celui qui lui porta le coup de grâce, elle est non moins établie, et le coupable, Napoléon, s'en fait gloire lui-même sur l'arc de triomphe du Carrousel : « À la voix du vainqueur d'Austerlitz / L'empire d'Allemagne tombe. » Mais cette mort avait été précédée d'une longue maladie de langueur, et le « commencement de la fin » remontait à plusieurs décennies, sinon plusieurs siècles.

Un empire très particulier

Il y a lieu de s'interroger cependant sur la nature de cet empire, si différent des autres. Voltaire s'était étonné dans son *Essai sur les mœurs* que le Saint Empire romain ne fût depuis longtemps « ni saint, ni romain, ni empire ». Ce constat vaut sans doute pour la fin du Moyen Âge et la période moderne, mais non pour les premiers siècles sur lesquels on doit revenir brièvement pour comprendre la suite.

On associe d'ordinaire la notion d'empire à la domination plus ou moins consentie d'un peuple sur d'autres. Ainsi de l'Empire romain dans l'Antiquité, des empires coloniaux, de l'Empire ottoman, de l'Empire russe ou de l'Empire américain. Cela valait également, à la fin du VIIIᵉ siècle, pour l'Empire carolingien, produit des conquêtes franques en Gaule, en Germanie et en Italie. Mais ce dernier ne se réduisait pas à un conglomérat né d'un rapport de forces, il était aussi l'expression d'une idée, restée vivante malgré les bouleversements des quatre siècles précédents : celle de l'universalité chrétienne, appuyée sur la nostalgie de l'unité romaine, et manifestée avec éclat par le couronnement de Charlemagne à Rome le 25 décembre 800. Le mot « empire » revêt dans ce cas un sens propre : il n'y avait qu'un empire – en Occident du moins –, et cet Empire romain restauré avait vocation à regrouper le peuple chrétien tout entier.

Certes, il se fragmenta par la suite, le traité de Verdun (843) partageant l'empire de Charlemagne en trois royaumes, et le titre d'empereur perdit peu à peu tout contenu avant de disparaître en 924. Moins de quarante ans plus tard, néanmoins, il reprenait vie au profit d'un roi de Germanie victorieux, Othon Iᵉʳ, qui fut couronné à Rome par le pape Jean XII. Pour les contemporains, il s'agissait bien toujours du même empire, ranimé après une parenthèse de quelques décennies – et cette idée perdura dans la conscience collective, au point que les témoins de la fin du Saint Empire, au début du XIXe siècle, parlent souvent de la disparition d'un empire millénaire, se référant au sacre de Charlemagne plus qu'à celui d'Othon. En tout cas, c'est bien à cause de cette origine carolingienne – et à travers elle, de ses racines antiques –, que cet empire est dit « saint et romain ».

Au fil des siècles, cette notion vénérable parut de plus en désuète néanmoins, tandis que l'empire se confondait peu à peu avec le royaume de Germanie. Dans les premiers temps, les empereurs, pénétrés de leur mission universelle, s'étaient conduits en protecteurs de la chrétienté, en « avoués de l'Église », exerçant une sorte de patronage sur la papauté, à la manière des empereurs byzantins face aux patriarches. Par ailleurs, ils disposaient d'une puissance effective qui confortait leur ascendant moral sur les autres souverains et leur permit d'étendre leur domination au-delà des limites du royaume germanique de 843 : presque toute la Lotharingie fut rattachée progressivement à la Germanie – Lorraine, Bourgogne, Dauphiné, Provence, Italie du Nord –, ce qui porta la frontière entre « France » et « Allemagne » d'alors sur la Meuse et sur le Rhône. L'empire des premiers siècles est donc une réalité autant qu'une idée. Il est saint, puisque les empereurs se font sacrer par le pape ; romain, car ils contrôlent l'Italie ; et leur titre allemand de *Kaiser* (César) les rattache explicitement à l'héritage antique. C'est bien un empire au sens d'une domination, car même s'il n'a pas retrouvé l'extension de l'Empire carolingien du côté de la Francie occidentale, il fait cohabiter des peuples de langue romane et de langue « tudesque », et comporte trois chancelleries pour l'Allemagne, la Gaule et l'Italie ; et il est « germanique » de fait, puisque son centre est en Allemagne, même si on ne devait théoriser que plus tard la « *translatio imperii ad Germanos* ».

Cette réalité fut assez vite battue en brèche. La papauté, qui entend défendre à la fois son indépendance religieuse et son pouvoir temporel en Italie, mêle habilement les deux dimensions pour l'emporter finalement dans la querelle multiséculaire du sacerdoce et de l'empire[1]. Quant au roi de France, il refuse à l'empereur toute supériorité autre que symbolique – « le roi est empereur en son royaume », proclament les légistes de Philippe le Bel. Les aléas de l'élection impériale, les rivalités entre les duchés allemands et les luttes intestines de l'Italie contribuent en outre à affaiblir les empereurs et à circonscrire leur autorité à la sphère proprement germanique. Le titre impérial se réduit de fait, à quelques survivances près, à une appellation prestigieuse pour désigner le souverain élu qui règne sur l'Allemagne. Son élection, sous le nom de « roi des Romains », incombe aux sept Électeurs[2]. Le couronnement par le pape devient une formalité onéreuse et inutile, et l'on finit par s'en passer : Charles-Quint fut le dernier à se faire sacrer en

---

1. Au temps de Grégoire VII, la querelle des Investitures conduisit l'empereur Henri IV à Canossa (1077). Le conflit se durcit encore au siècle suivant, l'Italie se divisant durablement entre le parti des Guelfes, soutenant la papauté, et celui des Gibelins, qui tenaient pour l'empereur. La puissante dynastie souabe des Staufen dut compter sans cesse, de Frédéric Barberousse à Conradin (1160-1268), avec des papes combatifs, Alexandre III, Innocent III, Grégoire IX, Innocent IV, qui finirent par obtenir une victoire complète sur les empereurs.

2. Cette pratique ancienne fut codifiée par la Bulle d'or de l'empereur Charles IV en 1356, et elle demeura en vigueur jusqu'à la fin du Saint Empire. Les sept Électeurs étaient les archevêques de Mayence, Trèves et Cologne, ainsi que quatre princes héréditaires, le roi de Bohême, le margrave de Brandebourg, le duc de Saxe, le comte palatin du Rhin. S'y ajoutèrent le duc de Bavière en 1623, puis le duc de Hanovre en 1693, ce qui porta le nombre des Électeurs à neuf ; la fusion du Palatinat et de la Bavière, en 1777, ramena leur nombre à huit.

Italie en 1530. Par la suite, le sacre fut célébré en Allemagne, sitôt après et sur le lieu même de l'élection – le
plus souvent à Francfort –, par l'archevêque de Mayence.

À l'époque moderne, le Saint Empire n'est donc plus
guère que le nom que l'on donne par tradition à l'État
des Allemands. Et lorsque, prenant à la lettre l'idée impériale, le roi François Ier déclara sa candidature à la succession de Maximilien, en 1519, cela parut tout à fait
incongru aux Électeurs ; celle de Louis XIV, en 1658, ne
fut même pas sérieusement envisagée. Il restait tout de
même une petite dimension multiethnique qui ne disparut jamais complètement, mais elle régressa fortement, à
mesure que les rois de France grignotèrent les frontières
occidentales de l'empire, annexant le Dauphiné sous
Charles V, la Provence sous Louis XI, les évêchés lor-
rains sous Henri II, la Franche-Comté puis l'Alsace sous
Louis XIV, la Lorraine enfin sous Louis XV ; les cantons
suisses s'émancipèrent aussi. À la fin du XVIIIe siècle, il
ne demeurait plus guère de l'empire originel, du côté
« welche », que l'évêché de Liège et le comté de Montbéliard. Du côté italien, les survivances étaient plus nombreuses, maintenant des liens de caractère féodal – mais
les États qui s'étaient formés en Italie du Nord ne participaient pas à la vie politique de l'empire[3].

En revanche, un autre empire avait failli émerger au
début de l'époque moderne, lorsque la dynastie des Habsbourg réussit à conjuguer l'hérédité de fait du titre impérial et, grâce à d'habiles mariages, un domaine familial
considérable. Au XVIe siècle, l'héritage bourguignon avait

---

3. L'ancien royaume d'Italie n'existait plus, et son ancien domaine
avait été réduit par suite de l'expansion de Venise sur la terre ferme.
Mais il restait à Milan une « plénipotence d'Italie », sous la direction d'un
commissaire impérial. La Toscane, la ville de Lucques et les duchés de
Parme et de Modène demeuraient des fiefs de l'empire, dont les tribunaux étaient toujours compétents pour juger leurs causes en appel. Les
fiefs d'Italie ne seront supprimés qu'en 1801, par le traité de Lunéville.

donné aux Habsbourg la Flandre, qui sortit alors de la mouvance française pour être rattachée de façon un peu lâche à l'empire, mais aussi l'Espagne et une grande partie de l'Italie. D'autres mariages ont assuré à la dynastie à la même époque la Bohême et la Hongrie. On aurait pu assister alors en Allemagne à un phénomène comparable à l'ascension des Capétiens de France, si le schisme religieux n'avait ruiné cette perspective. L'irruption de la Réforme luthérienne mine en effet l'édifice, menacé en outre à l'extérieur par les Valois et par les Ottomans. Charles Quint, après avoir essayé en vain d'user de la force, doit renoncer à rétablir l'unité confessionnelle dans l'empire : le compromis d'Augsbourg (1555) reconnaît aux princes le droit d'adopter la confession de leur choix et de l'imposer à leurs sujets respectifs. Après une accalmie, le conflit reprend de façon encore plus dramatique, attisé par les interventions extérieures, lors de la guerre de Trente Ans qui ravage l'Allemagne de 1618 à 1648 et consacre la défaite de l'empereur. Les traités de Westphalie refondent enfin le Saint Empire dans sa dernière version, celle-là même qui allait disparaître en 1806.

L'empire empêtré

C'est presque par antiphrase qu'il faut désormais parler d'empire, tant l'Allemagne paraît faible sur la scène extérieure et paralysée à l'intérieur. Elle est d'ailleurs souvent perçue comme plurielle (on parle volontiers des Allemagnes) : sous l'apparence d'une monarchie prestigieuse, il s'agit plutôt d'une sorte de république aristocratique, dont les membres participent au gouvernement de l'empire tout en disposant d'une large mesure d'autonomie sur leur propre territoire au nom de la « supériorité territoriale » (*Landeshoheit*) – il n'existe quasiment pas de fiscalité impériale. Au total, quelque trois cents « États de l'empire » (*Reichsstände*), membres de la Diète, tous vassaux immédiats de l'empereur, mais fort inégaux en puissance effective : les Électeurs, au nombre de huit à la veille de la Révolution française, jouissent d'un prestige particulier et concluent souvent des alliances matrimoniales avec les familles souveraines de l'Europe ; les princes et comtes, héréditaires ou ecclésiastiques, dont certains très puissants[4] ; les villes d'empire, au nombre de cinquante et une[5]. Ce n'est pas tout à fait la république polonaise néahmoins : les 1 500 « chevaliers d'empire » sont certes « immédiats », c'est-à-dire vassaux directs de l'empereur, sans qu'aucun échelon intermédiaire s'interpose entre eux et lui, et ils sont maîtres chez eux, mais ils n'ont pas le statut de sujets politiques représentés à la Diète. Leurs micro-territoires ajoutent cependant au morcellement de la carte de l'Allemagne avec son enchevêtrement incroyable d'enclaves et d'exclaves, de droits partagés, de limites contestées.

L'empereur doit composer avec toutes sortes de contre-pouvoirs, et négocier constamment. Certes, les Habsbourg se sont assuré l'hérédité de fait du titre impérial, avec une brève exception de 1742 à 1745, mais la puissance effective de la « maison d'Autriche » tient à ses « États héréditaires » (Autriche, Bohême, Hongrie), qui s'accroissent considérablement à partir de la fin du XVIIe siècle, tant en Italie (Milanais et Toscane) qu'en Hongrie et dans le nord des Balkans du fait du reflux des Ottomans. L'Autriche est bien une grande puissance européenne, mais le titre d'empereur romain n'apporte

---

4. L'archiduc d'Autriche, le duc de Wurtemberg, le margrave de Bade, les deux landgraves de Hesse (Cassel et Darmstadt), le duc de Brunswick, l'archevêque de Salzbourg, les évêques de Würzburg, Spire, Passau, les grands maîtres des ordres Teutonique et de Saint-Jean, etc.

5. De taille et de richesse très variables, la plupart se trouvent au sud-ouest de l'Allemagne, mais les plus riches sont les villes de la Hanse (Hambourg, Brême et Lübeck), ainsi que Francfort, Augsbourg et Nuremberg.

à son chef qu'une préséance diplomatique. Cela n'est pas négligeable néanmoins, et le symbole du globe et de l'aigle bicéphale demeure fort en un temps où l'Occident ne connaît qu'un seul empereur.

Reste que leur puissance propre ne suffit pas aux Habsbourg pour gouverner librement l'Allemagne : elle suscite au contraire une méfiance jalouse, tant en Europe qu'au sein de l'empire. Les traités de Westphalie, qui sont à la fois un instrument international et une Constitution allemande, ont accumulé les précautions pour entraver l'empereur, l'extérieur et l'intérieur s'entremêlant. Tout ce qui se passe dans l'empire est jalousement surveillé par la France, qui a été proclamée cogarante des traités avec la Suède ; elle use parfois de ce droit dans son propre intérêt, sous prétexte de maintenir les « libertés alle-mandes »[6]. À l'inverse, les princes allemands ont le droit de nouer des alliances avec des puissances étrangères – sous quelques réserves un peu théoriques. Du reste, plusieurs d'entre eux, vassaux dans l'empire, sont en même temps souverains hors de l'empire : l'Électeur de Brandebourg, roi de (« en ») Prusse depuis 1701 ; l'Élec-teur de Hanovre, roi d'Angleterre depuis 1714 ; le duc de Holstein, roi de Danemark ; le duc de Poméranie, roi de Suède ; l'Électeur de Saxe, roi élu de Pologne (de 1697 à 1763). Le Habsbourg lui-même n'est roi qu'en dehors des frontières de l'empire, en Bohême et en Hongrie[7].

Quant aux institutions de l'empire, si elles remontent pour l'essentiel à des réformes décidées en 1495 et 1512, elles ont été revues après 1648 pour tenir compte des

---

6. À la fin du XVIIIe siècle, la Russie était devenue de fait garante des traités à la place de la Suède affaiblie : lors du congrès de Teschen (1779), qui mit fin à la guerre de Succession de Bavière entre la Prusse et l'Autriche, la médiation de Catherine II, concertée avec la France, se révéla décisive.

7. Le cas de la Bohême est ambigu, le roi de Bohême étant malgré tout l'un des Électeurs de l'empereur.

leçons de la guerre de Trente Ans : il s'agit d'une part d'assurer la paix religieuse en protégeant jalousement les droits des différentes confessions ; de l'autre de prévenir toute nouvelle tentation absolutiste. Lors de son élection, l'empereur prend un certain nombre d'engagements, formalisés par la signature d'une charte appelée « capitulation électorale ». Puis il gouverne avec la Diète (*Reichstag*), qui s'identifie plus que lui à la continuité de la nation allemande : « l'empereur et l'empire » (*Kaiser und Reich*), dit-on parfois pour exprimer la volonté commune du souverain et de la Diète. En principe perpétuelle depuis 1663, siégeant à l'hôtel de ville de Ratisbonne, elle n'est pas un corps élu, mais une sorte de conseil fédéral réunissant les délégués permanents des membres de l'empire[8]. Elle se subdivise en trois collèges, dont l'accord est nécessaire pour toute décision : celui des Électeurs ; celui des princes, subdivisé entre un banc laïc et un banc ecclésiastique ; celui des villes. Les procédures de délibération et de vote sont complexes et longues, d'autant plus qu'il faut en outre le consensus des protestants et des catholiques, avec un droit de veto pour chacune des deux confessions[9]. La Diète ne légi-

---

8. En pratique, vu le coût de ces représentations permanentes et le peu d'activité de la Diète, il n'y avait qu'une trentaine de délégués. L'empereur était représenté, quant à lui, par un commissaire résidant sur place, le prince de Tour et Taxis.

9. L'initiative d'une délibération ne revenait pas exclusivement à l'empereur, puisque la Diète pouvait être saisie également par un de ses membres, et même par un tiers – notamment par le roi de France, garant des traités de Westphalie. La mise à l'ordre du jour n'était pas automatique : elle était décidée (« dictée ») par l'archevêque de Mayence, archichancelier de l'empire et « directeur de la Diète » – en pratique par son représentant à Ratisbonne, qui jouait le rôle du greffier de nos assemblées internationales. Une fois la « dictature » annoncée, les trois collèges délibéraient et votaient séparément – à la majorité. Puis, si les deux premiers collèges se trouvaient d'accord, on soumettait leurs conclusions au collège des villes. Si l'accord était complet, la

fère donc plus que rarement au XVIIIe siècle, tandis que les différents États se dotent de plus en plus d'un droit propre. Il revient tout de même à la Diète de déclarer la guerre au nom de l'empire sur proposition de l'empereur, et de voter les moyens financiers nécessaires – les « mois romains[10] ». C'est ainsi qu'elle déclara la guerre à la France en 1674, 1693, 1702, 1734 et 1793.

Le sentiment d'une identité allemande se ravive en de telles circonstances, mais il serait erroné de croire celle-ci annihilée d'ordinaire par la progression des identités territoriales. Les princes continuent de relever de la justice d'empire, qui statue en dernière instance – selon le type d'affaire, soit à Wetzlar (*Reichskammergericht*, chambre impériale de justice), soit à Vienne (*Reichshofrat*, conseil aulique). Malgré sa lenteur proverbiale, la justice impériale conserve un grand prestige ; il lui arrive encore de destituer un prince et elle joue un rôle réellement dissuasif. Par ailleurs, les dix « cercles d'empire », institués par Maximilien en 1512, regroupent en associations régionales la foule émiettée des *Reichsstände* pour traiter les affaires d'intérêt commun. Ils servent aussi de cadre au recrutement de l'« armée des cercles », mobilisée en cas de guerre, et au prélèvement des impôts extraordinaires[11].

Diète adoptait un « avis d'empire » (*Reichsgutachten*), lequel devenait enfin, si l'empereur le ratifiait, une décision d'empire (*Reichsschluss*), promulguée ensuite sous forme de « recès ». On pouvait se passer de l'accord des villes si l'empereur approuvait le *conclusum* des deux collèges supérieurs.

10. Le « mois romain » est une unité de compte pour le vote des dépenses militaires. La Diète votait la levée d'un certain nombre de mois romains, et le fardeau était ensuite partagé entre les membres de l'empire selon une clé de répartition définie au XVIe siècle. Cette appellation remonte aux subsides votés à Charles Quint pour descendre sur Rome : un mois romain correspondait à l'origine à un mois de solde pour ses troupes.

11. Les cercles, de tailles inégales, étaient placés sous l'autorité d'un ou de deux « directeurs » et conservaient des appellations archaïques :

La « nation allemande » à laquelle est échu l'empire s'incarne donc encore dans quelques symboles et institutions antiques, l'empereur, la Diète, les cercles, les tribunaux, la poste aussi. Mais, si nécessaires soient-ils, ils font désormais figure de témoins d'un passé révolu. Alors que progressent partout les lumières allemandes (*Aufklärung*), de plus en plus de voix dénoncent l'archaïsme de la Constitution germanique, son incapacité à défendre l'empire contre les attaques extérieures et, plus grave encore, contre les fauteurs de troubles à l'intérieur. Alors que l'usage de la violence entre membres de l'empire était interdit depuis 1495 – sinon, en cas de besoin, pour assurer « l'exécution » d'une décision de justice – et que les traités de 1648 devaient assurer définitivement la paix intérieure, on a vu revenir le spectre de la guerre intestine au cours du XVIIIe siècle. Lors de la guerre de la Succession d'Espagne (1702-1714), la Bavière et Cologne avaient pris le parti de la France contre les autres membres de l'empire. Mais, surtout, le défi lancé par Frédéric II aux Habsbourg en 1740, sa conquête de la Silésie, conservée contre l'empire tout entier lors de la guerre de Sept Ans (1756-1763), avaient fait prévaloir la force sur le droit.

L'affrontement austro-prussien constitue un facteur nouveau et durable de la politique allemande : la guerre reprend en 1778 pour la succession de Bavière, et elle est

Autriche, Haute-Saxe, Bourgogne, Westphalie, Souabe, Basse-Saxe, Rhénanie, Haut-Rhin, Bavière, Franconie. Le nombre des membres variait beaucoup d'un cercle à l'autre, selon le degré de concentration des territoires : cinq membres pour le cercle d'Autriche, mais quatre-vingt-quinze pour celui de Souabe. Par ailleurs, leurs limites ne coïncidaient plus forcément avec celles des territoires, de sorte que certains de ces derniers appartenaient à plusieurs cercles – notamment le Brandebourg et l'électorat de Mayence.

évitée de peu en 1784-1785 et en 1790[12]. Il y a désormais, *de facto*, deux empereurs : Frédéric II est devenu, au soir de son règne, une sorte de contre-empereur, selon la formule du chancelier autrichien Kaunitz. Cela tend à paralyser les institutions de l'empire, au sein duquel se constituent des clientèles pour les deux puissances rivales, également jalouses en paroles de défendre les « libertés allemandes », mais surtout soucieuses de marquer des points l'une contre l'autre. L'Autriche s'appuie traditionnellement sur les « petits », les villes et les chevaliers, certains princes laïcs, ainsi que sur la *Germania sacra*, ces territoires ecclésiastiques si étranges désormais, qui redoutent de se voir sécularisés par les princes les plus puissants. La Prusse, prompte à dénoncer les ambitions de Vienne, invoque la défense du protestantisme, mais trouve parfois des alliés parmi les archevêques-Électeurs. En réalité, l'Autriche et la Prusse se partageraient volontiers les dépouilles si chacune d'elles ne craignait de retirer une part moins consistante que sa rivale.

Ce nouveau et grave désordre achève de convaincre ceux qui souhaitent ou annoncent la dernière heure du Saint Empire, ou du moins réclament sa réforme. Dans le *Faust* de Goethe, les étudiants de Leipzig se moquent : « Le très Saint Empire de Rome, comment

---

12. L'empereur Joseph II, n'ayant pu obtenir que des miettes de la Bavière lors de la querelle de succession de 1778, offrit à l'Électeur de l'échanger contre les Pays-Bas autrichiens en 1784 : la contiguïté de la Bavière avec le reste des États héréditaires de l'Autriche rendait cette possession plus désirable que celle de la Belgique lointaine. Mais le roi de Prusse Frédéric II, soucieux de préserver l'équilibre des forces en Allemagne, fit échec à cette tentative en suscitant une « ligue des princes » allemands (*Fürstenbund*) contre l'empereur. En 1790, la question des Balkans conduisit Frédéric-Guillaume II à mobiliser contre l'Autriche alors en guerre contre les Turcs, mais la mort de Joseph II et la médiation de l'Angleterre préservèrent finalement la paix (convention de Reichenbach, 27 juillet 1790).

tient-il encore debout ? » Dès la fin du siècle précédent, le juriste Samuel von Pufendorf, dans son traité sur la nature juridique de l'Empire allemand, *De statu imperii Germanici* (1667), trouvait la Constitution du Reich contraire à tous les principes rationnels, « irrégulière et semblable à un monstre » (*aliquod irregulare et monstro simile*). En 1765, à la lumière de la guerre de Sept Ans, c'est l'amertume qui domine dans le pamphlet du publiciste et administrateur hessois Friedrich Karl von Moser, *Von dem deutschen Nationalgeist* (« De l'esprit national allemand »), un ouvrage largement commenté. « Nous sommes un peuple, écrivait l'auteur, avec un nom et une langue qui nous sont propres, un chef commun, une Constitution, des droits et des devoirs, une assemblée nationale, le premier État de l'Europe par sa force intrinsèque. Et nous sommes aussi depuis des siècles une énigme constitutionnelle, une proie pour nos voisins, un objet de raillerie, héritiers d'une histoire glorieuse mais divisés contre nous-mêmes, et impuissants de ce fait, assez forts pour nous faire tort à nous-mêmes, mais impuissants à nous sauver, insensibles à l'honneur de notre nom, indifférents à la dignité des lois, jaloux de notre chef, méfiants les uns envers les autres. Bref, un peuple qui aurait tout pour être heureux, mais qui est bien à plaindre en réalité. »

Au cours des dernières décennies du siècle, le débat ne cesse plus, mais tout paraît bloqué tant la complexité même des institutions empêche leur réforme. Les Allemands ont de plus en plus conscience de leur culture commune en ce temps où la langue se perfectionne et s'unifie, où les journaux se diffusent, où les professeurs et les étudiants circulent, où les carrières administratives ignorent les barrières des territoires. Mais ils paraissent se résigner à l'immobilité politique, trouvant peut-être une compensation dans le domaine des arts et des lettres. Il faudra un ébranlement extérieur pour trancher le nœud gordien qu'ils n'arrivaient pas à dénouer.

Le choc de la Révolution française

La monarchie française d'Ancien Régime se souciait peu de réformer l'Allemagne. Elle s'accommodait fort bien de l'archaïsme du Saint Empire et des divisions allemandes. Les bureaux de Versailles connaissaient parfaitement les rouages de la Constitution germanique, le roi entretenait une douzaine d'ambassadeurs auprès des princes les plus importants. La frontière entre le royaume et l'empire était en outre compliquée de survivances féodales : le duc de Wurtemberg possédait le comté de Montbéliard, divers princes allemands conservaient en Alsace de vastes territoires relevant de l'empire, l'archevêché de Strasbourg débordait sur la rive droite du Rhin. Par ailleurs, la rive gauche du Rhin au nord de l'Alsace, très morcelée, était étroitement soumise à l'influence française. Cette confusion même entraîna bientôt l'empire dans le tourbillon de la Révolution de 1789.

Celle-ci polarisa très vite les esprits allemands. D'un côté, l'enthousiasme des tenants des Lumières, Kant, Klopstock, Müller, Schlözer…, dont certains viennent à Paris en « pèlerins de la liberté », tel Campe, et publient leurs témoignages dans une presse très attentive aux événements de France. De l'autre, la crainte des petits princes, après la prise de la Bastille et la nuit du 4 août. Mais ni l'empereur ni le roi de Prusse ne s'alarment. Leur antagonisme paralyse du reste l'empire, dont plusieurs membres, « possessionnés » en Alsace, protestent en vain contre la suppression de leurs droits féodaux par l'Assemblée nationale constituante. Malgré des offres d'indemnisation, le contentieux s'aigrit, aggravé par la tension qu'entraîne le séjour de nombreux émigrés français à

Trèves. La fuite de Louis XVI à Varennes conduit l'empereur Léopold II, frère de Marie-Antoinette, à élever le ton et à se rapprocher du roi de Prusse – déclaration de Pillnitz, 27 août 1791[13]. La majorité girondine de l'Assemblée législative poussant de son côté à la guerre, tout comme Louis XVI et Marie-Antoinette, l'escalade verbale se poursuit. Léopold étant mort entre-temps, c'est au « roi de Bohême et de Hongrie » François II, qui n'a pas encore été élu empereur, que le roi des Français déclare la guerre le 20 avril 1792. La Prusse se range aux côtés de l'Autriche en juillet, mais non pas l'empire. Il faudra que l'armée de Custine pénètre en territoire allemand après Valmy et Jemmapes, à l'automne 1792, et occupe Spire, Mayence, Francfort, pour que l'empire entre à son tour dans le conflit (22 mars 1793). C'est le début d'une guerre de huit ans qui va bouleverser l'édifice du Saint Empire.

Après les défaites françaises de 1793 et l'évacuation de Mayence, la ligne de front se stabilise sur le Rhin, mais Jourdan écrase les Autrichiens à Fleurus en Belgique (26 juin 1794). Le roi de Prusse, qui regarde vers la Pologne, finit par conclure la paix séparée de Bâle (5 avril 1795). Moment capital : pour la première fois, il est stipulé que la rive gauche du Rhin puisse rester à la République et que cela ouvrirait droit à des compensations pour les princes ainsi lésés. Par ailleurs, l'Allemagne du Nord est déclarée neutre : la moitié de l'empire sort *de facto* de la guerre, au grand dam de l'Autriche qui vilipende la trahison prussienne. Le traité de Bâle est complété par celui de Berlin (5 août 1796)

---

13. Léopold II et Frédéric-Guillaume II s'étaient rencontrés dans ce palais proche de Dresde pour envisager une action commune contre la France révolutionnaire. Malgré les instances du comte d'Artois, il n'en sortit que de vagues menaces. L'Autriche et la Prusse continuaient de se défier l'une de l'autre et elles ne devaient coopérer vraiment – pour un temps – qu'à partir du printemps 1792.

qui spécifie d'avance les indemnisations devant échoir à la Prusse – sécularisation de l'évêché de Münster notamment. Peu après, le Wurtemberg et le Bade signent à leur tour des traités avec la France stipulant une cession de la rive gauche du Rhin et énumérant un certain nombre de sécularisations.

L'Autriche reste presque seule en guerre (aux côtés de la Bavière contrainte) : les victoires à répétition de Bonaparte en Italie l'obligent à composer. Les préliminaires de Leoben (18 avril 1797) suspendent les hostilités entre la France et l'empire mais ne stipulent rien pour la rive gauche du Rhin. En revanche, à Campoformio, le 17 octobre, l'Autriche admet le principe de la cession à la France, non pas de la rive gauche tout entière, mais de sa partie méridionale précisément délimitée en vue d'excepter la Prusse et de ne pas lui ouvrir droit à indemnisation ; elle recevrait, quant à elle, l'archevêché de Salzbourg sécularisé. Ainsi Campoformio contredisait Bâle et Berlin – et de toute façon, l'empereur ne pouvait décider seul pour l'empire : un congrès s'assemble à partir de novembre 1797 pour préciser les conditions de la paix entre la République française et le Saint Empire.

Ce congrès de Rastatt, malgré son échec final, constitue un moment très important. Le travail accompli alors, dans un climat tendu, servit en effet de base au futur traité de paix. La France tenait à la rive gauche tout entière et elle l'obtint. En contrepartie, on se mit d'accord sur le principe de compensations pour les souverains dépossédés au moyen de sécularisations sur la rive droite. Restait néanmoins à préciser l'étendue de celles-ci. La formation, tandis que Bonaparte se trouvait en Égypte, d'une nouvelle coalition où entra la Russie, mais non la Prusse, interrompit brutalement le congrès en avril 1799. Le retour de Bonaparte, les victoires françaises de Marengo et Hohenlinden (1800) contraignirent François II à signer le traité de Lunéville (9 février 1801), en son nom propre comme au nom de l'empire, « les conjonctures présentes ne laissant pas le temps nécessaire pour que l'Empire soit consulté[14] ».

Le traité de Lunéville et ses suites

Certaines dispositions de la paix de Lunéville concernant l'Italie affectaient également l'empire, telles que l'abolition des fiefs impériaux ou l'indemnisation du grand-duc de Toscane et du duc de Modène en Allemagne. Mais, surtout, l'article 6 consacrait la cession de la rive gauche du Rhin tout entière à la France ; et l'article 7 précisait qu'« en conformité des principes formellement établis au congrès de Rastatt, l'Empire sera tenu de donner aux princes héréditaires qui se trouvent dépossédés à la rive gauche du Rhin, un dédommagement qui sera pris dans le sein dudit Empire, suivant les arrangements qui seront ultérieurement déterminés ».

Rien n'était dit cependant sur la façon de parvenir à ces arrangements. Dans une première phase, les Allemands s'efforcèrent de s'entendre entre eux, mais le blocage fut bientôt manifeste, du fait surtout de la rivalité austro-prussienne. Fallait-il séculariser *a minima* pour une compensation stricte des pertes ? Fallait-il profiter de l'occasion pour séculariser entièrement ? Devait-on en outre médiatiser les villes d'empire ? Comment répartir cette masse ? La Diète était paralysée. La paix franco-anglaise laissa Bonaparte libre d'intervenir, en accord avec la Russie, pour débrouiller cet écheveau. Les tractations se déroulèrent à Paris, sous la conduite de Talleyrand. Le plan franco-russe, finalisé dès le 3 juin 1802, fut soumis à la Diète de Ratisbonne le 18 août. Il y eut encore divers incidents, des voies de fait, d'ultimes

---

14. Préambule du traité.

marchandages, mais la « députation » *ad hoc* de la Diète finit par adopter ce plan, un peu remanié, qui devint la loi de l'empire (recès) du 25 février 1803, promulguée par l'empereur en avril.

Il n'y a plus désormais de prince ecclésiastique dans l'empire, l'ancien archevêque de Mayence, Dalberg, demeurant néanmoins Électeur en tant qu'archichancelier. Quant aux villes d'empire, il n'en reste que six : les quarante-cinq autres ont été médiatisées. Les principaux bénéficiaires de la redistribution sont les États moyens du Sud et la Prusse, qui reçoivent beaucoup plus qu'ils n'ont perdu sur la rive gauche : le Bade, sept fois plus, la Prusse cinq fois, le Wurtemberg, quatre fois. L'Électeur de Hanovre, roi d'Angleterre, reçoit même l'évêché d'Osnabrück, alors qu'il n'a rien perdu sur le Rhin. À ces gains quantitatifs il faut ajouter des avantages qualitatifs : ces acquisitions leur permettent d'arrondir leurs territoires et de les rendre plus compacts. La Prusse a échangé des provinces rhénanes éloignées et morcelées contre les évêchés de Münster, Paderborn, Hildesheim, ainsi que plusieurs villes de Thuringe, qui touchent au cœur de ses États. Même l'Autriche, moins bien traitée, trouve son compte de ce point de vue.

La carte de l'Allemagne est donc simplifiée et rationalisée. On peut s'interroger cependant sur l'avenir de ses institutions. Le recès a créé quatre Électeurs nouveaux (Bade, Wurtemberg, Salzbourg et Hesse-Cassel), tandis que disparaissaient les archevêques-Électeurs de Trèves et Cologne. Au total, le collège électoral compte désormais six protestants contre quatre catholiques : l'élection d'un Habsbourg n'est plus assurée. De plus, l'empereur se voit privé de sa clientèle traditionnelle des villes et des clercs face aux souverains territoriaux renforcés. L'empire n'est plus tout à fait dans l'empire et l'on commence à se dire que ses jours sont comptés. De nouveaux événements extérieurs vont précipiter sa fin.

L'ALLEMAGNE DU SUD-OUEST EN 1800

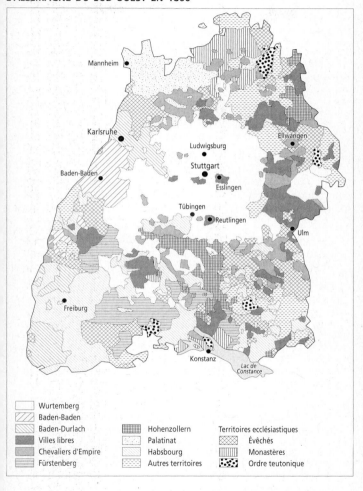

Mannheim

Karlsruhe

Ludwigsburg

Ellwängen

Stuttgart

Baden-Baden

Esslingen

Tübingen

Reutlingen

Ulm

Freiburg

Konstanz

Lac de
Constance

	Wurtemberg				
	Baden-Baden				
	Baden-Durlach		Hohenzollern	**Territoires ecclésiastiques**	
	Villes libres		Palatinat		Évêchés
	Chevaliers d'Empire		Habsbourg		Monastères
	Fürstenberg		Autres territoires		Ordre teutonique

Napoléon et la fin du Saint Empire

La reprise de la guerre franco-anglaise, en mai 1803, affecte aussitôt l'Allemagne, car les Français attaquent l'Angleterre dans le Hanovre dont ils font la conquête. L'empire ne bronche pas. Il reste tout aussi coi en mars 1804, lorsque Bonaparte fait enlever le duc d'Enghien en territoire badois. Mais un nouveau défi surgit peu après, lorsque le Premier consul est proclamé empereur des Français (18 mai 1804) : il y a désormais deux empereurs en Occident, et le plus récent a l'avantage d'être héréditaire. Paris et Vienne se mettent alors d'accord sur la reconnaissance mutuelle d'un titre équivalent. François II prend celui d'empereur d'Autriche (11 août 1804), notion bizarre, voire « solécisme politique » (Gentz) : l'Autriche étant une province du Saint Empire, on pourrait voir un jour un empereur vassal d'un autre empereur. Et, dans l'immédiat, on peut se demander si l'empire au sens plein et antique du terme n'a pas été restauré en réalité au profit du seul Napoléon. C'est à Aix-la-Chapelle, dans la capitale de Charlemagne, que l'ambassadeur d'Autriche Cobenzl lui présente ses nouvelles lettres de créance. Et lorsqu'il fait son voyage triomphal dans les nouveaux départements de la rive gauche du Rhin, en août et septembre 1804, plusieurs princes allemands de la rive droite viennent lui faire leur cour, à commencer par l'archichancelier Dalberg. Ce dernier commence à imaginer que Napoléon pourrait ceindre lui-même la couronne du Saint Empire afin de perpétuer celui-ci après l'avoir rénové.

L'empereur des Français n'a pourtant que faire de cette idée. Il conçoit l'Allemagne de façon beaucoup plus pratique, en termes de puissances et de zones d'influence : la Prusse et l'Autriche – qu'il s'agit d'éloigner autant que possible des frontières françaises –, et une « troisième Allemagne » servant de tampon entre la France et les deux autres, et placée autant que possible dans l'orbite française. Il se heurte d'abord aux réticences des princes concernés, attachés sentimentalement au Saint Empire, mais la troisième coalition, qui se noue au printemps et à l'été 1805 entre l'Angleterre, l'Autriche et la Russie, les contraint de choisir leur camp. Menacés par l'Autriche, pressés par Napoléon, les Électeurs de Bavière, Bade et Wurtemberg optent en tremblant pour l'alliance française qui leur garantit leurs acquis récents et leur ouvre des perspectives supplémentaires en cas de victoire. L'issue de la campagne d'Austerlitz récompense très largement leur choix.

Au terme d'une série de traités signés en décembre 1805, et notamment celui de Presbourg (26 décembre 1805), l'Autriche était rejetée vers l'est, renonçant à ses possessions souabes, au Tyrol, à Lindau, au Vorarlberg – mais recevant Salzbourg. En revanche, les amis de la France s'agrandissaient et s'arrondissaient encore, y compris la Prusse, récompensée de sa neutralité par l'octroi du Hanovre. La carte de l'Allemagne était de nouveau simplifiée. Surtout, les trois Électeurs alliés de la France se voyaient reconnaître sur leur territoire « la plénitude de la souveraineté et de tous les droits qui en dérivent », Maximilien Joseph de Bavière et Frédéric de Wurtemberg recevant en outre la dignité royale – « rois par la grâce de Napoléon », persiflera-t-on. Ils restaient cependant Électeurs et membres de l'empire, donc en principe vassaux de l'empereur germanique. La contradiction était trop éclatante pour subsister longtemps : il faudra tout de même six mois encore pour mettre le droit en accord avec les faits.

Les intéressés se seraient au fond arrangés d'une ambiguïté qui leur laissait les mains libres, redoutant de remplacer la suzeraineté théorique du Habsbourg par la domination effective de Napoléon. Ce dernier, tout en persistant à refuser pour lui-même la couronne de l'Empire germanique, voulut aller au bout du processus. Au terme de négociations ardues, on en vint le 12 juillet 1806 au traité instituant la « Confédération du Rhin ». Seize États de l'Allemagne du Sud déclaraient se séparer de l'Empire germanique et s'unir entre eux « par une confédération particulière », dotée d'une Diète et « protégée » par l'empereur des Français. En outre, tous les anciens membres de l'empire qui se trouvaient encore enclavés parmi les seize étaient expressément médiatisés et rattachés à l'un ou l'autre des confédérés : le processus de remodelage de la carte politique était mené à son terme.

Après cette sécession massive, le Saint Empire n'existait plus, et François II en prit acte : il annonça le 6 août 1806 qu'il déposait la couronne impériale germanique, regardant « comme éteinte la charge de chef de l'Empire ». Il existe un débat juridique sur ce point : si François II avait évidemment le droit d'abdiquer pour lui-même, pouvait-il décréter seul la fin du Saint Empire ? Sans doute pas. La Diète aurait dû pour le moins être consultée. La légende assure que nul ne s'en soucia, et que le Reich disparut dans l'indifférence générale, « sans regrets ni discours » (*sang- und klanglos*). On cite souvent l'anecdote rapportée par Goethe dans son journal : « Dispute sur leur banc du domestique et du cocher qui nous passionna davantage que la scission de l'Empire romain. »

En réalité, même si tout le monde s'attendait à la fin prochaine du Reich, l'événement semble avoir suscité une vive émotion chez nombre d'Allemands. Un univers familier disparaissait, un certain nombre de gens perdaient leur emploi, dans les tribunaux d'empire notamment. L'avenir était incertain pour tous, l'Allemagne survivrait-elle ? La métaphore de la chute de Troie revient souvent dans les correspondances du temps. Le désastre de la Prusse, survenu deux mois plus tard, mit le comble à cette humeur de fin du monde. Gentz croit encore à un miracle pour détourner le cours de l'histoire, à condition que les Allemands se soulèvent. Mais le peintre Friedrich tombe malade de désespoir. Beaucoup se contentent de gémir et de se réfugier dans une sorte d'émigration intérieure, cherchant une diversion dans la vie privée, la religion ou les lettres.

Les événements toujours plus dramatiques des années suivantes devaient relativiser le traumatisme. En 1814, quand s'ouvrit l'ère de la Restauration, on se garda bien en tout cas de rétablir le Saint Empire, ses institutions et ses territoires, en dépit de quelques pétitions. L'œuvre napoléonienne perdura, et la césure de 1806 reste fondatrice dans l'histoire allemande. « À l'origine était Napoléon », résume dans une formule célèbre l'historien Thomas Nipperdey.

Cela n'empêcha pas une certaine idéalisation nostalgique du passé à l'époque romantique : mais on retenait surtout du Saint Empire (appelé désormais « *Altes Reich* », Ancien Empire) la période antérieure à la Réforme, quand l'Allemagne était grande et unie. On crut peut-être renouer avec cette utopie lorsque l'on fonda en 1871 un Deuxième Reich, puis un Troisième en 1933, censé durer mille ans, comme le premier.

Aujourd'hui, tandis que se construit une Europe confédérale, on tend à chercher plutôt dans le Saint Empire un précédent riche d'enseignements, et à valoriser le modèle d'une association équilibrée, fondée sur le respect d'une loi commune et capable de préserver la paix entre des partenaires égaux en droit malgré les différences de puissance. Les circonstances de la fin du Saint Empire invitent toutefois à ne pas pousser trop loin le parallèle.

L'ALLEMAGNE DU SUD-OUEST EN 1810

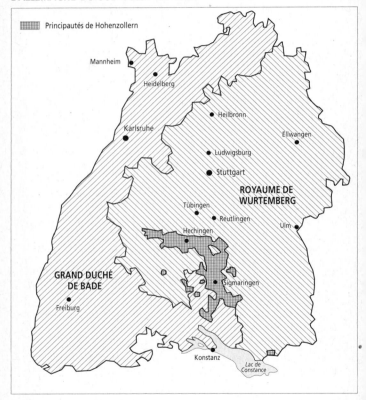

Principautés de Hohenzollern

Mannheim

Heidelberg

Karlsruhe

Heilbronn

Ellwangen

Ludwigsburg

Stuttgart

ROYAUME DE
WURTEMBERG

Tübingen

Reutlingen

Hechingen

Ulm

GRAND DUCHÉ
DE BADE

Sigmaringen

Freiburg

Konstanz

Lac de
Constance

Bibliographie sélective

Arenberg, Jean-Engelbert d', *Les Princes du Saint Empire à l'époque napoléonienne*, Louvain, Publications universitaires de Louvain, 1951.

Aretin, Karl Otmar von, *Das Alte Reich 1648-1806* [« L'Ancien Empire »], Stuttgart, Klett-Cotta, 1993-1997, 3 volumes.

Biro, Sydney Seymour, *The German Policy of Revolutionary France. A Study of French Diplomacy during the War of the First Coalition, 1792-1797*, Cambridge (Mass.), Harvard University Press, 1957.

Burgdorf, Wolfgang, *Ein Weltbild verliert seine Welt. Der Untergang des Alten Reiches und die Generation 1806* [« Un univers mental anéanti. La disparition du Saint Empire et la génération 1806 »], Munich, Oldenbourg, 2006.

Collectif, *Heiliges Römisches Reich deutscher Nation. II, 1495-1806* [« Le Saint Empire romain de la nation allemande »], exposition du Musée historique allemand de Berlin, Dresde, Sandstein Verlag, 2006, 2 volumes (catalogue et essais).

Driault, Édouard, « Bonaparte et le recèz germanique de 1803 », *Revue historique*, t. 50, 1909-1.

Guyot, Raymond, *Le Directoire et la paix de l'Europe*, Paris, F. Alcan, 1911.

Kerautret, Michel, *Les Grands Traités du Consulat (1799-1804)*, Paris, Nouveau Monde éditions/Fondation Napoléon, 2002.

Kerautret, Michel, *Les Grands Traités de l'Empire (1804-1810)*, Paris, Nouveau Monde éditions/Fondation Napoléon, 2004.

Noël, Jean-François, *Le Saint Empire*, Paris, PUF, 1976.

Rambaud, Alfred, *Les Français sur le Rhin, 1792-1804*, Paris, Didier, 1873.

10

LE LONG DÉCLIN DE L'EMPIRE ESPAGNOL
(1588-1898)

par Bartolomé BENNASSAR

L'Empire espagnol est né de deux processus parfaitement indépendants l'un de l'autre mais dont les effets se sont additionnés pour produire une construction politique atypique mais d'une durée plurirséculaire. D'une part, une politique matrimoniale habile de la dynastie espagnole des Trastamare et de la dynastie autrichienne des Habsbourg, favorisée par des morts prématurées, qui produit la formation de l'Empire européen ; d'autre part, dans le prolongement des « grandes découvertes », la conquête des immenses espaces américains (les « Indes de Castille ») et des annexes d'Extrême-Orient (Philippines). Cet empire atteint son extension majeure en Europe vers la fin du XVIe siècle, précisément à l'époque où il va connaître un grave échec, alors même que Philippe II cherchait à le consolider. Aux Amériques il devait grandir encore avant de s'émanciper au XIXe siècle.

L'EMPIRE EUROPÉEN DE CHARLES QUINT

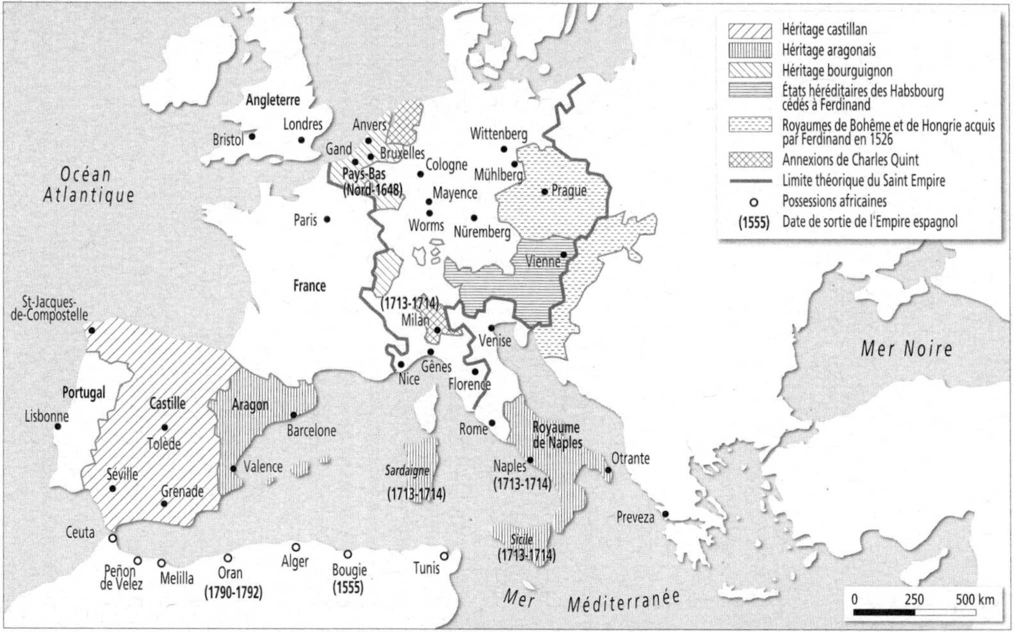

Le coup d'arrêt de 1588

Au cours des années 1570, le corsaire anglais Francis Drake, qui avait effectué avec son cousin Hawkins plusieurs transports d'esclaves africains aux Amériques, se livra à de violentes attaques contre les établissements espagnols d'Amérique centrale, notamment Nombre de Dios. Or, la reine Élisabeth Ire, dont les relations avec l'Espagne s'étaient gravement détériorées, conféra à ce marin à la réputation grandissante des lettres de marque, qui lui donnaient le statut de corsaire, et le commandement d'une expédition dont le but essentiel était de ravager et de détruire les établissements espagnols de la côte pacifique de l'Amérique du Sud. Les cinq navires commandés par Drake quittèrent Plymouth en 1577. Les Anglais traversèrent l'Atlantique et parvinrent en mai 1578 dans la baie de San Julián, en Patagonie, où ils décidèrent d'hiverner. Ils franchirent le détroit de Magellan le 20 août 1578, arraisonnèrent plusieurs navires espagnols rencontrés sur leur route et pillèrent plusieurs villes, dont l'important port de Lima, El Callao. L'accueil triomphal réservé à Drake en 1580, après qu'il eut achevé un second tour du monde, le fait qu'Élisabeth l'ait fait armer chevalier en sa présence sur le pont de son navire ne pouvaient plus laisser place au doute. L'Angleterre affichait de manière éclatante son hostilité et sa dangerosité : elle était la puissance maritime ascendante que le roi d'Espagne devait détruire s'il voulait préserver son empire. Philippe II décida de tenter un débarquement en Angleterre, prélude à la conquête de l'île. Ce fut l'expédition dite de l'Invincible Armada en 1588.

À l'échelle de la longue durée, il importe peu que la météorologie se soit alliée à la flotte anglaise pour provoquer la défaite espagnole. L'important est que cette défaite fut décisive. Certes, l'Angleterre, pressée de recueillir tous les fruits de la déroute de l'Armada, voulut l'exploiter trop rapidement et essuya plusieurs échecs, à Lisbonne en 1589, devant les Açores en 1591, aux Canaries, à Puerto Rico et Panama en 1594. L'attaque de Cadix en 1596 ne fut qu'un demi-succès. Mais l'Espagne dut renoncer à toute action d'ampleur contre l'Angleterre, se résigner à voir grandir la puissance navale anglaise et se borner à prendre de grandes précautions pour assurer le transfert en Espagne des métaux précieux de son empire des « Indes », l'un des fondements de sa puissance, sans pour cela empêcher la contrebande qu'Anglais, Hollandais ou Français, corsaires ou pirates, pratiquaient sur une grande échelle. Certes, c'est au début du XVIIe siècle que les arrivées en Espagne de l'argent des mines du Potosí, dans l'actuelle Bolivie, atteignirent leur apogée. Mais elles faiblirent après 1620, et le produit des mines mexicaines – Zacatecas notamment – diminuait aussi. Toutefois, l'afflux de métal blanc demeura considérable jusqu'au milieu du XVIIe siècle et resta le levier le plus puissant de l'action politique de l'Espagne.

Organisation et défense de l'empire
au début du XVIIe siècle

Par ailleurs, l'Espagne conservait une position privilégiée en Europe. Elle mettait à profit la situation qu'elle occupait en Italie où stationnaient en permanence ses forces militaires d'élite, c'est-à-dire les trois *tercios* de Lombardie, Naples et Sicile[1]. En principe, chaque *tercio*

---

1. Le terme français le plus proche de la réalité du *tercio* serait régiment, à condition de rappeler que le *tercio* espagnol associait des catégories différentes de fantassins. L'Espagne avait placé ses régiments d'élite en garnison dans les territoires qu'elle contrôlait en Italie parce qu'elle pouvait ainsi les expédier sur les divers théâtres européens de

comptait dix *banderas* de trois cents hommes (piquiers et arquebusiers), mais les effectifs étaient fluctuants. Grâce à la maîtrise des cols alpins et à la possession de la Franche-Comté qui servait de relais, ces *tercios* pouvaient intervenir rapidement en France, en Allemagne et surtout aux Pays-Bas, l'une des bases territoriales et économiques essentielles de l'Empire espagnol. Jusqu'aux années 1620 le recrutement des *tercios* ne posa pas de problème majeur : les soldats espagnols, professionnels très entraînés, formaient la majorité de l'effectif, mais Italiens, Allemands et Wallons fournissaient d'importants compléments. Au-delà de 1620, les difficultés de recrutement s'accrurent : une diminution de la population péninsulaire et l'importance de l'émigration masculine aux Indes (Amérique) sont responsables de ces difficultés que le coût élevé de l'armée augmentait encore.

L'infanterie espagnole avait acquis au XVIe et au début du XVIIe siècle une réputation de quasi-invincibilité. Pendant la guerre de Trente Ans[2] encore, l'armée espagnole justifia sa réputation, notamment à Nördlingen (septembre 1634) où elle assura la victoire des Impériaux sur l'armée suédoise. Cependant, la crise des effectifs et les retards de paiement des soldats minaient le moral des troupes. À Rocroi (1643) et à Lens (1648) l'armée française obtint la victoire aux dépens des fameux *tercios* et les traités de Westphalie de 1648 marquèrent un premier recul important de la puissance espagnole en Europe : les provinces du nord des Pays-Bas devinrent indépendantes sous le nom de Provinces-Unies. Ce recul fut confirmé

---

la guerre en évitant le passage en France, quelle que fût la position de cette dernière dans le conflit en question.

2. Rappelons que la guerre de Trente Ans (1618-1648), provoquée par les problèmes de succession à la dignité impériale et des conflits religieux, fut une guerre de dimension européenne qui impliqua plusieurs nations, dont la France, l'Espagne, le Danemark, la Suède, l'essentiel du Saint Empire, la Savoie…

en 1659 lors du traité des Pyrénées qui marquait l'avènement de la prépondérance française en Europe continentale, puis au traité de Nimègue (1678). Lors de ces traités l'Espagne perdit le Roussillon et la Cerdagne, puis la Franche-Comté, cédés à la France. Ainsi, dès le milieu du XVII\ siècle, l'Empire espagnol d'Europe avait-il amorcé son déclin.

Quelles étaient donc vers 1650, alors que se manifestaient les premiers symptômes sérieux d'une décadence, les caractéristiques les plus remarquables de cet empire ? Fruit d'un processus accumulatif, il s'agissait d'un ensemble qui avait conservé les institutions propres à chacun de ses territoires : ainsi, dans la péninsule Ibérique, le royaume d'Aragon lui-même composé de la Catalogne, de l'Aragon, du « royaume de Valence » et des Baléares, le royaume de Castille, le royaume de Navarre, et les provinces basques, et même, de 1580 à 1640, après les morts sans héritiers de Dom Sébastien et du cardinal Henri, le royaume de Portugal[3] ; en Italie, le royaume de Naples, le royaume de Sicile, la Sardaigne, le duché de Milan… ; les Pays-Bas du Sud (actuelle Belgique) ; la Franche-Comté ; en Amérique continentale, la Nouvelle-Espagne et le Pérou, les grandes îles, telles l'« île espagnole » (Saint-Domingue) et Cuba. De 1580 à 1640, il faut ajouter le Brésil : la flotte et l'armée espagnole ont d'ailleurs aidé les Portugais à reconquérir le nord-est du Brésil occupé par les Hollandais après la reprise de Bahia en 1625. En Extrême-Orient, l'archipel des Philippines et quelques archipels du Pacifique. La titulature

---

3. Le roi Dom Sébastien du Portugal était mort au Maroc en 1578 lors de la bataille des Trois Rois, alors qu'il tentait de faire la conquête du pays, et son armée avait été écrasée. Il n'avait pas d'enfants. L'héritier légitime, le cardinal Henri, son oncle, mourut à son tour sans postérité. L'héritier devenait Philippe II, qui fut reconnu non sans difficulté comme roi du Portugal en 1580.

des monarques à cette époque rend bien compte de cette diversité. Par exemple, Philippe II (r. 1556-1598) a pu, au jour de son testament en 1594, déclarer : « Moi, Don Philippe, par la grâce de Dieu, roi de Castille, de León, d'Aragon, des Deux-Siciles, de Jérusalem, de Portugal, de Navarre, de Grenade, de Tolède, de Valence, de Galice, de Majorque, de Séville, de Sardaigne, de Cordoue, de Corse, de Murcie, de Jaén, des Algarves, de Gibraltar, des îles Canaries, des Indes orientales et occidentales, des îles et de la terre ferme de la mer océane, archiduc d'Autriche, duc de Bourgogne, de Brabant et de Milan, comte de Habsbourg, de Flandres, de Tyrol, de Barcelone, seigneur de Biscaye et de Molina, etc. » On voit bien qu'il s'agit d'une juxtaposition de titres correspondant à une accumulation de territoires rassemblés par la Couronne à des dates très diverses ou même parfois de titres qui ne correspondent pas ou plus à la réalité de 1594 – roi de Jérusalem, comte de Tyrol, etc.

La monarchie espagnole s'est contentée de placer au-dessus des pouvoirs traditionnels de chacun de ces ensembles son représentant : ainsi un vice-roi à Naples, Palerme, Mexico, Lima et (temporairement) Salvador de Bahia ; un gouverneur (ou une gouvernante) à Bruxelles ou à La Havane. En cas de conflit avec d'autres États les diverses parties de l'empire fournissent des hommes, des contributions financières – âprement débattues –, et des relais stratégiques. L'impôt reste conforme au système fiscal de chaque territoire. Il en va de même des institutions municipales qui demeurent fidèles à la tradition. Solution d'une grande habileté politique ! Il s'agit en effet, dans le cas des parties européennes, d'un système de *self-government*, sans rigidité, qui était toléré assez facilement par les populations dont les habitudes de vie n'étaient pas agressées : les révoltes à l'intérieur de l'Empire espagnol d'Europe ne furent pas plus nombreuses à l'époque moderne que dans un État beaucoup plus centralisé comme la France. La plus importante de ces révoltes, celle des Pays-Bas au XVIe siècle, fut surtout l'effet de la dissidence religieuse et s'apparente aux guerres de Religion qui, à la même époque, désolent la France.

Les faiblesses de l'empire. Le problème démographique

Cependant, les faiblesses de l'empire sont évidentes. Sauf en Espagne, et très logiquement, il n'existe pas de conscience nationale. En outre, l'empire ne constitue pas un « grand marché » créateur de solidarités économiques, au-delà des puissances financières très impliquées dans le système, telles les banques d'Augsbourg (Fugger, Welser) ou, au XVIe siècle notamment, les banques génoises. Certes, les « Indes » demeurent pour beaucoup de sujets du royaume de Castille un vecteur puissant d'ascension sociale, par les fonctions et par les possibilités d'enrichissement qu'elles offrent. Quant à l'Italie, elle a longtemps tenu ce rôle pour les sujets du royaume d'Aragon dont l'accès aux Indes restait marginal, et Gênes a profité du système.

Par ailleurs, certaines tendances lourdes rendent quasi inévitable le déclin de l'Empire espagnol. D'abord la faiblesse démographique de l'Espagne, si on la compare à la croissance de la population française, par exemple. Dans un livre déjà ancien (1966), Jordi Nadal constatait que les *arbitristas* espagnols les plus clairvoyants, tel Pedro Fernández de Navarrete en 1626[4], avaient considéré que la dépopulation du royaume de Castille était l'une

---

4. On appelle *arbitristas* les auteurs d'*arbitrios*, c'est-à-dire de projets de réforme qui pouvaient concerner le système politique, l'économie, les relations sociales. Pedro Fernández de Navarrete, au XVIIe siècle, fut l'un des plus remarquables de ces « rénovateurs ».

des causes majeures du déclin, car le royaume perdait, bon an mal an, quelque 40 000 personnes. Après les pertes de population considérables dues à l'expulsion des Juifs (1492) et à celle des Morisques (1609), il faut tenir compte du « courant migratoire spontané » vers les Indes et du « courant plus ou moins forcé » des soldats et des fonctionnaires destinés aux possessions européennes. Encore aurait-il fallu prendre en compte les ravages causés par la grande « peste atlantique » des années 1597-1602 dans la plus grande partie du royaume de Castille (Nord atlantique, Vieille et Nouvelle-Castille, Andalousie), qui devaient être aggravés par la surmortalité due à la grande « peste méditerranéenne » des années 1648-1652 qui ravagea le royaume d'Aragon et à nouveau l'Andalousie. Ces pertes n'étaient pas entièrement compensées par un courant migratoire en provenance du sud de la France, voire d'Italie ou d'Allemagne, qu'expliquaient la différence des salaires, plus élevés en Espagne, et la facilité avec laquelle de jeunes hommes décidés pouvaient épouser les jeunes Espagnoles en surnombre[5].

Les grandes pestes évoquées n'ont été que l'aspect le plus spectaculaire d'un déficit de population, aggravé au XVIIe siècle. Certes, l'Angleterre, à la fin du XVIe siècle, avec ses 4 millions d'habitants, était moins peuplée que l'Espagne (6 millions environ), mais son insularité était déjà une protection. L'Italie pour sa part « pesait » 12 millions d'habitants, la France quelque 16 millions !

---

5. C'était le cas de nombreux Français qui émigraient en Catalogne, en Aragon, en Andalousie ou à Madrid (boulangers, artisans, soldats). Le déséquilibre des sexes venait de ce que l'émigration aux Amériques était surtout un phénomène masculin – pour ne rien dire de la conscription.

Des traités de Westphalie (1648)
aux traités d'Utrecht (1714) :
la destruction de l'Empire espagnol d'Europe

Un autre facteur adverse était la division religieuse de l'Europe, conséquence des Réformes qui firent perdre au catholicisme l'Angleterre, l'Europe du Nord, des parties importantes de l'Allemagne et des Pays-Bas, plusieurs régions d'Europe centrale, et divisèrent la France. Or, l'Espagne avait prétendu demeurer le bras armé du catholicisme, ce qui lui valut bien des guerres, coûta beaucoup d'hommes et d'argent. La sécession des Pays-Bas du Nord, que consacrent les traités de Westphalie en 1648, n'est que le résultat le plus remarquable de cette situation. Mais l'Espagne continua la guerre contre la France : au traité des Pyrénées (1659), cela lui coûta, on l'a dit, la perte du nord de la Catalogne et d'une partie de la Cerdagne.

Il y a plus : l'histoire de l'Espagne du XVIIᵉ siècle révèle un malaise grave qui provoque l'échec des tentatives de réformes les plus nécessaires. À l'époque de Philippe IV, le comte-duc d'Olivares, le *valido* du roi durant plus de vingt ans (1621-1643), investi de grands pouvoirs, ne put parvenir à faire triompher son ambitieux projet, l'Union des Armes, qui devait réaliser une véritable unité de l'Espagne, de sorte que son roi, au lieu d'être seulement de fait roi de Castille, deviendrait le souverain de toute la péninsule. La remarquable étude de John Huxtable Elliott consacrée au projet d'Olivares et à son échec met en relief à la fois les racines et les conséquences de cet échec. Décidément, il était difficile de faire de l'Espagne une nation cimentée par des aspirations communes et par un sentiment national partagé, de sorte que le souverain ne pouvait mobiliser toutes les ressources humaines et financières à son profit : la révolte de la Catalogne et la sécession du Portugal en 1640 (qui aboutit au rétablissement officiel de l'indépendance portugaise en 1663) ont handicapé le pouvoir espagnol et son action militaire pendant la seconde partie de la guerre de Trente Ans. En outre, les conspirations récurrentes de grands seigneurs révélaient un malaise intérieur grave. Le règne du malheureux Charles II (1665-1700), un authentique « fin de race » dont les portraits révèlent les misères physiques, ne permit pas d'enrayer le processus de la décadence. Dès lors, la guerre de la Succession d'Espagne (1700-1714), malgré l'appui politique et militaire de la France devenue la première puissance de l'Europe, s'acheva par la perte des restes encore très importants de l'Empire espagnol en Europe[6]. Les traités d'Utrecht en 1714 consommèrent ces pertes décisives. Restait l'empire américain, prolongé par les territoires du Pacifique – Philippines et plusieurs archipels. Ce n'était pas rien !

Le renouveau des Lumières

De fait, l'Espagne réalisa au cours du XVIIIe siècle de très sensibles progrès qui expliquent la survie de cet empire pendant plus d'un siècle. Elle connut notamment un essor démographique remarquable[7]. Alors que la population était de quelque 6 millions et demi en 1591 et qu'elle avait légèrement diminué au cours du XVIIe siècle, elle dépassait les 10 millions en 1787. Les deux Castilles avaient seulement retrouvé le niveau de 1591

---

6. Perte confirmée des Pays-Bas du Nord et des États italiens qui constituaient un des fondements de la puissance espagnole en Europe.

7. En particulier sous le règne de Charles III (1759-1788) qui fut une époque de réformes profondes et de progrès matériel et social. Les recensements de population effectués après 1780 montrent bien le fort accroissement de population et la nouvelle géographie de la démographie.

grâce aux vingt dernières années du XVIIIe siècle, mais l'Espagne du Nord (de la Navarre à la Galice), l'Andalousie et l'Espagne méditerranéenne (Levant, Catalogne, Aragon) avaient réalisé des gains impressionnants. Cette géographie nouvelle de la population correspondait aux progrès économiques des régions périphériques, avec notamment un développement des industries catalanes et de la métallurgie basque.

Par ailleurs, le changement de dynastie avait eu des effets politiques positifs. Philippe V, le petit-fils de Louis XIV que les Espagnols avaient choisi comme roi en 1715, s'était entouré de conseillers français qui profitèrent du choix malheureux des pays de la couronne d'Aragon en faveur du candidat autrichien à la succession pour abolir les privilèges (ou *fueros*) de ces régions (Catalogne, royaume de Valence) et leur imposer des institutions et une fiscalité identiques – ou presque – à celles du royaume de Castille. De la sorte, l'époque dite de la *Ilustración* – en somme, le temps des Lumières – fut une période relativement faste pour l'Espagne.

Le pays témoignait d'ailleurs d'une présence politique et d'une vitalité incontestables. L'Espagne jouait à nouveau un grand rôle dans l'exploration du monde, grâce à la reconstitution d'une flotte importante : les expéditions scientifiques de Juan de Cuéllar aux Philippines (1785-1798) et d'Alejandro Malaspina dans l'océan Pacifique (1785-1795) en sont de bons exemples. Et plusieurs expéditions botaniques, d'abord au Pérou et au Chili, puis en Nouvelle-Espagne, enfin en Nouvelle-Grenade, menées de 1777 à 1810, témoignent d'un réel esprit scientifique.

L'administration de l'empire elle-même avait connu des changements bénéfiques, grâce à la présence de plus en plus importante des Espagnols venus de métropole, qui se substituaient progressivement aux créoles, sans éclats et sans proclamations. La gestion attentive du

« secrétariat des Indes », qui avait remplacé le Conseil des Indes, fut un autre facteur de progrès, dû notamment à l'activité intelligente de José de Gálvez qui, après avoir été « inspecteur général de la Nouvelle-Espagne » (1765-1771), fut un excellent « secrétaire des Indes » de 1775 à 1788. Cette administration avait profité également de la création de deux nouvelles vice-royautés, d'abord celle de Nouvelle-Grenade au début du XVIIIe siècle, qui, avec Bogota pour capitale, rassemblait les *Audiencias* de Panama, Quito, Bogota et la capitainerie générale de Caracas ; puis, en 1776, la vice-royauté du Río de la Plata qui regroupait, avec le Haut-Pérou (actuelle Bolivie), les territoires occupés de l'Argentine, le Paraguay et l'Uruguay. Rappelons que les deux autres vice-royautés étaient celles de Nouvelle-Espagne (Mexique plus Amérique centrale moins Panama) et la vice-royauté du Pérou (Pérou plus une grande partie de la Bolivie, dont Potosí, et le nord du Chili actuel).

De cette façon, l'action des représentants de l'Espagne fut plus décentralisée, plus proche des sujets des « Indes », qu'ils fussent créoles, espagnols, indiens, noirs ou métis. D'autant plus que l'Espagne appliqua à ses vice-royautés des Indes le système importé de France des intendances : la première fut installée à Cuba en 1764, suivie de celles de Nouvelle-Espagne. Il y en eut finalement cinq en Amérique centrale, huit dans la vice-royauté du Río de la Plata ; au total plus de quarante, dont une dans la lointaine île chilienne de Chiloé. Surprenant : l'Empire espagnol des « Indes » connaissait dans la seconde moitié du XVIIIe siècle une extension géographique au nord-ouest, avec l'établissement de présides et de missions sur le territoire de l'actuelle Californie : les noms de San Diego, San Francisco, Sacramento, Los Angeles, en témoignent encore aujourd'hui !

Le XVIIIe siècle fut incontestablement un temps de récupération démographique forte dans l'Amérique espagnole, d'abord au Mexique, puis dans l'ensemble de l'empire des « Indes ». D'une part, comme l'écrit Bernard Lavallé, « les populations indiennes avaient enfin trouvé leur équilibre face au système d'exploitation colonial. D'autre part, les grandes épidémies […] s'espacèrent et, surtout après 1720-1730, devinrent moins meurtrières au fur et à mesure que les indigènes acquirent ces défenses immunologiques qui leur avaient tant fait défaut ». Mais l'expansion démographique fut aussi le fait des Noirs et surtout des métis, tandis que les Espagnols de métropole affluaient, les gens du Nord-Ouest (Galiciens et Asturiens) en particulier. Andalous et Extrémègnes contribuèrent également à renforcer la présence espagnole aux Indes.

On ne saurait oublier le renouveau de l'économie, stimulée par la reprise de l'exploitation minière mexicaine que les progrès de la technologie favorisèrent grandement. L'Espagne fit appel à des minéralogistes allemands assistés par quelques techniciens espagnols. Ils utilisèrent des procédés qui réduisaient sensiblement la quantité de mercure nécessaire pour séparer l'argent de la roche. Au Mexique le succès fut total, tandis qu'au Pérou le *lobby* des marchands de mercure s'opposait au renouvellement des procédés d'extraction, attitude stupide car la production du mercure américain de Huancavelica diminuait nettement. En outre, l'empire américain fournissait des quantités croissantes de cacao, de café, de sucre, de tabac, de produits tinctoriaux (cochenille, indigo) et de cuirs. Le développement de la culture de la canne à sucre, du cacaoyer et du caféier était dû en partie à une utilisation croissante de la main-d'œuvre esclave : pour la première fois l'Espagne participait elle-même à ce commerce infâme avec la Compañía Gaditana de Negros créée en 1765. Les importations de produits européens (huile d'olive, vins et alcools, papier et livres, textiles, produits sidérurgiques) avaient beaucoup augmenté aussi, ce qui avait favorisé la croissance des ports. Plusieurs compagnies de commerce nouvelles (Real Compañía Guipuzcoana de Caracas, Real Compañía de La Habana, Real Compañía de San Fernando de Sevilla, et même Real Compañía de Barcelona) stimulèrent ce développement commercial spectaculaire. Une certaine libéralisation du commerce, qui avait provoqué l'installation à Cadix de nombreux commerçants étrangers, surtout français, mais aussi italiens, anglais, allemands, voire scandinaves, exerça un effet stimulant. Faudrait-il alors crier au paradoxe, puisque la destruction de l'Empire espagnol d'Amérique aurait suivi de près dans le temps une évidente réanimation de cet empire ?

En réalité il n'y a pas de paradoxe. D'abord parce que le XVIIIᵉ siècle ne fut en aucune façon une époque tranquille. Dans le seul Pérou on a enregistré cent quarante mouvements de révoltes de 1708 à 1783 et, face aux abus de fonctionnaires et de prêtres, Bernard Lavallé constate : « À partir des années 1720-1730, une sorte d'épidémie de révoltes [...] éclata dans certaines régions andines. » Dans les Andes centrales on a pu parler de la renaissance d'un « véritable patriotisme inca » dont les élites indiennes furent les initiatrices, mais qui affecta les populations indiennes dans leur ensemble. Dès le milieu du siècle se produisit la longue rébellion de Juan Santos Atahualpa (nom significatif), ancien élève des jésuites de Cuzco. Les Espagnols ne purent jamais le capturer. Au sud du Mexique, la révolte en 1761 de Jacinto Canek, qui au Yucatán prit le nom de Moctezuma, revêt, comme celle de Juan Santos Atahualpa, la signification d'une mémoire indienne ineffaçable.

La grande révolte, en 1780, de Túpac Amaru, cacique de plusieurs villages pourvu d'une fortune importante, souligne la force de cette tradition. Dans le sud du Pérou, Túpac Amaru suscita un grand enthousiasme populaire, rallia les Indiens, mais aussi les Noirs et les métis, voire quelques créoles. Mais après son échec devant Cuzco, qu'il ne parvint pas à enlever, ses forces se divisèrent et la révolte tourna à l'affrontement racial : les métis, les Noirs, les créoles abandonnèrent le parti de Túpac qui fut pris et exécuté sur la grande place de Cuzco en mai 1781. Un de ses parents reprit le flambeau, mais il fut vaincu en 1783.

La participation active des Indiens et de plusieurs caciques à ces révoltes, le réveil du mythe incaïque eurent sans doute pour effet de modérer ou même d'éteindre provisoirement les revendications des créoles dans les Andes centrales : il était préférable pour eux de chercher des accommodements avec le pouvoir espagnol et ses représentants. De sorte que les mouvements qui devaient conduire aux indépendances et dans lesquels ces derniers jouèrent un rôle essentiel se produisirent dans d'autres régions, au sud du continent et en Nouvelle-Espagne, où ils prirent une orientation différente.

Le rôle essentiel des créoles et des Lumières

En effet, ce ne sont pas les populations soumises (les Indiens) qui jouèrent les premiers rôles dans la ruine de l'Empire espagnol des Indes, mais bien les créoles, pour l'essentiel les descendants des Espagnols eux-mêmes, et cela dans les quatre vice-royautés : aussi bien en Nouvelle-Espagne que dans le vice-royauté de Nouvelle-Grenade ou celle du Pérou et dans la dernière créée, la vice-royauté du Río de la Plata (Argentine, Uruguay, Paraguay, grande partie du Chili).

En cela, la sécession des habitants des quatre vice-royautés s'apparente à celle des « treize colonies » d'Amérique du Nord. Ce n'est pas très surprenant puisque ce sont les Espagnols venus d'Espagne qui prirent au XVIIIe siècle l'initiative des réformes aux dépens des

créoles qui avaient progressivement conquis les positions dominantes. La plupart des leaders des diverses
insurrections qui aboutirent aux indépendances étaient
des créoles appartenant à de riches familles souvent très
cultivées, dont plusieurs des fils avaient vécu en Espagne
et étaient imbus de l'esprit de la *Ilustración* : Iturbide
(mexicain), Bolívar et Miranda (vénézuéliens), Santan-
der (colombien), Sucre (péruvien), San Martín (argen-
tin), Artigas (uruguayen) et bien d'autres[8]. Cet esprit
avait d'ailleurs pénétré les élites créoles qui avaient
profité d'une large diffusion de l'imprimerie au cours
du XVIIIe siècle : aux presses de Mexico et de Lima déjà
anciennes s'ajoutèrent notamment celles de La Havane
(1707), Bogotá (1738), Quito (1760), Córdoba (1764),
Carthagène des Indes (1776), Buenos Aires et Santiago
du Chili (1780). Les familles les plus instruites, dont
plusieurs ont donné naissance aux *libertadores*, étaient
au courant des débats d'idées des Lumières, des événements d'Amérique du Nord, puis de ceux de la Révolution
française. Miranda conçut ses projets révolutionnaires à
l'occasion de son séjour en Amérique du Nord. Simon
Bolívar et José San Martín avaient vécu en Espagne, où
ils avaient achevé leur formation militaire (San Martín
était présent à la bataille de Bailén[9]), puis en France,

---

8. C'est par référence à Túpac Amaru que le mouvement révolutionnaire surgi dans les années 1970 au sud du continent fut connu sous
le nom de *Tupamaros*.

9. Comme Bolívar, José de San Martín (1758-1850) est né dans une
famille *hidalga* de l'actuelle Argentine. Comme lui, il a fait ses études
en Espagne, au « séminaire des nobles », mais est allé en France et en
Angleterre. Revenu en Amérique en 1812, il participe activement aux
guerres d'indépendance et joue un grand rôle dans la libération des pays
de la Plata, du Chili et du Pérou. S'il s'exile en Europe en 1824 avec sa
fille Mercedes, c'est parce qu'il est découragé par les luttes intestines
entre *libertadores*. Personnage caractéristique de l'esprit des Lumières,
il a écrit un traité d'éducation destiné à sa fille. Il est mort en France,
à Boulogne-sur-Mer.

étaient allés en Angleterre. Antonio Nariño, auteur de la première traduction en espagnol de la Déclaration française des droits de l'homme, gravée sur les murs d'une place de Bogotá, avait vécu en France. Bolívar et San Martín avaient adhéré à la franc-maçonnerie et créé des loges en Amérique espagnole. Et ce fut la crise espagnole – consécutive à l'invasion napoléonienne – qui suscita les premiers mouvements de sédition en Amérique. À partir de 1808, ces mouvements se réclamèrent d'abord de leur loyalisme à l'égard de la couronne d'Espagne, et cette fois on peut à bon droit utiliser le terme de paradoxe. Les sujets espagnols de l'empire des Indes refusèrent de reconnaître comme roi Joseph, le frère de Napoléon, et affirmèrent leur fidélité à la dynastie. Les mouvements qui vont conduire aux indépendances commencèrent par le refus de la déchéance des Bourbons d'Espagne au profit de Napoléon ! Dès 1808, les juntes qui prirent le pouvoir à Bogotá et à Caracas se réclamèrent de Ferdinand VII et entendirent préserver ses droits. Lorsque, en 1810, le curé Hidalgo prit la tête au cœur du Mexique d'un mouvement de révolte, il choisit comme emblèmes la Vierge de Guadalupe et le portrait du même Ferdinand VII ! Pareillement, la première junte de Buenos Aires gouverna au nom de Ferdinand VII, alors prisonnier de Napoléon. Ce n'était guère le langage de la subversion !

Mais, très rapidement – dans un délai de deux ans seulement –, la situation se transforma et la volonté d'indépendance s'affirma. L'enchaînement des événements conduisit beaucoup de *libertadores* à cette évolution rapide. Tel était le cas d'Agustín de Iturbide au Mexique : il servit d'abord dans l'armée espagnole qui combattit la révolte d'Hidalgo, ce qui lui valut une promotion ; puis il affronta un second mouvement indépendantiste dirigé par Morelos. Mais la victoire momentanée des libéraux en Espagne en 1820[10] effraya les conservateurs mexicains qui se résignèrent à l'indépendance : Iturbide se rapprocha alors du nouveau champion de l'indépendance, Guerrero, et en 1821 les deux hommes signèrent le pacte d'Iguala qui proclamait l'indépendance du Mexique sous la souveraineté de Ferdinand VII (!) ou d'un prince du sang. Le pacte affirmait l'égalité des Espagnols et des créoles et le rôle privilégié de l'Église. Les ralliements successifs au pacte d'Iguala conduisirent le dernier vice-roi de Nouvelle-Espagne à reconnaître l'indépendance du Mexique en 1823. Car c'est en Amérique méridionale, avec le Pérou pour base, que les Espagnols avaient conservé leurs forces militaires les plus importantes. Cependant, après avoir connu une succession de revers et de victoires, les dernières armées espagnoles furent définitivement battues en 1824 à Ayacucho (dans le Haut-Pérou) par les forces rebelles commandées par un ami de Bolívar, doué d'un réel talent militaire, Antonio José de Sucre. C'est aussi dans ce sous-continent que Bolívar, d'une part, la bourgeoisie de Buenos Aires, d'autre part, avaient rêvé de créer de grands ensembles politiques capables de tenir tête aux États-Unis et de dialoguer avec l'Europe. Mais au sud la force des particularismes et le prestige de certaines personnalités[11] provoquèrent l'échec de la fédération de la Plata, tandis qu'au nord les rivalités personnelles, les disparités sociales et les contraintes géographiques faisaient avorter le rêve de la Grande Colombie en 1828, dès avant la mort en 1830 de son

---

10. Restauré en 1814, Ferdinand VII fut confronté à une révolution (1820-1823) qui fut brisée par l'intervention française décidée par Louis XVIII.

11. Sans le rôle essentiel de José Artigas (Uruguay) et de Gaspar Rodríguez de Francia (Paraguay) ces deux pays seraient devenus probablement des provinces de l'Argentine.

créateur, Bolívar[12]. L'Amérique espagnole était condamnée au morcellement politique avec de nouveaux États. La carte politique, pour l'essentiel, correspondait à celle des anciennes audiences espagnoles. La crise politique de l'Espagne et le coup de force de Napoléon, « héritier proclamé de la Révolution française », avaient provoqué l'effondrement d'un empire vieux de près de trois siècles.

Cuba et la survie d'un empire en miettes (1828-1898)

Madrid avait perdu la plus grande partie de son « empire des Indes ». Cependant, elle conservait quelques restes non négligeables : avant tout Cuba, la « perle des Antilles », qui avait connu un développement impressionnant dans la seconde moitié du XVIIIe siècle. Le gouvernement espagnol avait investi de grosses sommes dans la construction de fortifications et le marché du sucre avait connu un grand essor, favorisé par la ruine de l'économie sucrière de Saint-Domingue à la suite de la Révolution française. Les riches propriétaires espagnols de Cuba recoururent à l'importation d'esclaves en provenance

---

12. Simon Bolívar, le plus célèbre chef des révolutions d'Amérique latine, est né en 1783 à Caracas dans une famille *hidalga* d'origine basque. Son père exerça des charges administratives importantes au sein du régime colonial, mais il mourut alors que Simon avait neuf ans. Son oncle l'envoya en Espagne où il fit de bonnes études (langues, mathématiques, histoire). À partir de 1801 il multiplie les allers-retours entre Caracas et l'Europe (Espagne, Paris, Rome), s'affilie à la franc-maçonnerie, participe à la rébellion contre les envoyés de Joseph Bonaparte, puis à la révolte de Caracas en 1810. Après une mission à Londres, Bolívar prend en 1812 la tête du mouvement indépendantiste. En dépit de nombreuses défaites, il finit par obtenir la formation en 1819 de la république de Colombie. Mais la grande déception de sa vie est de ne pas avoir assuré la survie de ce nouvel État. Il meurt à Santa Marta, en Colombie, en 1830.

de Saint-Domingue et des îles anglaises, surtout après l'abolition de la traite par l'Angleterre (1807). De 1790 à 1820, Cuba importa 320 000 esclaves ! Une traite clandestine évidemment réduite subsista jusqu'en 1841 et même jusqu'en 1860, assurée par les négriers nord-américains et leurs navires. Par ailleurs, la population blanche de Cuba augmenta aussi beaucoup, de 133 000 habitants en 1792 à 311 000 en 1827. Le sucre ne fut pas la seule production en augmentation de l'île : le café, le tabac, le cuivre jouaient un rôle dans une économie d'autant plus prospère que Cuba avait obtenu de l'Espagne une liberté totale pour son commerce extérieur.

L'exploitation outrancière de la main-d'œuvre esclave et de la liberté commerciale valut à l'entreprenante bourgeoisie de La Havane une grande prospérité jusqu'en 1850 environ. La guerre de Dix Ans (1868-1877), première « guerre d'indépendance », annonça des temps nouveaux : le mouvement antiesclavagiste avait pris de la force en Espagne, le marché du sucre souffrait de la concurrence de la betterave. L'Espagne abolit l'esclavage à Cuba et Puerto Rico dont l'économie s'était développée à un rythme aussi rapide, tandis que Saint-Domingue connaissait des années agitées – cession à la France en 1795, récupération en 1809 – qui furent ruineuses.

L'Espagne avait aussi conservé les archipels des Philippines (7 200 îles !) avec une ville, Manille, déclarée « port franc », dont l'activité commerciale était notable, et les archipels des Mariannes et des Carolines ; les commerçants chinois jouaient un rôle important dans cet univers insulaire et les États-Unis s'intéressaient à ces colonies d'un empire déchu comme ils s'intéressaient au Texas, à Cuba et à Puerto Rico. L'isolement diplomatique de l'Espagne, minée par les guerres carlistes, puis par une instabilité chronique et les intrigues habiles des Nord-Américains aboutirent à la guerre hispano-américaine de 1898 qui sonna le glas de l'empire : les deux flottes espagnoles furent détruites par les escadres nord-américaines, l'une dans la mer des Antilles, l'autre près des Philippines[13].

L'Espagne, cependant, avait légué sa langue : quinze pays d'Amérique centrale et d'Amérique du Sud parlent l'espagnol, comme d'ailleurs nombre d'Antillais (Cuba, Puerto Rico...), soit au total quelque 300 millions d'hommes et de femmes. De très belles villes et quantité d'ouvrages d'art (ponts, viaducs, tunnels), dans la plupart des nouvelles nations indépendantes d'Amérique, doivent aussi leur existence à l'Empire espagnol qui, en dépit des destructions dont il est responsable, a suscité, au-delà de la mort, de remarquables renaissances. Dans la conclusion qu'il donnait en 1977 à son livre *L'Amérique latine de l'indépendance à nos jours*, François Chevalier écrivait à raison : « Le continent ibéro-américain offre bien des traits qui s'enracinent dans une longue tradition : un goût inné pour les relations personnelles et les contacts d'homme à homme, un sens de la famille et de l'amitié qui domine de haut ses intérêts [...] et souvent dans le peuple une foi de masse qui, mieux qu'ailleurs, donne à l'histoire sa dimension religieuse – au sens le plus large du mot. [...] enfin chez tous une sève et une jeunesse qui [...] semblent comme un retour à la nature et aux sources de la vie. »

---

13. L'Espagne conserva l'archipel des îles Carolines qu'elle avait annexé au XVIIe siècle jusqu'en 1899 ; elle le vendit alors à l'Allemagne.

LE MONDE VERS 1600

OCÉAN PACIFIQUE

OCÉAN ATLANTIQUE

Cercle polaire arctique

Tropique du Cancer

Équateur

MEXIQUE (1821)
Mexico • Veracruz
Acapulco

Floride (1810-1821)
CUBA
PORTO-RICO (1898)
VENEZUELA (1821)
Puerto Belo

Lima
Potosi

**ARGENTINE
PARAGUAY
URUGUAY
CHILI** (1818-1821)
Valparaiso

OCÉAN PACIFIQUE

Belem
Sao Luis
Recife
Bahia
Rio de Janeiro
Buenos Aires

OCÉAN ATLANTIQUE

Cercle polaire arctique

OCÉAN PACIFIQUE

Tropique du Cancer

Équateur

Tropique du Capricorne

CHINE
Pékin
Nankin
Canton
Macao
Manille
PHILIPPINES (1898)
MOLUQUES
Malacca
Batavia
JAPON

OCÉAN INDIEN

☐ Possessions espagnoles

FRANCE
Milan
ESPAGNE
Ceuta
Melilla
Oran
Alger
Tunis

Bibliographie sélective

Bennassar, Bartolomé, et Vincent, Bernard, *Le Temps de l'Espagne*, Paris, Hachette Littérature, 1999. La première partie, « Le temps de l'empire », permet de bien comprendre le fonctionnement de l'empire, sa réussite, puis sa décadence et son effondrement.

Del Castillo, Guillermo, *America Hispanica (1492-1898)*. Il s'agit du tome VI de la *Historia de España*, dirigée par José Manuel Tuñón de Lara, Barcelone, Labor, 1983.

Elliott, John Huxtable, *The Count-Duke of Olivares (1587-1645). The Statesman in an Age of Decline*, New Haven, Yale University Press, 1986 ; traduction française, *Olivares (1587-1645). L'Espagne de Philippe IV*, Paris, Robert Laffont, 1992. Les derniers chapitres sont particulièrement importants.

Hugon, Alain, *Philippe IV. Le siècle de Vélasquez*, Paris, Biographie Payot, 2014. Les questions internationales sont très présentes, notamment celles qui concernent l'Empire et les pertes territoriales.

Lavallé, Bernard, *L'Amérique espagnole de Colomb à Bolivar*, Paris, Belin, 1993. Les pages 241-296 sont très éclairantes.

Parker, Geoffrey, *The Thirty Years' War*, Londres et New York, Routledge & Keegan, 1984.

Pérez, Joseph, *Histoire de l'Espagne*, Paris, Fayard, 1996.

11

NAPOLÉON
OU LA FIN D'UN RÊVE FRANÇAIS
(1812-1815)

par Thierry Lentz

Le 22 juin 1812, alors que près de 500 000 soldats de la coalition franco-européenne contre la Russie franchissaient sous ses yeux le Niémen, Napoléon pouvait espérer atteindre en quelques semaines le but qu'il avait fixé à sa politique étrangère : conforter ce qu'il avait appelé devant le Corps législatif, dans un discours du 11 août 1807, son *système fédératif*. Selon cette théorie, l'Europe devait s'organiser autour de l'Empire français, non pas en tant qu'empire universel, mais comme centre et régulateur des relations interétatiques continentales. Grâce à sa puissance, au contrôle de ses satellites et à une grande alliance complémentaire, Napoléon y était presque parvenu. Trois cercles concentriques se dessinaient : au centre, l'Empire français, ses cent trente-quatre départements et ses 44 millions de citoyens – sur environ 180 millions d'Européens ; en orbite, les royaumes napoléonides (espagnol, westphalien, napolitain, italien), une Confédération helvétique sous « médiation » (*sic*) française, la Confédération du Rhin avec sa quarantaine

L'EMPIRE FRANÇAIS EN 1812

Directement gouverné par Napoléon
Gouverné par des membres de la famille de Napoléon
État dépendant

PROVINCES CATALANES

SÉGRE
TER
BOUCHES DE L'ÈBRE
Barcelone
MONTSERRAT

d'adhérents « protégés » (re-*sic*) par l'Empereur et un duché de Varsovie qu'on finirait peut-être par appeler Pologne ; en gardien des marches orientales, l'Autriche, redevenue l'allié pivot après ses défaites de 1805 et 1809 et le mariage surprise de Napoléon avec l'archiduchesse Marie-Louise.

Après un siècle et demi d'efforts, la France était sur le point de réaliser le rêve de la prépondérance caressé au bas mot depuis Louis XIII, tenté par Louis XIV, repris avec une vigueur nouvelle par les gouvernements révolutionnaires et, donc, bientôt parachevé par celui qui n'hésitait pas à se proclamer « successeur de Charlemagne ». L'Empereur, qui n'avait pas la barbe fleurie, était devenu la référence de ce nouvel empire d'Occident... qui partait à l'assaut des marches orientales de l'Europe.

Un rêve de prépondérance

On sait ce qu'il advint de cette « dernière guerre », *dixit* Napoléon lui-même, contre ceux que l'Occident appelait les Barbares du Nord, ultime puissance continentale digne de ce nom à résister aux pressions impériales. Attirée dans l'immensité russe, décimée par les chaleurs de l'aller, affaiblie par l'étirement de ses lignes de communication, l'armée que l'on disait « des vingt nations » termina épuisée sa course à Moscou, après la saignée de la bataille de la Moskova (7 septembre 1812). Là, dans la capitale historique de l'empire des tsars incendiée par son gouverneur russe, elle entra en déliquescence. Il fallut plus d'un mois à son chef pour la reprendre en main. La retraite fut terrible, les beaux régiments du mois de juin se muèrent en horde harcelée par les Cosaques, sauvée toutefois par un dernier effort pour franchir la Berezina. Le désastre ouvrit l'ère d'une autre coalition, toujours européenne, mais cette

fois contre la France. « Le commencement de la fin »,
aurait alors soufflé Talleyrand.

Mais le drame militaire et ses conséquences ne doivent
pas nous faire penser que le système napoléonien ne fut
que guerres et conquêtes. L'Europe ne fut pas simplement divisée en deux camps pendant les vingt-cinq ans
des conflits révolutionnaires et impériaux. Si tel avait été
le cas, la coalition générale aurait été formée bien avant
les désastres de 1812 et 1813. Pendant plusieurs années
– dès les premières victoires révolutionnaires en fait –,
les « vieilles monarchies » se satisfirent de la domination française qui leur permettait d'avancer leurs propres
pions et soutenait leurs intérêts. Partout, la proclamation de la fin de la féodalité permettait aux pouvoirs
centraux d'affirmer leur mainmise sur la société, tandis
que des marchandages territoriaux quasi permanents
permettaient de calmer certains appétits et de pousser
chacun à se placer sous les ailes de l'Aigle : la Bavière, le
Wurtemberg ou la Saxe y gagnèrent quelques centaines
de milliers d'âmes, l'Espagne crut jusqu'en 1808 pouvoir
s'appuyer sur la France pour reprendre en main ses colonies sud-américaines, la Suisse y gagna la protection de
son grand voisin, l'Italie du Nord put se croire indépendante, etc. S'il y eut bien des résistances – comme l'insurrection espagnole ou la naissance d'un contre-projet
allemand –, elles furent précédées ou même concomi-
tantes de collaborations et d'alliances aussi sincères que
le permet la diplomatie. De son côté, la France tenta
de profiter des divergences croisées entre les puissances
pour arriver à ses fins, sous forme d'agrandissements de
territoire, d'imposition à tous d'un modèle « français »
d'administration et des rapports sociaux, au travers de
l'invention du siècle, le Code civil. On négocia aussi
beaucoup, et pas seulement dans le domaine militaire :
les traités de commerce, de subsides, d'échanges territoriaux furent légion. Même si Clausewitz ne l'a pas dit

ainsi, la guerre était bien une continuation de la diplomatie, même avec un guerrier de la trempe de Napoléon.

Pendant ses quinze ans de règne, tout ne se résuma donc pas en Europe à être *pour* ou *contre* Napoléon, comme continue à vouloir le faire croire une partie de l'historiographie, majoritairement anglo-saxonne. La diplomatie traditionnelle fut d'autant moins dépassée que la géopolitique ne fut pas bouleversée par la Révolution et l'Empire. De 1800 à 1815, les États enclavés le restèrent, les îles continuèrent à être au milieu de la mer, le rêve d'un territoire « parfait » continua à être caressé par les monarques, leurs convoitises sur les ressources naturelles ou le contrôle des grandes voies de communication perdurèrent. De même, on n'oubliera pas la permanence des ambitions, des craintes ou des alliances coutumières et familiales entre souverains. Ambitions : de la France de pousser ses frontières jusqu'à ses limites naturelles puis au-delà ; de l'Angleterre de limiter l'influence des grandes puissances sur le continent ; de la Russie d'accéder à la Méditerranée ou à l'occident de l'Europe ; de l'Autriche, de l'Angleterre et de la France de l'en empêcher, etc. Alliances : des États d'Allemagne du Nord avec la Prusse ; de la « tierce » Allemagne avec la France ; des Pays-Bas avec l'Angleterre ; et même celle, objective, de la France et de l'Angleterre – pourtant en guerre permanente – avec l'Empire ottoman pour empêcher la mainmise russe. Et dans la volée de mariages princiers que connut l'Europe, une union avec un Bonaparte ou un Beauharnais devint très courue.

Et l'idéologie ? On entend dire parfois que la vie internationale aurait été bouleversée par la Révolution dont Napoléon était l'héritier et l'exportateur. Sans la nier, il faut modérer cette affirmation qui a deux inconvénients. D'une part, elle ferait considérer comme acquis que les révolutionnaires n'avaient pour visée stratégique que la « libération » des peuples et aucune ambition

hégémonique. D'autre part, elle ferait passer les conséquences des conquêtes napoléoniennes – fin de la féodalité, égalité, défense de la propriété – pour leur cause :
l'histoire de la diplomatie révolutionnaire ne se résume
pas aux *principes* et à la générosité proclamés, pas plus
qu'à l'inverse le règne impérial ne saurait se réduire à
des conquêtes et à la recherche d'une brutale hégémonie.
En d'autres termes, derrière la générosité des principes
– droit des peuples à disposer d'eux-mêmes, indépendance et sûreté des nations –, les révolutionnaires pra-
tiquèrent avant Napoléon une politique d'invasions
et d'annexions, au nom d'un autre principe, celui des
limites naturelles, qui fut étendu à l'au-delà des Alpes
au début du Directoire.

À partir de 1806, fondé sur des textes présentés au
Sénat à la fin mars, vint le temps de l'Empire français et
de ses cercles concentriques. Le premier était bâti sur les
deux sens que l'on peut donner, en français, au terme
« empire ». Il était à la fois « domination » (*l'empire des
Français sur le continent*) et « institution » (*l'Empire français*). Dans la seconde acception, on notera que les pays
« réunis » – on ne disait pas « annexés » – furent français
à part entière, avec leurs administrations préfectorales,
leurs contributions et leur conscription, d'une part, l'égalité, la non-confessionnalité de l'État et le Code, d'autre
part. On sera même surpris d'apprendre que la langue
française n'y était pas absolument obligatoire, en dehors
de l'administration. Cet espace fut organisé en plusieurs
niveaux de *dépendance à l'égard du centre* dans le but
de créer une *civilisation propre*. L'unité et l'indivisibilité,
l'autorité et la centralisation étendues au niveau international, en quelque sorte. Pour réussir dans ces domaines,
il aurait bien sûr fallu du temps. Napoléon n'en eut pas,
pas plus qu'il n'eut jamais le moindre droit à l'erreur :
« La France connaît mal ma position [...], confiait-il

un jour à Chaptal. Cinq ou six familles se partagent les trônes de l'Europe, et elles voient avec douleur qu'un Corse est venu s'asseoir sur l'un d'eux. Je ne puis m'y maintenir que par la force ; je ne puis les accoutumer à me regarder comme leur égal qu'en les tenant sous le joug ; mon empire est détruit, si je cesse d'être redoutable. Je ne puis donc rien laisser entreprendre sans le réprimer. Je ne puis permettre qu'on me menace sans frapper. Ce qui serait indifférent pour un roi de vieille race est très sérieux pour moi [...]. Au-dedans, ma position ne ressemble en rien à celle des anciens souverains. Ils peuvent vivre avec indolence dans leurs châteaux ; ils peuvent se livrer sans pudeur à tous les écarts d'une vie déréglée ; personne ne conteste leurs droits de légitimité [...]. Quant à moi, tout est différent : il n'y a pas de général qui ne se croie les mêmes droits au trône que moi. Il n'y a pas d'homme influent qui ne croie m'avoir tracé ma marche au 18 Brumaire. Je suis donc obligé d'être très sévère vis-à-vis de ces hommes-là. Si je me familiarisais avec eux, ils partageraient bientôt ma puissance et le Trésor public. Ils ne m'aiment point, mais ils me craignent, et cela me suffit [...]. Au-dedans et au-dehors, je ne règne que par la crainte que j'inspire. »

Le contre-projet : l'équilibre « à l'anglaise »

Le *système fédératif* heurtait en effet une autre conception de l'organisation européenne : celle de l'*équilibre*, du moins tel qu'on le définissait à Londres. Apparue au début du XVIIIe siècle et même inscrite au traité d'Utrecht (1713), cette théorie avait autant d'interprétations qu'il y avait d'États et de diplomates en Europe. Pour les Anglais, elle signifiait surtout qu'il n'était pas admissible qu'un empire dominant remplace sur le continent le concert prétendument égalitaire des puissances moyennes. Une telle organisation aurait trop gêné le commerce britannique qui avait besoin de marges de négociation et de « clients » indépendants les uns des autres. C'est donc plus pour éviter une telle domination que pour lutter contre une « tyrannie » qu'Albion était devenue l'« ennemie héréditaire » de la France, soupçonnée non sans raison par elle de visées hégémoniques. De la même façon, elle avait autrefois barré la route à l'Espagne et aux Habsbourg.

L'équilibre des puissances ou des forces (*balance of power*) avait été globalement respecté après la fin de la guerre de Sept Ans : aucun État ne dominait à lui seul le concert européen. *A priori*, ce principe paraissait être la garantie de la paix des armes en Europe même. Il en allait autrement sur le plan économique et, militairement, dans les colonies ou sur des théâtres « extra-européens » : affrontement franco-anglais pendant la guerre d'Indépendance américaine, guerres austro-russo-turques ou frictions anglo-espagnoles au début de la Révolution au sujet des comptoirs américains. Même si les conflits « régionaux » ou bilatéraux n'avaient pas manqué, il n'y avait pas eu de guerre générale de nature à troubler le partage du pouvoir entre des puissances continentales se neutralisant. Champion et arbitre sourcilleux de l'équilibre, la Grande-Bretagne n'en était pas pour autant une puissance désintéressée. Pour elle, l'équilibre se raisonnait en termes d'intérêts et non de morale. Autant protégée qu'isolée par les mers, elle s'était tournée vers le large, y conquérait comptoirs, ports et territoires. Mais elle ne pouvait délaisser le principal débouché de ses productions : l'Europe continentale.

La France et l'Angleterre étaient en conflit, avec des accalmies, depuis plus de cent ans : ligue d'Augsbourg (1688-1697), Succession d'Espagne (1701-1713), guerre de Sept Ans (1756-1763), révolution américaine (1776-1783), Révolution française (depuis 1793). Rares étaient les affrontements desquels l'acteur continental était sorti vainqueur, ce qui aurait dû servir de leçon, ou au moins d'avertissement. L'Angleterre était tenace, riche, pragmatique et… protégée par la Manche. Sur mer, elle n'avait pas de rivale, les catastrophes d'Aboukir (1798) et de Trafalgar (1805) ne le prouvèrent que trop.

L'erreur stratégique de Napoléon fut sans doute, faute de ne pouvoir le frapper au cœur en l'envahissant, de ne pas rechercher un accommodement avec un tel ennemi. Même fragile, la paix d'Amiens (1802-1803) avait montré que cela n'était pas impossible : elle fut rompue par l'Angleterre, mais le moins qu'on puisse écrire est que l'interlocuteur français avait manqué de souplesse pour aplanir les différends. Un accord avait été à nouveau envisageable en 1806 mais, grisé par le succès d'Austerlitz, l'Empereur ne joua pas le jeu de la négociation offerte par un gouvernement anglais chancelant et préféra tenter sa chance avec une improbable alliance russe, qui ne se fit pas. Cette chance n'allait plus se représenter. Pis, avec l'instauration du Blocus (1806), l'invasion du Portugal et de l'Espagne (1808), l'annexion de la Hollande (1810), l'Empire français franchit, du point de vue britannique, un point de non-retour. Cette fois, la lutte serait une lutte à mort. Choc entre deux conceptions antagonistes de l'organisation de l'Europe : l'*équilibre* ou le *système*.

La guerre économique

Cela étant dit, le projet anglais pour l'Europe n'était pas moins hégémonique que celui de Napoléon. Mais il était d'une autre nature. L'Angleterre n'avait pas d'ambitions territoriales sur le continent. Elle souhaitait seulement pouvoir contrôler les affaires, éliminer un concurrent trop puissant et rétablir la liberté de commerce avec le marché européen. Pour cela, les grands ports occidentaux devaient rester ouverts et, en tout cas, échapper au contrôle de la France. Anvers représentait ainsi une pomme de discorde majeure, selon la fameuse expression selon laquelle le grand port constituait « un pistolet braqué sur le cœur de l'Angleterre ». Ailleurs, Albion entendait éliminer systématiquement ses concurrents coloniaux : la destruction des empires français et hollandais des Antilles ou de l'océan Indien était un but de guerre primordial. Bien calée dans son île, rassurée sur la menace d'invasion par la supériorité incontestée de sa marine, elle n'eut plus qu'à se montrer patiente et endurante. Dépourvue d'armée terrestre, elle devait faire confiance à ses diplomates et à ses banquiers pour lutter par États interposés contre l'irruption de tout concurrent suffisamment fort pour dominer le continent.

Comme d'autres avant lui, Napoléon comprit cette dimension du conflit. Il tenta d'en venir à bout par l'instauration du Blocus continental. Le dérèglement de l'économie devait selon lui conduire à l'effondrement des échanges puis à l'agitation sociale et, enfin, poussé par les intérêts qui préfèrent la paix à la guerre, à la capitulation du gouvernement de Londres. Cet embargo sur le commerce britannique ne fut en aucun cas un instrument d'intégration européenne ou un « marché commun ». En dépit de quelques indices favorables à cette thèse – création de routes et de canaux transeuropéens, mise en commun des moyens maritimes, tendance à unifier les poids et mesures –, son but fut de favoriser les produits et productions français, contre ceux de l'Angleterre, certes, mais aussi au détriment de ceux des autres continentaux. Il n'était pas question d'ouvrir les frontières françaises, d'abaisser les droits de douane, de favoriser les échanges et encore moins de créer une zone de libre-échange. Ce fut même le contraire qui se passa. Et lorsque l'application du Blocus paraissait relever d'accords politiques, les signataires s'apercevaient bien vite du sens que Napoléon souhaitait toujours donner à sa signature. L'exemple le plus spectaculaire en la matière est celui de la Russie après Tilsit, qui vit ses ports et son agriculture péricliter, alors que l'industrie française était incapable, compte tenu des distances, de se substituer au concurrent britannique. La Confédération du Rhin, pourtant alliée plus sûre, fut logée à la même enseigne. En lui interdisant de commercer avec l'Angleterre, l'Empereur favorisa la hausse des prix, la chute des régions côtières et des industries sevrées de matières premières. La désorganisation d'économies qui auraient pu être prospères fut complétée par une quasi-obligation de ne traiter qu'avec la France pour les échanges. Napoléon résuma un jour la quintessence de sa politique économique dans une lettre à Eugène de Beauharnais, à qui il interdisait d'importer des grains de France pour lutter contre la disette : « La France avant tout. » Tout était dit. Partant, les autres puissances continentales ne pouvaient accepter durablement ce moyen supplémentaire de l'hégémonie française, réglé par oukase depuis Paris, devenue, selon les dires de l'Empereur lui-même, la « capitale de l'univers ».

Le rêve passe…

Paradoxalement, l'héritier de la Grande Nation n'avait pas non plus mesuré à quel point les guerres étaient devenues « nationales ». Il en fit l'amère expérience en Russie. Loin de se soulever pour aider leurs « libérateurs », les sujets d'Alexandre, serfs compris, défendirent leur « mère patrie » avec abnégation, acharnement et fanatisme. Les avertissements des années précédentes, des révoltes calabraises (1806-1808) au soulèvement du Tyrol (1809), en passant par la guerre d'Espagne (à partir de 1808), n'avaient servi à rien, tandis que de leur côté les coalitions antifrançaises avaient su s'adapter et emprunter aux fils de la Révolution leurs atouts idéologiques (la nation) et leurs solutions techniques (la conscription). Ils avaient encore bien étudié la stratégie et la tactique napoléoniennes pour ne pas sans cesse retomber dans les mêmes pièges militaires.

Après la destruction de son armée en Russie, et sentant venir le moment de l'effondrement de ses alliances, Napoléon sut pourtant recréer des forces suffisantes pour retarder l'échéance. Les victoires de 1813 en Allemagne ne furent qu'une ultime illusion que la défaite de Leipzig dissipa (16-19 octobre 1813). Il fut dès lors question de défendre le « sanctuaire national », menacé pour la première fois depuis 1792. Avec seulement 60 000 soldats pour la manœuvre, Napoléon fit d'inutiles miracles – Champaubert, Montmirail, Château-Thierry, Vauchamps, Montereau, Craonne, Reims – que sa défaite d'Arcis-sur-Aube rendit vains. Quant à la diplomatie, elle ne donna pas de meilleurs résultats : l'Empereur ne voulut rien céder, arguant – à juste titre – qu'une concession en amènerait d'autres jusqu'à transformer son empire en peau de chagrin. Le 31 mars 1814, Paris fut occupée et l'Empereur se replia sur Fontainebleau. C'est là qu'il apprit que le Sénat puis le Corps législatif avaient voté sa déchéance. Abandonné de tous, il abdiqua sans conditions, le 6 avril 1814. Les coalisés lui accordèrent la souveraineté de l'île d'Elbe, en Méditerranée. Il allait s'y installer pour trois cents jours d'exil, tandis que Louis XVIII montait sur le trône de France.

Napoléon tenta une inutile et coûteuse aventure au printemps 1815. Débarqué à Golfe-Juan le 1er mars, il rentra à Paris vingt jours plus tard, tandis que Louis XVIII fuyait le territoire national pour se réfugier à Gand. Mais le ressort était brisé. La libéralisation intérieure ne seyait pas à un monarque autoritaire et à sa monarchie administrative. Il ne sut quoi faire des Chambres, au point de les laisser comploter dans son dos. Il ne put non plus renouer les fils de la négociation avec l'Europe coalisée. La guerre reprit. Dans l'esprit de Napoléon, la victoire lèverait autant les hypothèques intérieures qu'extérieures. Tout le monde serait bien forcé de négocier après la réussite du coup de tonnerre qu'il préparait.

Tentant de jouer la surprise, il déclencha une offensive éclair en Belgique. Les Prussiens de Blücher furent battus à Ligny, le 16 juin 1815, mais se replièrent en bon ordre. Deux jours plus tard, contre les Anglo-Néerlandais de Wellington, sauvés en fin de journée par l'arrivée décisive des Prussiens, ce fut Waterloo et la plus formidable déroute d'une armée française avant 1940. L'empereur restauré avait perdu son pari. L'abdication du 22 juin, la reddition aux Anglais et le départ pour Sainte-Hélène mirent définitivement fin au projet napoléonien et au rêve français.

La fin du rêve : le congrès de Vienne

La mort du système fédératif datait en réalité de la déchéance de Napoléon en 1814. Le congrès réuni à Vienne pour refonder l'Europe le confirma et en tira les conséquences. Dès l'été qui suivit leur victoire, les diplomates de tous les États européens convergèrent vers la capitale autrichienne. Officiellement ouverte en novembre, la grande réunion s'acheva le 9 juin 1815, neuf jours avant Waterloo, par la signature d'un « Acte final » de cent vingt et un articles et dix-sept annexes représentant près de deux cent cinquante articles supplémentaires. Ce texte redéfinissait les rapports de forces et les zones d'influence en Europe. Sans vouloir la détruire, il faisait rentrer la France dans le rang et la plaçait sous surveillance, mettant fin à son siècle de prépondérance.

Un châtiment peut-être plus douloureux pour la Grande Nation qu'un dépeçage.

Sous la présidence du chancelier autrichien Metternich, la direction des travaux fut assurée par les quatre principaux vainqueurs – Angleterre, Russie, Autriche, Prusse –, qui tolérèrent parfois la présence de la France – obtenue de haute lutte par Talleyrand, mais qui eut moins d'effets qu'on l'a souvent dit sur le résultat final – et des autres signataires du traité de Paris de 1814 – Suède, Espagne, Portugal.

Avec les méthodes et idées de son époque, le congrès tenta de résoudre une question cruciale : que faire après la chute d'un empire prépondérant ? Pour ce faire, il œuvra avant tout à recréer une stabilité des forces sur le continent, désormais garantie et placée sous la surveillance de ce qu'ils baptisèrent le « concert européen », sorte de « Conseil de sécurité avant l'heure » (Jacques-Alain de Sédouy). Composé à l'origine des quatre « Grands », il avait le pouvoir de prendre toutes les décisions susceptibles de maintenir l'équilibre et la paix de l'Europe. Il fut plus tard ouvert à la France puis, plus tard encore, à l'Italie en marche vers son unification, et anima pendant plusieurs années ce qu'on a appelé l'« Europe des Congrès », tant les réunions furent nombreuses.

Avant cela, à Vienne, les négociations furent souvent ardues, avec de graves disputes et crises entre les vainqueurs. On frôla même la guerre au sujet du devenir de la Pologne (le tsar voulait l'annexer tout entière) et de la Saxe (sur laquelle la Prusse lorgnait). En janvier 1815, Talleyrand obtint même la signature d'un éphémère traité d'alliance entre la France, l'Autriche et l'Angleterre contre la Russie et la Prusse. Devant la menace d'embrasement, chaque camp dut mettre de l'eau dans son vin.

Finalement, après avoir perdu beaucoup de temps en affrontements, les puissances surent conclure leurs travaux, sous la menace du retour de Napoléon (mars 1815). Le concert européen fonctionna ici pour la première fois, avant même d'avoir été réellement porté sur les fonts baptismaux, puisque ce fut dès le 13 mars que les congressistes décidèrent de ne pas accepter la restauration impériale en France. L'ultime vol de l'Aigle avait, si l'on ose dire, sauvé le congrès de Vienne.

Principal résultat visible du congrès, la carte des États européens fut redessinée. Cette nouvelle géographie politique se voulait réparatrice et équilibrée, au sortir de vingt-cinq années terribles – probablement plus de 2 millions de morts, un long cortège de destructions, des économies ruinées – qui avaient vu des annexions, la création d'États nouveaux, la fin du millénaire Saint Empire romain germanique, le renversement de vieilles dynasties. On décida de fonder les redécoupages sur le principe le plus reconnu à cette époque : la légitimité monarchique. En gros : à chaque peuple, un souverain consacré par l'histoire ou, au besoin, par l'attribution la moins malcommode ou la plus utile. On parvint finalement à satisfaire le plus grand nombre… tout en mettant la France « au contact » – donc sous la surveillance – de puissances capables de lui faire barrage. La Russie put dominer la Pologne – où fut créée une vice-royauté confiée à un grand-duc russe – mais fut bloquée vers l'ouest par une nouvelle Confédération germanique et vers le sud par l'Autriche. La Prusse, agrandie seulement d'une partie de la Saxe et de quelques territoires rhénans, devait être contenue par la nouvelle organisation allemande. La France, vaincue dans la guerre, n'était pas détruite mais placée sous la surveillance de voisins renforcés : au nord et au nord-est, les Pays-Bas, arrondis de la Belgique et du Luxembourg, et la Confédération germanique ; à l'est, une Confédération helvétique reconnue neutre et protégée par tous les autres États ; au sud-est, le royaume du Piémont-Sardaigne, soutenu en seconde ligne par l'Autriche dominant l'Italie du Nord ; au sud, l'Espagne ; sur les mers, l'Angleterre et sa Royal Navy. À chaud, l'historiographe français du congrès, Flassan, s'enthousiasma pourtant des résultats obtenus : « La théorie des coalitions vengeresses est aujourd'hui déposée dans les archives des cabinets ; et elle en serait tirée au besoin contre tout peuple conquérant. »

La « Pax Britannica » remplace le rêve d'empire

Partant, le grand vainqueur moral, politique et économique du congrès fut l'Angleterre : l'équilibre « à l'anglaise » triomphait, la paix relançait ses affaires, l'absence de discussion de fond sur les colonies et la mainmise sur les îles stratégiques assurait la liberté et la sûreté de son commerce. Grâce aux résultats obtenus par des diplomates réalistes et au formidable boom économique qui allait suivre, Londres put rembourser ses dettes (près de 30 milliards de francs) en un peu plus d'une dizaine d'années. L'Angleterre allait devenir, et pour longtemps, la seule « superpuissance » mondiale. Dans une certaine mesure, les accords de Vienne furent une *Pax Britannica* dont profitèrent cependant l'ensemble des économies continentales. Ce fut encore Londres qui assura la paix pendant plusieurs décennies, par ses interventions et ses alliances alternatives.

Oubliant le fait que la défaite de leur pays en 1814 avait été totale et que les vainqueurs firent preuve d'une certaine modération, l'historiographie française du xxᵉ siècle n'a pas toujours rendu justice à l'œuvre du congrès. La faute des diplomates de Vienne serait d'avoir imposé la victoire de l'« Ancien Régime » sur la « révolution », avec comme corollaire la répression des mouvements libéraux et nationaux. Pis encore, le congrès aurait fautivement renforcé la Prusse, ouvrant la voie à sa domination de l'Allemagne et, au-delà, à ses ambitions pangermanistes, mère des guerres mondiales. Ces reproches rétrospectifs n'étaient nullement partagés par les contemporains et les publicistes du XIXᵉ siècle, qui jugèrent que, compte tenu des circonstances, les diplomates de Vienne avaient obtenu de grands résultats et redistribué habilement la puissance en Europe. Qui pouvait se douter en 1815 que la Prusse sortirait vainqueur de sa lutte d'influence avec l'Autriche pour la domination de l'Allemagne, cinquante ans plus tard ? Quel mouvement national était alors suffisamment puissant et représentatif pour prendre place à la table des négociations ?

Qui plus est, le « système de Vienne » montra sa souplesse, notamment lors des crises des années 1830 et 1840, en réintégrant progressivement la France dans les grandes puissances et laissa se créer de nouveaux États (Belgique, Italie, Grèce, Roumanie, Bulgarie, Serbie…). De fait, quelle que soit la critique idéologique – et un peu anachronique – qu'on lui adresse, il empêcha pendant un siècle l'embrasement général du continent, confinant les conflits armés aux seuls protagonistes, qu'il s'agisse par exemple de la guerre de Crimée (1853-1856), de la guerre austro-prussienne de 1866 ou encore de la guerre franco-allemande de 1870.

Ce siècle de paix se fit au détriment du rêve français de prépondérance. Un empire militaire et conquérant s'effondra, laissant la place à un autre, commerçant, intransigeant sur l'équilibre et la paix, mais aussi intraitable et au besoin lui-même violent sur les façons de les garantir.

BIBLIOGRAPHIE SÉLECTIVE

Branda, Pierre, *Le Prix de la gloire. Napoléon et l'argent*, Paris, Fayard, 2007.

Kerautret, Michel, *Les Grands Traités du Consulat et de l'Empire*, Paris, Nouveau Monde éditions/Fondation Napoléon, 2002-2004, 3 volumes.

Lentz, Thierry, *Le Congrès de Vienne. Une refondation de l'Europe*, Paris, Perrin, coll. « Tempus », 2015.

Lentz, Thierry, *Napoléon diplomate*, Paris, CNRS éditions, 2012.

Lentz, Thierry, *Nouvelle histoire du Premier Empire*, Paris, Fayard, 2002-2010, 4 volumes.

Sorel, Albert, *L'Europe et la Révolution française*, Paris, Tchou, coll. « La Bibliothèque des introuvables », 2003, 8 volumes.

Tulard, Jean, *Le Grand Empire (1804-1815)*, Paris, Albin Michel, 2009.

Tulard, Jean, *Napoléon ou le Mythe du sauveur*, Paris, Fayard, coll. « Pluriel », 2001.

12

LES NEUF VIES DE L'EMPIRE CHINOIS

par Danielle ELISSEEFF

C'était une époque où, d'un bout à l'autre de l'Eurasie, empires et civilisations multiséculaires s'effondraient, tandis que d'autres, mieux adaptés au temps présent, naissaient sur leurs ruines. Pour nos aïeux, il y a un peu plus de cent ans, les choses ainsi semblaient évidentes : la Chine, terre riche de ressources matérielles, mais placée sous la coupe d'un gouvernement incapable et peuplée de paysans arriérés, offrait aux nations plus évoluées un champ d'action prometteur... Et l'on avait oublié depuis longtemps la voix de Victor Hugo clamant, depuis son exil en l'île de Guernesey, son dégoût devant la politique occidentale de la canonnière, matérialisée par le sac du palais d'Été (1860) dans les environs de Pékin.

Ne venait-on pas de vivre – du 10 octobre 1911 au 1er février 1912 – l'écroulement inexorable de l'Empire chinois ? Après deux mille deux cents ans d'effondrements et de résurrections successives, le régime s'effaçait pour toujours, d'une manière si naturellement évidente que personne ne se demandait trop pourquoi.

L'EMPIRE QING

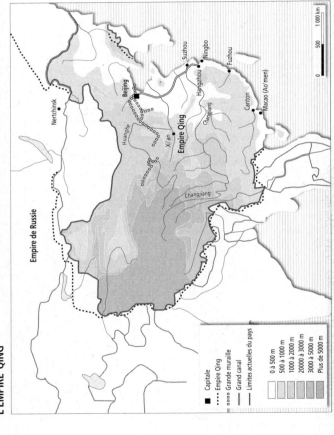

Empire de Russie

Nertchinsk

Beijing
Huanghe
Xi'an
Empire Qing
Changjiang
Changjiang
Suzhou
Hangzhou
Ningbo
Fuzhou
Canton
Macao (Ao'men)

Capitale
Empire Qing
Grande muraille
Grand canal
Limites actuelles du pays

0 à 500 m
500 à 1000 m
1000 à 2000 m
20000 à 3000 m
3000 à 5000 m
Plus de 5000 m

0   500   1 000 km

LES CONCESSIONS ÉTRANGÈRES DANS L'EMPIRE QING

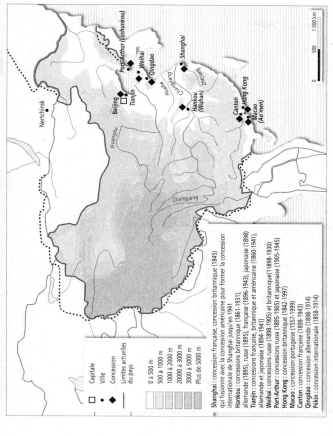

Légende :

- □ Capitale
- ● Ville
- ◆ Concession
- Limites actuelles du pays

0 à 500 m
500 à 1000 m
1000 à 2000 m
20000 à 3000 m
3000 à 5000 m
Plus de 5000 m

0   500   1 000 km

Shanghai : concession française, concession britannique (1845) qui fusionne avec la concession américaine pour former la concession internationale de Shanghai jusqu'en 1941

Hankou : concessions britannique (1861-1931), allemande (1895), russe (1895), française (1896-1943), japonaise (1898)

Tianjin : concessions française, britannique et américaine (1860-1941), allemande et japonaise (1894-1941)

Weihai : concessions russe (1898-1905) et britannique(11898-1930)

Port-Arthur : concessions russe (1895-1905) et japonaise (1905-1945)

Hong Kong : concession britannique (1842-1997)

Macao : concession portugaise (1557-1999)

Canton : concession française (1898-1943)

Qingdao : concession allemande (1898-1914)

Pékin : concession internationale (1858-1914)

Mais pour les Occidentaux qui avaient vécu, de près ou dans les colonnes des journaux, d'abord la « révolte des Boxers » (1899-1901), le mouvement insurrectionnel et fanatisé des paysans chinois contre la présence étrangère, puis les drames du siège des légations internationales à Pékin (20 juin-14 août 1900), l'effondrement politique et social d'une institution aussi ancienne n'avait rien d'étonnant. Chacun saluait en revanche Européens, Américains, Japonais qui avaient su unir leurs efforts pour sauver leurs ressortissants, châtier les rebelles, faire ployer ce pays toujours arrogant malgré l'emprise territoriale et financière que les puissances extérieures faisaient peser sur lui de plus en plus lourdement depuis 1840[1].

La crise était si profonde et si violente qu'en Chine même – « l'homme malade de l'Asie », selon une métaphore courante de l'époque – l'idée du changement s'imposait dans les milieux évolués. Les uns souhaitaient réformer le système impérial en établissant une monarchie constitutionnelle inspirée de celle qui s'était peu à peu mise en place (après 1868) au Japon[2]. D'autres prônaient purement et simplement la disparition du pouvoir centré sur une famille – en l'occurrence mandchoue, c'est-à-dire étrangère, au pouvoir depuis 1644 – et appelaient à la mise en place d'une république : ces

---

1. C'est en 1840 qu'éclate la première guerre de l'Opium. Elle oppose la Chine au Royaume-Uni qui exige l'ouverture des ports chinois aux navires britanniques et le droit d'y vendre, entre autres marchandises, de l'opium – dont l'importation était jusqu'alors interdite en Chine. En 1842, le traité de Nankin impose aux Chinois le versement d'une indemnité de guerre, attribue Hong Kong aux Britanniques et autorise l'ouverture de cinq ports qui deviennent des zones d'extraterritorialité – en cas de litige, les Britanniques seront jugés selon leur droit propre et non selon le droit chinois. Mais le conflit reprendra de 1856 à 1860, se terminant à nouveau par la défaite de la Chine.

2. La « Constitution de l'empire du Japon », prenant en partie pour modèle l'Allemagne de Bismarck, fut promulguée en 1889.

révolutionnaires espéraient qu'un nouveau régime permettrait d'échapper enfin aux fidélités mafieuses d'une société chinoise engluée dans ses archaïsmes et que l'on disait déjà « féodale ».

En Europe, le bruit autour des affaires chinoises s'amplifiait donc au fil des mois ; en France, il impactait parfois jusqu'à la vie de simples conscrits. Le désir d'être utile, le goût de l'aventure – seule l'armée pouvait offrir de tels voyages aux gens ordinaires – poussaient nombre d'appelés, pour la plupart d'origine paysanne, vers les corps expéditionnaires. Lorsqu'ils rentraient chez eux, ces naïfs combattants du bout du monde se taisaient à tout jamais, rongés intérieurement par les horreurs qu'ils avaient vues, ou se montraient au contraire volubiles, disant à leur entourage quels kaléidoscopes d'images se combinaient dans leur esprit pour former une certitude : la terre chinoise est immense ; son peuple innombrable mais pauvre use de techniques dépassées et les bastions de son empire – le palais impérial de Pékin lui-même – ne pèsent rien face aux modernes armées occidentales. Ainsi, au moment même où l'Europe, deux ans avant la Grande Guerre, préparait le premier acte de sa terrible mutation, paraissait-il évident que l'Empire chinois, depuis longtemps moribond, allait se soumettre et, sans doute, disparaître.

Mais que signifie l'« empire » dans un pays si vaste, si divers, au fil d'une histoire si longue et si violemment troublée ?

L'harmonie et l'unité

L'immense ensemble de peuples et de territoires constituant aujourd'hui la Chine connut, depuis 221 avant notre ère, nombre de régimes autoritaires à prétention universaliste. Si dissemblables qu'ils fussent d'un siècle à l'autre, tous eurent en commun, à un moment donné, le projet d'imposer sur un espace plus ou moins vaste ordre et paix à des communautés différentes, voire en conflit. En chinois, ce type de régime se dit *diguo* 帝國 ; il n'est pas sûr que ce terme renvoie exactement aux mêmes notions que le mot « empire » dans son acception occidentale, mais il en inclut au moins la caractéristique essentielle : au mieux de sa puissance, le *diguo* apporte la paix et, de ce fait, acquiert sa légitimité… tant que dure l'« harmonie », *he* 和, l'équilibre si prisé des théoriciens et si brutalement imposé aux communautés régionales.

Car les empires aussi sont éphémères ; inexorablement, les régions soumises refusent un jour ou l'autre la loi générale ; elles reprennent leur indépendance – économique, politique, culturelle – et se reconfigurent autrement. Les *diguo* disparaissent alors, avant qu'un nouveau groupement ne s'impose, selon une organisation plus ou moins profondément transformée.

Il est donc impossible de parler d'« un » Empire chinois. Il y en eut plusieurs, d'étendues, de puissance, de visées différentes. De cet ensemble émergent les plus remarquables, par les sociétés et les territoires qu'ils fédérèrent à un moment donné ou par la durée : ceux que symbolise ici la référence humoristique du titre aux « neuf vies » (un chiffre bénéfique en chinois) évoquant, dans notre imagination occidentale, celui des « sept vies », ou « sept âmes », que nous attribuons aux chats[3].

Bien loin de ces jeux de mots et associations d'idées qui s'imposent si facilement à l'esprit dans la langue

---

3. En chinois, neuf 九 est un chiffre bénéfique, car sa prononciation (*jiu*, au troisième ton) est identique à celle du mot 久 qui signifie « longtemps, durable ». « Neuf » semble ainsi beaucoup plus propice que « sept » (*qi* 七), même si ce dernier est phonétiquement assez proche de *qi* 氣 (au premier ton), le « souffle ». Ces jeux de mots, constants dans la langue chinoise parlée, ne sont pas seulement frivoles ; ils créent des associations d'idées dont il est souvent difficile de se défaire.

chinoise, il y eut, sur le territoire tantôt étiré, tantôt rétréci de la Chine, un peu moins ou beaucoup plus de neuf « empires » : moins si l'on prend en compte seulement ceux qui régnaient sur l'ensemble, ou presque, du pays actuel ; et beaucoup plus si l'on y ajoute les régimes autocratiques qui n'ont soumis qu'une partie de ces régions, mais exercèrent une influence parfois considérable et durable bien au-delà des espaces qu'ils contrôlaient – je pense, par exemple, à l'empire des Wei septentrionaux 北魏, 386-534, qui, imposé sur un très vaste ensemble en Chine du Nord par des peuples de la steppe, joua un si grand rôle dans la diffusion d'une forme du bouddhisme, en Chine même, puis en Corée et jusqu'au Japon.

Autre question : une fin d'empire, c'est d'abord un drame humain. Un homme et sa famille sont chassés ou, plus généralement, perdent la vie sur fond d'une rupture collective de grande ampleur. Pour tenter de comprendre ce qui se passe en ces situations de cataclysmes, il faut donc suivre les deux pistes, celle d'un destin individuel et celle d'un changement de société.

Il convient aussi de ne pas oublier, en ce monde philosophique chinois qui ne s'appuie sur aucune révélation, mais cherche sa place et son destin dans l'observation de l'univers et de l'histoire, que naître puis disparaître sont dans l'ordre naturel des choses.

Chaque fondateur d'une dynastie, après avoir renversé celle dont il prenait la place, ne méditait-il pas sur le pourquoi de la chute de ses prédécesseurs : ces hommes qu'il avait chassés, tués, et dont pourtant ses fonctionnaires écriraient peu à peu l'histoire comme cela se faisait depuis le IIe siècle avant notre ère, une histoire théoriquement neutre, équitable, distribuant avec impartialité les mérites et les blâmes en juste rétribution des actes accomplis ?

Depuis Sima Qian 司馬遷 (145-86 avant notre ère), le créateur du genre, les histoires dynastiques chinoises fournissent ainsi des modèles de fins des grandes lignées de pouvoir et en donnent une sorte de schéma explicatif. La cause de telles catastrophes serait connue : c'est la faute du souverain ou d'une succession de souverains qui gouvernent mal car ils ont perdu le lien qui les unissait au Ciel ; en d'autres termes, ils ont perdu le charisme et la compétence qui permettent de gouverner.

Les signes en sont récurrents. Le cycle des saisons se dérègle, des phénomènes célestes étranges se produisent, les ordres ne sont plus obéis, les provinces prennent sournoisement leur indépendance, les fonctionnaires militaires locaux se muent en potentats ; mais peut-on le leur reprocher alors que le pouvoir civil s'est dilué, laissant la seule force des armes s'imposer, sans guide ni commandement ?

Les catastrophes naturelles s'enchaînent, d'inondations en tremblements de terre ou épidémies également dévastateurs ; l'impôt ne rentre plus ; les fonctionnaires, mal ou pas payés, vendent au plus offrant ce qui leur reste d'influence ; à la capitale, les eunuques du palais, seuls habilités à servir personnellement le souverain et les femmes du harem, jouent sans encombre et à leur profit de leur proximité d'un pouvoir toujours aussi lucratif, alors même qu'il vacille. Bientôt la révolte gronde, dans les rangs de l'armée, dans la masse artisane et paysanne du peuple ; des troupes de partisans se forment, s'organisent, imposent leur loi rebelle aux campagnes… en espérant que rien ne les arrêtera. La révolution (*geming* 革命) est en marche.

Si les insurgés parviennent à atteindre le cœur de la capitale, ils y voient alors un signe d'acquiescement du Ciel, la preuve de leur légitimité. Honneur au vainqueur et malheur aux vaincus qui tombent sous leur main, impitoyablement passés par le fer s'ils ne se sont déjà suicidés ! Pendant ce temps, les triomphateurs font main basse sur les richesses accumulées à la Cour, puis détruisent les palais dont les superstructures de bois rares brûlent pendant des semaines.

Au fil des jours, les cendres, les tuiles brisées, la terre s'accumulent, recouvrant les terrasses de pierre ou de marbre portant naguère les bâtiments. Puis les herbes folles commencent à y pousser ; la ville-métropole n'est plus qu'un terrain vague où les voyageurs croient voir passer des âmes errantes. Et pourtant ce n'est pas l'empire qui disparaît, mais seulement une dynastie, en fait une famille et son réseau de clientèle. Que l'on se rassure : une autre prend aussitôt sa place.

Que savons-nous de ces événements dramatiques ? Essentiellement ce qu'en disent les histoires dynastiques évoquées plus haut. Ces relations répondent à trois exigences : installer les vainqueurs dans la ligne de ceux qui les ont précédés ; valoriser leur importance en les plaçant dans le temps long ; et démontrer la nécessité de l'unité, garante de la prospérité de tous. Elles permettent ainsi d'expliquer, sans user de termes outrageants, en quoi une prise de pouvoir, si violente soit-elle, relève d'un acte de salut public inéluctable et bénéfique au plus grand nombre.

Ce biais une fois admis, cette source ne perd rien de sa valeur ; c'est là même qu'il faut chercher le portrait-robot officiel des « perdants ».

Figures de perdants des temps anciens

Le premier d'entre eux, chronologiquement parlant, est Er Shi huangdi 秦二世皇帝, le « Deuxième empereur des Qin » (229-207 avant notre ère), qui succéda, après le suicide de son frère, à Qin Shi huangdi 秦始皇帝,

le célèbre « Premier empereur », fondateur du régime. Poursuivant l'œuvre de ses ascendants, ce dernier avait en effet méthodiquement achevé la conquête de l'ensemble des principautés régionales qui, à l'époque des Royaumes combattants (481/453-221 avant notre ère), prospéraient sur une grande part du territoire chinois actuel. Les soumettant une à une par le fer et par le feu, il les avait contraintes à l'unité pour former une nouvelle et grandiose entité : précisément l'empire[4].

Mais il faut croire que le fils n'avait pas hérité de la poigne redoutable – et encore moins des compétences – du père : le « Deuxième empereur » mourut assassiné sur fond de sordides querelles de palais. Il laissait une image si dégradée qu'on ne se donna même pas la peine de lui attribuer un nom posthume, ce qui se faisait pour tout défunt dont on souhaitait honorer la mémoire.

Deux cents ans plus tard, le dernier de la dynastie des Han 漢 occidentaux fut Ying 嬰, un bambin d'un an que Wang Mang 王莽 (45 av. J.-C.-23 de notre ère ; membre d'une famille importante à la Cour) avait mis quelques mois en place pour succéder à deux autres souverains. De ces derniers, les histoires dynastiques retiennent que l'un régna de 7 à 1 avant notre ère et reçut le nom posthume de Ai 哀, « lamentable » (fustigeant, entre autres, une homosexualité affichée, mal

_____

4. Conquérant les royaumes régionaux – issus de la désintégration du pouvoir de l'antique dynastie royale des Zhou 周 (vers 1045-256 avant notre ère) –, il leur avait imposé le système de gouvernement qui avait assuré sa réussite sur son propre territoire et qui deviendra, à partir de 221 avant notre ère, celui de l'empire : organisation paramilitaire de la population, soumission implacable à une loi des plus sévères, unification de l'écriture, des rites, de la musique officielle, de la monnaie, des poids et mesures, des principales voies de communication, de la largeur des essieux des voitures ; il fit aussi aménager la Grande Muraille afin de protéger les frontières du Nord et du Nord-Ouest, que perturbaient souvent des incursions de peuples nomades (les Xiongnu 匈奴).

vue en milieu confucéen et rendue responsable de ses erreurs). L'autre, Pingdi 平帝, était un enfant de neuf ans : un malheureux que l'ambitieux Wang Mang, tirant déjà les ficelles et après l'avoir choisi (en 6 de notre ère), fit empoisonner trois ans plus tard afin de fonder sa propre maison, les Xin 新 (littéralement « nouveau »). Mais, après un règne d'une quinzaine d'années, Wang Mang, toujours impuissant face aux grands propriétaires fonciers qui persistaient à soutenir les Han, n'eut d'autre issue que mourir les armes à la main.

Malheur aux vaincus ! Prenant aux yeux de la postérité la figure exécrable d'un usurpateur, il devint un objet d'opprobre, tandis que les Han récupéraient leur trône et, pour un temps compté, paraissaient invincibles.

L'embellie fut pourtant de courte durée. Aux frontières de l'Ouest et du Nord, des peuples nomades, en pleine expansion économique et militaire, se faisaient de plus en plus pressants, et, du point de vue chinois, menaçants. Les souverains Han décidèrent, afin d'éviter des incursions indésirables dans la capitale, de transférer la Cour à Luoyang 洛阳, au Henan, à cinq cents kilomètres à l'est de Chang'an 長安 – où ils étaient établis, au Shaanxi, depuis plus de deux cents ans. Cette décision s'appuyait sur un précédent : les rois d'une dynastie antique, dite des Zhou 周, l'avait prise aussi environ huit siècles plus tôt pour les mêmes raisons. Mais, agissant ainsi, les Han orientaux, comme leurs prédécesseurs des temps préimpériaux, montraient qu'ils renonçaient à contrôler de près une partie importante de leur territoire ; cela revenait à entériner une forme de déclin.

Ces seconds Han, dits désormais « orientaux » – par rapport à leurs ancêtres que l'on dit « occidentaux » –, parvinrent néanmoins à se maintenir à leur tour un peu plus de deux cents ans, malgré des fortunes diverses, traversées de terribles crises climatiques, frumentaires, démographiques et philosophiques.

Le dernier de la lignée fut l'empereur Xian 獻 (littéralement le « présent », le « visible ») qui monta sur le trône en 189 de notre ère. Il y resta trente et un ans, jusqu'au jour où un général, Cao Pi 曹丕 (187-226), finit par le contraindre à l'abdication (en 220). Mais cette fois-ci il n'était plus question de mettre en place une nouvelle lignée ; l'empire se scindait en trois royaumes indépendants : un éclatement qui marque un tournant majeur.

Pour la première fois depuis 221 avant notre ère (soit quatre siècles et demi), l'unité territoriale est brisée. Et pourtant l'empereur Xian reçut à sa mort le nom de Xiaomin huangdi 孝愍皇帝, « l'empereur plein de piété filiale ». Sans doute parce que aucun des chefs d'État désormais régionaux ne voulait prendre le risque de fustiger le dernier représentant de l'unité dont ils rêvaient alors tous sans parvenir à l'imposer à leurs compétiteurs ?

Il faudra en effet attendre de nouveau quatre cents ans pour la voir réinstaurée, d'abord en 581 par les Sui 隋 (581-618), puis en 618, à l'échelle de tout le territoire, sous l'égide des fondateurs de la dynastie des Tang 唐 (618-907). Ces derniers dureront presque trois siècles : un peu plus de cent trente ans d'expansion et de splendeur, suivis d'une longue désagrégation.

Le dernier d'entre eux fut l'empereur Zhaoxuan 昭宣 dont le nom posthume est celui que reçut jadis l'antépénultième empereur des Han occidentaux, Aidi 哀帝, l'empereur triste, malchanceux, pitoyable et même lamentable : une manière simple et efficace de résumer sa vie, tout en le déchargeant, pour une fois, de la responsabilité du désastre, puisqu'il s'agit d'un enfant.

Le malheureux était monté sur le trône à onze ans, succédant à son père, l'empereur Zhaozong 昭宗 (r. 888-904) qu'un seigneur de la guerre, Zhu Quanzhong 朱全忠 (852-912), venait d'assassiner. Ce redoutable personnage se croyait tout permis depuis qu'il avait contribué, en le trahissant, à venir à bout d'un non moins terrible adversaire des Tang : Huang Chao 黃巢 (mort en 884), dont la révolte antidynastique ensanglanta le pays à partir des années 870.

L'empereur-enfant Zhaoxuan commence donc son règne en 904, dans la main du chef de guerre qui, trois ans plus tard, en 907, le force à abdiquer, puis le fait empoisonner (908). Le champ ainsi libéré, le général Zhu se lance alors à la conquête de la Chine centrale où il fonde à son tour, sur un territoire réduit, une dynastie dite des Liang postérieurs 后梁.

Les vieux démons de l'éclatement semblent de retour, comme à l'époque des trois royaumes. Cette fois-ci pourtant, ils ne s'imposeront pas plus d'un demi-siècle, car un phénomène nouveau vient d'apparaître.

D'une aristocratie militaire à une aristocratie civile

Depuis un temps immémorial – depuis les premières cités-États de l'âge du bronze, et donc bien avant la fondation du premier empire – les hommes tenant le pouvoir et ses bases matérielles – les terres nourricières, les gisements et les réserves de métaux – avaient tous un point commun : ils s'imposaient, au fil des générations, comme une puissante aristocratie guerrière. Même s'ils s'appuyaient pour gérer leurs territoires sur les talents de civils aux multiples compétences – les *shi* 士, les « lettrés » dont Confucius (551-479 avant notre ère) fut le premier représentant érigé en modèle –, et même si ces derniers supportaient de plus en plus mal la tutelle des hommes d'armes, ceux-ci, et eux seuls, tenaient le haut du pavé.

Or cela change précisément à la fin du IXe siècle, avec l'apparition de Huang Chao, évoqué plus haut : justement un lettré, furieux de la pusillanimité et de l'incompétence de ses maîtres au bras armé. Lorsqu'il engage, avec rage, une lutte à mort contre ces derniers, c'est toute une classe sociale qu'il veut détruire. Même sa mort ne suffit pas à arrêter le mouvement révolutionnaire radical dont il a pris la tête. Trente ans après le décès de leur chef, ses émules perpétuent coups de main et assassinats systématiques des membres de l'aristocratie guerrière traditionnelle. Ils génèrent ainsi un chaos généralisé et précipitent la chute des Tang, déjà englués dans les intrigues de cour et de graves difficultés économiques.

Un demi-siècle plus tard, la postérité des lettrés séditieux a gagné. Alors que les régions et leurs habitants aspirent d'urgence à la paix, des administrateurs civils, peu à peu, imposent cette idée fondatrice des empires du IIe millénaire, selon le comput international actuel : le glaive des combattants, une fois les batailles gagnées, doit laisser la place au pinceau des « administrateurs-lettrés ».

Mais les plus brillants de ces empires (les Song : 960-1279[5] ; les Ming : 1368-1644 ; et les Qing : 1644-1912), s'ils surent, à partir du XIe siècle, passer peu à peu du statut militaire à celui d'un gouvernement civil, n'en furent pas pour autant indestructibles.

Fins dynastiques du IIe millénaire

La dynastie des Song 宋, dite plus tard « du Nord » (960-1127) pour qualifier l'implantation géographique de sa capitale, dut se replier, au bout de quelque cent cinquante ans de règne, devant l'avancée d'ethnies proto-turques qui colonisaient la vallée du fleuve Jaune. Le

---

5. Partagés en Song du Nord, 960-1125/1127, et Song du Sud, 1135-1279.

souverain auquel la responsabilité en incombe fut le célèbre Huizong 徽宗 (r. 1100-1126).

Son nom posthume (abrégé) est Xianxiao huangdi 顯孝皇帝, « empereur plein de piété filiale ». Ses talents d'artiste, son goût pour les objets raffinés, sa passion pour la poésie et la philosophie ont fait pardonner son aveuglement stratégique qui lui suggéra, pour protéger les frontières septentrionales, une dangereuse alliance. Il s'agissait d'une manœuvre séduisante – en théorie : prendre à revers les « barbares » les plus proches en favorisant l'avancée de leurs ennemis, les « barbares » les plus éloignés. Ce fut en fait une erreur fatale[6].

Pourquoi une telle clémence pour un souverain ainsi vaincu ? Sans doute parce qu'il fut le premier à payer le prix de ses errements politiques, puisqu'il mourut en captivité (1135), prisonnier, sur le territoire de l'actuelle Mandchourie, des Jurchen[7] en qui il avait mis tant d'espoirs, mais qui, de fait, avaient chassé son gouvernement et l'avaient pris en otage.

---

6. Les Qidan 契丹 – auxquels Huizong espérait reprendre les territoires sur lesquels ils s'étaient installés en Chine du Nord, après y avoir fondé en 907 la dynastie des Liao 遼 –, s'effondrèrent effectivement, comme l'espérait l'empereur, sous les coups des Jurchen – originaires de l'actuelle Mandchourie. Mais ceux-ci, loin de se contenter de cette victoire, poursuivirent leur avancée et ne firent bientôt qu'une bouchée des troupes des Song. Le gouvernement dut fuir la capitale (Bianliang 汴梁, aujourd'hui Kaifeng 开封, au Henan) et se replier sur le fleuve Bleu, alors que, pour bloquer l'irrésistible avancée des ennemis, on ouvrait les digues du fleuve Jaune – une manœuvre désespérée qui brisa, certes, l'allant des conquérants, mais fit encore plus de victimes chez les Chinois. Les Jurchen, en effet, se maintinrent en Chine du Nord où ils avaient fondé (1115) la dynastie des Jin 金 que seule l'invasion mongole parviendra à soumettre (1234). Les Song, dès lors, ne régnèrent plus que sur la moitié sud de la Chine.

7. L'une des ethnies que Nurhaci (1559-1626) devait fédérer pour constituer les Manzhou 满洲 (Mandchous, qui allaient conquérir la Chine en 1644 et fonder la dernière dynastie qui régna sur la Chine, les Qing 清).

Un siècle et demi plus tard, les Song dit « du Sud »
(1127-1279), après que le gouvernement se fut replié à
Hangzhou 杭州 (au Zhejiang), tombent à leur tour sous
les coups d'autres étrangers : cette fois-ci les armées
mongoles.

Le dernier des Song du Sud – tout comme le dernier
des Tang ou, beaucoup plus tard, le dernier des Qing –
est un enfant, le petit empereur Bing 昺, le « Glorieux »
(1271-1279). Quand il monte sur le trône, il n'a que sept
ans et sa situation est quasiment désespérée : les Mongols ont conquis presque tout le territoire qu'il était censé
contrôler. En fait, les jeux étaient déjà faits sous le règne
de son prédécesseur Zhao Shi 趙昰 (r. 1276-1278).

Le dernier acte du drame s'ouvrit quand Pu Shoukeng
蒲壽庚, un puissant marchand musulman qui tenait
Quanzhou 泉州 (au Fujian, face au détroit de Taïwan)
refusa de mettre sa flotte à la disposition des Song dont,
disait-il, il ne supportait plus l'arrogance.

L'amiral en chef des Song, Zhang Shijie 張世傑, tenta,
en vain, de jouer de son autorité perdue, afin de contrer
Pu Shoukeng. Mais les Mongols avançant plus vite que
prévu, la Cour dut fuir, prenant la mer en urgence sur
des bateaux volés, tandis que Pu faisait massacrer les
membres de la famille impériale qui n'avaient pu s'embarquer. Les Mongols, de leur côté, avaient dès lors en
main une armada remarquable s'ajoutant aux excellents
navires Song qu'ils avaient déjà saisis lors de leur avancée au fil du fleuve Bleu et des côtes. La poursuite pouvait commencer. Et voici qu'une tempête s'abat sur les
Song dont la mer engloutit les navires ; les naufragés
gagnent l'île de Lantau 爛頭 (Hong Kong) où l'empereur
Zhao Shi meurt d'épuisement et de désespoir. Alors qu'on
intronise en urgence le petit Bing, l'amiral Zhang Shijie
dévoile son plan de la dernière chance : il conduira le
jeune souverain et la cour à Yamen 厓門 (Guangdong),
lieu stratégique d'où il pourra organiser la résistance.

Mais les Mongols continuent d'avancer… jusqu'à Yamen où, le 12 mars 1279, s'engage la bataille finale. Jugeant la situation désespérée, le général Lu Xiufu 陸秀夫 (1236-1279) prend l'empereur enfant dans ses bras et se jette avec lui dans la mer – tandis que Zhang Hongfan 張弘範 (1238-1280), un autre général chinois, mais passé à la solde des Mongols, crie victoire.

Terrifiés à l'idée du sort qui les attend s'ils tombent aux mains de l'ennemi, la plupart des survivants de la famille impériale s'abandonnent eux aussi aux flots. De ce jour, la bataille de la falaise de Yamen alimente tout un courant élégiaque. Il existe toujours à Shenzhen 深圳 une tombe émouvante, celle dite du « petit empereur », le dernier des derniers des Song – ces monarques dont les générations ultérieures diront que, par-delà les catastrophes qu'ils ne purent empêcher, ils furent pourtant les plus vertueux des empereurs que la Chine eût jamais connus !

Tournant le dos aux pratiques des régimes aristocratiques antérieurs, ils ont en effet inventé et construit le modèle théorique d'une administration civile idéale – celle qui fit tant rêver nos philosophes des Lumières. Dès 973, ils avaient ainsi instauré les premiers concours de recrutement des fonctionnaires, concours qui devinrent réguliers à partir du milieu du XIe siècle. Ce système permettait d'attribuer les postes administratifs non pas aux hommes « bien nés », mais aux meilleurs dont les compétences étaient jugées et sanctionnées par des examens.

Juste retour des choses ? La dynastie des Yuan 元 (1279-1368), fondée par les vainqueurs mongols, ne devait régner que quatre-vingt-dix années. Les Chinois disent que cela fut justice, car les envahisseurs tournèrent le dos à tous les principes du bon gouvernement, allant jusqu'à supprimer pendant plusieurs années les examens impériaux et redonnant un poids exorbitant à l'arbitraire.

Le dernier d'entre les Yuan fut Toghon Temür (1320-1370), monté sur le trône en 1333, à treize ans. De terribles querelles ensanglantent à l'époque le palais et l'on sait le jeune empereur placé sous la coupe de conseillers peu recommandables. Mais il se met au travail. Comme ses aïeux, il soigne ses alliances extérieures. Ainsi, en 1336, écrit-il au pape Benoît XII pour lui demander de nommer un successeur à Jean de Montecorvino, archevêque de Khanbalik (la future Pékin), décédé huit ans plus tôt. Puis, revenant vers une conception plus confucéenne du gouvernement, il remet en chantier la rédaction des histoires dynastiques (1345), se plaçant ainsi dans la ligne des « bons » souverains selon les lettrés chinois.

Mais est-il encore question de littérature et de gestion équitable ? La corruption sévit partout et à tous les niveaux, à telle enseigne que, lorsque le gouvernement lance une action pour récupérer l'impôt sur le sel, les faux-sauniers prennent les armes (1348).

De plus, la nature s'en mêle : un dérèglement climatique imposant une spirale infernale de sécheresses et d'inondations, les eaux divagantes du fleuve Jaune provoquent famine, catastrophes et ravages en série. Pendant ce temps, des groupes armés chinois – un mouvement de rébellion paysanne auquel une vive foi bouddhique parfois teintée de manichéisme donne une puissance et une cohérence rares – remontent de la province méridionale du Zhejiang.

En 1351, les rebelles, regroupés dans la société secrète des Turbans rouges[8] (Hongjin 紅巾) liée au mouve-

---

8. « L'armée des Turbans rouges » 紅巾軍 (évoquant la coiffure dont ses combattants se ceignent la tête) suscite des troubles en 1348 au Zhejiang lorsque son leader s'y déclare chef de région. Mais c'est sous

ment sectaire bouddhique du Lotus blanc, se joignent aux profiteurs de la gabelle. L'un des chefs des Turbans rouges est un paysan pauvre, Zhu Yuanzhang 朱元璋 (1328-1398), appelé à un très grand avenir, ce que nul ne sait encore.

Devant l'imminence du danger, Toghon Temür tente de rassembler une grande armée pour écraser la double insurrection, mais les généraux du clan impérial mongol sont davantage obnubilés par leurs rivalités intestines que par le maintien de l'ordre dans l'empire. Le souverain n'a plus qu'un choix : se tourner vers les seigneurs de guerre régionaux, des alliés aussi versatiles que peu contrôlables.

En 1364, l'un d'entre eux, au lieu d'affronter les insurgés, met la main sur Khanbalik. Et l'irréparable se produit enfin quatre ans plus tard : en 1368, Zhu Yuanzhang gagne une bataille décisive puis fonde la dynastie des Ming 明, la « Lumière » ; il s'en proclame le premier empereur, puisque le Ciel lui a donné la victoire.

Lentement, les administrateurs-lettrés reprennent dans l'organigramme de l'État la place qui était la leur avant l'invasion mongole et, tandis que s'exprime un vif sentiment national, on restaure l'étude de la civilisation chinoise ancienne. Dans les régions maritimes, se développe une riche bourgeoisie industrieuse et marchande, si bien que, malgré un gouvernement central que gangrèneront vite les intrigues de palais et la corruption, le règne des Ming correspond à une période de développement économique considérable. Renonçant

_____

l'autorité des dirigeants de la société locale du Lotus blanc (Bailianjiao 白蓮教), une secte bouddhiste millénariste qui sera dès lors impliquée, au fil des siècles suivants, dans de nombreuses révoltes populaires, que le mouvement s'organise et prend de l'ampleur. Conduit localement par différents seigneurs de guerre indépendants, il fait bientôt tache d'huile sur un immense territoire, gagnant (1351) la Grande Plaine et le bassin du fleuve Jaune malgré l'action répressive des forces mongoles.

paradoxalement à user de leur puissance sur les mers, et contrôlant strictement les frontières, les gouvernements successifs des Ming n'en furent pas moins, en répondant à partir du XVIe siècle aux commandes des marchands européens, les artisans de la présence industrieuse et commerciale chinoise sur l'ensemble du Vieux Monde.

Mais, pour en arriver là, il avait d'abord fallu chasser Toghon Temür, qui s'enfuit vers le nord pour gagner son camp d'été (Shangdu 上都, Xanadu pour les Occidentaux) ; l'année suivante cependant, les Chinois s'en emparent aussi et le fugitif décampe à nouveau. Il s'enfonce toujours plus loin dans les steppes, où la mort finit par le rattraper (1370). Les histoires dynastiques lui attribuent généreusement le nom posthume de Shundi 順帝, l'« empereur conforme » : « conforme », « comme il faut », parce qu'il a eu le bon goût de déguerpir sans imposer à ses ennemis de le tuer ?

Lorsque les Ming, presque trois cents ans plus tard, se trouvent à leur tour au bord du gouffre, le souverain régnant est Chongzhen 崇禎, « honorable et auspicieux », le seizième empereur de sa lignée. À peine intronisé (1627), alors qu'il a seize ans, il doit affronter le redoutable pouvoir des eunuques qui administrent le palais et en tirent des pouvoirs exorbitants : l'un d'entre eux, Wei Zhongxian 魏忠賢 (1568-1627), soumet à la torture et tue quiconque s'oppose à ses visées dictatoriales. Chongzhen parvient néanmoins à conduire le factieux au suicide.

Mais une fois de plus, le Ciel s'en mêle : la Chine connaît depuis plusieurs années une sorte de mini-âge de glace. Les récoltes meurent sur pied ; à partir des années 1620 la famine s'étend de manière endémique dans les campagnes, et avec elle les révoltes frumentaires. La contestation enfle le long du fleuve Jaune, au point qu'en 1644 l'un des insurgés, Li Zicheng 李自成 (1606-1645), entre dans la capitale. Venu du lointain Shaanxi, à l'ouest, il s'est déjà autoproclamé empereur-fondateur d'une nouvelle dynastie. Mais Chongzhen tient bon ; ses conseillers le supplient de quitter Pékin et de se replier sur Nankin ; il refuse. Pourtant, le 24 avril, il devient évident que les fonctionnaires de la Cour ont vu juste : Li Zicheng parvient à forcer les murailles du palais.

Réalisant que tout est perdu, Chongzhen se retourne contre l'une de ses concubines, la tue, et conseille aux autres de se pendre. Il exécute également l'une de ses filles, tandis que l'impératrice, obéissante, cherche une corde pour se suicider. Chongzhen, lui, s'enfuit par la porte nord du palais, monte dans le jardin d'où l'on a une vue sublime sur l'ensemble des bâtiments impériaux et finit par s'y étrangler à son tour avant que les insurgés ne le capturent. Il était temps : Li Zicheng, vainqueur, est déjà dans la place, mais pas pour longtemps.

Les armées des ethnies du nord, qui se sont fédérées au cours du premier quart du XVIIe siècle et se nomment désormais Mandchous, entrent à leur tour dans la ville et le palais… pour venger les Ming, disent leurs généraux. Les Mandchous traquent sans pitié le rebelle et fondent la nouvelle dynastie des Qing 清 (littéralement les « Purs ») : combattants redoutables, mais aussi fins stratèges, ils ont réussi, phénomène rarissime, à prendre la capitale sans qu'elle soit totalement détruite ; et, puisque Chongzhen avait refusé de partir pour Nankin, ils y trouvent tous les rouages gouvernementaux, fragilisés, certes, mais fonctionnant toujours.

Il reste pourtant aux Mandchous à écraser la résistance des loyalistes aux Ming. La purge, terrible, ravagera pratiquement tout le sud du fleuve Bleu et provoquera trente ans de conflits dévastateurs, mais c'est une autre histoire.

Le dernier empereur des Ming est resté dans les annales et au temple des ancêtres sous le nom de Lie huangdi 烈皇帝, l'« empereur martyr » ou encore « loyal ». Certains, notamment les Européens (en l'occurrence les jésuites), présents en Chine à l'époque, ne manquèrent pas de s'en étonner, lui reprochant d'avoir songé d'abord à tuer les femmes de son entourage. Mais, au bout du compte et parvenu au plus profond du désespoir, Chongzhen a sauvé son honneur et celui de sa lignée.

Sans doute n'est-il pas possible d'en dire autant du dernier des Qing : Puyi, le faux empereur, ou plutôt l'empereur qui n'a jamais rien pu voir ni rien entendre, puisqu'il fut intronisé à trois ans (1908) et contraint à l'abdication dès ses six ans (1912). Sa destinée est bien connue : devenu plus tard un jouet aux mains des armées japonaises qui font de lui un éphémère « empereur de Mandchourie », il tombe ensuite au pouvoir de ses geôliers soviétiques, puis de ses rééducateurs chinois communistes, ces derniers le transformant en jardinier avant d'en faire un modeste cadre du régime.

Puyi, qui avait reçu pour nom de règne Xuantong 宣統, « Proclamer l'unité », est au bout d'une destinée tragique celui qui enterre avec lui non seulement une dynastie, mais aussi le régime impérial dans son ensemble.

On le nomme donc, avec une clairvoyance incisive, et pourtant respectueuse, *modai huangdi* 末代皇帝, l'« empereur d'une époque qui parvient à sa fin ».

Des causes et des effets

Au-delà des destins individuels, il faut maintenant regarder les événements, les cheminements qui ont placé ces lignées et ces derniers dynastes en situation d'échec. Certaines causes semblent récurrentes.

La première tient à l'existence du harem, aux intrigues des femmes – en fait celles de leurs familles qui y placent leurs filles afin de disposer d'un pion proche du pouvoir. La seconde découle du mode de désignation de l'héritier : la possibilité pour le souverain de le choisir librement, puis de changer d'avis, multiplie, lorsque l'empereur régnant n'y veille pas de près ou bien lorsque les décès prématurés déstabilisent la succession, les désignations, suggérées par un entourage intéressé, de souverains-enfants impliquant des régences… par essence fragiles.

Enfin, le monde fermé de la Cour et du harem favorise le développement de groupes mafieux qui prennent peu à peu le gouvernement central en otage et le font tourner à leur bénéfice exclusif.

Outre cet esprit de cour, un cas de figure récidivant et particulièrement lourd de conséquences fut une politique de défense hasardeuse, fondée sur le principe qu'il faut « combattre les barbares par les barbares », c'est-à-dire confier l'essentiel de la protection des frontières à des troupes issues des ethnies de la périphérie dont on vante l'ardeur guerrière, le talent au combat et la parfaite connaissance des attaquants auxquels ils doivent se confronter – une compétence que les troupes chinoises régulières issues de la conscription n'ont pas.

Choix parfois efficace, mais toujours dangereux : dès que les régiments étrangers prennent la mesure de leur puissance, ils ont la tentation de balayer le gouvernement qui les paie, mais ne tient debout que grâce à eux.

En fait, et malgré les discours récurrents des lettrés sur la paix et l'harmonie, la Chine n'a pu rester solide qu'au prix d'une lutte perpétuelle sur tous les fronts extérieurs, en repoussant constamment ses frontières, en conquérant des territoires, en étendant des protectorats (toujours remis en cause)[9], en faisant montre de sa puissance militaire et de sa détermination à imposer l'unité ; et cette lutte – malgré la Grande Muraille que les peuples de la périphérie ont presque toujours su contourner – a brûlé ses forces vives. Mais y avait-il d'autres voies ?

Quand les Song réussirent au XIe siècle à instaurer une paix de cent ans – phénomène unique dans l'histoire chinoise –, ils perdirent finalement la partie. La survie et la grandeur du *diguo* 帝国, c'est la guerre aux frontières, l'expansion toujours soutenue ou protégée, mais à condition que le peuple ne se sente pas écrasé par la lourdeur du service militaire et des impôts : telle fut l'une des insolubles quadratures du cercle que les fonctionnaires impériaux chinois ne purent finalement jamais résoudre.

Un nouvel empire ?

Le passage à la république (1912-1949) n'apporta pas pour autant la solution. Il se traduisit au contraire par une anarchie tous azimuts et une recrudescence de tous les drames possibles, jusqu'au pire : l'invasion étrangère – en l'occurrence japonaise – et totale. Le sentiment

---

9. Par exemple : en 179 avant notre ère, l'autorité des Han s'étend au royaume de Nan Yue 南越 (dont la capitale correspond à l'actuelle Canton) ; en 108 avant notre ère, présence en Corée ; en 618, protectorat sur l'Annam ; en 630-645, contrôle des routes vers l'Asie centrale ; en 1405-1433, expéditions maritimes de Zheng He 郑和 (1371-1433) en Asie du Sud-Est et sur les côtes orientales de l'Afrique ; en 1407-1427, occupation de l'Annam ; en 1683, implantation à Taïwan ; en 1751, protectorat chinois sur le Tibet ; en 1759, annexion de la zone du Taklamakan (futur Xinjiang) ; en 1788-1789, envoi de troupes en Annam ; en 1881-1884, rattachement à l'empire des « nouveaux territoires » (Xinjiang 新疆) ; en 1885, Taïwan devient une province de l'empire.

d'extrême humiliation et les terribles massacres qui s'ensuivirent plongèrent le pays dans le chaos et dans une désespérante mésestime de lui-même.

C'est sans doute pourquoi de nos jours, avec un certain recul du temps, plus de soixante-cinq ans après la fondation de la République populaire (1949) qui causa, durant ses vingt-cinq premières années, la mort affreuse de tant d'innocents, la figure fondatrice et terrible de Mao Zedong reste pourtant globalement positive – comme celle du Premier empereur. Les citoyens chinois d'aujourd'hui ne nient pas les erreurs et la folie criminelle qui s'empara de Mao, dès les années 1950, bien avant la Révolution culturelle (1966-1976), mais ils le créditent d'un rôle majeur : il a rendu à la Chine ce qui faisait sa grandeur – l'unité conjuguée à l'indépendance. Le pays put ainsi recommencer d'exister face aux autres nations, puis rêver peu à peu de s'imposer comme la première puissance mondiale, sous la houlette de son successeur Deng Xiaoping 鄧小平 (demeuré au pouvoir de 1978 à 1989).

La puissance, l'influence et la richesse d'un pays aussi peuplé et développé implique une souveraineté sur un vaste espace dont la constitution et la stabilité définissent l'efficacité et la raison d'être du pouvoir en place. Cette double question de l'espace et de la stabilité se pose toujours pour la Chine actuelle dont les velléités expansionnistes se comprennent mieux quand on les confronte à celles des empires d'autrefois et aux difficultés que ces derniers durent affronter.

Sous l'ancien régime, l'expansion chinoise se dirigeait, en fonction des urgences du moment, tour à tour au nord, à l'ouest, au sud-ouest, vers les confins de l'empire, afin d'assurer la tranquillité du cœur du pays – le centre, entre fleuve Jaune et fleuve Bleu – en imposant aux peuples perçus comme périphériques une subordination théorique et bien souvent réelle.

Cette politique, dans son versant diplomatique, se traduisait par le respect d'un rituel : tous les étrangers se rendant à la cour de Chine pour proposer et engager des échanges étaient considérés comme venant apporter un tribut et dire par là même leur soumission au fils du Ciel ; en retour, l'empereur les gratifiait de divers cadeaux – car il n'était pas admissible que le souverain chinois fût redevable de quoi que ce soit à des gens venus d'ailleurs.

C'est précisément ce type de relations que les marchands britanniques refusèrent avec éclat, à partir de la fin du XVIIIe siècle, accusant le gouvernement chinois d'un archaïsme que les historiens contestent aujourd'hui, à juste titre, en prenant en compte d'autres aspects et réalisations du gouvernement impérial de l'époque.

Car ce système du tribut, évidemment injuste, discriminatoire et méprisant, avait une raison d'être : il permettait, dans le cas des relations avec les proches voisins du nord et du nord-ouest, de nouer aisément des liens réguliers et peu contraignants avec des populations nomades, vivant sur des terres peu ou assez peu propices aux cultures. Pour ces éleveurs, en effet, les territoires étaient des lieux de passage et non des espaces précisément et définitivement délimités. Personne parmi eux ne comprenait la notion de frontière fixe et plus ou moins linéaire : celle que les Chinois tentaient inlassablement de marquer en construisant et reconstruisant avec un succès mitigé la Grande Muraille. La paix ou la guerre, l'alliance ou la rupture entre ces peuples et l'empereur de Chine ne s'inscrivaient pas dans une géographie précise ; elles reposaient sur la qualité et la fréquence d'un lien personnel, fait d'échanges réguliers de cadeaux et de mariages avec des princesses chinoises.

Pour que les relations changent, il faudra précisément que d'anciens nomades devenus sédentaires – les Mandchous – découvrent l'ancrage, la notion de territorialité,

13

FINIS AUSTRIAE (1918)

par Jean-Paul BLED

La monarchie habsbourgeoise compte depuis des siècles parmi les grandes puissances européennes. À l'ouest, elle s'est longtemps opposée à la France des Valois, puis des Bourbons, tandis qu'à l'est elle montait la garde face aux Turcs. Après l'échec du second siège de Vienne en 1683, est lancée l'entreprise de *Reconquista* qui amorce le recul de la puissance ottomane en Europe. Les Habsbourg contrôlent maintenant l'Europe centrale. Pourtant une nouvelle menace se dessine à partir de Frédéric II. La Prusse commence à disputer à l'Autriche son hégémonie en Allemagne. C'est le début d'une lutte qui trouve son épilogue en 1866 à Sadowa. Forte de sa victoire, la Prusse de Bismarck chasse d'Allemagne l'Autriche de François-Joseph qui a perdu en parallèle sa sphère d'influence en Italie.

LA MONARCHIE DES HABSBOURG À LA VEILLE DE LA PREMIÈRE GUERRE MONDIALE

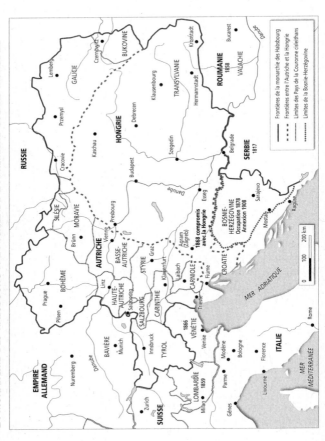

EMPIRE ALLEMAND

Nuremberg

Munich

BAVIÈRE

Danube

SUISSE

Zurich

TYROL

Innsbruck

Milan

LOMBARDIE 1859

Gênes

Parme

Modène

Bologne

ITALIE

Florence

Rome

Livourne

MER MÉDITERRANÉE

Pilsen

Prague

BOHÊME

Brünn

MORAVIE

SILÉSIE

RUSSIE

Cracovie

Przemysl

Lemberg

Czernowitz

GALICIE

BUKOVINE

HAUTE-AUTRICHE

Linz

SALZBOURG

Salzbourg

AUTRICHE

BASSE-AUTRICHE

Vienne

Presbourg

STYRIE

Graz

Klagenfurt

CARINTHIE

Laibach

Klausenbourg

Debrecen

HONGRIE

Kaschau

Szegedin

Hermanstadt

Kronstadt

TRANSYLVANIE

Bucarest

ROUMANIE 1858

VALACHIE

Danube

Budapest

Danube

CARNIOLE

Agram (Zagreb)

Eseg

CROATIE

Fiume

Trieste

VÉNÉTIE 1866

Venise

1868 compromis avec la Hongrie

BOSNIE-HERZÉGOVINE
Occupation 1878
Annexion 1908

Sarajevo

Mostar

Belgrade

SERBIE 1817

Raguse

MER ADRIATIQUE

0   100   200 km

Frontières de la monarchie des Habsbourg

Frontières entre l'Autriche et la Hongrie

Limites des Pays de la Couronne cisleithans

Limites de la Bosnie-Herzégovine

Le désastre de Sadowa marque un tournant dans l'histoire de la monarchie. À l'intérieur d'abord, celle-ci est réorganisée par le compromis de 1867 sur la base d'un condominium austro-hongrois qui suscite un fort mécontentement chez les autres peuples de cette monarchie multinationale. À l'extérieur, pour conserver son statut de grande puissance, l'Autriche-Hongrie doit se tailler une nouvelle zone d'influence. Elle va la chercher dans les Balkans. Mais elle risque de s'y heurter à la Russie qui a aussi des ambitions dans cet espace. Est également programmé un conflit avec la Serbie qui aspire à rassembler sous son égide les Slaves du Sud. Celui-ci se fixe sur la Bosnie-Herzégovine occupée par l'Autriche-Hongrie depuis 1878, avant d'être annexée par elle en 1908. Il est à l'origine de l'attentat de Sarajevo où François-Ferdinand, l'héritier du trône, perd la vie. Cet assassinat sert de détonateur à la crise qui conduit à la conflagration européenne de l'été 14.

Lorsque Vienne déclare la guerre à la Serbie le 28 juillet 1914, chacun calcule qu'elle sera courte. Il suffira de quelques semaines à l'armée austro-hongroise pour mettre la Serbie à genoux. Quelques jours plus tard, la donne a radicalement changé : avec l'entrée en guerre des grandes puissances (Allemagne, France, Russie, Grande-Bretagne), de balkanique le conflit est devenu européen, sans doute même mondial. Et pourtant l'opinion n'a pas varié. Tous acquis à une stratégie offensive, les belligérants sont convaincus que les hostilités ne pourront durer au-delà de quelques mois. Guillaume II promet même aux soldats allemands qu'ils seront rentrés dans leurs foyers pour la Noël.

L'Autriche-Hongrie n'échappe pas à la règle : à l'égal des autres pays sous les armes, elle est emportée par un fort mouvement d'union sacrée. Oubliées les tensions nationales qui la minaient et devant lesquelles beaucoup d'observateurs s'attendaient à ce qu'elle ne pût résister à l'épreuve d'une guerre. Bismarck l'avait prédit : « Que l'empereur François-Joseph monte en selle et vous verrez que les peuples de son empire le suivront. » Les faits lui donnent raison. Quand, après la déclaration de guerre à la Serbie, François-Joseph signe un appel *À mes peuples*, aucun ne lui fait défaut, preuve que le patriotisme dynastique est toujours très vivant. Plus, une atmosphère de liesse s'empare des populations.

Or l'espoir d'un conflit court se révèle vite une illusion. Les années succèdent aux années. En ce début de 1918, la guerre fait toujours rage. À y regarder de haut, la situation militaire peut paraître favorable. Sur les différents fronts où elle est engagée, l'armée austro-hongroise occupe des positions à son avantage. Il n'en a pas toujours été ainsi. La monarchie a commencé par subir de lourds revers. À l'est, les Russes lui portent des coups sévères jusqu'à décembre 1914 ; trois offensives en Serbie se soldent par des échecs humiliants. 1915 est l'année du grand retournement. C'est au tour des Russes de battre en retraite, jusqu'à évacuer la partie de la Pologne qu'ils occupaient depuis un siècle ; en novembre, les Serbes sont mis hors de combat ; alors qu'entrés en guerre en mai, ils pensaient remporter une victoire facile sur un adversaire affaibli, les Italiens sont impuissants à percer les défenses austro-hongroises dans le massif de l'Isonzo. 1916, nouvelle alerte ! Sous les coups de boutoir de l'offensive Broussilov, l'armée austro-hongroise est au bord de la rupture. En 1917, *bis repetita*, le scénario s'inverse. Sortie épuisée de la récente campagne, travaillée par le prurit révolutionnaire, l'armée russe s'effondre. Désormais, le maître du pays, Lénine, n'a plus qu'une idée : signer la paix au plus vite. C'est chose faite le 3 mars 1918. Le traité de Brest-Litovsk scelle la victoire des puissances centrales. Imprudemment entrée dans la guerre en septembre 1916, la Roumanie connaît le même sort. Quant à l'Italie, elle subit en octobre une déroute mémorable à Caporetto qui reporte la ligne de front sur la Piave. Et pourtant, au-delà des apparences, ces succès indéniables sont pour partie en trompe l'œil. En plusieurs occasions, l'armée austro-hongroise n'a dû d'échapper à des catastrophes qu'à l'intervention d'unités allemandes venues à l'aide d'un allié en grande difficulté.

L'empire blessé

La vérité est que la monarchie austro-hongroise est malade de la guerre. Traversée de tensions, parcourue de fissures, elle montrait déjà d'évidents signes de fragilité en 1914. Mais, sous l'effet du conflit, de fragile qu'elle était elle est devenue un grand corps malade. François-Joseph a cédé la place à Charles Ier. Âgé de quatre-vingt-six ans, le vieil empereur s'est éteint le 21 novembre 1916. Sa mort est tout sauf un fait anecdotique. Parmi les Viennois qui ont tenu à être présents pour cet ultime adieu au défunt, beaucoup ne peuvent se déprendre du sombre pressentiment que ce pâle soleil de novembre éclaire le couchant de la monarchie. Au cours de son règne, les revers et les épreuves n'ont pas manqué à François-Joseph. Sur plus de six décennies, l'influence de l'Autriche a décliné. Et pourtant, il a incarné le principe monarchique avec une rare majesté. Accomplissant jour après jour sa longue et lourde tâche, il a fédéré des peuples divers et souvent divisés. Il les a réunis autour de sa personne dans un patriotisme dynastique qui s'est encore manifesté avec force dans les premiers temps de la guerre.

Charles Ier ne bénéficie pas de la même aura. Peu connu du grand public, il est âgé de vingt-neuf ans à sa montée sur le trône. Devenu prince héritier à la mort de François-Ferdinand, il n'a pas été associé aux affaires de l'État. En revanche, dans la tradition de sa maison,

François-Joseph a tenu à ce que des responsabilités militaires lui fussent confiées. Il a aussi veillé à ce que sa formation fût complétée en prévision du jour, nécessairement proche, où il lui succédera. S'il n'a pas d'expérience politique, Charles a en revanche une claire perception des besoins de la monarchie. Peu avant sa mort, François-Joseph était arrivé à la conclusion que le retour de la paix était une exigence vitale pour l'Autriche-Hongrie. Charles partage cette conviction.

Au fil de la guerre, les facteurs de crise se sont accumulés et même n'ont cessé de s'aggraver. Depuis la fin de 1914, l'Autriche est confrontée à une crise alimentaire que, malgré leurs efforts, les autorités sont impuissantes à juguler. Celle-ci touche d'abord les céréales. Dès les premières semaines du conflit, l'Autriche a perdu avec la Galicie un de ses plus importants greniers à blé. À quoi s'est ajoutée la mauvaise volonté de la Hongrie pour livrer du blé à son partenaire autrichien par souci de protéger son marché intérieur. De plus, la monarchie est rapidement soumise de la part des puissances de l'Entente à un blocus qui la coupe de sources d'approvisionnement traditionnelles, d'autant que les neutres sont placés dans l'obligation de s'aligner. Le problème ne tarde pas à s'étendre à d'autres denrées de base (lait, viande, pommes de terre, matières grasses). Intervient aussi une désorganisation progressive de l'agriculture liée à l'enrôlement d'une partie de la main-d'œuvre paysanne.

Dès 1915, des cartes de ravitaillement sont introduites pour le pain. Leur champ d'intervention est étendu l'année suivante à d'autres produits de base. Mais sans que les populations de l'arrière en ressentent des effets positifs. Au contraire ! Pour ne prendre que l'exemple du lait, l'approvisionnement de Vienne s'effondre. Alors qu'il était de 1,8 million de litres au début de 1915, il tombe deux ans plus tard à 400 000 litres. Ainsi qu'un rapport de police le mentionne en mars 1917, la préoccupation primordiale pour le plus grand nombre est devenue « ce que l'on mangera aujourd'hui et comment l'on nourrira sa famille dans les vingt-quatre heures à venir ». La majorité de la population viennoise – il en est de même dans les autres villes de la monarchie – est au bord de la famine. La ration alimentaire moyenne ne dépasse pas 830 calories. En 1918, 91 % des enfants souffrent de sous-nutrition. Celle-ci retentit sur leur croissance. Pour un enfant de onze ans, par rapport au développement normal, la perte de poids se chiffre à quinze kilos, celle de la taille à dix centimètres. C'est aussi que les autorités accordent la priorité au ravitaillement de l'armée. Mais là encore la situation ne tarde pas à devenir dramatique. La faim affaiblit les organismes. Le poids moyen des soldats descend à cinquante kilos sur le front italien.

Les ravages provoqués par ces privations sont à l'origine de tensions croissantes dans le corps social. Premier signal inquiétant, dès mai 1916 Vienne est le théâtre d'émeutes de la faim qui, étendues sur trois jours, touchent plusieurs quartiers de la capitale. La colère monte contre des autorités à l'évidence désemparées face à un fléau qu'elles ne parviennent pas à maîtriser. En janvier 1918, un nouveau cran est franchi. Des grèves éclatent à Vienne à l'annonce que la ration quotidienne de pain va passer de 200 à 165 grammes. Rapidement elles gagnent les principales villes de la monarchie. En quelques jours, ce ne sont pas moins de 600 000 ouvriers qui arrêtent le travail. Il faut la modération des syndicats sociaux-démocrates, peu enclins à faire le lit du bolchevisme, pour que le mouvement se résorbe. L'avertissement n'en est pas moins sérieux. D'autant que ces grèves sont contemporaines de la mutinerie d'une partie des équipages de la flotte stationnée à Cattaro (Kotor).

La poudrière des nationalités

Cette mutinerie traduit une profonde aspiration à la
paix alors que s'ouvre la cinquième année de la guerre.
Elle peut être aussi mise en relation avec un autre phénomène lourd de conséquences. Les tensions nationales,
autant de forces centrifuges, ont refait surface. L'élan de
l'union sacrée de juillet-août 1914 avait paru en avoir
raison. Un an plus tard, celui-ci s'était reformé face à
l'agression de l'Italie, considérée comme l'ennemi héréditaire, notamment parmi les populations du sud de la
monarchie. Et pourtant, loin d'être éteintes, les passions
nationales avaient seulement été recouvertes et étaient
prêtes à resurgir. Les Tchèques sont sans doute les premiers concernés. À cela rien d'étonnant. Dans les décennies précédant 1914, la Bohême avait été régulièrement
secouée par de fortes tensions entre Tchèques et Allemands, sans que, malgré les efforts répétés des gouvernements viennois, un compromis pût être trouvé entre
les deux groupes. Le départ de Tomáš Masaryk[1] pour
l'exil en décembre 1914 avait été un premier signe de
la résurgence de ce malaise. Désormais convaincue qu'il
fallait couper les ponts avec les Habsbourg, cette figure
de la classe politique tchèque avait fait le choix de mener
la lutte depuis l'étranger, en l'occurrence les alliés occidentaux de l'Entente. Cette initiative n'avait, il est vrai,
rencontré qu'un faible écho dans la population tchèque.

---

1. Tomáš Masaryk (1850-1937), professeur à l'université Charles de
Prague, député au Reichsrat de Vienne, ne réunit pas encore, à la veille
de la guerre, un large courant de l'opinion tchèque. Il milite alors pour
une réforme de la monarchie habsbourgeoise. C'est sous l'effet de la
guerre qu'il se rallie à l'idée de l'indépendance qu'il avait jusqu'alors
récusée. Après l'effondrement de la double monarchie, il deviendra le
premier président de la République tchécoslovaque dont il aura été le
père.

Les Croates Ante Trumbić[2] et Frano Supilo[3] suivent le même chemin. Ils veulent militer pour une Yougoslavie fédérale sous l'égide de la monarchie serbe.

Ce mouvement de désaffection contamine jusqu'à l'armée. Dès avril 1915, un régiment tchèque originaire de Prague, le 28e d'infanterie, se rend aux Russes. L'année suivante, le mouvement s'amplifie lors de l'offensive Broussilov. Il souligne les progrès de la propagande anti-habsbourgeoise, même si beaucoup ont choisi de déserter moins pour des raisons idéologiques que sous l'effet de la lassitude devant une guerre qui s'éternise. Comme souvent, le phénomène peut appeler deux lectures. C'est un fait qu'il reste isolé et ne remet pas en cause le loyalisme de la grande majorité des unités. Certains, notamment dans le haut commandement, y voient cependant le signe d'une gangrène qui, pour être stoppée, exige le recours à des mesures drastiques. Sont visés en premier lieu les Tchèques qui, au nom du principe d'amalgame, sont tous rangés dans la catégorie des traîtres en puissance. Ces mesures obtiennent naturellement le but inverse de celui qui était recherché. Elles font au contraire le lit des radicaux. Ainsi de l'arrestation, puis de la condamnation à mort par un tribunal militaire de Karel Kramář, une des personnalités politiques tchèques les plus en vue, accusé de menées subversives.

---

2. Ante Trumbić (1864-1938), maire de Split, se rallie au début de la guerre à l'idée d'un État yougoslave. Il participe à la fondation du Comité yougoslave qui milite pour cette cause auprès des alliés de l'Entente. Il négocie avec Nikola Pašić, le Premier ministre serbe, la déclaration de Corfou du 20 juillet 1917 qui se prononce pour la formation d'un État des Serbes, des Croates et des Slovènes réunis sous le sceptre de la dynastie serbe. À la fin de sa vie, Trumbić regrettera la disparition de la monarchie des Habsbourg à laquelle il avait contribué.

3. Personnalité en vue de la scène politique croate avant 1914, Frano Supilo (1870-1917) quitte l'Autriche-Hongrie après l'assassinat de Sarajevo. Réfugié à Florence, il y crée, le 22 novembre 1914, avec Trumbić, le Comité yougoslave.

Et comme toujours, le radicalisme des uns nourrit le radicalisme des autres. Celui des Tchèques s'alimente du maximalisme affiché par une partie des Austro-Allemands, notamment les Allemands de Bohême qui réclament à cor et à cri le partage du royaume en cercles linguistiques dotés d'une large autonomie. Cette division préfigurerait sans doute l'érection de ces cercles en un pays séparé du reste de la Bohême, une revendication naturellement ressentie par les Tchèques comme une agression. Plus généralement, plusieurs partis allemands cherchent à profiter de la guerre pour pousser des revendications qui, si elles étaient satisfaites, assoiraient la prééminence des Allemands en Autriche au détriment des Slaves, réduits alors au statut de sujets de seconde zone. Certaines d'entre elles concernent directement la relation avec le Reich allemand, notamment la conclusion d'une union douanière entre la double monarchie et l'Allemagne et, en parallèle, d'une convention militaire qui prolongerait l'alliance au-delà de la guerre. L'arrière-pensée est lumineuse. Les Allemands d'Autriche seraient les grands bénéficiaires de cet adossement de la monarchie à l'Allemagne. Ils en tireraient avantage pour consolider leur primauté.

Ces revendications renvoient à des demandes maintes fois formulées par Berlin. Par-delà les grandes déclarations d'une indéfectible solidarité entre les deux États, la dure réalité est que leur satisfaction renforcerait la dépendance de l'Autriche-Hongrie vis-à-vis de son allié. Celle-ci n'a cessé de s'accuser depuis le début du conflit. Les interventions répétées de l'armée allemande au secours d'un allié en difficulté n'ont pas été sans suite. Le prix à payer a été lourd. Conrad von Hötzendorf, le chef d'état-major général de l'armée austro-hongroise, à beau s'être battu bec et ongles, il n'a pu empêcher que le commandement sur le front oriental soit confié à un général allemand, en l'occurrence le général von

Mackensen. Ce scénario se répète en novembre 1915 pour l'offensive contre la Serbie. Le même Mackensen la dirigera. Suprême humiliation, après l'offensive Broussi-lov où l'armée austro-hongroise a failli sombrer, François-Joseph est contraint d'approuver la mise en place d'un commandement unique pour l'ensemble des fronts. Il sera exercé par le maréchal Hindenburg, le vainqueur de Tannenberg[4]. Durant toute cette période, les militaires allemands n'ont jamais cherché à cacher le mépris dans lequel ils tiennent leurs « camarades » austro-hongrois, le mépris de professionnels pour de soi-disant amateurs. La même arrogance inspire la diplomatie allemande. Comme on n'est jamais plus généreux qu'avec le bien d'autrui, elle a, dès le début du conflit, pressé Vienne de céder des territoires à l'Italie pour la détourner de s'engager aux côtés de l'Entente. Conrad s'est permis d'observer qu'elle aurait pu s'éviter une guerre avec la France en lui rendant l'Alsace-Lorraine, une remarque jugée déplacée à Berlin.

La paix introuvable

À sa montée sur le trône, Charles est bien décidé à affranchir la monarchie de cette tutelle. Mais sa volonté risque de se briser sur la loi d'airain du rapport des forces. Quand Charles a succédé à François-Joseph, il était déjà parvenu à la conclusion que l'Autriche-Hongrie ne pourrait supporter un nouvel hiver de guerre et que, dès lors, il était vital de mettre un terme au conflit dans

---

4. Livrée du 26 au 30 août 1914, la bataille de Tannenberg est rem-portée par le général Paul von Hindenburg à la tête de la 8e armée alle-mande sur les 1re et 2e armées russes. Cette victoire est célébrée comme la revanche de la défaite subie en 1410 par les chevaliers teutoniques face aux Polonais et aux Lituaniens et le symbole de la lutte ancestrale entre les Germains et les Slaves.

les meilleurs délais. Cette conviction était partagée par le comte Ottokar Czernin que, pour cette raison, il choisit pour être son ministre des Affaires étrangères. Pour atteindre cet objectif, deux voies s'offrent à lui, entre lesquelles il va devoir choisir. La première consisterait à engager des négociations avec l'Entente en vue d'aboutir avec elle à une paix séparée. La seconde option serait de sonder l'autre camp afin de préparer le terrain à une négociation globale à laquelle l'Allemagne prendrait part. C'est le choix du jeune empereur. Plusieurs obstacles risquent pourtant de se mettre en travers. Les alliés de l'Entente visent à détacher l'Autriche-Hongrie du Reich allemand, ce qui reviendrait à vouloir l'amener à une paix séparée. En second lieu, l'accord envisagé par Charles serait nécessairement le résultat d'un compromis. Or les Allemands ne l'entendent pas ainsi. Pour eux, il ne peut être de paix que victorieuse, une *Siegfrieden* par laquelle ils imposeront leurs conditions à leurs ennemis. Ils ne varieront pas de position jusqu'en août 1918.

Pour tenter une percée en faveur de la paix, Charles décide d'approcher le gouvernement français. La démarche restera secrète et ne sera révélée que s'il s'en dégage une perspective de succès. Le jeune empereur choisit pour émissaires ses deux beaux-frères, les princes Sixte et Xavier de Bourbon-Parme qui, sous le coup de lois d'exil, se sont engagés dans les rangs de l'armée belge, mais ont néanmoins leurs entrées dans les plus hautes sphères politiques françaises. L'un et l'autre sont reçus les 23 et 24 mars 1916 au château de Laxenbourg, non loin de Vienne, où Charles et sa famille ont établi leur résidence. En conclusion de ces entretiens, une lettre signée de l'empereur et fixant les positions de l'Autriche-Hongrie est remise au prince Sixte, à charge pour lui de la montrer au président Poincaré. Il a fallu plusieurs moutures avant de parvenir à la version finale. Tout au long du processus de rédaction, Charles a été en contact par téléphone avec son ministre des Affaires étrangères, sauf sans doute à l'ultime moment. On découvrira par la suite que ce point a son importance. Se démarquant clairement de son allié, Charles se prononce pour le rétablissement de la souveraineté et de l'intégrité de la Belgique ; il se rallie ensuite à la restauration de la Serbie à laquelle un accès à l'Adriatique serait même reconnu. Mais le temps fort de la lettre reste à venir. Charles l'a formulé en ces termes : « Je te prie de transmettre secrètement et sans caractère officiel à M. Poincaré, président de la République française, que j'appuierai, par tous les moyens et en usant de toute mon influence personnelle auprès de mes alliés, les justes revendications de la France relatives à l'Alsace-Lorraine. »

Sur cette base, Charles et Czernin se mettent aussitôt à l'œuvre. Ils entreprennent de convaincre leur allié de revoir sa position sur l'Alsace-Lorraine. En échange, l'Autriche-Hongrie céderait la Galicie[5] au Reich, si bien qu'occupant déjà l'ancienne Pologne du congrès[6], celui-ci se retrouverait à la tête de toute la Pologne. Peine perdue ! Guillaume II oppose à cet arrangement un refus catégorique. L'espoir d'amener l'Allemagne à la table des négociations a donc volé en éclats. Du côté de l'Entente, le résultat n'est pas plus positif. L'ouverture de Charles est certes accueillie avec intérêt par Poincaré et Lloyd George, le Premier ministre britannique. Il est un point cependant sur lequel l'affaire risque d'achopper. Dans sa lettre, Charles est resté muet sur l'Italie. Et pour cause ! Il estime ne pas avoir à lui faire de concessions, puisque son armée n'a pour ainsi dire rien gagné sur le terrain. Mais Anglais et Français ont garanti à cette dernière en

---

5. La Galicie correspond à la partie de la Pologne reçue par l'Autriche lors des partages.

6. La Pologne du congrès est le nom donné à sa partie attribuée à la Russie au congrès de Vienne.

avril 1915 par le traité de Londres une riche moisson de territoires qui seraient tous pris sur l'Autriche-Hongrie. Sonnino, le ministre transalpin des Affaires étrangères, leur rappelle le mois suivant, à la conférence de Saint-Jean-de-Maurienne, qu'ils sont tenus par ce traité. Plutôt que de perdre leur allié italien, Anglais et Français mettent fin à la négociation avant même qu'elle ait commencé.

Le refus allemand a contribué à l'échec de l'initiative de paix de l'empereur Charles, même si Berlin n'en avait pas été officiellement informé. L'ombre du Reich s'étend aussi sur la politique intérieure de son allié. Charles n'a pas renoncé à faire avancer la cause de la paix. Mais, pour se donner de meilleures chances, il souhaite être épaulé à Vienne par un gouvernement sur la même ligne. Pour le diriger, il porte en août 1917 son choix sur Joseph Redlich, juriste de réputation internationale, professeur à l'université de Vienne et député de Moravie[7] au Reichsrat. D'abord thuriféraire de la guerre, il a connu son chemin de Damas. Il est désormais convaincu, comme l'empereur, que sortir de la guerre est pour l'Autriche une nécessité vitale. Mais Redlich mobilise contre lui le groupe des nationaux-allemands auquel il a appartenu et qui, de ce fait, le tient d'autant plus pour un renégat. Ses parlementaires ont un lien direct avec Berlin, ne serait-ce qu'à travers l'intermédiaire de l'ambassade d'Allemagne à Vienne. Le veto opposé par le gouvernement allemand à la formation d'un cabinet Redlich a raison de ce projet qui ne sera donc pas sorti des limbes.

Czernin est de ceux qui se sont employés à le contrer. Depuis sa prise de fonctions, il a revu sa ligne de

---

7. Avec la Bohême et la Silésie autrichienne, la Moravie est une des trois composantes du royaume de Bohême. Elle a pour capitale Brünn (Brno).

conduite. Plus question pour lui de se démarquer de l'Allemagne. Cette position n'est pas contradictoire avec la recherche d'un accord de paix avec l'Entente, mais, fait nouveau, celle-ci sera menée en concertation avec Berlin. Des pourparlers sont ainsi engagés en août 1917, en Suisse, entre deux diplomates de carrière, le comte Revertera pour l'Autriche-Hongrie et le comte Armand pour la France. Puis c'est au tour du général sud-africain Smuts de rencontrer en décembre, à Genève, le comte Mensdorff-Pouilly, le dernier ambassadeur austro-hongrois auprès de la cour de Saint-James. Sans que rien de concret sorte de ces différents contacts. Le sort réservé au plan de paix proposé en août 1917 par le pape Benoît XV est révélateur de l'alignement de Czernin sur Berlin. Avant que les propositions du Saint-Siège soient rendues publiques, Mgr Pacelli, l'émissaire du pape, avait obtenu l'accord de Charles pour céder le Trentin à l'Italie. Le Vatican pouvait donc s'attendre à un accueil favorable de Vienne. Or, à son grand étonnement, la diplomatie austro-hongroise rejette le plan. La raison en est pourtant simple. Dans les propositions de Benoît XV, il en était deux qui, en contradiction avec le principe d'une *Siegfrieden*, avaient provoqué l'ire des dirigeants allemands. Il leur était demandé de s'asseoir autour de la même table avec leurs homologues français pour discuter du sort de l'Alsace-Lorraine. Une même procédure était prévue pour l'avenir de la Belgique. À chaque fois un chiffon rouge pour Berlin. Dès lors, plus question pour Czernin d'approuver un plan qui n'a pas l'agrément de l'Allemagne.

S'ils se soldent par des échecs, ces contacts n'en ont pas moins un côté positif. Ils démontrent que les pays de l'Entente n'ont pas inscrit la destruction de l'Autriche-Hongrie dans leurs buts de guerre. Ceux-ci envoient en ce début de 1918 plusieurs autres signaux forts en ce sens. Le 5 janvier, Lloyd George l'affirme clairement :

cet objectif n'entre pas dans les intentions des Alliés. Trois jours plus tard, parmi les quatorze points retenus par Woodrow Wilson, le président des États-Unis, comme conditions indispensables au rétablissement de la paix, figure – c'est le 10e point – l'autonomie des peuples d'Autriche-Hongrie. Ce qui revient à dire qu'il écarte l'option de l'indépendance et se prononce implicitement pour le maintien de l'État habsbourgeois. C'est la vieille idée encore dominante dans les chancelleries qui voit dans la monarchie danubienne une nécessité pour l'équilibre de l'Europe et un rempart contre l'expansion de la puissance allemande.

Tout bascule après la publication par Clemenceau, le 12 avril, de la lettre de Charles au prince Sixte. Contrairement à une légende noire qui voudrait faire du Tigre le fossoyeur de la double monarchie, il ne faut pas y voir la preuve d'un complot ourdi de longue date par un anticlérical invétéré contre la dernière grande puissance catholique. Le choix de Clemenceau doit se comprendre comme une réponse au discours prononcé le 2 avril par Czernin rentrant de Brest-Litovsk, dans lequel le ministre a accusé nommément Clemenceau d'être le seul obstacle au retour à la paix par son obstination à réclamer la cession de l'Alsace-Lorraine. Cette charge brutale avait été précédée peu auparavant par un autre discours provocateur où Czernin avait clamé : « Si l'on me demande si nous combattons pour l'Alsace-Lorraine, je réponds oui ; nous nous battons pour l'Alsace-Lorraine, comme l'Allemagne s'est battue pour nous à Lemberg et à Trieste[8]. »

---

8. Conquis par les Russes au début de la campagne de 1914, Lemberg est libéré le 22 juin 1915 par une armée allemande. La prise de Trieste était l'objectif des Italiens depuis leur entrée en guerre. La grande offensive austro-allemande d'octobre 1917, illustrée par la victoire de Caporetto, le met en échec.

Il est vrai que l'impétueux ministre n'avait peut-être pas connaissance de la version finale de la fameuse lettre. De son côté, Charles était convaincu que son beau-frère l'avait conservée par-devers lui, après l'avoir montrée à Poincaré. Quant à Clemenceau, il en ignorait l'existence jusqu'au discours incendiaire de Czernin.

La publication de la lettre est à l'origine d'un véritable séisme. Elle met à nu la dégradation intervenue dans les relations entre Charles et Czernin. Ce dernier refusant de se solidariser avec son empereur, il est congédié. Ce dénouement achève de ruiner le crédit du monarque auprès des nationaux-allemands qui n'hésitent pas à parler de trahison. La révélation du contenu de la lettre met Charles au pied du mur. Il pourrait en théorie en profiter pour rebondir et chercher à relancer le processus de négociations avec l'Entente. Mais, encore moins qu'hier, il ne dispose de la base politique nécessaire pour le tenter. Parmi les forces politiques autrichiennes, les sociaux-démocrates sont certes acquis à la cause de la paix, mais Charles n'envisage pas de s'appuyer sur eux. Il y faudrait une révolution culturelle à laquelle il n'est pas prêt. Dès lors, il ne lui reste plus d'autre option que de renouveler solennellement l'alliance avec l'Allemagne. Il lui faut boire la coupe jusqu'à la lie. Comme jadis l'empereur Henri IV à Canossa, il se rend le 12 mai au grand quartier général allemand à Spa pour faire allégeance à son suzerain. Sans marge de manœuvre, il se soumet à toutes les exigences qui lui sont présentées : établissement d'une union douanière entre les deux empires et conclusion d'une convention militaire pour l'après-guerre. Tandis qu'il s'y était jusqu'alors toujours refusé, elles réduisent l'Autriche-Hongrie au statut d'une seconde Bavière, depuis longtemps l'objectif des dirigeants allemands.

La décomposition

Cette vassalisation a des conséquences catastrophiques pour l'Autriche-Hongrie. Les puissances de l'Entente avaient jusqu'alors conservé l'espoir de la détacher de l'Allemagne et de conclure avec elle une paix séparée. Il est clair après le voyage à Spa que ce scénario n'a plus aucune chance de se réaliser. Cette nouvelle donne conduit les capitales de l'Entente à franchir un pas décisif dans leurs relations avec les comités nationaux. La guerre avançant, elles avaient noué des contacts avec eux, mais, voulant sauvegarder la possibilité d'un accord avec Vienne, elles s'étaient gardées d'aller jusqu'à une reconnaissance officielle. Après le diktat de Spa, cette retenue tombe. Paris montre la voie. Le 29 juin, le gouvernement français remet à Edvard Beneš, le représentant du Conseil national tchécoslovaque en France, un communiqué libellé en ces termes : « Le gouvernement de la République, témoin de vos efforts, considère comme équitable et nécessaire de proclamer les droits de votre nation à l'indépendance et de reconnaître publiquement et officiellement le Conseil national comme l'organe suprême des intérêts généraux et la première assise du gouvernement tchécoslovaque. » Deux mois plus tard, l'exemple de Paris est suivi d'abord par Londres, puis par Washington. Dès lors, pour l'Autriche-Hongrie, les termes de l'alternative sont désormais simples, ainsi que l'ambassadeur allemand les résume : « L'Autriche survivra en cas de victoire de l'Allemagne. Si elle est vaincue, ce sera la fin : *Finis Austriae.* » Or, après le 8 août 1918, début de la contre-offensive alliée à l'ouest, « le jour le plus sombre de l'histoire de l'armée allemande », selon Ludendorff, le premier terme de l'alternative paraît bien compromis.

La vieille monarchie est entraînée dans une spirale infernale. La crise alimentaire a atteint des proportions catastrophiques. L'épidémie de grippe espagnole va bientôt frapper des organismes affaiblis. Parmi la longue liste des victimes, les figures des peintres Gustav Klimt et Egon Schiele se détacheront de dizaines de milliers d'anonymes sans visage. La baisse alarmante de la production charbonnière a elle aussi des conséquences dramatiques. Elle retentit sur les transports ferroviaires et la production industrielle qui recule dangereusement, avec pour effet, au bout de la chaîne, le ralentissement de la fabrication d'armements et de munitions. L'armée tient toujours le front de la Piave, mais à l'arrière les désertions se multiplient. Elles affectent surtout les prisonniers libérés des camps russes après Brest-Litovsk. Alors qu'ils croyaient rejoindre leur foyer, la plupart sont de nouveau enrôlés. Beaucoup refusent de rejoindre leur unité. Des bandes de déserteurs maraudent dans les campagnes. Sur le front des nationalités, Charles avait espéré favoriser une détente, en rappelant en mai 1917 le Reichsrat que François-Joseph s'était gardé de convoquer. Les représentants des différents peuples avaient certes proclamé leur attachement à la monarchie, mais ils n'avaient jamais cherché à s'engager dans la voie de compromis. En Bohême, Tchèques et Allemands campaient sur leurs positions. En Galicie, le conflit entre Polonais et Ruthènes, nom donné dans la vieille Autriche aux Ukrainiens, était plus aigu que jamais. Au sud, enfin, le projet d'un rassemblement des Slaves (Slovènes, Croates, Bosniaques et Serbes) revenait régulièrement sur le tapis, mais se heurtait non moins régulièrement au veto de Budapest dont dépendait le royaume de Croatie.

Les événements se précipitent à partir de la mi-septembre. Le front de Salonique se rallume[9]. L'offen-

---

9. Après l'échec de l'opération des Dardanelles lancée en avril 1915, le contingent franco-britannique avait été replié à Salonique où il était resté.

sive alliée commandée par Franchet d'Espèrey enfonce l'armée bulgare, contraignant Sofia à capituler avant la fin du mois. Puis, avec la libération de la Serbie, la guerre se rapproche des frontières de l'empire. Face à cette accélération qui met maintenant en péril jusqu'à l'existence de la monarchie, Charles joue sa dernière carte. Celle-ci prend la forme d'un manifeste qui, publié le 16 octobre, annonce la fédéralisation de l'Autriche. Décidée quelques mois plus tôt, cette réforme de fond aurait peut-être arrêté la marche à l'abîme. Sauf qu'elle souffre d'un vice rédhibitoire. Sándor Wekerle, le Premier ministre hongrois, a obtenu que la Hongrie soit exclue de son champ d'application, ce qui revient à vider le manifeste d'une partie de sa substance et signifie du même coup que les Croates du royaume de Croatie-Slavonie ne pourront en bénéficier[10].

Au lieu d'arrêter le processus de décomposition de la monarchie, le manifeste l'accélère et le rend irréversible. Les réformes annoncées ne devaient prendre effet qu'une fois la paix revenue. Charles avait en tête le schéma d'un empire formé de quatre composantes (Bohême, Illyrie, Galicie, Autriche) réunies sous l'orbe impériale, mais investies chacune d'une large souveraineté. Ce projet est dépassé avant même d'être sorti des limbes. En l'espace de quelques jours, l'empereur est placé devant une série d'initiatives qui sont autant de faits accomplis. Les Tchèques avaient montré la voie, en mettant en place un Conseil national, à Prague, dès le 13 juillet, soit peu après la reconnaissance française. Celui-ci ne s'estime pas concerné par l'initiative de Charles. Le Conseil national

---

10. Le royaume de Croatie-Slavonie était lié à la Hongrie dans le cadre d'un compromis passé entre les deux parties en 1868, qui lui-même faisait suite au compromis austro-hongrois de 1867. Celui-ci reconnaissait à la Croatie une certaine marge d'autonomie que Budapest n'a eu de cesse par la suite de rogner.

croate installé à Zagreb ne réagit pas autrement. Cessant d'être intéressés par un royaume d'Illyrie associé à l'ensemble habsbourgeois, il se fixe pour seul objectif l'entrée des Slaves du Sud dans une Yougoslavie dont les contours et l'organisation restent encore à fixer. Pour les Polonais, ce n'est plus à Vienne que peut s'écrire le destin d'une Pologne ressuscitée. Enfin, réunis à la diète de Basse-Autriche, à Vienne, les députés austro-allemands du Reichsrat décident le 21 octobre de se constituer eux aussi en un Conseil national dont un comité de vingt membres s'arroge la fonction d'un gouvernement.

L'offensive italienne lancée le 24 octobre porte le coup de grâce. Ce qui reste de la vieille armée habsbourgeoise livre son dernier combat. Malgré la disproportion du nombre, un contre trois, elle tient bon durant trois jours. Puis, la brèche faite, c'est l'hallali. L'armée austro-hongroise comme force combattante a cessé d'exister. Charles réalise très vite qu'il n'a plus d'autre choix que de solliciter un armistice. Conclu le 3 novembre à Villa Giusti, celui-ci s'apparente plutôt à une capitulation. Maintenant qu'il est à terre, les Italiens se vengent de l'ennemi qui, depuis trois ans, leur a infligé échec sur échec avant de succomber à l'ultime minute de la guerre.

Entrée en agonie, la vieille monarchie vit ses dernières heures. À la date de la signature de l'armistice, elle a déjà volé en éclats. Le 28 octobre, le pouvoir impérial n'ayant plus les moyens ni la volonté de s'y opposer, l'indépendance a été proclamée à Prague dans une atmosphère de liesse. À Cracovie, la séparation s'est également accomplie sans violence. Le lendemain des événements de Prague, un Comité national y a été constitué qui a aussitôt déclaré prendre l'administration de la province en main et préparer son rattachement à l'État polonais en voie de reconstitution. À Budapest, en revanche, l'accouchement de la nouvelle Hongrie se fait dans la

confusion et la douleur. Conduits par le comte Mihály
Károlyi, les radicaux finissent par prendre le dessus. Le
nouveau pouvoir coupe les derniers ponts avec Vienne.
Un moment évoquée, l'option d'une union personnelle
est vite balayée. Toutes tendances confondues, les dirigeants hongrois paient au prix fort l'intransigeance dont
ils ne se sont jamais départis. Les Slovaques rejoignent
les Tchèques dans le nouvel État tchécoslovaque ; les
Croates rompent avec la Hongrie et s'engagent dans la
difficile formation d'un État yougoslave ; les Roumains
enfin substituent en Transylvanie leur autorité à celle
de Budapest.

À Vienne, deux autorités coexistent : le gouvernement
du Conseil austro-allemand et le gouvernement impérial
désormais présidé par Heinrich Lammasch, de longue
date un apôtre de la paix. À mesure que les sécessions
se succèdent, l'autorité de ce dernier se rétrécit comme
peau de chagrin, pour ne bientôt plus régner que sur
un théâtre d'ombres. Lorsque Charles a refusé l'offre
du général croate Svetozar Boroevic de rétablir l'ordre
à Vienne avec les dernières troupes fidèles, il ne reste
plus d'autre option que de préparer la sortie du souverain. Une ultime réunion du cabinet en met les termes
au point. Mgr Seipel, futur chancelier de la république
d'Autriche, a trouvé la formule par laquelle l'empereur
se retirera du pouvoir sans abdiquer. Le 11 novembre,
dans le salon chinois du château de Schönbrunn, Charles
signe l'acte dont le passage clé est ainsi libellé : « Je
renonce à toute participation aux affaires de l'État. »
Le rideau est tiré ! Le jour même, le dernier empereur
quitte avec sa famille Schönbrunn, le château construit
au temps de la gloire des Habsbourg. Il s'établit dans
un premier temps au château d'Eckartsau, une propriété
familiale, avant de prendre, quelques semaines plus tard,
le chemin de l'exil en Suisse.

Une lumière s'est éteinte. Le monde d'hier que célébrera bientôt Stefan Zweig a été emporté par les vagues de l'histoire. Pièce majeure de l'architecture européenne durant des siècles, la monarchie des Habsbourg a vécu. Au regard des autres empires déchus à la fin du conflit mondial, seul le destin de l'Empire ottoman peut lui être comparé. L'Autriche-Hongrie partage avec l'Allemagne et la Russie le statut de vaincu. Le régime monarchique s'y est effondré comme à Vienne et à Budapest. Mais, à la différence de l'Autriche-Hongrie, ni l'Allemagne ni la Russie ne disparaissent de la carte politique de l'Europe. L'éclatement de la double monarchie n'est pas l'œuvre d'un mystérieux chef d'orchestre. Il ne s'explique pas davantage par un complot des puissances. Celui-ci est consommé sur le terrain depuis plusieurs semaines lorsque s'ouvrent les conférences de la paix. La monarchie danubienne n'a tout simplement pas résisté à une guerre trop longue. Si la paix avait pu être conclue en 1917, probablement aurait-elle survécu, fût-ce sous une forme renouvelée. La vieille monarchie est morte d'épuisement, minée par les ravages d'une crise alimentaire jamais maîtrisée, par les effets délétères d'une vassalisation progressive au Reich allemand. La conjonction de ces facteurs a favorisé la montée des radicalismes qui ont fini par avoir raison du patriotisme dynastique, le ciment qui tenait ensemble les peuples de la monarchie autour de la figure révérée de François-Joseph. Après quatre années de lutte, les digues se rompent. La voix des modérés est recouverte par les passions nationales chauffées à blanc. Devenue un bateau ivre, la monarchie ne peut plus échapper à son destin. Une mort qui, le temps de l'euphorie passé, va livrer l'Europe centrale recomposée à une longue ère d'incertitudes et de convulsions.

Bibliographie sélective

Bled, Jean-Paul, *L'Agonie d'une monarchie. Autriche-Hongrie, 1914-1920*, Paris, Tallandier, 2014.

Bled, Jean-Paul, *François-Joseph*, Paris, Fayard, 1987 ; Paris, Perrin, coll. « Tempus », 2014.

Fejtö, François, *Requiem pour un empire défunt. Histoire de la destruction de l'Autriche-Hongrie*, Paris, Lieu Commun, 1988 ; Paris, Perrin, coll. « Tempus », 2014.

Höbelt, Lothar, « *Stehen oder Fallen* »! *Österreichische Politik im Ersten Weltkrieg* [« "Tenir ou Tomber !" La politique autrichienne durant la Première Guerre mondiale »], Böhlau Verlag, Vienne-Cologne-Weimar, 2015.

Michel, Bernard, *La Chute de l'Empire austro-hongrois, 1916-1918*, Paris, Robert Laffont, 1991.

Rauchensteiner, Manfred, *Der Tod des Doppeladlers* [« La fin de l'aigle à deux têtes »], Styria Verlag, Graz-Vienne-Cologne, 1993 ; nouvelle édition complétée parue en 2013 chez Böhlau Verlag, Vienne-Cologne-Weimar, sous le titre *Der Erste Weltkrieg und das Ende der Habsburgermonarchie* [« La Première Guerre mondiale et la fin de la monarchie des Habsbourg »].

Sévillia, Jean, *Le Dernier Empereur. Charles d'Autriche, 1887-1922*, Paris, Perrin, 2009 ; coll. « Tempus », 2012.

14

LA FIN DE L'EMPIRE OTTOMAN
(1918-1922)

par Hamit Bozarslan

L'Empire ottoman, jadis grande puissance dominant un vaste espace des portes de Vienne aux frontières marocaines, connaît une longue agonie au cours du dernier siècle de son existence. L'insurrection puis l'indépendance grecque (1821-1829), les guerres avec la Russie et la montée en puissance des Habsbourg réduisent drastiquement sa présence en Europe et dans le Caucase. Une nouvelle guerre avec la Russie en 1877-1878, puis les guerres balkaniques de 1912-1913 le transforment en un État faible replié pour l'essentiel sur l'Asie Mineure et quelques provinces arabes. La Grande Guerre, durant laquelle ses dirigeants s'allient avec l'Allemagne et l'Autriche-Hongrie, marque sa fin et le début d'un cycle de recomposition qui débouchera sur la suppression du sultanat en 1922 et la proclamation de la république de Turquie en 1923.

L'EMPIRE OTTOMAN

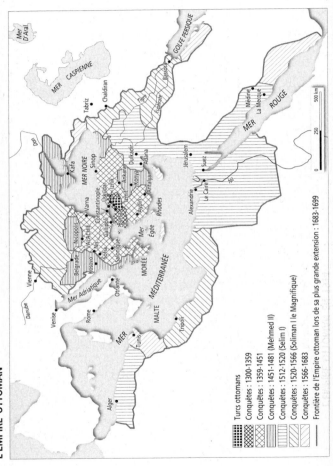

Turcs ottomans

Conquêtes : 1300-1359
Conquêtes : 1359-1451
Conquêtes : 1451-1481 (Mehmed II)
Conquêtes : 1512-1520 (Selim I)
Conquêtes : 1520-1566 (Soliman I le Magnifique)
Conquêtes : 1566-1683
Frontière de l'Empire ottoman lors de sa plus grande extension : 1683-1699

L'EMPIRE OTTOMAN EN 1914

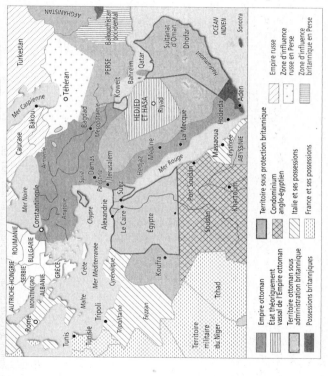

Empire ottoman

État théoriquement vassal de l'Empire ottoman

Territoire ottoman sous administration britannique

Possessions britanniques

Territoire sous protection britannique

Condominium anglo-égyptien

Italie et ses possessions

France et ses possessions

Empire russe

Zone d'influence russe en Perse

Zone d'influence britannique en Perse

Fondé en 1299 en Anatolie de l'Ouest, l'État ottoman n'était devenu un empire qu'après la conquête de Constantinople en 1453 par Mehmet II, qui réalisait ainsi la « promesse » ultime que le prophète de l'islam avait faite aux musulmans avant sa mort. Mais c'est sous Selim Ier (1466-1520), connu comme Selim le Terrible ou Selim le Brave, conquérant de Damas et du Caire, que l'empire se transforme en une puissance orientale, avant de connaître son apogée sous Soliman le Magnifique (1494-1566). Le 30 octobre 1918, lorsque est signé l'armistice humiliant de Moudros avec Paris et Londres, ne demeure de cet empire « tricontinental » qu'une peau de chagrin. Le traité de Sèvres (10 août 1920) vise à liquider ce qui reste d'avant la guerre, en créant deux nouveaux États – arménien et kurde – et en divisant l'Anatolie en zones d'influence – britannique, grecque, française et italienne. La résistance kémaliste contre l'occupation grecque de 1919 à 1922 rend caduc ce traité, remplacé, le 24 juillet 1923, par celui de Lausanne fixant les frontières de la Turquie actuelle.

Pour un historien, les fins d'empires constituent des moments privilégiés pour étudier simultanément le *mouvement* et le *processus*. Les configurations qui s'enchaînent parfois à une cadence vertigineuse dans tous les domaines – politique, social, culturel et économique – résultent, à coup sûr, des ruptures radicales que connaissent les empires au soir de leur vie ; elles finissent pourtant par faire « système ». Formulé autrement, la crise d'empire est toujours synonyme d'indéterminé, elle ébranle l'« ancien » au point de le vider de toute pertinence cognitive et opérationnelle, pour déboucher sur la formation de nouveaux sens et cadres interprétatifs largement partagés. À partir de ce constat, qui prolonge la réflexion tocquevillienne sur la rupture révolutionnaire comme révélatrice des dynamiques d'un *ancien régime*, nous souhaitons nous interroger dans cette contribution sur les « imaginaires ottomans » du xixe siècle. Nous insisterons dans un premier temps sur les conséquences de la disparition de l'ancien « ordre » impérial qui se concevait comme *universel*, avant de nous intéresser successivement à la redéfinition de l'islam comme civilisation et frontière d'altérité, puis au remodelage de la conception géographique de l'empire par les élites ottomanes et, enfin, à la nouvelle axiologie, révolutionnaire, qui voit le jour au tournant du XXᵉ siècle pour déterminer sa phase de dissolution.

Le terme « imaginaires », délibérément employé ici au pluriel, est entendu comme un ensemble de dispositifs, cognitifs et émotionnels, permettant l'interprétation des processus en cours. Les « imaginaires » sont inévitablement prisonniers d'un « présent » dans lequel ils voient le jour, puisque ce sont pour l'essentiel les enjeux et les sens partagés d'un moment donné qui offrent les cadres interprétatifs du passé et permettent la projection de soi dans l'avenir. Ainsi définis, les imaginaires apparaissent bien comme les fils du réel. Non seulement ils sont indissociables des savoirs scientifiques ou des débats intellectuels et politiques d'un « présent », mais par les contraintes qu'ils assimilent, les opportunités qu'ils saisissent, les décisions qu'ils autorisent ou dictent exercent inévitablement un effet transformateur sur la réalité.

La fin de l'« ordre universel » ottoman

L'Empire ottoman du XIXᵉ siècle est habité par de nouveaux imaginaires permettant de redéfinir l'État (et partant l'ordre terrestre), la religion (et par conséquent le sacré), l'espace comme terrain d'intervention politique, économique, sociale ou culturelle, et enfin l'axiologie, née autant de la « nécessité historique » que du volontarisme humain. Il est le théâtre d'une tension extrême tant il doit simultanément assumer l'ancien, lourd à porter, et accepter le changement, souvent jugé frivole. Cette entité, déjà vieille de cinq siècles, dispose d'institutions solides comme la Cour, l'office du grand vizir, les gouvernorats et sous-gouvernorats, qui ont fait preuve de leur viabilité, ainsi que d'une doctrine politique sacralisant l'État dont la restauration est l'horizon ultime après chaque crise majeure. L'empire jouit d'une haute culture qui se reproduit et perdure grâce à l'État central ainsi qu'aux multiples dynasties locales établies après les révoltes du XVIe siècle dans une grande partie de l'Asie Mineure, pour gagner une légitimité de fait, sinon *de jure*, aussi bien dans la capitale qu'à l'échelle des provinces. L'ordre ottoman, bien qu'ancien, connaît pourtant au cours du XIXe siècle l'expérience inédite d'un processus de *state building*, comme l'entreprendrait n'importe quel territoire jeune venant tout juste d'accéder à l'indépendance. Tout est à inventer alors qu'un passé, aussi massif qu'omniprésent, continue de marquer l'espace et le temps impériaux dans leur totalité. Comme le penseur maghrébin du XIVe siècle Ibn Khaldûn l'avait prédit en son temps, la tâche des bureaucrates ottomans n'est pas des plus aisées : « Tout souverain qui entreprend de changer les règles antérieures est comme le fondateur d'un nouvel État et d'un nouveau pouvoir. Il en est ainsi jusqu'à la destruction de l'État… » Ils sont parfaitement conscients de ce fait, même si leurs tentatives visent précisément à prévenir la « destruction » de leur État. À titre d'exemple, le malheureux Selim III[1] (r. 1789-1807), sauvagement assassiné en 1808 par ses soldats et passé à la postérité comme un martyr de la cause réformatrice, reconnaît amèrement qu'il est devenu le démolisseur du *nizam* légué par les anciens. Plus d'un siècle après, le juriste-chroniqueur Ahmed Cevdet Pacha

---

1. Intronisé en 1789, Selim III est le premier sultan réformateur de l'Empire ottoman. Fondateur du noyau dur d'une armée moderne, dite de l'« Ordre nouveau », il est assassiné le 28 juillet 1808 par les janissaires qui le détenaient en otage depuis fin mai 1807.

(1822-1895), fin lecteur d'Ibn Khaldûn, souligne la démesure de la tâche en écrivant qu'il est plus facile de créer un État à partir du néant que de réformer un État existant.

Nizam : voici donc selon le sociologue turc Niyazi Berkes le mot clé de la culture politique ottomane. Le *nizam-ı alem*, l'ordre universel – correspondant autant à la prophétie de Daniel qu'à celle de la pomme rouge touranienne[2] –, est la définition par excellence que les Ottomans donnent de leur empire, voire de tout empire. Mais le terme de *nizam* est encore synonyme d'une philosophie de l'histoire et d'un temps régulé et régulateur, qui est tout à la fois ottoman, islamique et impérial. Sans entraîner l'empire dans un mouvement cyclique ni le condamner à l'inertie, le temps de *nizam-ı alem* est éternel en ce qu'il permet la sortie de toute crise par la restauration, autrement dit un retour supposé à l'ancien. Ainsi, le règne de Mehmed le Conquérant (r. 1451-1581), marqué selon ses détracteurs par bien des « égarements » par rapport au modèle des origines – comme l'élimination des privilèges d'une quasi-aristocratie turque au profit des chrétiens convertis des Balkans –, ou la très longue période de révoltes de la fin du règne de Soliman le Magnifique (r. 1520-1566) furent-ils suivis de restaurations conservatrices entreprises par leurs successeurs et par la remise à l'heure « ancienne » des pendules.

Or, à la fin du XVIIIe siècle, le *nizam-ı alem* ottoman est confronté à une double crise, de puissance, bien sûr, mais aussi de sens : l'ancien comme mode de gestion des crises et d'acquisition de la puissance ne fonctionne plus et, sauf exception, les guerres se soldent par des défaites sans appel. Incapable de donner les clés d'intelligibilité de la crise, il n'est pas davantage en mesure de proposer la restauration comme un nouvel horizon. La raison de ce blocage réside dans le fait que la « crise » ottomane du XVIIIe siècle est d'une nature inédite. Pour en saisir le

---

2. À savoir la construction d'un Empire universel.

sens, les Ottomans sont contraints de se livrer à d'intenses efforts d'interprétation, mais aussi, en rompant avec leur longue tradition, d'envoyer de très nombreuses missions en Europe – Europe qu'ils ignoraient superbement par le passé. Après un XVIIIe siècle chaotique, marqué de tâtonnements, ils finissent par comprendre que la raison de leur « déclin » ne se trouve pas dans leurs égarements par rapport au modèle des *self* (« les ancêtres »), mais bien dans les ruptures que l'Europe elle-même connaît depuis de nombreuses décennies. Nedim Hoca, secrétaire de Mehmed Çelebi (1680-1732), ambassadeur dépêché à Paris, résume en quelques mots cette découverte majeure à l'imam du sultan en 1730 : « Ici [à Paris], Aristote que tu aimes tant n'est plus à la mode. Maintenant, les idées d'un certain Français appelé Descartes Efendi dominent toutes les pensées. »

Certes, la crise ottomane du XVIIIe siècle est graduelle ; elle est d'ailleurs aussi à relativiser, puisque les révoltes diffuses qui avaient secoué l'Asie Mineure dans la seconde moitié du XVIe siècle font désormais partie du passé et que les notabilités locales s'imposent en instances de régulation dans de très nombreuses provinces. À l'exception, en 1730, de l'épisode du renversement d'Ahmed III (r. 1703-1730) qui clôt la folle période dite « des Tulipes » (1718-1730), durant laquelle les élites istanbuliotes avaient extériorisé sans retenue leur goût pour le luxe et pour cette fleur venue de Hollande, la capitale impériale témoigne elle-même d'un processus d'« adoucissement des mœurs ». Mais comme le suggère l'historien Edhem Eldem, cette crise est néanmoins profonde au sens où « elle traduit le sentiment d'une défaite généralisée ou d'un échec, un processus de rupture dont le poids se fait sentir au sein des principales composantes constitutives de la société ottomane ». Par son ampleur même, elle ne laisse à l'empire qu'une alternative : soit disparaître, soit espérer survivre par l'occidentalisation, autrement dit admettre qu'à défaut d'avoir une histoire propre, seule l'intégration dans le présent européen est susceptible d'offrir un horizon de survie. À condition de devenir ontologiquement l'autre, on peut se préserver en tant qu'entité ottomane et musulmane. Cette urgence explique l'abandon, au tournant du XIXᵉ siècle, du *nizam-ı alem* au profit d'un « nouvel ordre » (*nizam-ı Cedid*), puis les réformes des *Tanzimat* (« réorganisations », 1839-1876). Sous l'impact de ces réformes entreprises par des bureaucrates tels que les *sadrazam* (Premiers ministres) Mehmed Emin Rauf Pacha (1780-1859), Mehmed Emin Ali Pacha (1815-1871), Mehmed Fuad Pacha (1814-1868) et, bien sûr, le *Koca* (« Grand ») Mustafa Reşid Paşa (1800-1858), la capitale ottomane se transforme rapidement en une ville européenne où les jeunes, ressemblés dans des cafés chantants, se ruent sur les livres français en vente dans les librairies de Péra.

Le terme d'« hyperoccidentalisation » que le sociologue Şerif Mardin utilise pour désigner cette période ne doit cependant nullement nous tromper. Le processus d'occidentalisation est vécu simultanément comme une délivrance *et* une déchirure ; en tout état de cause, il va de pair avec une forte attente, à la fois révolutionnaire et conservatrice, de restauration de l'ancien ordre – d'autant plus glorifié qu'il est irrémédiablement révolu. Ce désir de l'« ancien » n'est pas exprimé par la composante religieuse de l'*establishment* ottoman, qui soutient les réformes ; ce sont plutôt les intellectuels, comme l'homme d'État et poète Ziya Pacha (1825-1880), le journaliste Ibrahim Şinasi (1826-1871), le « poète national » Namık Kemal (1840-1888), ou le religieux dissident Ali Suavi (1838-1878), formés et « occidentalisés » par les *Tanzimat*, qui se font les critiques les plus farouches des réformes pour demander la réhabilitation de la dignité bafouée de l'islam, de l'Empire ottoman et de la turcité. Ces trois termes apparaissent dans leurs œuvres à la fois distincts et organiquement imbriqués, l'élément « ethnique » turc étant perçu comme le maître de l'empire, lui-même garant de la pérennité de l'islam en tant que religion, « civilisation » ou encore société.

La force du « Sultan rouge[3] » Abdülhamid II (r. 1876-1909), monté sur le trône juste avant la désastreuse guerre de 1877-1878 contre la Russie, que les derniers bureaucrates des *Tanzimat* n'ont su ni éviter ni gérer, réside dans sa capacité à s'approprier cette demande de restauration, tout en marginalisant ses théoriciens révolutionnaires regroupés au sein de l'organisation des Jeunes ottomans. La restauration de la dignité islamique, ottomane et turque se fera par l'État, non par une élite révolutionnaire, selon une formule autoritaire, non dans et par la liberté, comme le souhaitent les Jeunes ottomans. Le règne d'Abdülhamid II témoigne de l'irréversibilité du processus d'occidentalisation qui conditionne l'existence même de l'État à tous les niveaux, du fonctionnement institutionnel aux domaines de l'éducation ou de la taxation ; mais il atteste aussi de la volonté de l'autocrate et d'une bureaucratie post-*Tanzimat* de domestiquer ce processus, ou du moins de l'équilibrer par le corollaire d'une islamisation sans précédent de l'État et de la société.

Redéfinir la religion

De Şerif Mardin à Nadine Picaudou, de nombreux sociologues et historiens ont remarqué qu'au cours du XIXe siècle le terme « islam » gagne de nouveaux sens, pour devenir de plus en plus synonyme de l'Islam avec un « I » majuscule, à savoir identité et frontière ethnique. Si en tant que croyance l'islam a du mal à résister aux assauts d'une

---

3. Ce surnom fait référence à la politique répressive d'Abdülhamid II contre ses opposants, aux massacres des Arméniens de 1894-1896, qui font quelque 200 000 victimes, et à la pratique de la terre brûlée que le sultan met en place en réponse à la révolte de 1903 en Macédoine.

intelligentsia du tournant du XXe siècle, acquise au matérialisme biologique de Büchner ou de Haeckel[4], ou encore
au darwinisme social et ouvertement critique à l'égard de
la religion, accusée d'être la principale source d'arriération,
il assure remarquablement bien sa survie en autorisant sa
redéfinition comme civilisation et frontière d'altérité. Ce
phénomène n'est sans doute pas unique dans l'histoire plus
que millénaire de l'islam, mais il gagne une ampleur sans
précédent au cours du XIXe siècle. Pour une autre raison
également, l'islam se trouve dans une situation inédite :
pour la première fois dans ses rapports avec une puissance
musulmane, l'« Occident » ne s'affiche plus comme chrétien.
Bien au contraire, sa légitimité découle soit du registre du
progrès, lequel exige une critique de la religion en tant que
telle, soit de celui de la « civilisation », deux notions ima-
ginées comme plurielles, fragmentées, voire radicalement
antagonistes.

Face à cet « Ouest » mal défini, à la fois uni et divisé, l'islam se fait à son tour « civilisation ». De nombreux auteurs
conservateurs, du juriste Ahmed Cevdet Pacha au poète
Mehmed Akif (1873-1936), considéré comme l'une des
figures tutélaires de l'islamisme ottoman et turc, insistent
unanimement sur le fait que l'islam est d'abord une manière
de gouverner, mobiliser (y compris en termes militaires),
obéir, produire de la cohésion et de la solidarité sociales. Le
pouvoir et la société musulmans sont appréhendés comme
un tout « islamique », terme déjà largement distinct de l'islam en tant que croyance. Saïd Halim Pacha (1865-1921),
futur Premier ministre ottoman (1913-1916) au service du
comité Union et Progrès qui dirigea le pays de manière
quasi ininterrompue de 1908 à 1918 et dont nombre de

---

4. Le médecin Georg Büchner (1813-1837) et le biologiste Ernst
Haeckel (1834-1919) étaient parmi les plus importants théoriciens et
vulgarisateurs de la pensée biologique appliquée aux sociétés humaines
au XIXe siècle.

dirigeants sont pourtant ouvertement critiques à l'égard de la religion, poussera encore plus loin cette tentative d'islamiser le « monde » ottoman : en abandonnant des notions classiques de l'islam comme *umran* ou *medeniyet*, termes qui désignent le fait d'être « urbain », il définira l'islam comme une civilisation à part entière. Fort d'une nouvelle théorie, post-Lumières, des civilisations, Saïd Halim arrive à la conclusion que les « musulmans » ont également *une* civilisation, laquelle est, sur le plan moral, infiniment supérieure à celles de différentes nations européennes.

Parallèlement, l'islam, déjà très largement érigé en frontière d'altérité par les mécanismes de subordination et de domination entre les musulmans et les adeptes d'autres religions depuis l'époque du Prophète, devient une frontière ethnique séparant le « nous » des « autres », de plus en plus ouvertement appréhendés comme des ennemis de l'intérieur. Toutes les contradictions des *Tanzimat* apparaissent au grand jour dans le domaine de la gestion des rapports interconfessionnels. D'une part, les réformes ottomanes de 1839-1876 permettent, en partie pour satisfaire les demandes européennes, d'égaliser les conditions entre musulmans et non-musulmans ; d'autre part, elles reviennent à fixer les identités confessionnelles. En dotant juridiquement l'État d'une confession, l'islam (voire de plus en plus explicitement le sunnisme), et en introduisant un jeu de représentation basé sur l'appartenance confessionnelle, le dernier acte des *Tanzimat*, la Constitution ottomane de 1876, édifie une majorité politique, « maître » du pays, et des minorités religieuses plus ou moins exclues de la « nation », dans la continuité du pacte de la *dhimmitude*[5]

---

5. Le terme *dhimmî* (ou *zimmî* en turc) définit les « gens du Livre » (chrétiens et juifs, ainsi que les zoroastriens en Iran), qui en contrepartie de la « protection » dont ils jouissent en terre d'islam, doivent s'acquitter d'une taxe spécifique appelée *djizya*. Soumis à un État islamique, ils perdent dès lors théoriquement le droit de porter des armes.

qui leur avait été imposé par le passé. Ce n'est certainement pas un hasard si l'élite athée et scientiste ottomane, qui émerge au cours des deux dernières décennies du XIXᵉ siècle, coupe d'un côté les amarres avec l'islam comme religion, mais s'approprie de l'autre côté ce même islam en tant que frontière communautaire. Ainsi l'intelligentsia du tournant du XXᵉ siècle, détestant profondément la religion comme système de valeurs, devient-elle le principal acteur d'une vaste ingénierie démographique et du renforcement de l'islam en termes numériques.

Une nouvelle géographie ottomane

Le *nizam-ı alem* ottoman se résumait en une devise simple, qui constituait l'essence même de l'empire : *muzaffer daimen* (« victorieux toujours »). En un sens, bien qu'il soit contredit par de multiples épisodes de défaite, cet imaginaire n'était pas entièrement infondé : le propre de tout empire est de n'avoir d'autres frontières qu'impériales, autrement dit fluctuantes et incertaines, le séparant, pour un temps, d'un autre empire. Or, graduellement, l'Empire ottoman cesse être une entité internationale, du moins en Europe et dans le Caucase. À l'inverse, après la défaite ottomane devant Vienne en 1683, l'Autriche s'impose comme un empire, ses conquêtes sur les Ottomans gagnant un caractère typiquement impérial. Il en va de même de la Russie, qui progresse aussi bien en Europe que sur la frontière caucasienne. Face à ces deux expansions impériales, désormais quasi constamment « victorieuses » au détriment de l'Empire ottoman, Istanbul n'a d'autre choix que de se replier sur un cadre d'interprétation et un imaginaire de plus en plus musulmans, voire turcs, de type national. Ce changement de perspective s'impose graduellement à partir du règne de Selim III qui témoigne d'une double série de pertes territoriales, dans les Balkans (Serbie, Grèce) et dans le monde arabe (Égypte). Pour importantes qu'elles soient, celles-ci ne suffisent pas, sur le moment, à contraindre les Ottomans à se recroqueviller sur un cadre territorial délimité par un noyau dur. En revanche, sous Abdülhamid II, dont le règne débute par la terrible guerre de 1877-1878 contre la Russie[6], on entre dans une sorte de deuil par anticipation de ce qui reste des Balkans, l'Asie Mineure s'imposant dans les imaginaires ottomans comme la « mère patrie », c'est-à-dire comme une terre historiquement *turque* qu'il faut à tout prix défendre contre les autres communautés, notamment arménienne et grecque, également susceptibles de brandir leur acte de propriété sur elle. La protection de ce « noyau dur » nécessite à son tour la constitution d'une « ceinture musulmane » faite des Albanais, des Kurdes et des Arabes, qui, bien que de plus en plus considérés comme des sujets coloniaux de l'Empire ottoman, lui restent inféodés par un pacte d'allégeance religieuse.

Le comité Union et Progrès, fondé en 1889 par deux Kurdes, un Arabe et un Azéri deviendra paradoxalement l'instrument de la sortie d'une logique impériale, puis de la *'umma* incarnée par le khalifat, au profit de la seule turcité. Graduellement, en effet, le comité passe sous le contrôle d'abord des exilés turcs en Europe et en Égypte, puis, au tournant de 1905-1906, de jeunes officiers *turquistes* issus des Balkans. Il n'est pas lieu d'analyser ici le profil sociologique de cette dernière génération ; contentons-nous de préciser que ses membres se revendiquent *evlad-ı fatihan* (« les enfants des conquérants ») et à ce titre s'arrogent le droit de s'ériger en une sorte

---

6. Faisant suite à la répression des révoltes de Bosnie-Herzégovine (1875) et de Bulgarie (1876), la guerre russo-ottomane se solde par le congrès de Berlin de 1878 : la Bulgarie obtient une large autonomie, le Monténégro et la Serbie leur indépendance complète et l'Autriche-Hongrie s'empare de la Bosnie-Herzégovine qui reste cependant sous la souveraineté officielle d'Istanbul. La Russie s'empare à cette occasion de plusieurs villes ottomanes dans le Caucase, notamment Batoum et Kars.

d'aristocratie et de prélever leur dîme sur l'Anatolie. Ils deviendront, à la suite de la première guerre balkanique de 1912[7], la génération effective du deuil des Balkans, mais aussi les maîtres absolus du pays. Certes, Istanbul, soumise à leur autorité sans partage, n'est pas Salonique, lieu de leur naissance ou de leur socialisation, et l'Asie Mineure « arriérée », qu'ils détestent profondément, n'est pas la Macédoine de leur entraînement militaire. Pourtant, elle représente le seul espace « national » qui leur reste. Cette élite « occupe » l'Asie Mineure au sens propre du terme, en procédant à un transfert des savoirs et des technologies depuis les Balkans, et devient le fer de lance de son islamisation. Sous le règne de l'élite unioniste, qui se perpétue organiquement et idéologiquement sous la République kémaliste, la population non musulmane des territoires actuels de la Turquie passe de 20 % à moins de 2 %. L'islamisation de l'Asie Mineure a au moins trois conséquences : en premier lieu, la *'umma* musulmane est dorénavant définie à l'échelle nationale turque, et la religion domestiquée par un pouvoir radicalement séculariste, si ce n'est athée. En deuxième lieu, la rupture avec le monde arabe « sécessionniste » est consommée ; de la radicalisation de l'« orientalisme ottoman » sous le règne du sultan Abdülhamid II, qui considère les provinces arabes comme une colonie, on passe à un désaveu total du monde arabe, au profit de l'Iran et de l'Afghanistan

---

7. Déclenchée par une coalition d'États balkaniques, la première guerre balkanique (octobre 1912-mai 1913) se solde par l'expulsion de l'Empire ottoman de la quasi-totalité de ses territoires balkaniques représentant 32,7 % de sa surface totale et 20 % de sa population et comprenant, notamment, les villes de Salonique et Edirne – cette dernière sera reprise à la faveur de la seconde guerre balkanique de juin-juillet 1913, opposant cette fois-ci les anciens alliés entre eux. L'humiliation de cette guerre, qui fait aussi des centaines de milliers de morts, de blessés et de déplacés dans l'ensemble des Balkans, constitue l'un des facteurs du renforcement du nationalisme revanchiste turc.

qui deviennent les seules « références » musulmanes
légitimes sous la République kémaliste. Enfin, le régime
kémaliste double la frontière de l'altérité confessionnelle
par une seconde, linguistique, ce qui donnera naissance à
la question nationale kurde, source de contestations violentes et de répressions sanglantes de 1923 à nos jours.

Un programme et une action révolutionnaire

En tout dernier lieu, il importe de souligner que la fin
de l'empire est marquée par l'émergence d'une nouvelle
axiologie, qu'on peut appeler révolutionnaire. Comme
nombre de pays du monde, en effet, au tournant du
XXᵉ siècle, l'empire, *lato sensu*, avec toutes ses composantes, chrétiennes comme musulmanes, voit s'activer un
nouveau type d'acteur : l'intelligentsia. Nous laisserons
ici de côté les intelligentsias chrétienne, balkanique ou
arménienne, pour souligner que la turco-musulmane
se singularise par la prédominance d'un savoir scientifique, notamment, mais pas exclusivement, dans les
domaines militaire et médical. Elle est capable d'élaborer des cadres d'interprétation intégrés, comprenant les
domaines autant « naturels » que « sociaux » et appliqués,
à savoir fortement liés à un registre « opérationnel ». Elle
peut, en se basant sur les rudiments du matérialisme
biologique, mettre en chantier de vastes ingénieries
politiques et démographiques à l'échelle de la « nation »
tout entière, appréhendée comme une espèce, ou de la
« patrie », réduite à un laboratoire de « survie ». Vitaliste,
portée au pouvoir par l'action de jeunes officiers, cette
intelligentsia considère en outre le passé comme une
phase de dégénérescence historique, morale, mais aussi
biologique, de la « nation ». La jeunesse devient le nom
autant d'un acteur que d'un processus, d'un commencement et d'une régénérescence.

Comme le montre l'exemple de la Russie, lieu de naissance du terme lui-même, l'intelligentsia n'est naturellement pas un phénomène typiquement ottoman. Mais dans l'Empire ottoman, elle ne renvoie pas à une contestation sociale ou à un programme de révolution sociale ; bien au contraire, elle s'inscrit dans un univers, symbolique et pratique, social-darwiniste et nationaliste, pour définir comme ennemies les communautés non musulmanes. Si bien que son axiologie révolutionnaire gagne une double dimension : d'un côté, elle est profondément radicale, et parvient en peu de temps à modifier l'ensemble des rapports de forces internes au pouvoir ottoman, pour anéantir l'ancienne bureaucratie, aussi bien militaire que civile ; d'un autre côté, elle se révèle profondément conservatrice, car elle vise à renforcer la « nation » et à la consolider par la promotion d'une culture militariste largement patriarcale dont le slogan, *zabt-u-rabt* (« ordre et discipline »), prendra la relève de la liberté qu'elle encensait à sa prise de pouvoir en 1908. Le régime de parti unique imposé dès 1913 pour signer l'entrée dans la guerre mondiale de l'empire puis le génocide arménien montrent combien cette élite, issue d'un processus d'occidentalisation, devançait le temps européen, qui ne témoignerait de l'émergence d'un système analogue qu'après la Première Guerre mondiale.

Cent ans après

L'empire s'est donc éteint en 1922, mais en laissant derrière lui une vingtaine d'États et, comme le montrent les guerres en ex-Yougoslavie entre 1992 et 1995, un héritage lourd à porter et à gérer. Si les Balkans, largement intégrés ou en cours d'intégration dans l'Union européenne, sont désormais pacifiés, l'Irak et la Syrie, ces « provinces arabes » d'empire, traversent un processus de désintégration allant de pair avec l'effondrement des sociétés. Malgré sa puissance économique qui lui permet de figurer parmi les membres du « G-20 », la Turquie, principale héritière de l'empire, est également le théâtre d'une instabilité politique, de violences systémiques et d'une contestation kurde. La disparition de l'ordre post-impérial risque hélas d'être tout aussi lourde de conséquences brutales que celles de la dissolution de l'empire lui-même au tournant du xxᵉ siècle.

BIBLIOGRAPHIE SÉLECTIVE

Bozarslan, Hamit, *Histoire de la Turquie. De l'Empire à nos jours*, Paris, Tallandier, 2013.

Faroqhi, Suraiya, McGovan, Bruce, Quataert, Donald, et Şevket, Pamuk, *An Economic and Social History of the Ottoman Empire*, Cambridge, Cambridge University Press, 1997.

Findley, Carter V., *Bureaucratic Reform in the Ottoman Empire. The Sublime Porte 1789-1922*, Princeton, Princeton University Press, 1980.

Georgeon, François, *Abdulhamid II, le sultan calife*, Paris, Fayard, 2003.

Hanioğlu, M. Şükrü, *A Brief History of the Late Ottoman Empire*, Princeton, Princeton University Press, 2008.

Kushner, David, *The Rise of Turkish Nationalism, 1876-1908*, Londres, Frank Cass, 1977.

Landau, Jacob M., *The Politics of Pan-Islam. Ideology and Organization*, Oxford, Oxford University Press, 1994.

Mantran, Robert (dir.), *Histoire de l'Empire ottoman*, Paris, Fayard, 1989.

Picaudou, Nadine, *L'Islam entre religion et idéologie. Essai sur la modernité musulmane*, Paris, Gallimard, 2010.

Zürcher, Erik Jan, *Turkey. A Modern History*, Londres/New York, I. B. Tauris, 2004.

15

LES DERNIERS JOURS
DU TROISIÈME REICH
(1945)

par David GALLO

« Nous ne capitulerons pas. Jamais. Nous pouvons sombrer. Mais nous emporterons un monde avec nous. » Ces quelques mots prononcés par Adolf Hitler au début de 1945 et rapportés après la guerre par Nicolaus von Below, l'un de ses officiers d'ordonnance, suffisent à capturer l'apparent mystère qui caractérise les derniers jours du Troisième Reich et qui n'a cessé depuis d'attirer l'attention des historiens et de susciter la curiosité du grand public.

L'impression d'apocalypse qui caractérise ces derniers jours frappe en effet l'imagination. Surtout, le spectacle d'un régime et d'un pays qui refusent obstinément d'accepter une défaite qu'ils savent pourtant inéluctable, et poursuivent le combat jusqu'au bout, au prix de pertes humaines colossales et d'une destruction quasi totale, ne peut que marquer les esprits, tant l'histoire est avare de cas similaires, et pousser à chercher à mieux comprendre ce qui se joue en Allemagne au printemps 1945.

EXTENSION MAXIMALE DES ZONES SOUMISES AUX PUISSANCES DE L'AXE EN 1942

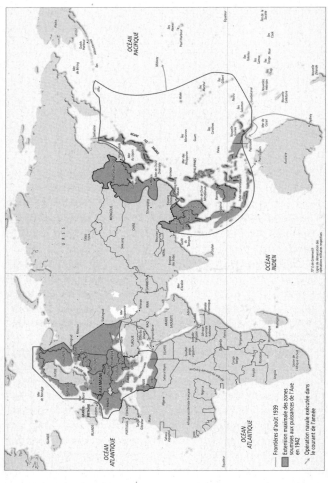

Frontières d'août 1939

Extension maximale des zones soumises aux puissances de l'Axe en 1942

Opération navale exécutée dans le courant de l'année

L'EFFONDREMENT DU TROISIEME REICH, MARS 1945

Front, début mars 1945
Front, début avril 1945

0   100   200 km

MER DU NORD

MER BALTIQUE

SUÈDE

DANEMARK

PAYS-BAS

BELGIQUE

FRANCE

SUISSE

ALLEMAGNE

PROTECTORAT DE BOHÊME-MORAVIE

SLOVAQUIE

Copenhague
La Haye
Amsterdam
Bruxelles
Reims
Berne
Mulhouse
Strasbourg
Luxembourg
Sarrebruck
Trèves
Remagen
Bonn
Coblence
Düsseldorf
Siegen
Linz
Cologne
Bochum
Bocholt
Francfort
Main
Neustadt
Heilbronn
Stuttgart
Schwäbisch Hall
Schwäbisch Gmünd
Augsbourg
Munich
Dachau
Obersalzberg
Innsbruck
Salzbourg
Linz
Mathausen
Vienne
Presbourg
Budapest
Danube
Danube
Brême
Hambourg
Aumühle
Neuengamme
Lunebourg
Bergen-Belsen
Hanovre
Hildesheim
Lippstadt
Kassel
Ostervôle
Erfurt
Flossenburg
Nuremberg
Mittelbau-Dora
Buchenwald
Leipzig
Elbe
Dresde
Moritzburg
Prague
Elbe
Gross Rosen
Torgau
Strehla
Magdebourg
Potsdam
BERLIN
Calau
Sachsenhausen
Ravensbrück
Oder
Küstrin
Anklam
Stettin
Swinemünde
Peenemünde
Rostock
Weser
Elbe
Gliwice
Auschwitz
Oppeln
Klosterbrück
Breslau
Haynau
Glogau
Bärenow
Posen
Warta
Hindenburg
Gleiwitz
Zerthun
Bütow
Stolp
Gotenhafen
Dantzig
Stutthof
Heilsberg
Niemen
Niemen
Niemen
Bug
Vistule
Oder
Vistule
Bug
Dniestr
Dniepr
Tisza
Rhin
Moselle
Meuse
Rhin

Les principales étapes de la chute

Il faut, pour ce faire, commencer par rappeler brièvement les principales étapes de cette ultime phase de l'existence du Troisième Reich.

Au début de 1945, l'Allemagne hitlérienne est aux abois, acculée sur ses frontières. De fait, depuis février 1943 et la défaite de Stalingrad, tournant symbolique de la guerre, la Wehrmacht n'a cessé de reculer sur tous les fronts. Les débarquements anglo-américains en Algérie et au Maroc en novembre 1942, puis en Sicile et en Italie même à l'été 1943 ont sonné le glas des ambitions d'Hitler en Méditerranée, tandis que l'armée allemande se trouvait également contrainte à la défensive sur le front de l'Est. Les grandes offensives alliées de l'été 1944 – les débarquements en Normandie et en Provence d'une part, l'avancée inexorable de l'Armée rouge sur le front de l'Est d'autre part – ont amené les forces occidentales et soviétiques aux portes du Reich.

Au printemps 1945, ce sont les dernières digues défensives derrière lesquelles s'était retranchée la Wehrmacht qui cèdent à leur tour de toutes parts. À l'ouest, les troupes américaines, anglaises et françaises, qui ont franchi le Rhin à la fin mars, s'enfoncent au cœur du territoire allemand, s'emparant d'une ville après l'autre et libérant les camps de concentration. À l'est, plus de 2 millions d'hommes de l'Armée rouge se lancent le 16 avril à l'assaut de Berlin depuis les têtes de pont établies fin janvier sur l'Oder, à une soixantaine de kilomètres de la ville. Les fronts sud et sud-est sont également en pleine décomposition. L'offensive lancée par les troupes anglo-américaines le 9 avril met l'armée allemande d'Italie en déroute, tandis que les Soviétiques prennent Vienne le 13 avril et que les débris des troupes allemandes des Balkans se replient en désordre. Plus rien ne s'oppose à l'avancée inexorable des armées alliées. Les plus hauts dirigeants nationaux-socialistes, qui présentent leurs vœux à Hitler à Berlin le 20 avril à l'occasion de son cinquante-sixième anniversaire – avant de quitter précipitamment la capitale assiégée –, n'ignorent pas que le régime n'a plus que quelques jours à vivre.

Les derniers jours d'avril et le début de mai 1945 ne sont ainsi que la fin de l'agonie d'un pouvoir dont le sort est depuis longtemps scellé. Le 25 avril, les Américains et les Soviétiques opèrent leur jonction sur l'Elbe, coupant en deux le territoire encore tenu par les troupes allemandes. Le 30, Hitler se suicide dans un Berlin où la résistance aux troupes soviétiques n'est plus que sporadique, alors que les Américains prennent Munich, la capitale historique du mouvement nazi. L'amiral Dönitz désigné par le Führer comme son successeur et qui se trouve à la tête d'un gouvernement moribond replié dans le nord de l'Allemagne ne peut mener d'autre politique que de négocier la reddition de ses troupes avec les Occidentaux, tout en tentant de prolonger aussi longtemps que possible le combat à l'est, espérant ainsi soustraire soldats et civils à l'emprise des Soviétiques. Cette stratégie du désespoir occupe les premiers jours de mai, au cours desquels une série de capitulations partielles sont conclues à l'ouest, tandis que 1,7 million d'hommes refluent depuis l'est et le sud-est. Elle se heurte cependant rapidement à la fermeté des Alliés qui exigent, par la voix de l'Américain Eisenhower, « une reddition immédiate, simultanée et inconditionnelle sur tous les fronts » – démentant les derniers espoirs des nazis, qui ont jusqu'au bout voulu croire à l'apparition de fissures entre Occidentaux et Soviétiques. Après avoir cherché à temporiser, Dönitz n'a d'autre choix que d'accepter, et l'acte de capitulation est signé le 7 mai à Reims, puis le 8 – en réalité le 9, à 1 h 15 du matin – à Berlin. Les hostilités cessent officiellement en Europe le 8 mai 1945 à 23 h 01.

Dès lors, et ce même si le gouvernement Dönitz continue de mener une existence fantomatique jusqu'à sa dissolution officielle le 23 mai suivant, le Troisième Reich a cessé d'exister.

Anatomie de l'effondrement

Pourquoi le régime nazi, qui a jusqu'alors démenti par sa résilience tous les calculs des Alliés, qui avaient prédit sa chute pour la fin 1943, puis la fin 1944, s'écroule-t-il finalement au printemps 1945 ?

C'est par le domaine militaire qu'il faut commencer cette anatomie de l'effondrement. Car si le Reich finit par tomber, en dépit de sa volonté sans cesse proclamée de résister jusqu'à la dernière cartouche, c'est avant tout parce que les armées allemandes et l'économie de guerre qui les alimente se trouvent dans un état de déliquescence complète, que résume de façon éloquente un rapport du commandement suprême allié (SHAEF) rédigé à la mi-avril 1945 : « Les capacités de l'adversaire sont effectivement égales à zéro. Aucune des actions qu'il peut entreprendre avec les moyens à sa disposition [...] n'est de nature à influencer le résultat de la guerre, ni même à le retarder de manière significative. »

« Le niveau d'équipement matériel de la troupe correspond à celui de l'année 1918 », écrit un officier supérieur de la Wehrmacht en mars 1945, offrant là une photographie saisissante du manque de moyens dont souffrent les troupes allemandes. Les offensives encore lancées par Hitler dans les Ardennes en décembre 1944 puis en Hongrie en mars suivant ne doivent pas tromper : l'armée allemande n'est plus que le fantôme d'elle-même ; réduite à tenter de défendre son sol en situation d'infériorité cuisante, elle ne fait plus qu'encaisser les coups de ses adversaires. La perte de la Silésie puis celle de la Ruhr au printemps 1945 signent l'arrêt de mort d'un appareil industriel déjà durement touché par les bombardements alliés, tandis que les infrastructures de transport sont détruites où paralysées. La production d'équipements, de munitions et de carburant s'effondre, tout comme l'approvisionnement des troupes. Les forces navales et aériennes se trouvent privées de toute possibilité d'action significative, tandis que les forces terrestres combattent dans un état de dénuement complet. Ainsi, au début 1945, les armées allemandes comptent-elles trois fois moins de blindés que les forces soviétiques et six fois moins que les forces anglo-américaines ; l'armement lourd et même l'armement individuel manquent dans nombre d'unités, et ce sont les chevaux ou les bicyclettes qui assurent le plus souvent le transport des troupes.

À cette infériorité matérielle vient s'ajouter l'impact des pertes humaines colossales subies par l'Allemagne depuis 1944. Près de la moitié des 5,3 millions de soldats de la Wehrmacht tués au cours de la guerre le sont entre juillet 1944 et mai 1945. Ce sont encore près de 375 000 hommes qui perdent la vie au cours des cinq dernières semaines du conflit, tandis que le nombre des soldats allemands faits prisonniers atteint 4 millions courant avril 1945. Malgré les efforts désespérés du régime – l'engagement du *Volkssturm*, milice censée regrouper l'ensemble de la population civile masculine capable de porter une arme, de seize à soixante ans, l'incorporation à l'armée d'adolescents des classes 1928 et 1929 au printemps 1945 ou encore le transfert de personnels de la marine et de l'aviation vers les troupes au sol –, ces pertes ne peuvent plus être compensées, plaçant la Wehrmacht dans une situation d'infériorité quantitative et qualitative dramatique. La plupart des divisions allemandes n'ont plus, au cours des dernières semaines du

conflit, que les effectifs d'un régiment, voire d'un batail-
lon – ainsi, sur le front de l'Ouest, 465 000 soldats allemands seulement s'opposent aux 3,5 millions d'hommes
des troupes alliées ; et dans le secteur central du front
de l'Est, les forces allemandes n'alignent qu'1 million
d'hommes, contre plus de 2,5 millions du côté soviétique.
De surcroît, ces troupes manquent cruellement de personnel compétent et aguerri, tant parmi les cadres que
parmi les hommes du rang, ce qui a pour effet de réduire
presque à néant les capacités opérationnelles de l'armée
et la simple faculté des troupes à tenir le choc du feu.

De fait, bien qu'il soit difficile pour l'historien d'arriver à une appréciation générale du moral d'une armée
comme la Wehrmacht, véritable société militaire de
masse, il paraît indéniable que la combativité des troupes
allemandes connaît, au cours des dernières semaines qui
précèdent la défaite, un effritement rapide. Ce phénomène n'est certes pas uniforme ; il varie au contraire
selon les circonstances et le profil des troupes – sans
doute l'anticommunisme et la peur de l'envahisseur
soviétique poussent-elles les forces de l'Est à se battre
avec bien plus de ténacité que celles de l'Ouest, et sans
doute la volonté de résister est-elle plus vive chez les
combattants des jeunes générations, socialisés dès l'enfance au sein des organisations nazies, que chez leurs
frères d'armes plus âgés. Il ne faut cependant pas suresti-
mer ces différences. Partout, seule une petite minorité de
soldats continue à croire dans la victoire de l'Allemagne.
Et si la répression féroce menée par le régime dans les
rangs de sa propre armée empêche cet effondrement du
moral de déboucher sur un mouvement de révolte massif
comparable à celui de 1918, il n'en reste pas moins qu'un
grand nombre de soldats, surtout à l'ouest, se contentent
d'attendre la chute du régime avec fatalisme et en cherchant à éviter autant que possible le combat – une réalité
très éloignée des slogans fanatiques du régime.

Dans de telles conditions, la conduite des opérations n'obéit plus aux schémas directeurs que les états-majors continuent d'élaborer jusqu'à la chute du Troisième Reich. À la fin avril 1945, les forces allemandes ne constituent plus un ensemble organisé mais bien plutôt un conglomérat d'unités disparates sans objectifs cohérents. Un observateur américain écrit ainsi que « l'on peut seulement supposer où se trouvent les lignes de front. L'armée allemande mène en un lieu un combat de repli d'une dureté dénuée de sens, et dans un autre elle y renonce », tandis qu'un autre témoin constate que le combat qui se poursuit sans la moindre logique conduit seulement à « la désintégration et la destruction de la Wehrmacht ».

Dans sa chute, l'armée allemande emporte avec elle le régime dont elle était le rempart. Les structures du pouvoir nazi, qui avaient paru jusqu'au printemps 1945 conserver une certaine solidité, notamment grâce à l'accroissement du pouvoir du parti nazi (NSDAP) au détriment des administrations étatiques traditionnelles, finissent en effet par s'effondrer.

Les bombardements sur Berlin et le désordre que ceux-ci sèment au sein de services ministériels évacués vers le nord ou le sud, ainsi que la rupture des réseaux de communication entre la capitale du Reich et les provinces progressivement envahies par les troupes alliées achèvent de rendre impossible tout gouvernement central, entraînant la fragmentation du pouvoir en une myriade d'instances régionales ou locales – un processus qui déborde de loin la décentralisation contrôlée mise en place depuis l'automne 1944 et qui avait vu le pouvoir central laisser, par souci d'efficacité, une marge de manœuvre croissante aux autorités politiques et policières locales. Une part croissante de l'Allemagne sombre désormais dans le chaos et la désorganisation. Le ravitaillement manque souvent, l'eau, l'électricité et le gaz sont coupés, les services scolaires fermés et les services sociaux et hospitaliers débordés par l'accueil des victimes des bombardements et des personnes déplacées fuyant les régions envahies par les Soviétiques. Cet effondrement n'est certes pas absolument uniforme : certaines administrations continuent de fonctionner et la gravité de la situation varie d'un lieu à l'autre ; elle est particulièrement aiguë dans les grandes agglomérations, durement touchées par les bombardements – plus de 70 % des bombes larguées sur l'Allemagne le sont entre juillet 1944 et mai 1945 –, tandis que certaines campagnes sont épargnées. La décomposition du pouvoir est cependant générale, et le ministre de la Propagande Joseph Goebbels, impuissant, ne peut que constater à la fin mars 1945 : « De Berlin, nous lançons des ordres qui ne parviennent pratiquement pas à leurs destinataires, et qui d'ailleurs sont impossibles à exécuter. »

Cependant, les causes de ce délitement des structures du pouvoir ne sont pas uniquement matérielles. L'effondrement du Reich coïncide également avec la liquéfaction d'une grande partie de son personnel politique. L'appareil du parti nazi, censé être la colonne vertébrale de la résistance, se désintègre. Bien des cadres choisissent la fuite ou passent dans la clandestinité à l'approche des troupes alliées, non sans s'être rendus jusqu'au dernier moment coupables de pillages au détriment du bien public. Certains maires ou responsables du parti désobéissent aux ordres et livrent leurs villes aux troupes alliées, surtout à l'ouest, espérant épargner à leurs administrés des combats inutiles et sauver leur propre tête. Au sommet même du pouvoir, où l'autorité et l'aura charismatique d'Hitler demeurent jusqu'au bout incontestées, des fissures finissent par se manifester au cours des derniers jours d'avril 1945 – ainsi Göring et

Himmler, pensant le dictateur hors jeu, entament-ils des pourparlers avec les Alliés. Faisant fi des slogans et directives qui leur enjoignent de « se battre jusqu'au dernier souffle » et de « vaincre ou périr », nombre des hommes qui ont animé le régime nazi depuis 1933 ne songent plus qu'à assurer leur survie après la défaite.

Ne subsistent plus dès lors que les ruines d'un État qui ne dispose plus ni des moyens ni du personnel pour gouverner, ni même, après la mort d'Hitler et devant l'évidence toujours plus grande de la défaite, de la légitimité pour le faire. Les quelques jours du gouvernement fantôme de l'amiral Dönitz constituent ainsi l'aboutissement d'un véritable processus de désagrégation du pouvoir.

Plus avant, l'effondrement de l'armée, du parti et de l'État fait vaciller l'ordre social et politique dont ces institutions constituaient les piliers. La fiction d'une « communauté du peuple » (*Volksgemeinschaft*) harmonieuse et homogène, débarrassée de tous clivages politiques et sociaux ainsi que de toute présence d'éléments allogènes, à laquelle le nazisme s'est efforcé depuis 1933 de donner une incarnation, se lézarde de toutes parts.

Le bien-être et la paix civile que le régime prétendait apporter à la population allemande ne sont plus, en avril 1945, qu'un lointain souvenir. La criminalité explose, en particulier dans les villes dévastées, nombre d'habitants n'ayant d'autre choix que de voler pour survivre, tandis que de véritables bandes de pillards se constituent par endroits – à Berlin même, on assiste par exemple début avril à de véritables émeutes de la faim. L'ordre racial qui structure la société allemande depuis 1933 est lui aussi ébranlé. En effet, dans le chaos des dernières semaines de la guerre, les quelque 6 à 7 millions de travailleurs étrangers qui se trouvent sur le sol du Reich échappent de façon croissante au régime de contingentement que leur a imposé depuis 1940 un pouvoir soucieux d'exploiter leur force de travail au service de l'effort de guerre tout en préservant la pureté supposée de la population allemande du contact avec les étrangers, en particulier s'ils sont originaires de l'Est. Et lorsqu'ils se soustraient à la surveillance des autorités et de leurs employeurs, ces travailleurs forcés, auxquels les persécutions dont ils sont victimes ne laissent d'autre choix, ne peuvent que basculer dans l'illégalité, donnant au phénomène des bandes et du pillage une ampleur qui le rend incontrôlable.

En même temps que l'harmonie sociale et l'ordre racial, l'illusion de l'unité politique menace également de s'évanouir. Nourri par l'évidence de la défaite, la lassitude de la guerre et les souffrances que celle-ci entraîne pour la population, le rejet du régime et même de la figure d'Hitler est largement répandu – à Vienne, par exemple, au début avril, les membres du parti nazi circulent en armes pour se prémunir de l'hostilité de la population, qui leur réserve insultes et crachats. Des actes d'opposition ouverte à la poursuite de la guerre, d'une ampleur jamais observée jusque-là, se produisent. Ainsi des drapeaux blancs apparaissent-ils en avril 1945 aux fenêtres de certaines localités de l'ouest de l'Allemagne, et des manifestants souvent guidés par des notables implorent les autorités militaires et politiques de renoncer à des combats inutiles, signe qu'une société civile autonome perce sous la chape de plomb imposée par le régime.

L'envergure objective de ces phénomènes ne doit sans doute pas être surestimée. L'anomie complète ne règne pas uniformément sur l'Allemagne envahie et vaincue du printemps 1945. La crainte d'un soulèvement général de la main-d'œuvre étrangère contre la population allemande, qui habite un pouvoir pétri d'idéologie raciste, ne se matérialise jamais, la réalité d'individus ou de groupes d'évadés qui cherchent uniquement à survivre demeurant sans commune mesure avec les fantasmes obsidionaux du régime. De même, les faits d'insoumission politique active au sein de la population allemande demeurent trop peu nombreux pour être comparables aux bouleversements révolutionnaires qui avaient caractérisé la sortie de guerre en 1918, lorsque la monarchie s'était effondrée et qu'ouvriers et soldats s'étaient rebellés et constitués en conseils autogérés. Cependant, l'adhésion subjective des acteurs, qui est au fondement de l'ordre social et politique, est, elle, bel et bien ébranlée dans ses fondements. Le zèle avec lequel les nazis les plus fervents s'emploient, par le discours comme par la violence, à maintenir l'ordre de la « communauté du peuple » trahit bien leur sentiment que celle-ci se dérobe sous leurs pieds. Et, même si la plupart des Allemands n'osent pas s'opposer ouvertement au pouvoir, ils s'en distancient. De façon significative, le discours qui exhorte « pères, mères et même enfants » – selon les mots de Goebbels – à se lever en un seul bloc, à s'engager dans une « guerre populaire » (*Volkskrieg*) contre l'envahisseur et à mener une résistance désespérée qui confine à l'immolation collective ne rencontre, en avril 1945, que très peu d'écho. La majorité de la population, préoccupée de sa survie et ayant perdu toute croyance en la victoire, fuit à l'approche des troupes ennemies ou attend la fin des combats avec fatalisme, preuve que le mythe de la « communauté du peuple », ordonnée selon les valeurs nazies, adhérant unanimement au régime et mobilisée pour le défendre, a vécu.

Une agonie prolongée. Logiques et leviers
d'une résistance jusqu'au bout

L'effondrement militaire, politique et social que l'on vient de décrire est patent à la fin mars 1945. Comment comprendre alors que le régime nazi continue jusqu'au bout de résister, prolongeant ainsi son agonie durant plus d'un mois et accroissant la violence de ses dernières convulsions ?

Pour répondre à cette question, il faut d'abord se pencher sur les représentations collectives encore solidement ancrées dans certaines franges de la société allemande au printemps 1945, et qui conduisent un grand nombre d'acteurs à continuer de refuser d'accepter la défaite.

Pour ceux qui persistent à croire avec ferveur en l'idéologie nazie, la chute du Reich est en effet tout simplement inenvisageable. Le darwinisme social et le volontarisme qui sont au cœur de la vision du monde national-socialiste rendent presque jusqu'au bout impossible toute appréciation objective de la situation de l'Allemagne, qui conduirait à reconnaître l'inéluctabilité de la défaite. Aux yeux des nazis, la catastrophe à laquelle est confronté le régime ne peut être autre chose qu'une épreuve, qu'un peuple de la valeur du peuple allemand finira nécessairement par surmonter grâce à un effort de mobilisation et à un surcroît de fanatisme. À cette confiance persistante et aveugle dans la possibilité de la victoire vient s'ajouter une peur de la défaite inlassablement instillée depuis 1942-1943 par un discours officiel qui la dépeint comme une véritable apocalypse. Les ennemis de l'Allemagne ayant pour seul dessein l'« extermination » totale du peuple allemand par tous les moyens envisageables – esclavage économique, anéantissement culturel, stérilisation et déportation de la population –, il ne peut y avoir d'issue à la guerre que la victoire ou la mort.

Cependant, le rejet de la défaite est loin d'être l'apanage exclusif de ceux des Allemands qui partagent les plus idiosyncrasiques des idées nazies. En 1945 comme tout au long de son existence, le régime hitlérien se nourrit de la continuité et de l'identité partielle entre son idéologie et certaines des valeurs nationalistes ancrées de plus longue date dans la culture et l'imaginaire collectif allemands – et particulièrement vivaces au sein de la hiérarchie de l'armée et de l'État. Ainsi l'anticommunisme et l'hostilité raciste à l'égard de l'envahisseur venu de l'est, le refus de revivre le traumatisme de 1918 et d'accepter une capitulation perçue comme un déshonneur national, l'idéalisation de la résistance désespérée et du sacrifice au combat, le culte de l'autorité et d'un sens du devoir allant jusqu'à l'obéissance aveugle sont-ils autant de sentiments dont la diffusion déborde de loin le cercle des nazis les plus endurcis, et qui contribuent de façon déterminante à amener de nombreux acteurs à lier jusqu'au bout leur destin à celui du régime.

À côté de ces représentations structurées, il ne faut enfin pas négliger le rôle que des formes d'irrationalisme et de pensée magique, cultivées de longue date par le régime nazi et répandues tant au sommet qu'à la base de la hiérarchie, peuvent jouer pour alimenter jusqu'au bout la volonté de résistance. La confiance quasi mystique dans la capacité d'Hitler à trouver une issue à la crise, l'attente d'« armes miracles » telles que les fusées V1 et V2, censées rendre à l'Allemagne une supériorité sur ses adversaires, la croyance en une fracture de la coalition alliée et en la possibilité d'un renversement des alliances ont beau être des mirages construits par la propagande, ils n'en exercent pas moins une emprise réelle sur certains Allemands qui, convaincus qu'un miracle – stratégique, technologique, diplomatique – peut *in extremis* apporter la victoire, continuent jusqu'au dernier moment de combattre pour le Reich.

Si ces représentations subjectives continuent de peser sur la réalité jusque dans les derniers jours du régime, c'est qu'elles trouvent toujours un ancrage dans certains groupes sociaux qui résistent à l'effondrement et retardent la défaite.

De fait, un certain nombre d'Allemands ont, en avril 1945 encore, un intérêt objectif à rester solidaires du nazisme. Sans surprise, c'est avant tout parmi les cadres de l'armée, de l'État, du parti et de ses multiples branches – autant de groupes dont la position sociale, le pouvoir politique et même la survie individuelle sont étroitement liés au sort du Troisième Reich – que l'on trouve ces jusqu'au-boutistes, bien que ces organisations ne soient pas les seuls foyers du fanatisme. Nombre de ceux qui se sont engagés au service du régime nazi et ont été impliqués dans ses crimes estiment qu'ils n'ont pas d'avenir après sa chute, une impression qui se retrouve tant chez les responsables politiques que chez les militaires – d'autant que douze années du gouvernement d'Hitler, dont six années de guerre, ont produit une intrication étroite entre l'armée et le régime. Ce sentiment d'avoir brûlé ses vaisseaux, sciemment attisé par le pouvoir qui y voit un puissant aiguillon pour stimuler la résistance, n'a certes pas nécessairement pour effet de susciter massivement au sein du personnel politique et militaire les conduites héroïques prônées par la propagande. Bon nombre de ces hommes finissent, on l'a vu, par se joindre au mouvement général de débandade. La peur de leur sort après la défaite pousse cependant nombre d'acteurs à prolonger autant que possible la vie du Reich dont ils sont les moteurs ou les rouages, à l'image de ces dignitaires du parti ou de l'armée qui continuent, quelques minutes encore avant de disparaître pour échapper aux troupes alliées, à faire pendre leurs compatriotes pour défaitisme. Sans forcément être prêts à mourir les armes à la main, bon nombre des représentants du nazisme estiment en somme qu'ils n'ont rien à perdre à tenter de tenir jusqu'au bout.

Au-delà de ce large premier cercle constitué de ceux qui ont exercé des responsabilités depuis 1933, et dont l'avenir personnel dépend directement de la survie du nazisme, chacun des groupes sociaux et générationnels qui composent la population allemande compte dans ses rangs des personnes trop étroitement marquées par l'empreinte des événements qui ont ébranlé l'Allemagne depuis 1918 pour qu'elles puissent aisément accepter une défaite qui viendrait clore ce chapitre de l'histoire du pays. La mémoire de l'humiliation de « novembre », expérience constitutive de l'identité politique des membres des générations les plus âgées, interdit jusqu'au bout à certains d'entre eux d'envisager la possibilité d'une capitulation. Certains des hommes qui combattent au front depuis 1939 et leurs familles ne peuvent quant à eux accepter que les sacrifices subis durant la guerre l'aient été en vain. Et bien des membres des plus jeunes générations, socialisées dès l'enfance au sein des organisations nazies, ont intériorisé l'ethos guerrier et le fanatisme cultivés par le régime, au point de voir dans la guerre qui atteint le sol allemand une aventure et l'occasion de prouver leur valeur en tombant pour la patrie.

Tout comme l'on ne peut brosser qu'une esquisse imparfaite du kaléidoscope des mobiles qui animent ces combattants de la dernière heure, il n'est guère possible d'évaluer l'importance quantitative de ce groupe qui constitue, au printemps 1945, l'ultime base sociale du régime hitlérien. L'étroitesse de cette dernière ne fait néanmoins aucun doute, à l'heure où l'effondrement pousse la majorité des Allemands à souhaiter la fin des hostilités. Dans les rangs mêmes du parti nazi et de l'armée, les partisans de la résistance à outrance ne peuvent, compte tenu du caractère massif et hétérogène des effectifs de ces organisations (presque 10 millions d'hommes pour la Wehrmacht à la fin 1944, entre 7 et 8 millions pour le parti), représenter qu'un noyau réduit

– ainsi par exemple, parmi un échantillon de prisonniers capturés par les forces américaines à la fin mars 1945, seuls 21 % des soldats interrogés expriment encore leur croyance en Hitler, et ils ne sont que 7 % à continuer de croire en la victoire de l'Allemagne. Cependant, même s'ils sont largement minoritaires, ceux qui sont résolus à tenir jusqu'au bout n'en continuent pas moins d'avoir en main les leviers du gouvernement et de disposer d'un réel pouvoir de nuisance.

En effet, au milieu même de l'effondrement, certaines structures et instruments du pouvoir tiennent encore debout et permettent à la minorité d'Allemands qui rejettent la capitulation de continuer, l'espace des quelques jours d'avril et du début mai 1945, à imposer leur volonté au plus grand nombre de leurs compatriotes, ainsi qu'à toutes les victimes du régime nazi, qui espèrent sa chute rapide.

La personnalisation du pouvoir et sa concentration entre les mains d'Hitler ainsi que la fragmentation polycratique du régime aux échelons inférieurs ont pour corollaire l'absence de toute instance susceptible de peser suffisamment pour infléchir la ligne intransigeante définie par le dictateur. Le jeu de balancier entre le haut état-major, le gouvernement et l'empereur qui avait en 1918 conduit l'Allemagne à demander l'armistice ne peut ainsi se reproduire en 1945.

En outre, même si elles ont perdu une grande partie de leur efficacité comme courroies de transmission et outils de réalisation des orientations décidées en haut de l'État, les organisations de masse créées par le régime demeurent de puissants instruments de contrôle de la population. Tandis que 9 à 10 millions d'hommes servent dans l'armée, l'intégralité de la population civile masculine (13,5 millions d'hommes) est enrégimentée au sein du *Volkssturm*, milice sans guère d'utilité militaire, mais qui soumet ses membres – qui ont l'obligation de s'entraîner plusieurs fois par semaine quand ils ne sont pas mobilisés à temps plein – à une surveillance étroite. Une grande partie de la jeunesse est également sous les drapeaux ou enserrée dans le carcan des Jeunesses hit-lériennes. Les services sociaux eux-mêmes sont, là où ils fonctionnent encore, autant de bras armés du pouvoir.

Cette résilience de certains des mécanismes et dispositifs du pouvoir mis en place depuis 1933 par les nazis a pour effet de limiter fortement l'émergence de contre-pouvoirs ou de forces d'opposition active. Dès lors que les institutions sont verrouillées et la population enca-drée, le rejet du régime, quoique majoritaire, ne peut que déboucher sur l'attente soumise de la fin que l'on a évoquée plus haut, et qui laisse très largement le champ libre aux jusqu'au-boutistes, fussent-ils minoritaires.

Cependant, plus encore que la solidité des institu-tions et des instruments de contrôle à la disposition du pouvoir, c'est l'usage presque illimité de la violence qui explique la capacité du régime nazi à prolonger de quelques semaines une existence pourtant condamnée.

La dernière phase du Troisième Reich se caractérise en effet par un déchaînement répressif, dont les causes sont multiples.

Les représentations des acteurs constituent un pre-mier facteur important. Hantés par la mémoire de 1918, adeptes fervents de la thèse du « coup de poignard dans le dos », légende propagée dans les milieux nationa-listes au lendemain de la Première Guerre mondiale, les nationaux-socialistes attribuent la défaite à la trahison du front par l'arrière. Prêts à tout pour éviter qu'un tel scénario ne se répète, ils mènent une véritable guerre sans merci contre tous les éléments suspectés de saper de l'intérieur la résistance de la nation, guerre qui ne fait que gagner en intensité au fur et à mesure que grandit en eux la sensation que la situation échappe à leur contrôle. La répression n'a toutefois pas pour seule fonction d'exorciser la perspective de la défaite. Pour ceux des représentants du régime qui savent ce dernier condamné, cette violence paroxystique est également un moyen de solder les comptes des années précédentes et de préparer l'après, en exerçant une ultime vengeance contre leurs adversaires et en éliminant des témoins potentiellement gênants. Par ailleurs, au-delà même du cercle des nazis convaincus, l'empreinte que les douze années du Troisième Reich ont laissée sur l'Allemagne transforme de simples citoyens en relais spontanés de la violence d'État. C'est ainsi que certains Allemands participent, en dehors même du cadre des organisations nazies, à des massacres perpétrés contre les travailleurs étrangers ou les déportés – catégories qui concentrent sur elles les stéréotypes négatifs diffusés depuis 1933 par le régime et dans lesquelles une grande partie de la population voit un danger.

Toutefois, si ces logiques subjectives se déploient sans frein au cours des dernières semaines de la vie du régime nazi, c'est que certaines dynamiques institutionnelles à l'œuvre au sein du système concourent également à l'escalade de la violence. La parcellisation du pouvoir, décentralisation voulue ou fragmentation subie, a en effet pour conséquence de faire disparaître tout contrôle central de la répression et tout cadre normatif, laissant le champ libre à une violence arbitraire et débridée – les cours martiales d'exception créées à l'échelon régional en février 1945 pour juger toute atteinte à la combativité du pays se muent par exemple en simples couvertures pour la pratique irréfrénée d'exécutions sommaires. Le retour en Allemagne d'un personnel militaire et policier aguerri et brutalisé par l'expérience de l'occupation de l'Europe contribue également à la radicalisation de la répression sur le territoire du Reich. Enfin, le chaos régnant en avril et mai 1945 alimente lui-même une brutalité qui semble parfois échapper, au moins en partie, à une explication rationnelle – ainsi en va-t-il par exemple des « marches de la mort » infligées en avril 1945 aux prisonniers des camps de concentration, évacués à l'approche des troupes alliées et assassinés ou morts d'épuisement sur les routes, alors même que les colonnes qu'ils forment n'ont bien souvent ni destination ni objectifs clairs.

La disparition d'une grande quantité de sources et surtout le caractère arbitraire d'une répression qui ne laisse bien souvent aucune trace administrative rendent impossible d'établir une comptabilité exacte des victimes de cette ultime vague de terreur.

Les plus nombreuses d'entre elles se recrutent indubitablement au sein des catégories de population que le régime nazi n'a cessé depuis son avènement de fustiger et de désigner comme sources d'un danger intérieur menaçant l'Allemagne. Des milliers de travailleurs étrangers suspectés de pillage ou soupçonnés de mettre en péril la population allemande sont ainsi exécutés au printemps 1945 – au cours du seul mois de mars, la police de la ville de Dortmund met par exemple à mort près de deux cent trente hommes et femmes, essentiellement des travailleurs forcés soviétiques. Nombre d'anciens ennemis politiques du régime, relâchés au cours des années 1930, sont à nouveau pris pour cible par des cadres du parti armés de listes de personnes à liquider. La répression s'étend encore aux prisons, où plus d'une dizaine de milliers de détenus, considérés comme une menace en raison de leurs prétendues tares sociales ou politiques, sont également victimes de la violence finale du régime, exécutés par leurs gardiens avant l'évacuation des établissements carcéraux ou après celle-ci, au cours de marches fatales. Le système concentrationnaire, enfin, est jusqu'au bout le théâtre de la barbarie la plus intense, fruit de la conjugaison de l'hostilité du régime envers les

détenus et de l'effondrement des administrations. Près
de la moitié des 700 000 personnes – juifs, prisonniers
politiques ou de droit commun – enfermées dans les
camps de concentration au début 1945 périssent ainsi
en l'espace de quelques mois, au cours des « marches de
la mort » ou en détention, exécutées ou victimes de la
dégradation de leurs conditions d'internement.

Cependant, le cercle des victimes s'élargit bien au-delà
de ces catégories ciblées depuis longtemps. Ayant perdu
sa capacité à s'assurer l'adhésion ou même seulement
le consentement tacite de la majorité des Allemands, le
nazisme retourne en effet sa violence, qui se concentrait
jusque-là sur des minorités politiques, sociales ou ethniques, contre l'ensemble de la population. « Quiconque
n'est pas disposé à combattre pour son peuple et lui
donne un coup de poignard dans le dos à l'heure la plus
grave ne mérite pas de vivre et doit tomber sous les coups
du bourreau », écrit par exemple en février 1945 Martin
Bormann, chef de la chancellerie du parti nazi et plus
haute autorité sur celui-ci après Hitler. Les cours martiales condamnent ainsi à mort entre 20 000 et 30 000
soldats allemands suspectés de défaitisme, la majeure
partie au cours de la dernière année de la guerre, et près
de 7 000 civils entre janvier et mai 1945. Ces chiffres, qui
ne tiennent pas compte des exécutions sommaires, sans
doute aussi nombreuses, montrent bien que plus aucune
catégorie de population n'échappe désormais à la furie
d'un régime à l'agonie.

La répression n'est toutefois pas l'unique forme de
violence massive dont le régime se rend coupable au
cours des dernières semaines de son existence. Il faut
encore y ajouter le sacrifice délibéré de la population
allemande au nom d'une résistance futile. Chaque nouveau jour de combat est en effet, au printemps 1945,
synonyme de pertes humaines colossales : 14 000 soldats de la Wehrmacht meurent ainsi quotidiennement au

cours des quatre-vingt-dix-huit derniers jours du conflit, tandis que plus de 1 000 civils perdent chaque jour la vie sous les bombes alliées et que des millions d'Allemands subissent la violence des troupes soviétiques à l'est – près de 500 000 perdent la vie, tandis que plusieurs millions fuient en abandonnant tous leurs biens.

Or, loin de chercher à épargner à son peuple ces douleurs, le pouvoir accepte au contraire de laisser celui-ci en proie à une violence indicible si cette dernière peut permettre de prolonger son existence. Admettant peu avant son suicide que la défaite est inévitable, Hitler ira même jusqu'à ordonner l'application sur le sol allemand de la politique de la terre brûlée et à affirmer que le sacrifice final et complet de sa population est parfaitement légitime, un peuple qui ne s'est pas montré à la hauteur du combat pour l'existence n'ayant plus qu'à disparaître. C'est cette insensibilité aux souffrances des Allemands qui constitue peut-être, en dernière analyse, le plus important des facteurs expliquant la faculté de résistance du régime hitlérien durant les derniers jours de son existence.

La situation de l'Allemagne en avril-mai 1945 semble ainsi renvoyer finalement à l'analyse des périodes de crise que développait le penseur marxiste italien Antonio Gramsci : « L'ancien monde se meurt, le nouveau ne parvient pas à voir le jour, et c'est dans ce clair-obscur que surgissent les monstres. » L'ordre nazi s'effondre, mais il refuse de se rendre à sa fin inévitable et cherche jusqu'au bout à la prévenir, usant pour ce faire d'une violence irréfrénée.

Si cette brutalité sans bornes contribue effectivement à retarder l'échéance de quelques semaines supplémentaires, elle prouve cependant également la faillite consommée du pouvoir hitlérien. Le recours à la force brute, qui frappe désormais de manière indiscriminée l'ensemble du peuple allemand, ne saurait être en effet le fondement d'un ordre durable, et témoigne au contraire de l'effondrement définitif du consensus relatif que la dictature hitlérienne avait su bâtir au cours des années 1930. Ce n'est, en définitive, pas seulement parce qu'ils voient s'effondrer la force militaire et le pouvoir politique objectifs dont dispose Hitler que les événements du printemps 1945 signifient la fin du nazisme. En dévoilant à la majorité des Allemands, désormais victimes, l'ampleur de la barbarie dont est capable le régime, les derniers jours du Troisième Reich amorcent également en eux un processus de rejet intérieur du dictateur et de son idéologie, rejet qui constitue la première étape vers la reconstruction d'une Allemagne démocratique.

BIBLIOGRAPHIE SÉLECTIVE

Ouvrages et articles généraux

Bessel, Richard, *Germany 1945 : From War to Peace* [« Allemagne 1945 : de la guerre à la paix »], Londres, Simon & Schuster, 2009.

Echternkamp, Jörg, « 1945 : Les batailles d'Allemagne », dans Aglan, Alya, et Frank, Robert (dir.), *1937-1947. La guerre-monde*, vol. I, Paris, Gallimard, 2015, pp. 1037-1091.

Kershaw, Ian, *La Fin. Allemagne 1944-1945*, Paris, Seuil, 2012.

Lopez, Jean, *Les Cent Derniers Jours d'Hitler. Chronique de l'apocalypse*, Paris, Perrin, 2015.

Études et ouvrages spécialisés

Blatman, Daniel, *Les Marches de la mort. La dernière étape du génocide nazi. Été 1944-printemps 1945*, Paris, Fayard, 2009.

Fritz, Stephen G., *Endkampf. Soldiers, Civilians, and the Death of the Third Reich* [« Endkampf. Les soldats, les civils et la mort du Troisième Reich »], Lexington, University Press of Kentucky, 2004.

Henke, Klaus-Dietmar, *Die amerikanische Besetzung Deutschlands* [« L'occupation américaine de l'Allemagne »], Munich, Oldenbourg, 1995.

Keller, Sven, *Volksgemeinschaft am Ende. Gesellschaft und Gewalt 1944/45* [« "La communauté du peuple" à la fin. Société et violence 1944-1945 »], Munich, Oldenbourg, 2013.

Kunz, Andreas, *Wehrmacht und Niederlage. Die Bewaffnete Macht in der Endphase nationalsozialistischen Herrschaft 1944 bis 1945* [« La Wehrmacht et la défaite. Les forces armées à la fin du régime national-socialiste 1944-1945 »], Munich, Oldenbourg, 2005.

Müller, Rolf-Dieter *et al.* (dir.), *Das Deutsche Reich und der Zweite Weltkrieg. Hrsg. vom militärgeschichtlichen Forschungsamt* (vol. 10/1). *Der Zusammenbruch des Deutschen Reiches 1945. Die militärische Niederwerfung der Wehrmacht* [« Le Reich allemand et la Seconde Guerre mondiale. Publication de l'Office de recherche en histoire militaire (vol. 10/1). L'écrasement militaire de la Wehrmacht »], Munich, DVA, 2008.

Müller, Rolf-Dieter *et al.* (dir.), *Das Deutsche Reich und der Zweite Weltkrieg. Hrsg. vom militärgeschichtlichen Forschungsamt* (vol. 10/2). *Der Zusammenbruch des Deutschen Reiches 1945. Die Folgen des Zweiten Weltkriegs* [« Le Reich allemand et la Seconde Guerre mondiale. Publication de l'Office de recherche en histoire militaire (vol. 10/2). L'effondrement du Reich allemand en 1945. Les conséquences de la Seconde Guerre mondiale »], Munich, DVA, 2008.

Noble, Alastair, *Nazi Rule and the Soviet Offensive in Eastern Germany 1944-1945. The Darkest Hour* [« Le pouvoir nazi et l'offensive soviétique en Allemagne orientale 1944-1945. L'heure la plus sombre »], Brighton, Sussex Academic Press, 2009.

Thalhofer, Elisabeth, *Entgrenzung der Gewalt. Gestapo-Lager in der Endphase des Dritten Reiches* [« Le décloisonnement de la violence. Les camps de la Gestapo durant la phase finale du Troisième Reich »], Paderborn, Ferdinand Schöningh, 2010.

Yelton, David K., *Hitler's Volkssturm. The Nazi Militia and the Fall of Germany 1944-1945* [Le *Volkssturm* d'Hitler. La milice nazie et la chute de l'Allemagne 1944-1945], Lawrence, University Press of Kansas, 2002.

Zimmermann, John, *Pflicht zum Untergang. Die deutsche Kriegführung im Westen des Reiches 1944/45* [« Le devoir de sombrer. La conduite allemande de la guerre à l'ouest du Reich 1944-1945 »], Paderborn, Ferdinand Schöningh, 2009.

16

L'ATOMISATION DE L'EMPIRE JAPONAIS
(1945)

par Jean-Louis MARGOLIN

L'Empire japonais, tel que le reste du monde l'a connu, est un tard-venu : jusqu'en 1854, le pays, replié sur lui-même, visa surtout à se protéger de l'extérieur. Passé le choc de l'ouverture forcée à l'Occident, qui mena à une dure guerre civile et à la fin de la féodalité (1868), le Japon estima que la meilleure façon de résister aux impérialismes occidentaux était de devenir lui-même un empire au sens territorial du terme. Ce furent d'abord, timidement, l'intégration d'îles proches, puis, l'assurance venant, l'absorption de Taïwan et de la Corée, au prix de guerres avec la Chine et la Russie. La participation au premier conflit mondial permit la mainmise sur des colonies allemandes du Pacifique. Jusque-là, Tokyo sut être patiente, et n'affronter qu'un adversaire à la fois. L'*hubris* surgit aux alentours de 1930, dans le contexte d'une prise du pouvoir rampante par les militaires. Elle se traduisit par un expansionnisme brutal et aventureux, au mépris des aspirations du reste de l'Asie aussi bien que des intérêts du reste du monde. Les victoires, spec-taculaires, ne furent qu'un feu de paille. L'obstination

LE TEMPS DES OFFENSIVES JAPONAISES : 1937-1942

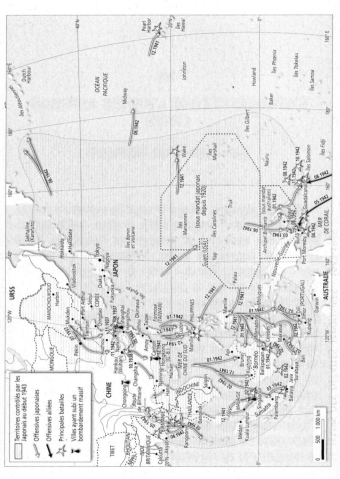

LE TEMPS DES DÉFAITES JAPONAISES : 1943-1945

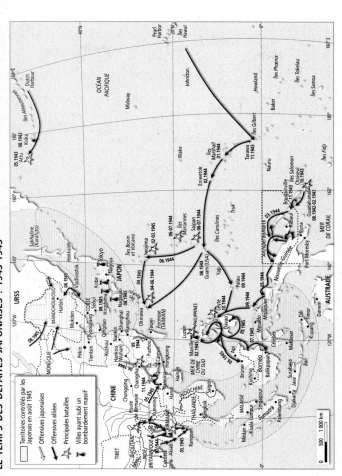

nippone à ne rien concéder conduisit en 1945 à l'inévitable défaite, à laquelle les explosions nucléaires d'août donnèrent un caractère apocalyptique. Au passage, quelque 27 millions de militaires et de civils avaient péri, dont 3 millions de Japonais. Quant à l'empire, il ne s'en releva pas : d'un coup, le Japon se rétracta à son proche archipel, et son expansion, quand elle reprit, ne fut plus qu'économique.

Un empire sans début et sans fin ?

Il est impossible de dire quand a commencé l'empire du Japon. En 1940, en pleine période d'exaltation ultra-nationaliste, on célébra solennellement son 2 600e anniversaire, mais la date d'origine ainsi commémorée – 660 avant notre ère – était déterminée à partir des premières chroniques historiques, rédigées seulement au VIIIe siècle de notre ère, soit mille quatre cents ans plus tard. Elles mêlent inextricablement mythes et réalités, et aucun historien sérieux ne peut ajouter foi à leur computation. L'écriture – empruntée à la Chine – n'étant apparue qu'au VIe siècle de notre ère, on ne peut que se borner à constater que c'est à partir de 538 que le clan aristocratique du Yamato, ancré dans la riche plaine du Kansai – actuelle région d'Osaka-Kobe-Kyoto –, assura sa prééminence sur la moitié sud de l'archipel[1]. Le grand personnage de la période fut non pas un empereur (ou *Tennô*), mais le prince-régent Shotoku (574-622), qui en 607 fit adopter la Constitution des dix-sept articles. Celle-ci amorçait une sinisation en profondeur du système politique, à commencer par l'instauration d'une administration

---

1. La région de l'actuelle Tokyo constitua encore longtemps une marge guerrière, tout ce qui était au nord étant dominé par les groupes semi-nomades aïnous, apparentés aux populations du Nord sibérien.

impériale bureaucratique et centralisée. L'Empire japonais était né. Il reposa bientôt, comme son grand modèle continental, sur une combinaison du confucianisme et du bouddhisme, sur une hiérarchie administrative complexe et sur un urbanisme géométrique solennel qui, dans les anciennes capitales successives de Nara et de Kyoto, nous a transmis nombre de monuments prodigieux.

Cet empire fut cependant toujours dominé par des clans aristocratiques qui durent leur prestige à leur lignage ou, de plus en plus, à leurs compétences guerrières. À la grande différence de la Chine, le pouvoir des empereurs y fut en permanence contesté, falot, voire inexistant – ce qui rend sans doute compte de l'unicité de la dynastie nippone : pourquoi renverser des empereurs si aisés à domestiquer ? Jusqu'au XVIᵉ siècle inclus, le mouvement alla irrésistiblement dans le sens d'un éclatement toujours plus poussé en centaines de fiefs nobiliaires quasi indépendants – souvent assimilés à une féodalité à la japonaise – et d'une dissolution parallèle de l'autorité centrale, qui, depuis 1185, était d'ailleurs bien davantage celle du général en chef (*shogun*) que celle d'un empereur généralement contraint d'abdiquer avant son vingtième anniversaire – et à l'occasion réduit à une semi-mendicité. Il est significatif que les Portugais, parvenus au Japon au milieu du XVIᵉ siècle, au terme de ce processus, aient dans leurs écrits traduit le terme *daimyo* (« grand noble fieffé ») par celui de roi, et ne fassent jamais mention d'un empereur dont personne alors ne se souciait. À partir de sa victoire de Sakigahara, en 1600, le clan Tokugawa, qui donna naissance à une dynastie triséculaire de *shoguns*, parvint certes à recentraliser le pouvoir, mais sans anéantir celui des *daimyos* périphériques, ceux du Sud lointain en particulier[2]. Mais cette

---

2. Les domaines du Sud s'étaient enrichis du commerce international – mâtiné de piraterie – qui subsista constamment avec la Chine et la Corée.

recentralisation, appuyée sur une administration solide, une justice impitoyable et une police omniprésente, ne profitait en rien aux empereurs. La nouvelle capitale était Edo (devenue Tokyo), bientôt plus grande ville du pays et cœur de sa vie culturelle et intellectuelle, cependant que la lointaine Kyoto, toujours résidence impériale, végétait dans le souvenir de sa splendeur.

La réalité, jusqu'au second tiers du XIXe siècle, fut donc plus celle de confédérations nobiliaires généralement instables que celle d'un empire, au sens chinois, romain ou napoléonien du terme. La seule comparaison possible serait celle d'avec le Saint Empire romain germanique[3], à ceci près que son titulaire, appuyé sur ses vastes domaines personnels, était incomparablement plus puissant que son malheureux équivalent nippon.

Les domaines méridionaux, jamais vraiment soumis, allaient profiter de la déstabilisation provoquée par l'irruption des Occidentaux (1854) et, sous couvert de légitimisme impérial, l'emporter en 1868. Débuta l'ère dite *Meiji* (« Lumières ») qui, supprimant l'institution shogunale, « restaurait » le pouvoir personnel de l'empereur – lequel, on l'a vu, n'avait en réalité jamais existé. Il est vrai que le rôle politique des trois empereurs qui se succédèrent jusqu'en 1945 fut plus effectif que celui d'aucun de leurs prédécesseurs. Mais, même alors, on demeura bien loin de la monarchie absolue, d'essence divine, que la Constitution de 1889[4] promulguait en théorie. Les souverains Meiji (1867-1912), Taisho (1912-1926)

---

3. Voir le chapitre 9, de Michel Kerautret : « Chronique d'une mort annoncée : la fin du Saint Empire ».

4. Inspirée par le modèle prussien, elle protégeait l'exécutif des empiètements parlementaires, assurait la symbiose de l'entourage de l'empereur et du commandement de l'armée, et n'accordait qu'un suffrage restreint.

et Showa (1926-1989)[5] virent leur pouvoir cantonné par la longue persistance dans les postes dirigeants des jeunes samouraïs méridionaux vainqueurs en 1868, puis par l'autonomie croissante prise par les chefs de l'armée et de la marine, et dans une moindre mesure par l'assurance renforcée du Parlement (élu au suffrage universel masculin à partir de 1925) : les partis politiques concurrents parvinrent à partir des années 1910, et pour deux décennies, à déterminer la composition des gouvernements. Ajoutons que deux de ces empereurs parvinrent très jeunes au trône, que le troisième (Taisho) fut longtemps malade, que leurs compétences personnelles à faire valoir leur autorité étaient relativement limitées et qu'enfin la tradition japonaise était celle d'un empereur reclus dans son palais, ne se mêlant jamais à ses sujets et ne revêtant que très exceptionnellement l'habit militaire. Tout ceci était peu compatible avec l'affirmation d'un pouvoir suprême d'allure traditionnelle, surtout dans le contexte des sociétés de masse et d'information, dont le Japon modernisé releva bientôt, tout comme ses partenaires et concurrents d'Occident. Quels que soient les débats encore en cours quant à l'effectivité du rôle personnel de l'empereur Showa (Hirohito) dans la Seconde Guerre mondiale et dans les atrocités japonaises qui l'accompagnèrent, il serait absurde de le mettre sur le même plan qu'un Hitler, un Mussolini ou un Staline : il n'en eut jamais les pouvoirs sans partage ni, ajoutons-le, l'étoffe.

C'est sans doute là, au-delà des manœuvres opportunistes de l'administration américaine d'occupation, la raison principale du maintien de l'empereur sur le trône à l'issue de la guerre, en 1945. Beaucoup, au Japon, en furent choqués : à défaut de république, on réclamait au moins l'abdication d'un souverain si cruellement

---

5. On ne désigne les empereurs, respectueusement, que par leur nom de règne.

incapable de veiller aux intérêts de son propre peuple, pour ne pas parler de la paix mondiale. Mais le caractère déjà limité du pouvoir de l'empereur – additionné à sa malléabilité personnelle – autorisait cette manœuvre surprenante, inspirée par le souci d'une transition politique paisible : ôter au souverain tout rôle politique, le réduire au statut d'inoffensif « symbole », faire disparaître l'appellation officielle d'« empire du Japon » au profit de « Japon »[6]. La Constitution de 1946, rédigée en anglais dans les bureaux du « proconsul » américain, le général Douglas MacArthur, consacra ces évolutions, avec l'instauration d'une démocratie parlementaire fortement décentralisée, où l'empereur n'a même pas la place de la reine d'Angleterre. Hirohito, sans doute soulagé d'avoir conservé sa tête et son palais, respecta scrupuleusement le contrat jusqu'à sa mort (en 1989), et son successeur Akihito (empereur Heisei) s'est tenu à la même voie.

Si l'institution impériale continue à exister, l'empire à proprement parler a vécu. Il ne paraît pas destiné à renaître : seules de petites minorités d'extrême droite appellent rituellement à une nouvelle restauration impériale, mais cela ne constitue même pas un sujet de débat dans l'opinion. Il convient donc de se focaliser sur le moment où l'empire a sombré, que ce soit sous forme d'institution ou sous son acception territoriale, le Japon s'étant lancé tôt après 1868 dans une expansion coloniale et impérialiste, relayée par les vastes conquêtes militaires des années 1937-1942.

---

6. L'empire fut officiellement réintitulé « du Grand Nippon », même dans les langues occidentales, au cours de la période ultranationaliste des années 1930 et 1940. C'était suivre au plus près la terminologie japonaise alors en vigueur.

Les étapes de la conquête et de la défaite nippones

Le Japon, de toute son histoire prémoderne, n'avait qu'une seule fois entrepris de s'étendre au-delà de son archipel : entre 1592 et 1598, le *shogun* Hideyoshi avait guerroyé en Corée, ce qui devait constituer le premier pas vers une conquête de l'empire de Chine lui-même. Mais les Coréens, logiquement appuyés par les Chinois, avaient repoussé la tentative. Cet échec joua son rôle dans la politique d'auto-isolation, scrupuleusement poursuivie de 1639 à 1854. Elle protégeait le pays, mais le cantonnait dans d'étroites limites, puisque ni l'archipel des Ryukyu au sud (avec Okinawa pour île principale) ni la grande terre neigeuse d'Hokkaido au nord ne faisaient alors formellement partie du pays. S'ouvrant au monde (de force, au départ) sous Meiji, le Japon crut bon d'adopter dans tous les domaines le modèle occidental alors hégémonique. Cela voulait dire, en particulier, construire un État-nation dans des frontières aussi larges que possible et solidement défendues. Cela impliquait également de se lancer dans l'aventure coloniale, manière de prouver la supériorité de sa propre civilisation. Concrètement, cette volonté de puissance se traduisit par un considérable effort militaire, de la conscription universelle aux arsenaux dernier cri, avec force matériels et conseillers étrangers dans un premier temps, afin d'accélérer les choses. Très vite également, cette ambition conduisit à l'agrandissement du « pré carré ». Dès les années 1870 et 1880, Ryukyu et Hokkaido furent intégrés, transformés en préfectures et reçurent des vagues d'immigrants – ce sont les seules conquêtes modernes qui subsistent aujourd'hui.

Il s'agissait de territoires vivant depuis longtemps déjà en symbiose avec le Japon et de peuplement en partie japonais. Il en alla tout autrement des mainmises suivantes, elles proprement coloniales : à la suite de la guerre sino-japonaise de 1894-1895[7], Taïwan et le petit archipel des Pescadores (ou Penghu), situé entre la grande île et le continent, étaient arrachés à la Chine ; quant à la guerre russo-japonaise de 1904-1905[8], elle se traduisit par l'absorption de la Corée (jusqu'en 1910 sous la forme d'un protectorat), par celle de l'extrémité de la péninsule sud-mandchourienne du Liaodong (base navale de Port-Arthur – aujourd'hui Lushun – en particulier), par l'installation dans la moitié sud de la grande île sibérienne de Sakhaline et par l'acquisition d'intérêts ferroviaires autrefois russes en Mandchourie. La Première Guerre mondiale, où le Japon joua sur le cheval gagnant, lui assura la conquête aisée des possessions allemandes de la péninsule du Shandong – rendues en 1922 à la Chine, elle aussi dans le camp des Alliés –, et celle, plus durable, et éminemment stratégique, des archipels allemands du Pacifique Nord (Mariannes, Carolines, Marshall). Au cours de la guerre civile qui marqua l'avènement de la Russie soviétique (à partir de 1918), 70 000 soldats japonais s'emparèrent transitoirement de vastes portions de la Sibérie orientale ; ils ne quittèrent Vladivostok qu'en 1922, et la partie nord de Sakhaline qu'en 1925. C'était marquer là l'accession au statut de nouvelle grande puissance, incontournable

---

7. Provoquée par la concurrence entre la Chine et le Japon pour la domination de la Corée, elle se déroula à la fois sur terre, dans la péninsule coréenne et en Mandchourie, et sur mer, en Chine du Nord. À la surprise générale, le Céleste Empire, à la flotte récemment modernisée, fut battu à plate couture.

8. À nouveau provoquée par des ambitions contradictoires sur la Corée, la Russie ayant tenté d'y remplacer la Chine, elle se déroula elle aussi en Mandchourie (long siège de Port-Arthur, bataille de Moukden – aujourd'hui Shenyang), ainsi que dans le détroit séparant Corée et Japon, pour la décisive bataille navale de Tsushima où le triomphe nippon sur la flotte venue de la Baltique stupéfia le monde et enthousiasma les Asiatiques.

tant sur le continent asiatique que dans le vaste Pacifique. La conférence navale internationale de Washington (1921-1922) entérina ce fait en accordant au Japon le droit de posséder la troisième flotte du monde, égale aux trois cinquièmes de celles des États-Unis ou de la Grande-Bretagne.

Jusque-là, les conquêtes nippones, mesurées, marquées par la volonté de compromis avec les autres puissances, avaient été plutôt bien acceptées. Il en alla tout autrement à partir de 1931, date qui marque aussi le début de l'ascension vers le pouvoir de l'armée, avec l'assassinat du Premier ministre Hamaguchi Osachi[9]. La tendance générale au « chacun pour soi », provoquée par la crise économique mondiale, coïncida au Japon avec le désaveu du personnel politique civil, des partis et des grandes entreprises, considérés pêle-mêle comme responsables de la misère de masse. Ce fut l'heure des promoteurs de solutions simples : retour aux valeurs supposées traditionnelles, mobilisation totale autour de la figure de l'empereur et du « dogme national » (*kokutai*), mystique nationaliste et xénophobe, promotion du modèle militaire et attraction exercée par les fascismes européens. Des organisations de masse (jeunes, femmes, réservistes, voisinage…), toutes supervisées par l'armée, encadrèrent bientôt le quotidien de chaque Japonais. La solution aux maux résidait surtout dans un expansionnisme extérieur effréné, destiné à accroître l'espace économico-stratégique et à fournir des colonies de peuplement. La conséquence en politique étrangère fut le choix de l'unilatéralisme, marqué par une série de coups de force souvent d'initiative militaire, le gouvernement impuissant ne pouvant que les entériner. Réalisés sans couverture diplomatique, ils contredisaient explicitement

---

9. Au Japon, le nom de famille précède le prénom.

l'ordre international, fondé sur les procédures de sécurité collectives de la Société des Nations (SDN). Ils contribuèrent à isoler le Japon des nations démocratiques, et à le rapprocher des puissances « révisionnistes » fascistes – Italie et Allemagne. La mainmise presque sans coup férir, à partir de septembre 1931, sur la Mandchourie chinoise, riche en matières premières minérales et végétales, et où l'on projetait d'installer un million de paysans japonais, lui valut un simple blâme de la SDN, mais Tokyo, sous la pression croissante des ombrageux militaires, décida de quitter l'organisme international.

1937 est de ces moments où l'histoire hésite. Le 7 juillet, un incident confus, mais limité et vraisemblablement imprévu, opposa près de Pékin soldats japonais et chinois. Puis, pendant trois semaines, les choses semblèrent se calmer. Cependant, l'exaspération chinoise était à son comble devant les empiètements successifs du Japon, au-delà même de la Grande Muraille. Or Tokyo, au lieu de s'efforcer de calmer le jeu, décida d'envoyer des renforts, non seulement au nord, mais aussi au centre de la Chine (région de Shanghai). Les affrontements reprirent, cette fois à grande échelle. La Seconde Guerre sino-japonaise – longtemps pudiquement dénommée « incident de Chine » – venait d'éclater. L'histoire fiction (ou contre-factuelle) est un art risqué, mais il est permis d'estimer qu'avec une politique plus conciliante le Japon aurait pu finir d'absorber la vaste Mandchourie, que ni l'URSS, ni les États-Unis, ni même la Chine ne lui contestaient plus vraiment. Un des rares militaires clairvoyants du temps, le général Ishiwara Kanji, pourtant auteur du coup de force de 1931, s'opposa vivement, au risque de sa carrière, à ce qu'il analysait comme une course en avant désastreuse, qui interdirait l'organisation d'une solide économie de guerre en Mandchourie, sans pour autant permettre la mainmise sur l'immense Chine, que personne n'avait jamais conquise sans finir par être absorbé par ses propres valeurs[10]. Il se trouva bientôt confirmé dans son pessimisme : en 1937-1938, les troupes nippones remportèrent une série de victoires sensationnelles, sans pertes excessives de leur côté, conquirent deux capitales chinoises successives (Nankin et Wuhan) ainsi que presque toute la Chine du Nord, mais ne parvinrent ni à briser la volonté de résistance du gouvernement central de Tchang Kaï-chek, ni à empêcher le développement d'immenses zones d'insécurité[11] entre les voies de communication et les villes tant bien que mal contrôlées par l'armée impériale. Puis, de la fin de 1938 au début de 1944, le front se stabilisa à peu près, sans espoir d'avantage décisif pour un camp ou pour l'autre. Le guêpier chinois s'était refermé et le Japon ne savait même plus quelle stratégie adopter : morcellement du pays, paix de compromis avec Tchang Kaï-chek ou encouragement à ses adversaires politiques – choix finalement retenu, mais le résultat fut très décevant. D'une certaine façon, Tokyo avait déjà perdu la partie, et aurait dû sauver les meubles en renonçant à son tenace projet d'hégémonie absolue sur la « Grande Asie de l'Est » (*Dai To-A*), nom qui fut finalement donné à la guerre à partir de 1941.

Mais les obtus généraux et amiraux qui tiraient désormais toutes les ficelles à Tokyo crurent judicieux de sortir du trou en l'élargissant. Ils multiplièrent les

---

10. Même au cœur de l'ère impérialiste, aucune puissance occidentale ne fut assez folle pour seulement penser se lancer dans la conquête de l'Empire chinois. Il s'agissait de l'influencer, de l'ouvrir au commerce, d'y installer ses positions, certainement pas de le coloniser.

11. Elles étaient dominées tour à tour ou simultanément par les éléments locaux du Guomindang, par les guérillas communistes ou par des armées de brigands alternativement patriotes et collabos. Les exactions contre la population y étaient nombreuses, les communistes faisant cependant preuve d'une certaine retenue – ce qui rend compte de l'extension progressive de leur influence.

provocations successives contre des États-Unis pourtant encore tentés par l'isolationnisme et qui accordaient la priorité au *containment* d'Hitler. Les Américains avaient cependant de puissants intérêts dans le Pacifique et en Asie orientale, à commencer par leur colonie des Philippines. Or, en 1940, le Japon tira parti de la défaite française pour imposer l'installation de bases en Indochine et l'interruption du trafic d'armes en direction de la Chine libre. Simultanément, il obtint de la Grande-Bretagne la fermeture (provisoire) de la route Birmanie-Chine. Il encouragea l'hiver suivant l'attaque de la Thaïlande contre l'Indochine, qui lui permit de récupérer ses provinces perdues. Surtout, l'empire conclut en septembre l'alliance tripartite, plus connue sous le nom d'axe Rome-Berlin-Tokyo, ce qui liait son destin aux ennemis mortels des États-Unis. Enfin, en 1941, le Japon établit de nouvelles bases militaires dans le sud du Vietnam, cette fois à portée d'ailes de la Malaisie britannique. Roosevelt fut contraint de réagir, de plus en plus énergiquement, jusqu'à l'imposition d'un embargo sur le pétrole américain – principale source d'approvisionnement nippone – et au gel des avoirs japonais aux États-Unis. Cette fois, la machine infernale était bel et bien lancée, et ne pouvait que conduire à une gigantesque guerre dont, compte tenu de la disproportion des forces, l'Amérique avait toutes les raisons de sortir victorieuse.

Le Japon avait cependant encore deux cartes à jouer. La première ne dépendait pas de lui : c'était un pari sur une rapide victoire de son allié allemand sur l'URSS, Tokyo, restée neutre, ne se joignant à Hitler que pour la curée finale. La seconde, en cas de guerre avec les puissances anglo-saxonnes – États-Unis, Grande-Bretagne, Australie –, consistait à jouer à fond sa supériorité navale provisoire dans le Pacifique – et ses minces réserves de carburant – pour leur infliger des coups si décisifs que leurs gouvernements seraient amenés au compromis.

Dans les deux cas, le but était le même : évincer définitivement l'Occident de la nouvellement concoctée « sphère de coprospérité de la Grande Asie de l'Est[12] », naturellement centrée sur le Japon[13]. L'échec allemand devant Moscou, en novembre 1941, puis Stalingrad, en janvier 1943, consacrèrent l'inanité du premier pari. Quant au second, les sensationnels succès du semestre allant de décembre 1941 à mai 1942 – Pearl Harbor, destruction de la flotte britannique d'Extrême-Orient, conquête de la Malaisie, de Singapour, des Indes néerlandaises[14], de la Birmanie, des Philippines, ainsi que de nombreux archipels du Pacifique central – répétèrent à plus grande échelle ceux de Chine des années 1937-1938. Ces victoires étaient certes considérables, mais en aucun cas décisives, les principales bases arrière

---

12. Et non « orientale », comme on le lit trop souvent : l'épithète appliquée à l'Asie implique la reconnaissance de la centralité de l'Europe. Le Japon l'avait alors explicitement bannie.

13. La « sphère » était composée d'éléments disparates. Il y avait d'abord les colonies japonaises – Taïwan, Corée, sud de Sakhaline, Liaodong, archipels du Pacifique –, faisant l'objet d'une forte immigration nippone et intégrées à la métropole au point, en 1942, d'être administrées depuis le ministère de l'Intérieur, celui des Colonies ayant disparu. À partir de 1944, 570 000 soldats y furent mobilisés. On trouvait ensuite les « alliés » théoriquement indépendants, en fait régis comme des protectorats où aucune décision d'importance n'échappait au contrôle de l'armée japonaise, omniprésente : Mandchoukouo (Mandchourie), depuis 1932, Chine centrale (à partir de 1940), Birmanie, Philippines (à partir de 1943), Vietnam, Laos et Cambodge à l'été 1945. La Thaïlande, jamais occupée hors la zone du chemin de fer Bangkok-Rangoon, jouissait d'une autonomie plus étendue. Un ministère de la Grande Asie était censé couvrir ces divers pays, réunis une seule fois, en novembre 1943 à Tokyo, en un sommet qui ne fut en réalité qu'une cérémonie d'allégeance. Enfin, l'armée de terre ou la marine, suivant les cas, se répartissaient les territoires occupés non autonomes d'Asie du Sud-Est et du Pacifique, ainsi que les zones de front en Chine. Certaines positions essentielles étaient quasiment annexées, tel Singapour, renommé Syonan et affublé d'un maire japonais.

14. Actuelle Indonésie.

de l'ennemi – Inde britannique, Hawaï, nord de l'Australie – n'étant pas atteintes et son corps de bataille comme sa rage de combattre[15] n'étant pas durablement amoindris. Dès la bataille aéronavale de Midway (4 juin 1942), l'offensive nippone perdit son élan et l'empire se replia derrière un bien illusoire « périmètre de défense » que les sous-marins alliés percèrent à grande échelle dès 1943, désorganisant de plus en plus et bientôt complètement les lignes d'approvisionnement et de transport de troupes. En conséquence, quand furent lancées en 1944 les offensives décisives en direction du Japon, les Alliés purent non seulement conserver l'initiative totale des opérations, mais contourner sans s'en soucier d'énormes garnisons japonaises isolées – et parfois condamnées à mourir de faim à petit feu. La capacité industrielle américaine – dix fois supérieure à celle du Japon – interdisait tout nouveau retournement de situation.

Le reste n'est qu'histoire événementielle et litanie de batailles souvent relatées, de Guadalcanal (août 1942-janvier 1943) à Okinawa (avril-juin 1945), en passant par la tragique conquête de Saipan (juillet 1944) où les civils japonais se suicidèrent en masse, le golfe de Leyte (octobre 1944)[16], enfin Iwo Jima (février-mars 1945). Il ne faudrait pas oublier, comme on le fait encore trop souvent, la contribution des autres alliés, certes moins

---

15. Aux États-Unis, l'attaque sans déclaration de guerre du 7 décembre 1941 – « une infamie », selon Roosevelt – fit beaucoup pour alimenter cette rage. On sait aujourd'hui qu'une série de cafouillages dans les transmissions côté japonais explique ce _timing_ pour lui désastreux : la déclaration de guerre aurait due être notifiée trente minutes avant l'assaut. Bel exemple de l'intervention du hasard en histoire.

16. La plus grande – et dernière – bataille navale de l'histoire accompagna le débarquement américain aux Philippines, que la marine impériale entendait interrompre. Faute de couverture aérienne suffisante, elle fut presque entièrement anéantie.

décisive, mais qui ensemble provoquèrent des pertes japonaises supérieures à celles infligées par les Américains : Australiens en Nouvelle-Guinée surtout, Britanniques en Birmanie (difficilement reprise au printemps 1945), Chinois sur leur territoire, mais aussi dans le nord birman, puissantes guérillas en Chine et aux Philippines, enfin, une semaine avant la capitulation du 15 août, intervention massive et immédiatement victorieuse des unités blindées soviétiques en Mandchourie.

La dernière année de guerre fut particulièrement terrible pour les Japonais : presque toutes les morts de civils eurent lieu alors, puisque les bombardements massifs ne débutèrent qu'en octobre 1944, ainsi que la moitié au moins des quelque 2,1 millions de morts de militaires. Si les pertes en Chine demeuraient relativement limitées, celles infligées par les Anglo-Saxons furent sept à huit fois plus fortes que celles qu'ils subissaient – les Américains perdirent au total 101 000 hommes, y compris 7 000 prisonniers morts en captivité. Les morts de civils furent concentrées dans l'espace : trois villes (Hiroshima, Tokyo et Nagasaki, par ordre d'importance décroissant) représentent plus des trois quarts des victimes des bombardements, alors que soixante-trois autres cités avaient été atteintes. Les raids massifs sur le Japon ne durèrent qu'une dizaine de mois, mais ils furent dévastateurs. La technique du tapis de bombes incendiaires, souvent utilisée à partir de mars 1945, « réussit » au-delà de toute espérance dans des villes aux maisons largement faites de bois et de papier. Dans la tempête de flammes et de gaz incandescents qui détruisit le quart de Tokyo dans la nuit du 9 au 10 mars 1945, une centaine de milliers de civils périrent – davantage que dans l'explosion nucléaire de Nagasaki.

Les talons d'Achille de l'appareil militaire japonais

Pourquoi l'effondrement de l'Empire nippon ? Nous n'avons pour l'instant avancé que des explications d'ordre structurel ou stratégique. Mais la guerre, ce sont aussi des combattants, des matériels, des tactiques de combat. Ces facteurs complexes peuvent accentuer, amoindrir et, dans de rares cas, annuler le poids des pesanteurs fondamentales qui généralement rendent compte de l'issue finale.

Si l'armée japonaise sut souffrir et mourir, au-delà même du raisonnable, elle savait aussi combattre. Toujours endurantes, ses unités étaient aussi capables d'initiatives, nécessaires à la simple survie tant les communications étaient difficiles, que ce soit au fin fond de la Chine ou dans le Pacifique. Les tactiques surent s'adapter : ainsi, malgré leur culte de l'offensive, les troupes attaquées lors des combats insulaires renoncèrent à partir de 1944 à charger les assaillants sur les plages, pour se retrancher sur quelques positions redoutablement fortifiées. Du coup, les pertes américaines (tués et blessés) à Iwo Jima et à Okinawa, en 1945, furent presque aussi lourdes que celles de leurs adversaires[17] – à ceci près que ces dernières ne comprenaient pratiquement que des tués. Cette montée aux extrêmes, alors que la guerre se rapprochait du Japon, fut sans doute pour beaucoup dans la décision d'utiliser l'arme atomique.

L'équipement nippon connaît cependant bien des points faibles. Les chars ne sont ni assez performants ni assez nombreux, ce qui participe de l'enlisement en Chine en 1939 et de l'incapacité à résister aux blindés soviétiques en 1945. Face aux bombardements américains, la DCA se montre bien plus faible que dans le cas de l'Allemagne,

---

17. 54 % des tués américains de la guerre du Pacifique périrent au cours de la dernière année du conflit.

et presque inexistante en dehors de Tokyo : rapidement les pertes américaines tombent à 1 ou 2 % des appareils par mission. Les radars n'apparaissent que fin 1944. En mer, les sous-marins américains ont d'autant plus libre cours que le Japon n'a pas de vrais sonars capables de les repérer et que ses grenades anti-sous-marines sont insuffisantes. Enfin, si le système de décodage américain MAGIC permet dès 1941 de percer les secrets adverses – on estime que 30 % des pertes navales nippones lui sont dues –, les Japonais ne disposent de rien d'équivalent. Quant aux quelque 9 000 ballons incendiaires envoyés en direction des États-Unis, ce fut un beau succès de propagande, mais ils n'y firent que six morts… L'impuissance est encore plus criante face aux bombardements nucléaires. Les autorités japonaises, qui avaient elles-mêmes lancé un programme, peu concluant, de mise au point de ces armes nouvelles, en savaient assez pour comprendre immédiatement de quoi il s'agissait. Mais la seule contre-mesure suggérée fut… le port de vêtements blancs[18]. Ces dernières données soulignent une évidence : sur le plan technologique comme sur le plan industriel, le Japon est fortement surclassé par les États-Unis. Il ne peut produire que des armements globalement moins performants, et en moins grandes quantités. À partir du moment où les deux pays entraient en guerre, la défaite du Japon n'était – on l'a dit – qu'une question de temps. Les dirigeants nippons étaient parfaitement conscients de cette réalité. Mais ils pensèrent qu'une doctrine résolument offensive, appuyée sur la supériorité momentanée de leur préparation militaire, pourrait procurer des gains tels que les Anglo-Saxons se résigneraient à négocier. D'où des opérations aventureuses – à commencer par

---

18. Ce n'était pas absurde – on remarqua très vite les brûlures « en damier » des victimes qui portaient des vêtements aux tonalités contrastées –, mais évidemment totalement insuffisant.

Pearl Harbor –, pour lesquelles le Japon bénéficia de l'effet de surprise, ainsi que d'une bonne dose de chance.

Mais l'audace, moyen à utiliser avec parcimonie, devint ainsi une sorte de fin en soi. L'armée japonaise s'est montrée presque en permanence inapte à hiérarchiser adversaires et opérations. D'où les premiers échecs de 1942, les offensives entreprises étant trop nombreuses pour disposer à chaque fois de moyens suffisants. L'état-major n'est pas davantage capable de se fixer des objectifs clairs, et donc limités. En résulte la tentative d'étendre tous azimuts le périmètre de défense prévu dans le Pacifique, tôt atteint. Cette arrogance aboutit aux graves revers de Midway (juin 1942) et de Guadalcanal (janvier 1943). Une partie considérable du sud de la Chine est conquise entre le printemps et l'automne de 1944 (opération *Ichigo*), mais la même zone est évacuée sans combat au printemps suivant, quand on commence à rapatrier des troupes en vue du combat décisif dans l'archipel. Le QG impérial se montra trop souvent incapable de distinguer entre stratégie et tactique. Il s'agit là aussi du résultat des divisions irréductibles entre armes et factions militaires, et de l'absence d'arbitre à la fois suffisamment compétent et reconnu par tous, l'empereur intervenant peu dans ces questions.

Plus fondamentalement, le culte de l'offensive à tout prix fit que les troupes nippones eurent du mal à se comporter efficacement dans la défensive, tant ménager ses forces et son sang leur paraissait lâche. D'où des choix d'équipements qui fragilisèrent grandement l'appareil militaire et le rendirent en fin de compte incapable d'affronter une guerre prolongée. La négligence pour tout ce qui est logistique produisit des effets invariablement désastreux. En particulier, les déficiences extrêmes en pétroliers-ravitailleurs et en navires d'escorte pour les convois de transport limitèrent la capacité opérationnelle et accrurent les pertes. À partir d'octobre-novembre 1943 surtout, les sous-marins alliés furent en mesure d'entraver considérablement les mouvements de troupes dans le Pacifique central, ainsi que leur approvisionnement. Et, chaque jour un peu plus, les grandioses conquêtes accomplies en Asie du Sud-Est se révélaient vaines tant il devenait difficile de ramener leurs abondantes matières premières vers les usines et les entrepôts de l'archipel. Il aurait été envisageable de suppléer partiellement à cette progressive paralysie des liaisons maritimes par un développement massif de l'aviation de transport, moins vulnérable. Dès 1940, en effet, le Japon avait construit sous licence de la firme Douglas quatre cents DC-3, le meilleur avion de transport du temps, utilisé jusque dans la guerre du Vietnam. Il en fut équipé avant l'US Air Force ! Mais il préféra le convertir en bombardier, alors même que le C-47 (version militaire du DC-3) joua du côté allié un rôle fondamental dans la guerre du Pacifique.

De manière analogue, une fragilité délibérée dans la conception touche les armements. Ainsi, pour l'aviation de combat comme pour les chars, la maniabilité, la vitesse, le rayon d'action et la puissance de feu sont les seuls critères envisagés : pour diminuer le poids, la cuirasse est réduite au minimum, ce qui rend terriblement vulnérables équipages et réservoirs de carburant. Un coup au but et c'est la destruction assurée. Dans le domaine de l'artillerie, ce sont les canons légers et mobiles qui sont privilégiés, au détriment de la puissance et de la portée – les Américains firent le choix inverse et s'en trouvèrent bien. Et les ruptures d'approvisionnement en obus furent fréquentes… Cette inclination excessive à l'offensive eut des conséquences redoutables dès que l'adversaire se révéla de taille. En effet, ce qui est le moins remplaçable dans une armée, ce sont les bons spécialistes. De ce point de vue, au-delà des quatre porte-avions perdus à Midway, la disparition de centaines de pilotes expérimentés – ceux de Pearl Harbor – enclencha un cercle vicieux d'efficacité décroissante dans l'aviation de marine. La vulnérabilité des appareils l'accéléra. Le même schéma peut être repéré dans presque tous les domaines. Il y eut de plus en plus de goulots d'étranglement, et les Américains jouèrent délibérément là-dessus : la destruction de Tokyo par leurs bombes incendiaires, qui culmina le 9 mars 1945, fut avant tout motivée par la volonté d'anéantir un maximum de petites entreprises hautement spécialisées dans tel ou tel segment de la production d'armes. En 1945, ne restaient guère aptes à voler que les vieux coucous sur lesquels on embarquait les kamikazes et des avions si modernes qu'on ne trouvait pour eux ni pilotes, ni mécaniciens suffisamment compétents, ni pièces détachées.

Le désespoir comme stratégie

On ne saurait évoquer la fin de l'Empire japonais sans s'appesantir sur cette particularité absolue du Japon en guerre : la tentative d'échapper à la défaite, ou plus réalistement de la retarder, en recourant au suicide au combat de ses troupes. Non que d'autres pays aient négligé de recourir à des assauts objectivement suicidaires – on en connut beaucoup en 1914-1918. Mais, outre que l'espoir de s'en sortir n'était jamais interdit, il s'est agi d'actes tactiques, non pas d'une pratique systématisée, de plus en plus généralisée, et enfin objet d'une propagande délirante.

La banalité même de l'appellation des unités de kamikazes, corps spécial d'attaque – *Tokkôtai* –, suggère d'ailleurs davantage de continuité qu'on ne l'imagine souvent avec le reste de l'armée, et avec les comportements qu'elle a légitimés. Le suicide, dans une situation désespérée, était pour le combattant nippon l'attitude la plus évidente et un acte presque banal. Il lui venait naturellement à l'esprit que, tant qu'à se faire disparaître, autant que ce fût en compagnie de quelques ennemis. D'où ces fausses redditions où, les GI approchant, on dégoupille soudain une grenade. D'où également de folles insurrections dans certains camps de prisonniers nippons, en Inde ou en Australie, qui s'achevèrent en bains de sang. Mais, à côté de ces actes plus ou moins spontanés, et plus symboliques qu'efficients, le suicide fut surtout conçu comme une sorte d'« arme nouvelle » par le commandement japonais.

Les kamikazes apparaissent en effet à un moment de la guerre (octobre 1944) où même le plus optimiste des responsables nippons voit se profiler le spectre de la défaite, alors que la reddition reste impensable : MacArthur vient de réussir son débarquement aux Philippines ; la flotte nippone a décidé de jouer son va-tout dans la « bataille décisive » tant attendue, qui se déroule dans le golfe de Leyte. Et elle précipite dans son assaut des nuées d'avions-suicides, technique qui avait été expérimentée en juillet. L'US Navy est déconcertée, ébranlée par des pertes significatives – en hommes plus qu'en bâtiments, car ceux de grande taille ne sont qu'exceptionnellement coulés –, mais obtient une victoire totale.

Les corps spéciaux d'attaque furent organisés de manière autonome, en principe avec des volontaires, en majorité jeunes étudiants, voire lycéens. Dans les derniers temps, on eut de plus en plus recours à des « volontaires incités », soumis à une pression terrible de leurs pairs déjà engagés, de leurs professeurs, de leurs supérieurs hiérarchiques quand ils étaient à l'instruction militaire. Bien des témoignages concordent cependant : le discours officiel porta, en particulier sur les plus jeunes à qui, dès l'école primaire, était inculquée l'idéologie du sacrifice. La participation de pilotes kamikazes aux quelques actions jusqu'au-boutistes d'après le 15 août 1945 prouve leur ardente conviction. Il fallut parfois les forcer à ne pas mourir. Et la dernière attaque-suicide

– des vedettes bourrées d'explosifs – eut lieu le 30 août contre la flotte britannique qui rentrait dans le port de Hong Kong.

Il y eut des milliers d'avions kamikazes[19], mais l'armée et surtout la marine développèrent plusieurs autres armes-suicides, chacune équipée d'un pilote : des bombes volantes à réaction larguées d'un avion, des torpilles lancées de sous-marins, des vedettes explosives, sans oublier des hommes-grenouilles kamikazes. Des centaines de sous-marins de poche, dotés d'une autonomie très réduite, attendaient près des côtes de l'archipel l'approche de la flotte de débarquement pour se faire exploser sur elle – ils eurent rarement l'occasion d'agir. Le point commun de ces armes, avions exceptés, fut la lenteur, la difficulté de leur mise au point et l'insignifiance de leurs résultats. Elles sont cependant le signe d'un virage global des forces armées vers un comportement suicidaire : en est témoin, en avril 1945, l'appareillage du plus beau fleuron de la flotte, le super-cuirassé *Yamato*, avec juste assez de fuel pour rejoindre Okinawa et y décimer la flotte américaine ; en fait il s'agit surtout de servir d'appât à l'aviation ennemie et de faciliter ainsi l'assaut d'escadrilles de kamikazes[20]. Au-delà, dans la propagande qui en fait la fine fleur de la nation, ces derniers ne constituent que l'avant-garde des « 100 millions[21] » qui, avec de vieux tromblons ou des piques de bambou, doivent se jeter sur les chars américains, jusqu'à la disparition du dernier Japonais si nécessaire.

---

19. Entre mars et août 1945, 2 571 sorties d'avions kamikazes ; certaines évaluations vont jusqu'à un total de 10 000 appareils utilisés.

20. Le plan échoua, car le *Yamato* fut très vite coulé, avec ses 3 100 matelots.

21. Les Japonais n'étaient alors que 75 millions. Le chiffre de 100 millions inclut les « peuples impériaux » (*komin*), à savoir les Coréens et les Taïwanais.

L'efficacité militaire des kamikazes est cependant douteuse : certes, ils causèrent occasionnellement de lourdes
pertes[22], en particulier tant que l'effet de surprise joua ;
mais ils se heurtèrent à des canons à tir rapide toujours
plus nombreux et à des nuées de chasseurs. Par conséquent, le pourcentage de « coups au but » passa de douze
en octobre 1944 à six en avril 1945. Lors de la bataille
d'Okinawa, qui marqua le point culminant du phénomène, cinquante avions furent en moyenne nécessaires
pour détruire un navire allié. De plus, la consommation d'appareils induite – il faut y inclure les chasseurs
d'accompagnement – finit par dégarnir la défense de
l'archipel. Bref, le sacrifice de milliers de jeunes pilotes
n'a vraisemblablement pas retardé, ne serait-ce que d'un
jour, les opérations américaines.

Le recours aux missions suicides représentait cependant un choix rationnel. À cette extrémité, le Japon ne
disposait plus de beaucoup d'avions performants, ni de
pilotes compétents en nombre suffisant : leur formation
était passée de sept cents heures de vol en 1941 (trois
cent cinq aux États-Unis) à quatre-vingt-dix en 1945 !
De surcroît, l'isolement presque complet de l'archipel
entraînait une terrible pénurie de carburant. La situation
était d'ailleurs si désespérée que les pilotes « normaux »
n'avaient pas beaucoup plus de chances de survivre
que les kamikazes : lors des grandes attaques des 3
et 4 mai 1945, sur trois cent cinq appareils engagés,
deux cent quatre-vingts ne revinrent pas, alors que seuls
soixante-quinze étaient en mission suicide[23] !

---

22. À Okinawa, sur 525 bâtiments américano-britanniques, 22 furent
coulés, 254 endommagés.

23. Il était coutumier que des chasseurs accompagnent les kamikazes, à la fois pour les protéger des chasseurs adverses et pour les
aider à repérer leur cible, car souvent ils n'avaient pas appris à naviguer
au-dessus de la mer.

Le culte du sacrifice eut cependant ses limites : au cours de la dernière semaine de guerre, lors de l'offensive soviétique en Mandchourie et en Corée, des myriades de Japonais se rendirent aisément – 594 000 hommes dont 148 généraux, selon Moscou –, seule une minorité préférant se faire tuer au combat ou se suicider (84 000).

Phénomène parallèle, des suicides de masse de civils nippons accompagnèrent les dernières défaites. Le phénomène débuta à Saipan, aux Marianmes, en juillet 1944, mais c'est à Okinawa, entre avril et juin 1945, qu'il fut de loin le plus étendu : de la centaine de milliers de civils[24] qui disparurent alors – un quart à un tiers de la population –, une large proportion, impossible à déterminer, ne périt pas sous les bombes américaines. Une première vague de suicides eut lieu lors du débarquement allié, ou même parfois avant, alors qu'il paraissait imminent. Pour ajouter à l'atmosphère de fin du monde qu'elle s'employait à développer, l'armée avait confisqué tous ses stocks de nourriture à la population : elle n'en aurait plus besoin.

Un choix infernal

Les Américains, en juillet 1945, ne savaient pas tout cela. Mais ils en savaient suffisamment pour entretenir les pires craintes quant à ce qui se passerait lors de leur débarquement dans les îles principales du Japon. Moins pour le nombre de morts que cela leur coûterait – on a souvent exagéré sur ce point[25] – que pour le temps

---

24. Le chiffre n'est pas déterminé avec certitude. Certaines études évoquent jusqu'à 142 000 morts.

25. Le prétendu « million de morts » américains qu'ils auraient craint est parfaitement apocryphe. C'est en 1947 que ce chiffre fut lancé pour la première fois. En fait, le calcul des pertes prévisibles fut effectué en considérant le ratio moyen entre pertes américaines et pertes militaires

que prendraient les opérations, pour les ravages sans nom qu'elles causeraient et en conséquence pour les difficultés de l'occupation subséquente. Ces craintes étaient-elles justifiées ? La bataille de Kyushu, déjà programmée pour l'automne de 1945, aurait-elle été une réplique de celle d'Okinawa, à plus grande échelle ? Rien ne permet de l'affirmer avec certitude, mais rien ne permet de le démentir non plus. Que la prolongation de la guerre pendant six mois ou un an – ce qu'on pouvait raisonnablement escompter sans le recours à l'armement nucléaire – ait causé incommensurablement plus de morts *japonaises* qu'Hiroshima et Nagasaki est en tout cas une quasi-certitude. Ne serait-ce que parce qu'à l'été 1945 des dizaines de milliers de Japonais mouraient de faim – ou de maladies induites – chaque mois. Et, évidemment, la situation ne pouvait que s'aggraver.

La guerre était donc abominablement meurtrière – et le pire paraissait à venir. Dans ces conditions, la bonne question à poser n'est pas « Pourquoi les États-Unis décidèrent-ils d'utiliser la bombe atomique ? », mais « Pourquoi auraient-ils décidé de ne pas l'utiliser ? ». En effet, de leur point de vue – qui n'est plus celui de nos contemporains –, il ne s'agissait pas d'ouvrir une nouvelle ère, mais plus prosaïquement de terminer une guerre, le plus rapidement possible et au moindre coût pour les Américains. Il est permis de s'en indigner, mais qui, dans une guerre, met sur le même plan la vie de ses compatriotes et celle de ses ennemis, même civils ? Quant à la décision de recourir à des bombardements de villes massivement meurtriers, soit pour acquérir un avantage

---

japonaises, et en évaluant le nombre de divisions encore capables de se déplacer et de combattre auxquelles il faudrait faire face. On arriva à 80 000 morts environ. Cela aurait quand même doublé les pertes américaines de la guerre du Pacifique.

stratégique, soit simplement pour terroriser l'adversaire, elle avait été prise depuis longtemps – d'abord,
ne l'oublions pas, par les puissances de l'Axe, puis, avec
des moyens très supérieurs, par les Alliés. La mort de
masse venue du ciel toucha bien avant Hiroshima non
seulement des centaines de milliers de civils allemands
et japonais, mais aussi des dizaines de milliers de civils
français ou philippins, qu'on venait pourtant libérer. À
chaque fois, les préoccupations militaires avaient margi-
nalisé les considérations humanitaires.

Or une arme nouvelle, qu'on savait terrifiante mais
dont on ignorait les effets précis, en particulier ceux à
long terme des radiations, venait d'être mise au point
– première explosion expérimentale au Nouveau-
Mexique le 16 juillet 1945. Elle avait été conçue pour
prendre de vitesse les efforts du Troisième Reich en
matière nucléaire, et il est probable que si elle avait
été disponible avant mai 1945, c'est contre l'Allemagne
d'Hitler qu'elle aurait été utilisée. Les dirigeants américains savaient que l'existence de la bombe, à laquelle
avaient travaillé quelque 100 000 personnes, deviendrait
forcément publique. Comment auraient-ils pu affronter
le reproche de ne pas l'avoir utilisée, occasionnant ainsi
la perte de nombreuses vies américaines ? C'était la
garantie de perdre les prochaines élections, voire d'être
accusés de négligence criminelle.

Dans ces conditions, on comprendra le peu de résultat
de la fameuse lettre de savants atomistes – dont Einstein –
impliqués dans le projet, qui demandaient au président
Harry Truman de surseoir à l'utilisation de la bombe. Malgré un certain nombre de réticences au sein du gouvernement, la décision fatale (le 25 juillet) fut prise aisément,
et avec une absence de scrupules moraux dont les carnets
intimes de Truman portent témoignage. On n'y trouve pas
davantage la trace de l'idée courante d'une bombe atomique servant d'avertissement à l'Union soviétique. Enfin,

si la préoccupation expérimentale ne fut évidemment pas absente chez les militaires, il n'y a aucune raison de penser qu'elle détermina le feu nucléaire.

Elle détermina cependant le choix d'Hiroshima et Nagasaki qui, n'ayant pas subi de bombardements classiques, permettraient d'observer au mieux les effets de l'explosion. Il s'agissait par ailleurs d'objectifs militaires de premier plan : quartier général de l'armée du Sud pour la première, immense chantier naval Mitsubishi pour la seconde. Le 6 août, une bombe à l'uranium anéantit Hiroshima, au prix de 90 000 à 166 000 morts, immédiates ou dans les mois qui suivirent – le tiers environ de la population de la ville. Le 9 août, une bombe au plutonium, larguée sur Nagasaki, à plusieurs kilomètres du point prévu, fut un peu moins dévastatrice : 60 000 à 80 000 morts, soit un quart de la population. Dès le lendemain, les autorités japonaises faisaient savoir qu'elles acceptaient la déclaration interalliée de Potsdam, c'est-à-dire le principe de la capitulation.

Un empire disparu sans regrets

Pour aucun des pays vaincus du second conflit mondial la sortie de guerre ne s'annonçait aussi difficile. Pour aucun pays elle ne se révéla aussi aisée.

Quatre facteurs principaux se sont conjugués pour expliquer cette capitulation acceptée et le fait que dans tout l'archipel il y eut moins de suicides[26] que dans la petite Saipan – et beaucoup moins qu'en Allemagne à l'heure de la défaite.

D'abord une immense fatigue : beaucoup ne mangeaient plus à leur faim, et on estime à 22 millions

---

26. On les estime à un millier dans l'armée ; il y en eut sans doute peu ailleurs.

– plus d'un Japonais sur quatre – ceux qui avaient été tués, blessés ou avaient perdu leur maison ; la situation se dégradait si rapidement que, parmi les dirigeants jusqu'au-boutistes, certains estimaient que le pire serait une longue inaction américaine, accompagnée de bombardements continus et d'un blocus étanche – la population perdrait toute volonté de résistance.

Ensuite, il était évident qu'on n'empêcherait pas un débarquement américain au cœur de l'archipel : aucun « mur du Pacifique » digne de ce nom ne l'attendait, les milices locales hâtivement formées n'étaient souvent dotées que de piques, et si 2,5 millions de soldats étaient là pour affronter l'envahisseur, la médiocrité de leur entraînement, la destruction des réseaux de communication et la faiblesse des dotations en carburant en faisaient plutôt une troupe de papier, à quelques unités d'élite près.

Plus conjoncturellement, on évoquera les deux terribles chocs d'août : les bombes atomiques des 6 et 9, et l'entrée en guerre soviétique du 8, qui balaya en quelques jours les défenses nippones en Mandchourie, au sud de Sakhaline et au nord de la Corée, raflant des prisonniers par centaines de milliers – événement unique dans les annales militaires japonaises. Suivant tous les témoignages, ce fut ce dernier événement qui désespéra le plus : jusqu'au dernier moment, le gouvernement avait voulu croire en une médiation soviétique, et par ailleurs personne n'avait immédiatement pris la mesure des catastrophiques destructions provoquées par les bombes A.

Ce fut enfin le geste sans précédent de l'empereur : sa prise de décision face à une conférence impériale irrémédiablement divisée et, prévoyant que l'on pourrait travestir sa pensée, sa volonté de l'annoncer lui-même à la radio, le 15 août à midi. Il mobilisait enfin au service de la paix la douteuse vertu nippone d'obéissance aveugle au *Tennô*. De plus, fin politique, il parsemait son discours public des habituelles références à la grande famille nippone dont il était le père, à la Terre des dieux… Le mot « capitulation » était sous-entendu, puisqu'il acceptait les termes de la résolution de la conférence interalliée de Potsdam (26 juillet 1945) qui la prescrivait[27] – en même temps que la renonciation à l'ensemble des conquêtes effectuées depuis 1894 –, mais il n'était pas prononcé. La justification de l'arrêt des hostilités, c'était l'« humanisme supérieur » des Japonais, prêts à sacrifier une noble cause à l'allègement des souffrances du monde. Aucune critique, à l'inverse, n'était émise quant au bien-fondé de la guerre de 1941. L'amère pilule passa ainsi plus facilement, mais on trouve tout de même là le noyau de l'argumentaire du révisionnisme historique nippon, qui vise à atténuer ou à nier les responsabilités et les crimes du Japon militariste.

La rupture avec l'atmosphère de mobilisation totale n'alla pas sans mal. Deux unités de la garde impériale se révoltèrent au soir du 14, envahirent le palais dans leur quête vaine de l'enregistrement du discours impérial non encore prononcé, puis se suicidèrent. Ce que firent aussi une poignée de kamikazes, en jetant leurs appareils dans les flots. Mais ces remugles du passé, isolés et inorganisés, ne pouvaient rien changer, et ils cessèrent vite. Autres remugles : les rumeurs du 18 août sur la dévastation généralisée de Yokohama par des GI ivres – ils n'avaient en fait pas encore débarqué –, les craintes de voir l'occupant accaparer les pauvres stocks de nourriture, ou s'en prendre aux filles nubiles, qu'on commença donc par cacher à la campagne. Indirectement, cela en dit beaucoup et sur la vigueur passée de l'intoxication antiaméricaine, et sur le comportement jugé « normal » pour une soldatesque – la japonaise en tout cas.

Une fois ces rumeurs démenties, ce fut au contraire la divine surprise : comment des militaires, ennemis surtout, pouvaient-ils se comporter si bien ? Cette

---

27. Elle était simultanément publiée *in extenso* par les journaux.

découverte engendra le début de la remise en cause des mythes militaristes : puisque nos dirigeants nous ont à ce point menti sur les Américains, pourquoi pas sur les autres sujets ? Un tiers environ des lettres de lecteurs reçues en novembre 1945 à ce sujet par le quotidien de gauche *Asahi shimbun* réclamaient l'exécution des leaders – essentiellement militaires – de 1941[28].

Les choses, dans tous les domaines, changèrent très vite. Dès le 19 août, ce fut la fin du *black-out* nocturne, de la défense civile, de la censure postale. Quatre-vingts camps de prisonniers de guerre jusque-là jamais mentionnés purent subitement recevoir la visite et les colis de la Croix-Rouge. Avant même l'arrivée des Américains (28 août), l'armée était démobilisée, ses stocks dispersés et souvent volés par les militaires eux-mêmes : cet ultime haut fait des troupes impériales entra pour beaucoup dans leur déconsidération. Bientôt les quelque 3 000 prisonniers politiques – des communistes surtout – furent libérés, et ils jouèrent un grand rôle dans le renouveau des syndicats, sur les ruines du corporatisme.

Les difficultés étaient cependant terrifiantes. Le pays avait subi 2 millions et demi à 3 millions de morts[29], dont au moins 400 000 civils, presque tous victimes des

---

28. Ce fut en partie chose faite en décembre 1948, quand sept des vingt-huit accusés de premier plan du procès de Tokyo, commencé en mars 1946, montèrent à la potence. Au total, 5 472 Japonais furent jugés pour crimes de guerre – contre des militaires prisonniers autant que contre des civils, essentiellement asiatiques – par des tribunaux militaires relevant de sept pays (dont la France, à Saigon). 920 furent condamnés à mort, 334 à la prison à vie et 3 099 à des peines plus courtes – tous furent libérés avant 1960. À la différence de l'Allemagne, jamais un tribunal japonais ne poursuivit un criminel de guerre. En outre, quelque 200 000 personnes, essentiellement des fonctionnaires et des hommes d'affaires, furent purgés, et interdits – pour un temps… – d'exercer leur emploi.

29. Suivant qu'on compte ou non les nombreux morts de faim de 1944-1945.

bombardements classiques ou atomiques[30]. Des centaines de milliers de prisonniers ne reviendraient de Sibérie qu'entre 1947 et 1949, pour quelques-uns pas avant 1952, et 15 % environ (60 000 à 92 000 sur plus de 600 000) périraient dans les camps de détention. Environ 3 millions de civils allaient être rapatriés des anciennes colonies, principalement de Corée et de Taïwan. En revanche, il faudrait aider les travailleurs forcés, essentiellement coréens, à rentrer chez eux ; 600 000 allaient décider de demeurer au Japon. Et quelque 40 % de la surface des villes étaient rasés.

L'évanescent Empire japonais, esquissé dès le VIe siècle, avait donc mis quatorze siècles à se consolider, pour aboutir trois quarts de siècle plus tard à la plus grande catastrophe que le pays ait connue. L'empire ne mit que quelques semaines à s'effondrer, après avoir perdu toute crédibilité. Sans espoir de retour ? Beaucoup dépendra de l'attitude de la Chine, que certains voient engagée sur une trajectoire d'*hubris* comparable à celle du Japon il y a moins d'un siècle. Puissent-ils avoir tort.

BIBLIOGRAPHIE SÉLECTIVE

Akamatsu, Paul, *Meiji 1868. Révolution et contre-révolution au Japon*, Paris, Calmann-Lévy, 1968.
Benedict, Ruth, *Le Chrysanthème et le Sabre*, Paris, Picquier, 1987 (première édition américaine 1946).
Bergerud, Eric, *Touched with Fire : The Land War in the South Pacific*, New York, Penguin, 1996.

---

30. Autour de 200 000 morts pour les bombes atomiques – mais près de 100 000 pour le bombardement classique de Tokyo du 9 mars 1945, presque aussi meurtrier donc qu'Hiroshima, et le pire de l'histoire en son genre.

Bix, Herbert P., *Hirohito and the Making of Modern Japan*, Londres, Harper Collins, 2000.

Brackman, Arnold C., *The Other Nuremberg : the Untold Story of the Tokyo War Crimes Trials*, New York, William Morrow, 1987.

Checkland, Olive, *Humanitarianism and the Emperor's Japan, 1877-1977*, Londres, St. Martin's Press, 1993.

Cook, Haruko T., et Cook, Theodore F., *Le Japon en guerre 1931-1945*, Paris, Éditions de Fallois, 2015 (première édition américaine 1992).

Daws, Gavan, *Prisoners of the Japanese : POWs of World War II in the Pacific – the Powerful Untold Story*, Londres, Robson Books, 1995.

Dower, John W., *Japan in War and Peace : Selected Essays*, New York, New Press, 1990.

Dunnigan, James F., et Nofi, Albert A., *Victory at Sea : World War II in the Pacific*, New York, Quill/William Morrow, 1995.

Duus, Peter (éd.), *The Cambridge History of Japan*, vol. 6, *The Twentieth Century*, Cambridge, Cambridge University Press, 1988.

Gravereau, Jacques, *Le Japon, l'ère de Hirohito*, Paris, Imprimerie nationale, 1988.

Hérail, Francine *et al.*, *Histoire du Japon*, Paris, Horvath, 1990.

Iritani, Toshio, *Group Psychology of the Japanese in Wartime*, Londres, New York, Kegan Paul International, 1992.

Lamont-Brown, Raymond, *Kamikaze : Japan's Suicide Samurai*, Londres, Arms and Armour, 1997.

Lucken, Michael, *Les Japonais et la Guerre 1937-1952*, Paris, Fayard, 2013.

Margolin, Jean-Louis, *Violences et crimes du Japon en guerre (1937-1945)*, Paris, Hachette littératures, coll. « Grand Pluriel », 2009.

Shillony, Ben-Ami, *Politics and Culture in Wartime Japan*, Oxford, Clarendon Press, 1981.

Willmott, H. P., *La Guerre du Pacifique, 1941-1945*, Paris, Autrement, 1999.

17

LE REFLUX DE L'EMPIRE BRITANNIQUE :
DE LA PUISSANCE À L'INFLUENCE
(de 1945 à nos jours)

par François-Charles MOUGEL

À son apogée, en 1920, l'Empire britannique, encore agrandi par les traités de paix[1], dominait le quart de la population mondiale et le quart des terres émergées, soit 540 millions de sujets répartis sur 33,5 millions de kilomètres carrés. Quel sujet d'Albion n'aurait alors souscrit à la fière affirmation inscrite dès 1898 par la Poste canadienne sur ses timbres de Noël : « Nous possédons un plus vaste empire qu'il en fut jamais » ? Lequel aurait pu imaginer qu'à peine un quart de siècle plus tard l'*Union Jack* commencerait à être replié sur tous les continents et tous les océans ?

---

1. Au terme de la Première Guerre mondiale, la Grande-Bretagne obtient plusieurs mandats qu'elle aura pour mission de mener, dans un futur non déterminé, à l'autonomie puis à l'indépendance. Il s'agit à la fois d'ex-colonies allemandes qu'elle ajoutera à son empire (ouest du Togo et du Cameroun, Tanganyika) ou attribuera à ses dominions (le Sud-Ouest africain à l'Afrique du Sud, la Nouvelle-Guinée et Nauru à l'Australie et les Samoa à la Nouvelle-Zélande) et d'ex-provinces ottomanes (Mésopotamie, Transjordanie et Palestine) qui renforcent son contrôle sur la fameuse « route des Indes ».

L'ESPACE BRITANNIQUE DE NOS JOURS

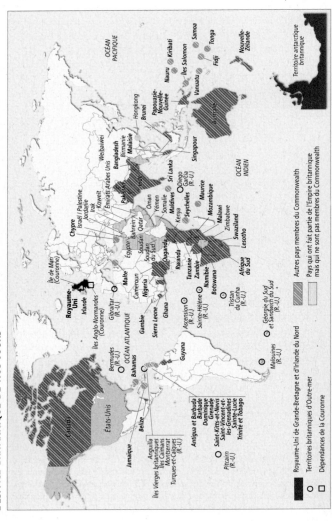

Canada
États-Unis
Jamaïque
Anguilla
Îles Vierges britanniques
Îles Caïmans
Montserrat
Turques-et-Caïques
Pitcairn (R.-U.)
Belize
Bahamas
Antigua et Barbuda
Barbade
Dominique
Grenade
Saint-Kitts-et-Nevis
Saint-Vincent-et-les-Grenadines
Sainte-Lucie
Trinité et Tobago
Guyana
Bermudes (R.-U.)
OCÉAN ATLANTIQUE
Ascension (R.-U.)
Sainte-Hélène (R.-U.)
Tristan da Cunha (R.-U.)
Géorgie du Sud et Sandwich du Sud (R.-U.)
Malouines (R.-U.)

Royaume-Uni
Irlande
Île de Man (Couronne)
Îles Anglo-Normandes (Couronne)
Gibraltar (R.-U.)
Malte
Cameroun
Nigéria
Sierra Leone
Ghana
Gambie

Chypre
Israël / Palestine
Jordanie
Liban
Koweït
Irak
Émirats Arabes Unis
Égypte
Bahreïn
Qatar
Soudan
Soudan du Sud
Ouganda
Rwanda
Oman
Yémen
Somalie
Maldives
Kenya
Seychelles
Tanzanie
Zambie
Namibie
Botswana
Afrique du Sud
Lesotho
Swaziland
Zimbabwe
Malawi
Mozambique
Maurice
Diego Garcia (R.-U.)

OCÉAN INDIEN

Pakistan
Inde
Bangladesh
Birmanie
Malaisie
Sri Lanka
Weibaiwei
Hongkong
Brunei
Singapour
Papouasie-Nouvelle-Guinée
Australie

OCÉAN PACIFIQUE
Nauru
Kiribati
Îles Salomon
Samoa
Tonga
Fidji
Vanuatu
Nouvelle-Zélande

Territoire antarctique britannique

Royaume-Uni de Grande-Bretagne et d'Irlande du Nord
○ Territoires britanniques d'Outre-mer
□ Dépendances de la Couronne
Autres pays membres du Commonwealth
Pays qui ont fait partie de l'Empire britannique mais qui ne sont pas membres du Commonwealth

Aujourd'hui pourtant, les « confettis de l'empire » ne comptent plus que 340 000 habitants et 18 000 kilomètres carrés. Cette réduction drastique résulte de la décolonisation qui, à partir de 1945, a touché tous les espaces coloniaux de la planète. Dans le cas du Royaume-Uni, ce processus d'abandon de souveraineté s'est accompli sans plan d'ensemble, mais aussi sans conflit majeur et sans rupture totale. Il a aussi été rapide : alors que l'Empire britannique avait mis plus de trois siècles à se constituer, sa rétractation n'a pris qu'à peine quatre décennies. Reste à expliquer pourquoi elle s'est déclenchée, quel cours elle a suivi et quel héritage elle a laissé.

Pourquoi décoloniser ?

La première décolonisation de l'histoire britannique remonte à 1783, quand les colons d'Amérique ont arraché à la métropole anglaise, par la force et au nom du droit au libre gouvernement, la pleine indépendance des nouveaux États-Unis. C'est pour éviter la répétition d'un tel traumatisme que Londres a, dès la première moitié du XIXe siècle, modifié sa pratique coloniale, substituant à la soumission absolue le passage progressif à l'autonomie, le *self-government*, voire, pour ses possessions les plus évoluées, l'accession à une quasi-souveraineté, via le statut de dominion[2]. L'impérialisme britannique s'est ainsi toujours autojustifié en associant la préservation des

---

2. Forme avancée du *self-government* préconisé par le rapport Durham de 1839, le statut de dominion a été instauré pour la première fois au Canada en 1867. Ne réservant à la métropole qu'un contrôle sur la diplomatie, la défense et les finances, il confère au territoire concerné une quasi-souveraineté en matière intérieure et une très large autonomie en matière extérieure, mais toujours sous la tutelle constitutionnelle de la couronne et du parlement britanniques. Il sera étendu à l'Australie en 1901, à la Nouvelle-Zélande en 1907, à l'Afrique du Sud en 1910 et

intérêts de la métropole à la dimension progressiste, et même morale, d'une domination visant à l'émancipation future des peuples placés sous son autorité. Un projet ambitieux dont le but ultime reste toutefois le maintien de l'aire mondiale de la britannité. En témoigne ainsi la création en 1926 du Commonwealth rassemblant, autour de l'Angleterre, les cinq dominions existants : Canada, Australie, Nouvelle-Zélande, Afrique du Sud et État libre d'Irlande[3]. Pour les Britanniques de 1945, la décolonisation n'est donc pas inconcevable, mais elle ne saurait être qu'un processus progressif, limité et probablement lointain. Or, alors que Churchill a obtenu à Yalta le rétablissement de tous les régimes coloniaux et rêve encore d'un avenir impérial pour son pays, le destin de l'Empire britannique est soudain remis en cause. Pourquoi ?

D'abord parce que la victoire du Royaume-Uni l'a aussi ruiné et affaibli. La guerre, que les Britanniques ont été les seuls à mener de bout en bout contre le Reich puis le Japon de 1939 à 1945, a causé la perte de 10 % de sa richesse, réduit son appareil productif et commercial et fragilisé sa monnaie. Même la Royal Navy, rempart de la thalassocratie britannique depuis plus de trois siècles, ne semble plus en mesure d'en assurer la sécurité alors que s'ouvre l'ère nucléaire et que l'invulnérabilité

à l'État libre d'Irlande en 1920. Terre-Neuve en jouira partiellement de 1933 à 1949, date de son rattachement au Canada.

3. La déclaration Balfour de 1926 stipule que les dominions sont « des communautés autonomes dans le cadre de l'Empire britannique, de statut égal, et qui ne sont en aucune manière subordonnées l'une à l'autre pour tout ce qui touche leurs affaires intérieures ou extérieures, quoique unies par une commune allégeance à la Couronne et librement associées comme membres du Commonwealth britannique des nations ». Le texte précise aussi que cet ensemble original « repose sur des idéaux positifs : les institutions libres sont ses principes vitaux. La libre coopération est son instrument. La paix, la sécurité et le progrès sont ses buts principaux ». Le ministère des Dominions, créé en 1925, deviendra celui du Commonwealth en 1947.

insulaire de l'Angleterre a définitivement disparu. Dès lors, Londres a-t-elle encore les moyens d'une grande politique mondiale impériale et d'en garantir les trois piliers : la défense, la zone sterling et la préférence impériale[4] ? Par ailleurs, en votant, en juillet 1945, pour le projet travailliste de démocratie sociale, l'électorat n'a-t-il pas donné la priorité au national plus qu'au colonial, au risque d'amoindrir la cohésion et la sécurité de l'empire alors même que le déclenchement de la guerre froide menace ses positions ? Dans ces conditions, l'empire, étiré du Canada à la Nouvelle-Zélande, du Cap à la Palestine, de Gibraltar à Hong Kong, n'est-il pas trop distendu, trop coûteux et donc indéfendable ? De surcroît, cet empire est agité de revendications que la guerre, en lui imposant un lourd tribut matériel et humain, et en remettant en cause l'invincibilité et la supériorité de la métropole, a radicalisées. L'Inde exige la fin du *Raj*[5], la révolte couve en Palestine et en Malaisie, la Birmanie et le Proche-Orient veulent leur indépendance, les tensions se multiplient dans la Caraïbe et toute l'Afrique, sans oublier les dominions qui demandent une plus grande parité. L'Empire britannique pourrait-il éclater ? Facteur aggravant, la nouvelle géopolitique planétaire se révèle défavorable à l'idée coloniale elle-même. Les États-Unis, au nom de leurs valeurs et de leur *leadership*, l'URSS,

---

4. Alors que les dominions sont majoritairement responsables de leur défense, la métropole doit assurer la sécurité du reste de l'empire et des routes maritimes qui le lient. Fondées par les accords d'Ottawa de 1932 après la crise de 1929 et l'abandon de l'étalon-or en 1931, la zone sterling et la préférence impériale instaurent la stabilité monétaire et la solidarité douanière de l'empire-Commonwealth, deux dispositions que les accords de Bretton Woods de 1944 et du GATT en 1947, sans parler de la situation économique et financière du Royaume-Uni, rendront difficilement applicables après 1945.

5. Nom indien désignant la souveraineté britannique après la création de l'empire des Indes en 1876.

au nom du marxisme et de ses ambitions, vont ainsi faire de la décolonisation un enjeu international dont la nouvelle ONU deviendra le relais immédiat et l'Empire britannique l'une des cibles principales.

Face à cette globalisation des enjeux, comment allait réagir la métropole ? Dans la foulée de la victoire, Londres procède d'abord à la reprise des territoires occupés par l'Axe. Fin septembre 1945, l'empire a recouvré ses contours de 1939, soit 32 millions de kilomètres carrés et 600 millions d'habitants[6], dont 19 millions de kilomètres carrés et 24 millions d'habitants pour le seul Commonwealth, très étendu mais fort peu peuplé. Mais, dans le nouveau contexte national et mondial, le retour au *statu quo* d'avant guerre se révèle impossible. Sous la contrainte, mais avec détermination et lucidité, la métropole opte donc pour une émancipation pragmatique, adaptée à chaque situation locale. Le tout dans l'espoir de maintenir les territoires concernés sous son contrôle ou, à tout le moins, sous son influence, grâce à l'utilisation du cadre souple du Commonwealth. Codifiée dans le Livre bleu de 1948[7], cette politique inscrit d'emblée l'inéluctable rétractation de l'espace impérial dans le cadre de la négociation et de la paix. C'est ce pragmatisme qui rendra cette forme de décolonisation non seulement originale, si on la compare aux cas français, néerlandais, belge ou portugais, mais aussi acceptable par la population et la classe dirigeante britanniques.

---

6. Du fait du retrait britannique d'Égypte, de Weï Haï Weï, d'Irak et d'Irlande du Sud entre 1922 et 1937, la taille de l'empire s'est réduite par rapport au sommet de 1920. En revanche, sa population a crû fortement entre 1920 et 1945.

7. Le Livre bleu de 1948, *The Colonial Empire*, énonce le but principal de la politique britannique : « Amener les territoires coloniaux au stade du *self-government* responsable à l'intérieur du Commonwealth. »

Les premières phases de la décolonisation (1945-1949) : un processus subi ?

L'empire des Indes sera le premier à quitter le giron colonial. Ce « joyau de la Couronne », étendu sur 4,5 millions de kilomètres carrés et peuplé de 380 millions de sujets, est agité depuis longtemps par un vif autonomisme que les réformes de 1909, 1919 et 1935[8] n'ont pas satisfait. Prolongeant la résistance passive menée par Gandhi pendant l'entre-deux-guerres, le mouvement *Quit India* de 1942, quoique durement réprimé, a contraint Londres à promettre le *self-government* pour l'après-guerre. Dès juin 1945 le processus est engagé. Si la métropole se résigne désormais à dépasser le stade de l'autonomie et à accorder la pleine souveraineté exigée par les nationalistes, ces derniers s'opposent sur le statut final de l'Inde ; le parti du Congrès, mené par Nehru, militant pour un seul État fédératif, la Ligue musulmane de Jinnah réclamant la création de deux États distincts, l'un hindouiste, l'autre musulman. En mai 1946, Londres se prononce en faveur d'une Union indienne unique au sein du Commonwealth puis, face au blocage institutionnel et aux violences intercommunautaires, décide en janvier 1947 de brusquer son retrait, fixé « au plus tard fin juin 1948 ». Chargé de la transition, lord Mountbatten se convainc très vite que seuls la partition et un départ accéléré permettront à la métropole de se tirer du guêpier indien de manière honorable. De fait, dès le 15 août 1947, naissent, avec un statut transitoire de dominion,

---

8. Adoptées sous la pression du parti du Congrès, créé en 1885, et de la Ligue musulmane, fondée en 1906, les réformes de 1909 et 1919 instaurent une représentation indienne auprès du vice-roi et une décentralisation limitée. Après les campagnes de désobéissance civile de Gandhi, l'*India Act* de 1935 renforce la dyarchie administrative anglo-indienne mais renvoie au futur le passage à un État fédéral souverain.

deux États indépendants : le Pakistan (lui-même divisé en deux blocs, occidental et oriental) et l'Union indienne. La « vivisection de l'Inde », selon l'expression de Nehru, ne règle pas tous les litiges et s'accompagne de massacres et d'exodes qui font 1 million de morts et 8 millions de réfugiés. Mais pour Londres, le transfert de souveraineté et le maintien des nouveaux États dans le Commonwealth constituent une forme de réussite inattendue.

L'indépendance de l'Inde rend inutile la possession de son glacis extérieur. À Ceylan, les réformes constitutionnelles, initiées dès 1931, sont accélérées et début 1948 l'île accède à l'indépendance dans le cadre du Commonwealth. En Birmanie, les nationalistes imposent la création, le 4 janvier 1948, d'une République de l'Union birmane, hors du Commonwealth, Londres ayant concédé qu'« aucun ex-territoire britannique ne serait forcé d'entrer dans cette structure contre son gré ».

Ainsi, en moins de trois ans, l'Empire britannique a perdu plus de 5 millions de kilomètres carrés et près de 450 millions de sujets : *volens nolens*, la décolonisation était bel et bien engagée.

C'est un même processus, plutôt subi, qui prévaut dans le même temps en Palestine et en Irlande.

Dans le mandat de Palestine, créé en 1922 sous l'égide de la SDN, la Grande-Bretagne, empêtrée dans l'imbroglio politico-religieux qu'elle a elle-même créé par ses promesses contradictoires aux Arabes et aux Juifs – l'émancipation aux uns, un « foyer national » aux autres[9] – et incapable de faire face au déchaînement des violences, décide en février 1947 de s'en remettre à

---

9. Alors qu'elle avait soutenu dès 1916 la révolte des Arabes contre les Ottomans et leur avait promis un futur grand royaume indépendant, Londres préféra en 1920 partager avec Paris les territoires turcs du Moyen-Orient, se réservant les mandats de Mésopotamie (Irak, indépendant en 1932), de Transjordanie (indépendante en 1946) et de Palestine. C'est sur ce dernier territoire que la déclaration Balfour de

l'ONU. Celle-ci se prononce pour le départ des Anglais et la partition du territoire. Si, le 15 mai 1948, les Britanniques se retirent, l'attaque simultanée par ses voisins arabes d'Israël, né la veille, empêche la création de l'État palestinien prévu et le règlement du sort de Jérusalem, ouvrant une suite de conflits toujours inachevée. Mais pour Londres, dédouanée par l'ONU, l'abandon de l'ex-mandat a été obtenu dans les moins mauvaises conditions.

En Irlande, la proclamation de la République, le 18 avril 1949, suivie du refus de réintégrer le Commonwealth, quitté dès 1937, marque la fin de toute sujétion entre l'Éire et son ex-métropole. Toutefois, l'indépendance définitive des vingt-six comtés du Sud ne met pas fin à ce que les nationalistes irlandais considèrent depuis la fin du XVIIIe siècle comme la situation « coloniale » de leur île, puisque les six comtés du Nord restent dans le giron du Royaume-Uni. De fait, la question d'Irlande allait rebondir dès les *sixties*, avant que les accords de 1998 ne lui apportent un commencement de solution[10].

1917 promit l'établissement d'un « foyer national juif », créant ainsi un imbroglio politico-religieux inextricable.

10. Relancé en 1963, le cycle des attentats et des violences ne concernera plus que l'Irlande du Nord, opposant d'une part les catholiques aux protestants de la province, et d'autre part les nationalistes républicains à la Grande-Bretagne. Grâce à une série de négociations entre Londres et Dublin, entre républicains et unionistes comme entre communautés religieuses, les accords du Vendredi saint de 1998 établiront une cogestion de l'Ulster, laissant ouverte la porte à d'autres solutions futures : intégration dans la république d'Irlande, création d'un État indépendant ou dévolution renforcée dans le cadre du Royaume-Uni.

Résistance et partenariat (1946-1954) :
une décolonisation maîtrisée ?

En effet, il ne faudrait pas déduire des exemples précédents que Londres était prête à liquider rapidement l'ensemble de son empire, bien au contraire. Partout où cela fut possible, la résistance et l'adaptation furent mises en œuvre pour préserver l'espace et l'influence de la métropole, conformément au consensus national prévalant à l'époque. De fait, renonçant, par réalisme et nécessité, voire par conviction ou intérêt bien compris, à l'intransigeance d'un Churchill qui avait proclamé pendant toute la guerre qu'il « ne présiderait pas à la dissolution de l'empire », conservateurs et travaillistes, appuyés par la majorité de l'opinion publique, vont désormais s'efforcer de légitimer la préservation de leur rayonnement ultramarin de moins en moins par la force et de plus en plus au nom de cette mission civilisatrice – le « fardeau de l'homme blanc » – que Rudyard Kipling assignait à son pays dès 1899.

La résistance s'est exercée essentiellement à l'encontre des mouvements nationalistes d'Afrique et d'Asie du Sud-Est, soit par le biais d'une répression politico-judiciaire, comme en Gold Coast, au Nigeria et au Tanganyika, soit au moyen d'interventions armées, comme au Kenya, contre la révolte des Mau-Mau[11] (1952-1955), ou en Malaisie, contre la guérilla communiste (1948-1955). Toutefois,

---

11. Sorte de société secrète, l'organisation mau-mau milite pour le *self-government* et les traditions africaines, et lutte contre l'accaparement des meilleures terres par les colons et la domination des Blancs chrétiens sur l'ensemble du Kenya. Lancée en 1952, sa violente campagne d'attentats provoquera la brutale répression des autorités, l'un des rares recours à la violence directement mené par Londres contre les mouvements anticolonialistes. La rébellion sera brisée en 1955 et définitivement éliminée en 1957, laissant la place aux nationalistes noirs modérés qui obtiendront finalement l'indépendance en 1963.

les Britanniques se sont vite convaincus que leurs intérêts seraient mieux défendus par la négociation que par l'épée. D'où, pour prévenir ou contrer l'agitation indépendantiste, des avancées vers le *self-government* sous forme de Constitutions (Nigeria, Gold Coast) ou d'aménagements institutionnels, telle la création des fédérations de Malaisie en 1948 et d'Afrique centrale en 1953. Également consciente que l'autonomie ne serait pas viable sans développement, Londres lance plusieurs programmes d'investissement et de formation, tel le plan de Colombo de 1950[12], tandis que la préférence impériale, reconvertie en *Commonwealth preference*, et le recyclage des balances sterling, ces créances accumulées par l'empire pendant la guerre, permettent d'assurer la cohésion économique du système. Une solidarité également soulignée, symboliquement, par la création en 1948 d'une citoyenneté de l'empire.

La meilleure preuve de l'attachement à la britannité réside, bien évidemment, dans l'essor du Commonwealth. Apparu dès 1920, mis en œuvre en 1926, le concept de *British Commonwealth of Nations* a été formalisé par le statut de Westminster de 1931. Ni Constitution ni pacte fédéral, ce texte instaure entre la métropole et ses dominions pleine égalité de statut et totale liberté dans la gestion de leurs affaires intérieures et extérieures tout en les unissant par une commune allégeance à la Couronne. Dès 1946, en déclarant que le Commonwealth est « une libre association de peuples libres », l'Angleterre envisage d'élargir ce « club de *gentlemen* blancs » aux nouveaux territoires émancipés. En 1949, à l'initiative de Nehru, la déclaration de Londres jette les bases d'un *New*

---

12. Prenant la suite de diverses mesures prises depuis l'entre-deux-guerres, le plan de Colombo, créé par sept États du Commonwealth, vise à accélérer le développement économique et social des pays asiatiques et, au-delà, à contrer l'influence communiste dans la région. Aujourd'hui, il regroupe vingt-sept pays d'Asie et du Pacifique attachés à la coopération internationale. Le Royaume-Uni s'en est retiré en 1991.

Commonwealth, qui ne serait plus « britannique », mais
ouvert à tous les nouveaux États, quels que soient leur
régime ou leur niveau de développement, et dont le souverain anglais ne serait plus que le chef (*Head*). Désormais multiracial et multiculturel, fondé sur le volontariat,
l'égalité et le partenariat, cet ensemble se veut soudé
par les valeurs libérales de la britannité : primauté de
la loi et de la justice, suprématie de la démocratie et
du parlementarisme, promotion du progrès humain via
la liberté, l'éducation, le sport et l'usage de la langue
anglaise. Ainsi, grâce au Commonwealth – qui compte
en 1955 huit États rassemblant 24 millions de kilomètres
carrés et 520 millions d'habitants – la première phase
de la décolonisation a non seulement pu être menée et
acceptée, mais elle a en quelque sorte été « sublimée »
en « couronnement de l'émancipation », conformément
à l'idéal progressiste de la métropole. Bien entendu, la
réalité sur le terrain se révèle souvent moins idyllique :
ingérences politiques, retards et inégalités de développement ou tensions ethniques ont bien souvent accompagné et prolongé le retrait de la présence britannique.

*Bandung, Suez et « le vent du changement » :
la décolonisation accélérée (1955-1967)*

À partir de 1955 deux facteurs vont contribuer à faire
de la décolonisation des vestiges de l'empire – quelque
8 millions de kilomètres carrés peuplés de 90 millions
d'habitants – un véritable impératif que Londres, plutôt
que de s'y opposer, préférera à nouveau accompagner.

Premier facteur : l'émergence du tiers-mondisme. Suite
à la conférence de Bandung de 1955[13], le nouveau bloc

---

13. Rassemblant vingt-neuf pays et plusieurs mouvements nationalistes d'Asie, d'Afrique et du Moyen-Orient, la conférence de Bandung

des non-alignés obtient de l'ONU, en 1960, la condamnation de l'impérialisme colonial et la reconnaissance du droit de tous les peuples dominés à l'autodétermination et à l'indépendance. Face à cette offensive politico-idéologique qui le vise en particulier, le Royaume-Uni, de surcroît humilié par les super-grands comme par Nasser lors du fiasco de Suez de 1956[14], comprend avec amertume qu'il n'est plus une grande puissance mondiale et qu'il n'a plus qu'une option : accélérer la décolonisation.

Second facteur : le choix européen. Absente volontaire des débuts de la construction européenne, la Grande-Bretagne finit par comprendre que son avenir économique dépendra plus du continent que du « grand large ». Après avoir créé, en 1959-1960, avec six autres pays, une Association européenne de libre-échange rivale, elle se résout en août 1961 à poser sa candidature à la Communauté économique européenne. Malgré le veto français de janvier 1963, motivé par les liens trop étroits de Londres avec le Commonwealth et les États-Unis, la logique du choix continental continue de s'imposer, poussant, ici encore, à un rapide désengagement colonial.

---

de 1955 – où Nehru joua un rôle important – condamna le colonialisme et l'impérialisme. Elle marque l'émergence du tiers-monde, des thèses « neutralistes » et des pays en développement sur la scène internationale : de fait, le bloc afro-asiatique devint l'une des forces majeures de l'ONU jusqu'en 1990.

14. Consécutivement au refus des Occidentaux de financer le barrage d'Assouan, Gamal Abdel Nasser décide à l'été 1956 la nationalisation du canal de Suez. L'Angleterre et la France s'entendent alors secrètement avec Israël pour reprendre le contrôle de la voie d'eau et, au-delà, briser l'influence du leader égyptien dans le tiers-monde. Réussie au plan militaire, l'opération (29 octobre-7 novembre 1956) se solde par un échec diplomatique du fait de l'opposition de l'opinion internationale et des pressions soviéto-américaines. Le triomphe final de Nasser marque la fin du rôle mondial de Londres et de Paris et donne un élan irrésistible à l'anticolonialisme et au tiers-mondisme.

Ce dernier sera mené avec célérité et un certain panache. En réponse au « vent du changement[15] », conservateurs et travaillistes vont faire preuve d'imagination et de pragmatisme tant au niveau des procédures que du statut et du calendrier. Mais il existe également des constantes. D'abord, pour contrer les risques de débordements populaires, l'appui sur les élites locales : partis politiques, mouvements indépendantistes et, surtout, leaders charismatiques tels Nkrumah en Gold Coast ou Mgr Makarios à Chypre[16]. Un temps proscrits, voire emprisonnés, ces chefs sont vite devenus les interlocuteurs de la métropole, avant que la négociation n'en fasse, à terme, des chefs d'État ou de gouvernement. Ensuite, la préparation de l'émancipation grâce à l'amélioration des conditions économiques et à l'aménagement de phases constitutionnelles préparatoires. Enfin, l'imposition de règles politiques contraignantes : respect des frontières internationales, protection de toutes les minorités, y compris blanches, mise en place de régimes

---

15. L'expression a été utilisée lors d'un célèbre discours devant le parlement sud-africain, le 3 février 1960, par le Premier ministre conservateur Harold Macmillan qui, avec son ministre des Colonies, Iain Macleod, a été le principal artisan du désengagement colonial britannique.

16. Kwame Nkrumah (1909-1972), militant nationaliste, un temps emprisonné, est nommé Premier ministre du Gold Coast en 1957 et sera l'un des leaders du panafricanisme. Après l'indépendance en 1957, il devient président de la république du Ghana. Son évolution dictatoriale lui vaudra d'être renversé en 1966. Archevêque orthodoxe et primat de Chypre, Mgr Makarios (1913-1977) participe à la conférence de Bandung avant d'être exilé par les Anglais. Héros de la cause nationale, il devient en 1960 le président de la nouvelle République chypriote. Brièvement déposé en 1974 lors d'un putsch progrec, il revient au pouvoir sans parvenir à éviter la partition de Chypre entre communautés grecques et turques. Parmi les autres leaders indépendantistes, on peut citer Kenneth Kaunda en Zambie, Jomo Kenyatta au Kenya, Julius Nyerere au Tanganyika, Lee Kuan Yew à Singapour, sans oublier, au titre du non-alignement, l'Indien Jawaharlal Nehru.

constitutionnels reposant sur les majorités locales, forte incitation à l'adhésion au Commonwealth. C'est dans ce contexte et ce cadre qu'une véritable avalanche décolonisatrice va se déclencher dans tout l'empire.

En Afrique, là où l'agitation était la plus vive, le processus débute en 1956 par l'indépendance du Soudan, suite à la dissolution, dès 1955, du condominium anglo-égyptien[17]. En 1957, Nkrumah arrache à Londres l'émancipation de la Gold Coast et du Togoland anglais réunis sous le nom de Ghana. En 1960, le Somaliland anglais fusionne avec l'ex-Somalie italienne dans une commune Somalie, tandis que naît la fédération du Nigeria à laquelle se rattache en 1961 l'ex-Cameroun britannique. Après celles de la Sierra Leone et du Koweït, en 1961, c'est la souveraineté de l'Ouganda qui est reconnue en 1962, tandis qu'en 1963 Jomo Kenyatta, ex-soutien de la révolte des Mau-Mau, impose l'indépendance du Kenya. En 1963 toujours, l'éclatement de la fédération d'Afrique centrale provoque la naissance, l'année suivante, de deux États à majorité noire (la Zambie, ex-Rhodésie du Nord, et le Malawi, ex-Nyassaland), la minorité blanche de Rhodésie du Sud optant en 1965 pour une indépendance unilatérale et illégale afin de préserver sa suprématie. Toujours en 1964, Zanzibar devient indépendant avant de s'unir avec le Tanganyika pour former la Tanzanie. Suivent en 1965 l'indépendance de la Gambie et en 1966 celle du Lesotho, ex-Basutoland, et du Botswana, ex-Bechuanaland.

---

17. Un condominium établit une souveraineté conjointe sur un territoire donné. Il peut être paritaire, comme dans le cas des Nouvelles-Hébrides, partagées entre la France et la Grande-Bretagne, ou plus favorable à l'un des partenaires, comme dans le cas du Soudan, l'Égypte y ayant *de facto* moins d'influence que le Royaume-Uni.

En Asie et dans l'océan Indien, l'Empire britannique recule tout aussi rapidement. En 1957, consécutivement à l'écrasement de la guérilla communiste, la fédération de Malaisie devient indépendante, tandis qu'en 1958 Singapour obtient le *self-government*. En 1963, ces deux territoires sont intégrés, avec les protectorats anglais du Sarawak et de *North Borneo*, dans une vaste fédération de Malaysia d'où Singapour sera finalement expulsée en 1965[18]. En 1957 toujours, Oman devient indépendant, tandis qu'en 1963 les territoires britanniques du sud de la péninsule Arabique sont regroupés en une fédération d'Arabie du Sud à laquelle sera rattachée Aden en 1967. Parallèlement, la décolonisation des Maldives est actée en 1965.

En Méditerranée, la situation est plus compliquée. Refusant son union à la Grèce, Londres finit par concéder en 1960 son indépendance à Chypre – à l'exception des bases souveraines de Dhekelia et d'Akrotiri –, sans parvenir à régler le brûlant problème de la cohabitation des communautés grecques et turques. En revanche, l'indépendance de Malte s'opère paisiblement en 1964. Quant à Gibraltar, dont l'Espagne, appuyée par l'ONU, exige la restitution, c'est sa population qui, par le référendum de 1967, rejette tout changement de statut : l'autodétermination n'est donc pas à sens unique.

Dans la Caraïbe, les efforts de regroupement de Londres échouent : la fédération des Indes occidentales, créée en 1958, éclate en 1963. Dès 1962, la Jamaïque

---

18. Devenu souverain en 1963, Singapour opte pour l'intégration dans la fédération de Malaysia. Mais la volonté de son Premier ministre, Lee Kuan Yew, de faire respecter les intérêts de la majorité chinoise de la cité-État, de surcroît frappée de graves troubles raciaux, pousse les dirigeants malais vers la sortie. En 1965, Singapour devient une république au sein du Commonwealth : c'est le seul cas où l'indépendance définitive d'un pays de l'Empire britannique a été accordée non pas par la métropole mais par une de ses ex-colonies.

ainsi que Trinité-et-Tobago deviennent indépendants, suivis en 1966 par la Barbade, les autres Petites Antilles restant dans le giron de la métropole. Toujours en 1966, la Guyane anglaise obtient sa souveraineté sous le nom de Guyana.

Ainsi, en à peine douze années, la majeure partie de l'Empire britannique subsistant en 1955 a accédé à l'indépendance, ne laissant sous les plis de l'*Union Jack* qu'une dizaine de millions de sujets répartis sur moins de 200 000 kilomètres carrés. Fait révélateur et symbolique, le ministère des Colonies est aboli en 1967.

Alors, quel premier bilan tirer de cette décolonisation accélérée ?

Vu de la métropole, le processus s'est déroulé de manière relativement correcte. Même s'il y a eu des tensions et des violences, elles n'ont pas dégénéré en conflit grave. En outre, le retrait britannique s'est accompagné de la mise en place de régimes dirigés par les majorités autochtones, la résistance des colons blancs au principe du NIBMAR (*No Independence Before Majority Rule*) imposé par Londres ayant été finalement surmontée, sauf en Rhodésie du Sud.

En revanche, vue de l'ex-empire, la situation est plus préoccupante. Le parlementarisme démocratique a souvent échoué, faute de structures politiques et administratives adaptées, cédant la place, notamment en Afrique noire, à nombre de régimes militaires ou dictatoriaux. Parallèlement, le développement économique et social « à l'occidentale » s'est rarement concrétisé. D'où, soit le maintien d'un néocolonialisme de fait, soit, plus fréquemment, une fuite en avant vers des expériences socialisantes ou tiers-mondistes aux résultats souvent catastrophiques. Plus grave encore, en l'absence de réelles consciences nationales, le déclenchement de brutales guerres civiles, surtout dans les États dont les frontières internes et externes ne correspondent pas au découpage ethnique, comme dans le Biafra nigérian en 1967[19]. La guerre indo-pakistanaise de 1965, finalement arbitrée par l'URSS, soulignera que la décolonisation pouvait également déboucher sur des conflits entre États décolonisés eux-mêmes. Dans tous ces cas on constate que les rêves du non-alignement achoppent très vite sur les fragilités intrinsèques des pays émancipés et, plus encore, sur leur manipulation par les blocs idéologiques de l'Est comme de l'Ouest.

Face à ces évolutions inquiétantes, la métropole n'est pas restée inerte. Outre des aides et des interventions bilatérales, elle s'est efforcée d'utiliser le Commonwealth, qui regroupe vingt-six États en 1967, pour maintenir un minimum d'influence et faire prévaloir une approche modérée et pro-occidentale du développement de son ex-empire. Londres augmente son soutien financier, encourage la coopération économique (conférence de Montréal en 1958[20]) et, via la création d'une nouvelle citoyenneté du Commonwealth en 1958, s'ouvre aux

---

19. Au Nigeria, comme dans toute l'Afrique, les frontières ont été tracées en fonction des intérêts des puissances impériales et non des données géographiques et ethniques du terrain. Cependant, pour éviter une déstabilisation globale du continent, l'Organisation de l'unité africaine s'est prononcée en 1963 pour le maintien des frontières issues de la décolonisation. C'est pourquoi, quand la minorité animiste et chrétienne des Ibo se révolte en 1967 dans la riche province pétrolière du Sud-Est – proclamée Biafra indépendant –, le gouvernement du Nigeria engage, avec l'appui de Londres, une dure guerre de reconquête qui aboutira en 1968 à la défaite des Biafrais La violence de la lutte, notamment à l'égard des civils, est à l'origine du nouveau concept d'ingérence humanitaire. Un temps freinées, les pulsions sécessionnistes n'en reparaîtront pas moins, au Nigeria comme dans une bonne part du continent africain, à partir des années 1980, pour ne plus cesser jusqu'à aujourd'hui.

20. À Montréal, les pays du Commonwealth soulignent leur attachement aux préférences douanières et à leur interdépendance économique.

arrivants de la Caraïbe, du sous-continent indien et d'Afrique noire qui renversent le *trend* pluriséculaire des flux migratoires. Les Jeux du Commonwealth, les conférences bisannuelles des Premiers ministres, le rôle actif d'Élisabeth II – reine de seize de ses membres – témoignent de la vitalité de l'institution et de son attachement aux valeurs : en 1961 elle contraint l'Afrique du Sud ségrégationniste au retrait et en 1965 condamne l'UDI rhodésienne. Mais le Commonwealth « nouveau » ne suffit pas encore à redéfinir la place du Royaume-Uni dans le monde. Comme le soulignera, avec cruauté mais réalisme, le secrétaire d'État américain Dean Acheson en 1962, au moment où l'ex-puissance coloniale subit le pic de la décolonisation et inféode sa défense aux États-Unis (accords de Nassau[21]), « la Grande-Bretagne a perdu un empire mais n'a pas encore trouvé de rôle ».

L'ultime phase de la décolonisation (1967-1997)

De 1967 à 1979, le Royaume-Uni connaît une longue série de crises qui vont l'obliger à des choix drastiques. Consécutivement à la dévaluation de 1967 puis à l'éradication des balances sterling[22], la zone sterling disparaît

---

21. Les accords de Nassau de décembre 1962 font passer l'armement et la stratégie nucléaires du Royaume-Uni sous le contrôle indirect des États-Unis. De Gaulle, qui refusera d'associer la France à ce pacte défensif, en profitera, début 1963, pour dénoncer l'inféodation de Londres à Washington et lui fermer la porte de la CEE.

22. Créances accumulées par les pays – notamment les Dominions – ayant accordé des crédits à Londres pendant la guerre, remboursables à tout moment en or ou en dollars, conformément aux accords de Bretton Woods, les balances sterling ont obligé tous les gouvernements britanniques à veiller à la stabilité du taux de change de la livre au moyen d'une alternance de relances et de freinages brutaux de la politique budgétaire et monétaire dont les effets négatifs sur l'économie ont finalement nécessité deux dévaluations : celle de 1949, qui ramène la

en 1976. Un temps bloquée par un second veto français en 1967, l'indispensable entrée dans la CEE, en 1973, contraint Londres à mettre un terme à ses préférences douanières : dès 1980, ses échanges avec le Commonwealth, qui avaient grimpé jusqu'à 50 % en 1955, tombent à moins de 10 % de son commerce extérieur. La disparition des deux piliers économiques de la britannité – la monnaie et les tarifs douaniers – jointe à la réorientation « européenne » de son économie vont amener la Grande-Bretagne à réduire fortement ses ambitions planétaires. D'abord par une contraction brutale de sa présence politico-militaire « à l'est de Suez ». Entre 1967 et 1971, des émirats du golfe Persique à la Malaisie, d'Aden à Singapour, bases et dispositifs de défense sont supprimés ou fortement réduits, obligeant la plupart des pays concernés à se placer de plus en plus sous la protection des États-Unis. Ensuite, par une nouvelle accélération de la décolonisation. Deviennent ainsi indépendants, de manière paisible mais sans véritable préparation, le Swaziland et l'île Maurice en 1968, les Fidji et Tonga en 1970, les protectorats du Golfe en 1971, les Bahamas en 1973, la Grenade en 1974, les Seychelles en 1976, la Dominique et les archipels Tuvalu (ex-îles Ellice) et Salomon en 1978, puis Sainte-Lucie, Kiribati (ex-îles Gilbert), Saint-Vincent et les Grenadines en 1979.

De 1979 à 1997, le sursaut thatchérien redonne du lustre à la diplomatie anglaise mais n'interrompt pas le processus engagé au temps de la « maladie britannique[23] ». Le Vanuatu (ex-condominium franco-anglais

---

parité de la livre de 4,03 à 2,8 dollars, et celle de 1967, qui la réduit à 2,4 dollars pour 1 livre. Pour éliminer cette contrainte, la devise sera rendue flottante en 1972 et les balances sterling éliminées en 1976, en parallèle à la suppression de l'étalon-or-dollar. Depuis, le sterling suit les fluctuations du marché mondial des changes.

23. Généralisée par la presse et le discours politique de l'époque, cette expression – le *British disease* – désigne la difficile situation

des Nouvelles-Hébrides) est émancipé en 1980, suivi par le Belize (ex-Honduras britannique) et Antigua en 1981, les Maldives en 1982, l'archipel antillais de Saint-Kitts-et-Nevis en 1983 et le sultanat de Brunei en 1984. Dès 1980, la question rhodésienne a été réglée, la minorité blanche cédant le pouvoir à un Zimbabwe à majorité noire, tandis qu'en 1984 Londres négocie avec la Chine l'inéluctable rétrocession de Hong Kong qui permettra à l'ex-colonie, à compter de 1997, de conserver pour cinquante ans son régime représentatif et son économie capitaliste. À l'inverse, Londres s'est fermement opposée à la tentative de conquête par l'Argentine des îles Falkland et de la Géorgie du Sud. La guerre des Malouines du printemps 1982 sera la dernière campagne « coloniale » du Royaume-Uni[24], mais cette fois au service de la volonté des îliens de rester fidèles à la Couronne.

Ces dernières phases de la décolonisation vont naturellement s'accompagner d'une évolution de l'aire de britannité.

D'un côté, on peut parler d'une distanciation croissante entre la Grande-Bretagne et son ex-empire : le ministère du Commonwealth est fusionné avec celui des Affaires étrangères dès 1968, la Constitution

---

économique et sociale que connaît le Royaume-Uni de la fin des années 1960 à la fin des années 1970, période où il passe pour « l'homme malade de l'Europe ».

24. Revendiqué par Buenos Aires dès la prise de possession britannique en 1833, l'archipel des Malouines (Falkland en anglais) a été envahi par les Argentins le 25 avril 1982. Avec le soutien des États-Unis et de l'Europe, Londres réussit, après une dure campagne, à rétablir sa souveraineté le 14 juin suivant. Les îliens ont confirmé par le référendum de 2013 leur attachement au Royaume-Uni, sans pour autant faire taire les prétentions argentines. Dénoncée par les tiers-mondistes comme une opération coloniale d'un autre âge, la guerre des Malouines, justifiée par Londres comme une défense du droit des peuples à disposer d'eux-mêmes, peut apparaître, en fait, comme le premier conflit « postimpérial ».

canadienne « rapatriée[25] » en 1982, le statut de dominion aboli en 1986 en Australie et en Nouvelle-Zélande.
À l'inverse, on assiste à une montée des critiques de la
part des membres du Commonwealth à l'encontre de
l'ex-métropole. Celle-ci est ainsi accusée à la fois de complaisance envers les régimes blancs de Rhodésie, jusqu'au
règlement de 1980[26], et d'Afrique du Sud, jusqu'à la fin
de l'apartheid en 1994, comme d'impuissance face aux
coups d'État et aux conflits ethniques qui se multiplient
en Afrique noire (Ouganda, Nigeria, Zimbabwe), au Sri
Lanka (ex-Ceylan), et ce sans oublier le sous-continent
indien, la sécession de l'ex-Pakistan oriental, devenu
le Bangladesh en 1972, s'opérant sur fond de nouvelle
guerre indo-pakistanaise.

Mais, d'un autre côté, on ne peut pas affirmer que
le Royaume-Uni ait rompu les ponts avec ses anciennes
possessions. D'abord parce que les liens bilatéraux qu'il
entretient servent encore ses intérêts, économiques et
diplomatiques. Ensuite parce que le Commonwealth
résiste et continue d'attirer tous les territoires nouvellement émancipés : de vingt-six en 1967, ses membres
passent à quarante et un en 1979 et cinquante-trois en
1997. Face au déclin du tiers-mondisme puis à la chute
du communisme, il se transforme en une utile tribune
Nord-Sud qui redonne à la britannité, voire à l'occiden-
talisme – c'est-à-dire à la démocratie et à l'économie de
marché – une valeur positive. C'est d'ailleurs l'objectif

_____

25. Votée par le parlement anglais en 1982, la loi sur le rapatriement transfère au seul Canada le droit de légiférer en matière constitutionnelle, consacrant définitivement l'indépendance et la souveraineté
canadiennes.
26. Après quinze ans de négociations infructueuses, l'accord de 1980
met fin à l'UDI et au régime blanc, replace provisoirement la Rhodésie
sous statut colonial, avant que Londres n'accorde l'indépendance au
nouveau Zimbabwe, désormais gouverné, légalement, par la majorité
noire de sa population.

qu'il se donne en adoptant en 1971 la Déclaration de principes de Singapour : « Le Commonwealth des nations est une association volontaire d'États-nations indépendants, chacun responsable de ses propres politiques, désireux de se consulter et de coopérer dans l'intérêt commun de leurs peuples, afin de promouvoir la compréhension mutuelle et la paix mondiale. » Un projet toujours d'actualité ?

Bilan de la décolonisation :
requiem pour un empire défunt
ou résilience d'un phénix ?

Aujourd'hui, soixante-dix ans après son déclenchement, la décolonisation britannique peut être considérée comme achevée. Quel héritage a-t-elle laissé ?

D'abord, le maintien d'une emprise territoriale : l'empire a vécu, mais il n'a pas complètement disparu. Depuis 1997, ses 340 000 habitants sont répartis sur 18 000 kilomètres carrés. Mis à part la presqu'île de Gibraltar, il s'agit de territoires insulaires, de la Caraïbe (Montserrat, Anguilla, îles Vierges, Turks et Caicos, îles Caïmans), de l'Atlantique (Bermudes, Falkland, Géorgie du Sud, Sainte-Hélène et leurs dépendances) et des océans Indien (Chagos) et Pacifique (Pitcairn). Même si certains sont revendiqués par des États étrangers, comme Gibraltar ou les Falkland, l'attachement à la Couronne de ces quatorze *British Overseas Territories*, tous dotés, en vertu du statut de 2002, du *self-government*, n'annonce aucune nouvelle décolonisation. Il en est de même pour les bases de Chypre, pour le territoire britannique de l'Antarctique[27] et pour les 10 millions de kilomètres car-

---

27. Ce territoire inhabité de 1,7 million de kilomètres carrés est également, en partie, revendiqué par l'Argentine et le Chili. Classé comme

rés de la zone maritime du Royaume-Uni qui complètent son dispositif mondial[28].

Second point, sans doute le plus important, la pérennisation du Commonwealth atteste que la décolonisation n'a pas été une simple rupture, comme on pouvait le redouter en 1945, mais plutôt une forme de sublimation de la puissance britannique, l'influence et l'interdépendance se substituant désormais au contrôle et à la domination.

Aujourd'hui le Commonwealth reste un corps toujours vivant. Quitté en 2004 par le Zimbabwe et en 2013 par la Gambie, réintégré dans les années 1990 par l'Afrique du Sud, les Fidji et le Pakistan, il a aussi accueilli des ex-dépendances des dominions comme les Samoa, la Papouasie-Nouvelle-Guinée et la Namibie, et même des pays n'ayant jamais fait partie de l'Empire britannique tels le Cameroun[29] et le Mozambique en 1995, et le Rwanda en 2009. Avec ses cinquante-trois membres, ses 29,9 millions de kilomètres carrés, ses 2,3 milliards d'habitants, un PIB global de plus de 10 trillions de dollars (15 % du PIB mondial) et un milliard de locuteurs en anglais, il constitue la plus importante zone de coopération de la planète et, plus encore, une vraie sphère de civilisation, comme le souhaitait, dès 1835, le grand historien libéral Macaulay : « Il se peut que le sceptre passe

---

British Territory depuis 1962, sa souveraineté reste toutefois limitée par les traités de 1959 et 1961 qui placent l'ensemble du continent antarctique sous contrôle international.

28. Troisième du monde par la surface, après ceux des États-Unis et de la France, cet espace comprend les eaux territoriales et la zone économique réservée. Par ailleurs, on notera que les îles Anglo-Normandes et l'île de Man, possessions directes de la Couronne, n'appartiennent ni au Royaume-Uni *stricto sensu* ni à l'Union européenne dont trois États du Commonwealth – l'Angleterre, Malte et Chypre – sont membres, mais à laquelle ne sont pas rattachés les *British Overseas Territories*.

29. Il s'agit ici de l'ex-Cameroun français, la partie anglaise de cette ex-colonie allemande ayant été rattachée au Nigeria en 1961.

de nos mains, mais il y a un empire exempt de toutes les causes de dissolution : l'empire impérissable de nos techniques, de nos mœurs, de notre littérature et de nos lois. » En ce sens, la décolonisation peut, rétrospectivement et paradoxalement, apparaître comme un objectif atteint, conforme au vœu du même Macaulay : « Le jour de l'abandon du sceptre impérial sera la date historique dont l'Angleterre sera la plus fière. » Le vif regain d'intérêt pour l'empire qui se manifeste aujourd'hui outre-Manche prouve en tout cas que la décolonisation a été acceptée et que l'héritage colonial est désormais assumé, y compris dans ses aspects négatifs.

Cette résilience impériale, qui autorise d'ailleurs la Grande-Bretagne à intervenir derechef dans sa zone d'influence, notamment en Afrique, au nom des droits de l'homme, ne doit toutefois pas rester passéiste. Albion se trouve en effet aujourd'hui à une charnière, confrontée à trois questions majeures :

– D'abord, au vu de l'*anglobalisation* actuelle de la planète, n'y a-t-il pas un risque de « dépossession » du Royaume-Uni au profit des États-Unis qui l'ont dépassé depuis un siècle comme première puissance mondiale et se posent désormais en leader d'un « pouvoir anglo-saxon » global ?

– Ensuite, le futur du *leadership* au sein du Commonwealth, dont le souverain anglais pourrait ne plus être le chef, ne modifie-t-il pas le sens même de la britannité, de plus en plus écartelée entre repli insulaire, ouverture mondiale et ancrage européen ?

– Enfin, au vu des revendications autonomistes croissantes des Gallois, des Nord-Irlandais et des Écossais, la perte du « ciment impérial » ne conduirait-elle pas, paradoxe ultime, à la « décolonisation » du Royaume-Uni lui-même ?

S'il est trop tôt pour répondre à ces interrogations, il est clair qu'elles mettent en jeu la position du Royaume-Uni dans le monde. Répliquant quarante ans plus tard à la cruelle remarque de Dean Acheson, c'est ce que Tony Blair a reconnu en 2002 : « Nous ne sommes pas une superpuissance, mais nous pouvons agir comme un partenaire-pivot, œuvrant avec les autres pays pour donner un sens à cette interdépendance globalisée et en faire une force au service de Bien, pour notre pays comme pour le reste du monde. Ainsi je crois que nous aurons trouvé un rôle diplomatique moderne pour la Grande-Bretagne. » Et, pour mieux souligner ce passage historique de la puissance à l'influence, il ajoutera en 2005 que le développement économique et les droits démocratiques « doivent constituer les piliers jumeaux sur lesquels nous allons construire le nouveau Commonwealth pour en faire un phare pour le reste du monde, fondé sur nos aspirations en faveur de sociétés et d'économies libres ». Par-delà deux siècles d'impérialisme et de décolonisation, l'idéal civilisateur de Macaulay et de Kipling resterait ainsi toujours d'actualité.

BIBLIOGRAPHIE SÉLECTIVE

Chassaigne, Philippe, *La Grande-Bretagne et le Monde de 1815 à nos jours*, Paris, Armand Colin, 2009.

Davis, Richard, Harris, Trevor, et Vervaecke, Philippe, *La Décolonisation britannique : perspectives sur la fin d'un empire (1919-1984)*, Paris, Fahrenheit, 2012.

Ferguson, Niall, *Empire, How Britain Made the Modern World* [« L'Empire : comment la Grande-Bretagne a façonné le monde moderne »], Londres, Allen Lane, 2003.

Ferguson, Niall, *Empire, the Rise and Demise of the British World Order and the Lessons for Global Power* [« L'Empire, essor et déclin de l'ordre mondial britannique : quelles leçons pour la globalisation de la puissance ? »], New York, Basic Books, 2004.

Grimal, Henri, *De l'Empire britannique au Commonwealth*, Paris, Armand Colin, dernière édition 1999.

Louis, William R., et Brown, Judith (dir.), *The Oxford History of the British Empire*, vol. IV, *XXth Century*, Oxford, Oxford University Press, 1999.

Marx, Roland, *De l'empire au Commonwealth*, Paris/Gap, Ophrys, 1995.

Mougel, François-Charles, *Une histoire du Royaume-Uni de 1900 à nos jours*, Paris, Perrin, 2014.

Naumann, Michel, *La Décolonisation britannique (1919-1984)*, Paris, Ellipses, 2012.

Orde, Anne, *The Eclipse of Great Britain. The United States and British Imperial Decline* [« L'éclipse de la Grande-Bretagne. Les États-Unis et le déclin impérial britannique »], Londres, Macmillan, 1996.

Rapoport, Michel (dir.), *La Décolonisation britannique*, Paris, Atlande, 2014.

Torrent, Mélanie, *British Decolonisation (1919-1984). The Politics of Power, Liberation and Influence* [« La décolonisation britannique (1919-1984). Les politiques de la puissance, de la libération et de l'influence »], Paris, CNED/PUF, 2012.

18

LA TRAGÉDIE
DE L'EMPIRE COLONIAL FRANÇAIS
(1945-1962)

par Arnaud TEYSSIER

« L'enfant qui a visité l'exposition de Vincennes dans l'émerveillement de sa dixième année a vu, dans son âge d'homme, se désagréger cet empire dont on lui avait enseigné, sur les bancs de l'école, à admirer la puissance et à croire en la pérennité. »

Comme le rappelle Raoul Girardet, la chute de l'Empire colonial français surprit par sa relative rapidité. Les Français, de surcroît, n'avaient pris que tardivement la vraie mesure de leur empire, qui s'était constitué pour l'essentiel à la fin du XIXe siècle. Un paradoxe surprenant en résulta : après une victoire chèrement payée en 1918, puis quatre années humiliantes d'occupation allemande entre 1940 et 1944, qui semblèrent un temps effacées par la participation finale à la victoire sur l'Allemagne, la France crut que son redressement était engagé et qu'il était désormais indissociable de sa présence politique et morale sur tous les continents. À l'inverse, les Britanniques, qui pendant les années de guerre n'avaient pas subi les tourments moraux d'une occupation, étaient

L'EMPIRE COLONIAL FRANÇAIS À LA VEILLE DE LA SECONDE GUERRE MONDIALE

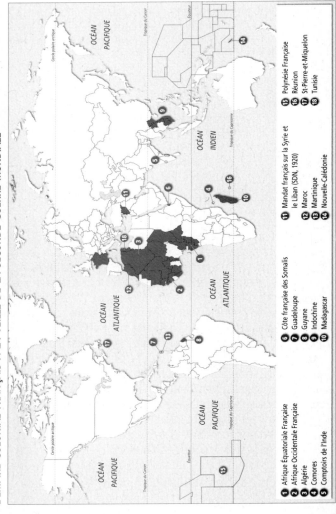

1. Afrique Équatoriale Française
2. Afrique Occidentale Française
3. Algérie
4. Comores
5. Comptoirs de l'Inde
6. Côte française des Somalis
7. Guadeloupe
8. Guyane
9. Indochine
10. Madagascar
11. Mandat français sur la Syrie et le Liban (SDN, 1920)
12. Maroc
13. Martinique
14. Nouvelle-Calédonie
15. Polynésie Française
16. Réunion
17. St-Pierre-et-Miquelon
18. Tunisie

mieux préparés à affronter certaines réalités majeures du monde nouveau. Pour eux, le processus fut d'une rapidité plus foudroyante : l'Inde et le Pakistan, joyaux de l'Empire britannique, acquièrent leur indépendance dès 1947, suivis par Ceylan et la Birmanie dès 1948. Pour les Français, l'épreuve fut en fin de compte moins attendue, plus longue, et surtout bien plus douloureuse…

De Lyautey à de Gaulle

Certes, dès le début des années 1930, les plus réalistes savaient que cette vaste construction impériale n'était pas conçue pour l'éternité. Le maréchal Lyautey, qui fut résident général au Maroc de 1912 à 1925, l'avait compris très tôt pour le monde arabe et l'avait même officiellement écrit dans sa fameuse note du « coup de barre[1] », en novembre 1920 : « On peut être certain qu'il est en train de naître à côté de nous, à notre insu, tout un mouvement d'idées, de conciliabules, de commentaires sur les événements mondiaux et sur la situation faite à l'Islam, et qu'un de ces jours tout cela prendra corps et éclatera, si nous ne nous en préoccupons pas, et si nous ne prenons pas, sans délai, la direction de ce mouvement. » Le 14 avril 1925, il devait encore élargir son propos, déclarant devant le Conseil de politique indigène à Rabat : « Il est à prévoir, et je le crois comme une vérité historique, que dans un temps plus ou moins lointain l'Afrique du Nord évoluée, civilisée, vivant de sa

---

1. Dans cette note du 18 novembre 1920, qui devait rester confidentielle jusqu'au début des années 1950, il soulignait le contexte nouveau de l'après-guerre, avec l'idée, qui selon lui s'imposait partout, du droit des peuples à disposer d'eux-mêmes ; il déplorait notamment l'insuffisante utilisation qui était faite des jeunes élites marocaines et prévenait que cette jeunesse active, que l'on laissait sans emploi, pourrait bien retourner un jour son énergie inoccupée contre la France.

vie autonome, se détachera de la métropole. Il faut qu'à
ce moment-là – et ce doit être le suprême but de sa politique – cette séparation se fasse sans douleur et que les
regards des indigènes continuent toujours à se tourner
avec affection vers la France. » Ces propos visionnaires
furent cités, longtemps après, par le général de Gaulle,
le 10 mai 1961, dans le discours qu'il prononça pour le
transfert des cendres du « maréchal de l'Islam » aux Inva-
lides : pour des raisons politiques et diplomatiques, et
d'un commun accord entre la France et le Maroc, il avait
fallu retirer les restes de Lyautey de la petite *kouba*[2],
dans les jardins de la résidence générale à Rabat, où il
avait souhaité reposer après sa mort. Moment chargé
de mélancolie, moment sans gloire : mais on était alors
en pleine décolonisation, trois semaines après le putsch
manqué des généraux d'Alger, et pour de Gaulle l'occasion était trop belle d'utiliser ces mots et la figure illustre
de leur auteur à l'appui de sa politique de désengagement impérial.

Lyautey : le même homme, qui voyait si loin et pensait
si juste en 1920, avait été pourtant, quelques années
plus tard, le maître d'œuvre de la prodigieuse Exposition coloniale qui devait révéler aux Français la réalité
immense de leur empire. En quelques mois, à Vincennes,
il avait fait surgir temples d'Angkor, mosquées arabes et
villages malgaches, tout un ensemble hétéroclite, fascinant et spectaculaire. L'exposition, qui se tint tout l'été
1931, fut un succès colossal. On dénombra 33 millions
d'entrées. Pour Lyautey, il n'y avait nulle contradiction
entre sa vision lucide de l'avenir et son souci d'exposer
les grandeurs de l'empire. Le prestige allait pour lui de
pair avec l'intelligence des faits, la « vue à longue portée », seule capable de préparer une influence durable.
Ce qui l'intéressait dans la politique coloniale, c'était la

2. Tombeau blanchi à la chaux et couvert en coupole.

suite : le dialogue entre des civilisations maintenues dans leur essence ; les liens préservés ; les traditions mutuellement respectées, mais d'autant plus compatibles avec le progrès qu'elles étaient conservatrices dans leur principe. Il s'efforça d'en convaincre les autorités politiques du moment, mais sans le moindre succès : ni les hommes ni le système de la Troisième République n'étaient à même de décider et d'agir dans la durée, ni de conduire l'opinion dans la direction nécessaire[3].

Il en serait inéluctablement de même avec la Quatrième République qui allait s'empêtrer dans d'interminables et épuisants conflits. L'Empire colonial français, bâti au fil des ans par le jeu de quelques puissantes individualités, devenait un fardeau trop lourd à porter pour un pays qui cherchait, depuis la Révolution, à se doter d'une Constitution politique puissante et durable. Lyautey le savait, et de Gaulle en tira pour sa part de rudes leçons trente ans plus tard. Les deux hommes et les deux destins, si différents à bien des égards, se répondirent ainsi, mais le problème non réglé de l'impuissance politique française devait provoquer d'inéluctables tragédies.

Pourquoi cet empire ?

« Quand les Français disent qu'ils se taillent un empire colonial, il ne faut pas les croire. Ils propagent des libertés. » Cette phrase de Péguy, issue du tout dernier texte

---

3. À l'exception toutefois de quelques efforts sous le Front populaire : le projet Blum-Viollette en Algérie, resté inappliqué, et surtout le règlement de la situation de la Syrie et du Liban, deux territoires qui avaient été placés sous mandat français au lendemain de la guerre et dont les accords Viénot (septembre 1936) mirent en œuvre le processus constitutionnel censé conduire à l'indépendance. Mais la France appliquait ainsi une obligation internationale.

qu'il composa à quelques jours de la Grande Guerre[4], porte la marque de son temps et de la grande confrontation qui vient. Le célèbre écrivain, dreyfusard et patriote, veut opposer la France, qui, en faisant un empire, « refait de la liberté », à l'Allemagne, qui fabrique plus prosaïquement « de l'empire et de la domination ». Il rejoint ainsi la tradition des fondateurs de la Troisième République et leur projet affiché de porter les lumières de la Révolution, de la Science et de la Raison aux « races inférieures ». Évitons tout anachronisme : les races « inférieures » ne sont jugées telles que parce qu'elles ne sont pas encore engagées dans la voie du progrès, cette valeur suprême pour les héritiers des Lumières ; il appartient aux races « supérieures » – les grandes puissances occidentales qui portent, à ce moment de l'histoire, la civilisation – de les y aider. Cette ambition sincère rejoint à l'évidence des objectifs économiques d'expansion commerciale, dans le prolongement de la politique industrielle du temps, et des desseins politiques – la France ne peut rester en retrait sur le théâtre du monde où se joue désormais la grande compétition européenne. Jules Ferry voit aussi dans la politique coloniale un moyen de soustraire les Français à un nationalisme de la revanche, né de la défaite de 1870, pour les convertir à un patriotisme d'expansion mondiale, plus ouvert et plus dynamique, en orientant plus judicieusement l'énergie et l'ambition de la Grande Nation. « L'impérialisme de la France républicaine, rappelle Raoul Girardet, n'est pas né d'une surabondance de forces, n'est pas issu d'un surcroît de vitalité ; il n'a pas été porté par l'affirmation conquérante d'un dynamisme collectif entraînant la nation tout entière. » C'est le traumatisme d'une défaite et d'un abaissement temporaire, « une crispation d'orgueil et d'angoisse mêlés »,

---

4. *Note conjointe sur M. Descartes et la philosophie cartésienne* (juillet 1914).

le besoin de forces neuves qui expliquent ce ressort soudain. Un enjeu aussi immense et sans pareil explique la singularité de l'expansion coloniale française : il est consubstantiellement lié à la fondation de la République.

Mais il y a plus. C'est le grand intellectuel Daniel Halévy qui l'exprima sans doute le plus précocement, dans son maître livre de 1931, *Décadence de la liberté* : « La Troisième République a conquis un empire colonial. Le Second Empire avait été en Chine, en Syrie, au Mexique ; il avait poussé des pointes rapides, il n'avait rien gardé ou s'était fait chasser. La Troisième République a conquis le Tonkin, la Tunisie, Madagascar, un vaste domaine africain. [...] Partout où elle est entrée, elle est restée, elle a construit, exploité, organisé, et fait régner un ordre dont apparemment elle ne trouvait pas en elle-même le modèle. [...] Sans l'avoir voulu (il n'y a aucun signe), elle a conquis. Sans avoir calculé (tous les signes sont contre), elle s'est associée au plus délicat édifice diplomatique. Qui donc a voulu, calculé ? » L'explication vient vite sous sa plume : sur la durée, l'expansion coloniale ne fut pas tant le fruit d'un projet politique – il met à part le bref, mais décisif ministériat de Jules Ferry – que celui d'efforts conjugués, mis en œuvre par divers personnages de ce « drame historique » : « l'officier, le fonctionnaire, le député ami dans le Parlement inerte ». Entre 1880 et 1895, écrit-il, la passion de « beaucoup de jeunes hommes » fit tout. Il identifie surtout des représentants de cette bourgeoisie conservatrice, de « cette aristocratie que le parti républicain écartait de la politique », mais des jeunes hommes « qui avaient le sens de la vie civique ». « Que faire, où servir ? » résume Daniel Halévy à propos de ces jeunes et grandes destinées individuelles : « Ils rêvaient à l'espace africain. Leur rêve, leur passion, voilà l'énergie qui a construit l'empire colonial de la Troisième République. » On peut sourire aujourd'hui de la démonstration. Halévy lui-même n'est pas dupe de son propos. Il ajoute que ces hommes ont rencontré des soutiens. Des hauts fonctionnaires, des explorateurs, des officiers, des hommes d'affaires bien placés au Parlement apportèrent un concours décisif, suscitèrent des vocations, montèrent des projets avec ténacité. « L'histoire est moins matérialiste, elle est plus romanesque que nous le pensons aujourd'hui », écrit-il si justement.

« Romanesque » : on se condamne à ne rien comprendre aux tragédies et malentendus de la décolonisation française si l'on ignore cette charge de sentiment, cette volonté mêlée d'évasion et d'inlassable construction, cette somme d'énergie sans cesse redéployée qui ont donné l'empire colonial, en un temps où la France ne parvenait pas à clore le long chapitre de son histoire ouvert par la Révolution. Si la construction de l'Empire français n'avait porté en elle qu'un esprit de domination, de conquête et d'exploitation, le processus de décolonisation aurait été tout autre. La France, frustrée de sa grandeur passée, jamais vraiment guérie de la nostalgie napoléonienne, n'avait jamais trouvé, depuis 1789, de régime qui fût à sa mesure – ou sa démesure. Pour combattre la profonde dépression collective qui la menaçait toujours, les pères fondateurs de la Troisième République, relayés pendant quelques décennies par de puissantes individualités éprises d'action et d'absolu, lui apportèrent une grandeur d'emprunt, une puissance de substitution aux nouvelles frontières du monde. La Révolution n'avait jamais été achevée en France : elle se poursuivrait donc outre-mer et s'y accomplirait, dans une vision idéalisée du progrès. À cela s'ajoutait la faible vitalité démographique du pays qui allait être encore aggravée par les pertes énormes de la Première Guerre mondiale.

L'illusion de la puissance était si profonde et fut à ce point renouvelée par la participation tardive, mais réelle, de la France à la victoire de 1945, qu'il fallut le choc d'une défaite militaire en Indochine, puis le traumatisme de l'interminable affaire algérienne, pour que la France pût renouer avec les voies traditionnelles et les justes proportions de la puissance. C'est pour cette raison que la politique de De Gaulle, qui mit un terme avec réalisme, mais parfois aussi avec de réels doutes suivis d'une certaine brutalité, aux valses-hésitations de la Quatrième République, fut en définitive ce qu'elle devait être : une politique antisentimentale, dictée par la raison.

1945 : le temps des réalités

L'Empire français au début des années 1930 représentait un ensemble de 12 millions de kilomètres carrés et 64 millions d'individus : si l'on ajoute la population de métropole, on a bien la plus grande France de « 100 millions d'habitants », si chère aux manuels scolaires. L'Algérie, commencée d'être conquise sous Charles X, un siècle plus tôt, occupait une place à part, tant sur le plan historique qu'administratif. Le nord du pays était divisé en départements, soumis au régime civil et rattaché au ministère de l'Intérieur ; les quatre territoires sahariens au sud étaient soumis au régime militaire. Mais un seul gouverneur général dirigeait les deux Algéries, assisté, pour les départements français, d'organes consultatifs où les indigènes étaient représentés. L'Algérie était une terre de colonisation ancienne, où s'était implantée progressivement une nombreuse population européenne. Opération de prestige à l'origine, la conquête d'Alger n'était sans doute pas destinée à fonder une occupation durable. Louis-Philippe n'avait poursuivi l'implantation française qu'avec réticence, et Napoléon III avait songé à mettre en œuvre un « royaume arabe » qui prît en compte l'association des élites indigènes. C'est la Troisième République

qui avait pris résolument le parti d'une implantation définitive, avec une intégration pure et simple du territoire
algérien dans l'organisation politique et administrative
française.

En ce sens, l'Algérie s'était très tôt dissociée des autres
possessions d'Afrique du Nord, soumises au régime du
protectorat : la Tunisie en 1881 ; le Maroc en 1912. Le
principe du protectorat était très différent de l'administration coloniale classique : la puissance protectrice se
réservait la maîtrise des affaires étrangères et militaires,
mais était censée respecter l'autorité au moins nominale
du sultan ou du bey. En Indochine, ce principe ne dépassa
guère le stade de la théorie. Mais au Maroc, le protectorat tel qu'il fut conçu et voulu par Lyautey fut bien
plus qu'une fiction : tant qu'il fut aux affaires, le maréchal s'ingénia à freiner la colonisation de masse, tout en
conduisant la modernisation économique du Maroc. Mais
ses successeurs s'empressèrent d'oublier ces bonnes réso-
lutions. Dans le reste de l'empire, en Afrique-Occidentale
et en Afrique-Équatoriale françaises[5], à Madagascar, mais
aussi en Indochine, c'est bien l'administration coloniale
qui avait la haute main. Là encore, les gouverneurs généraux exerçaient un pouvoir étendu, même s'ils devaient
tenir compte d'organes consultatifs d'influence variable,
mais souvent assez forte dans le domaine économique
et financier.

Les aspirations à l'indépendance existaient, mais
elles n'étaient pas suffisamment organisées et restaient
peu relayées par le milieu politique en métropole.
Dans l'entre-deux-guerres, seuls le parti communiste et
quelques personnalités – des écrivains comme André
Gide ou Albert Londres – exprimaient de front des

---

5. AOF : Sénégal, Mauritanie, Soudan, Niger, Guinée, Côte d'Ivoire,
Dahomey. AEF : Gabon, Congo, Oubangui, Tchad.

critiques contre la colonisation. Des réformes furent mises en œuvre juste avant la guerre, notamment en Algérie, mais aucune ne régla véritablement la question de la représentation des populations indigènes ou de leur association à la vie publique. Toutefois, des forces étaient à l'œuvre et n'attendaient que des circonstances favorables pour se libérer. L'influence du communisme s'exerçait, mais n'était pas seule à nourrir le nationalisme des peuples, cette identité qui se formait au contact même des populations européennes. Peu à peu, par une sorte de processus naturel, les élites indigènes, même si elles n'étaient que très imparfaitement associées à l'administration réelle, prenaient un intérêt croissant à la gestion des affaires. La conscience nationale – qui était à l'origine inexistante ou embryonnaire – naissait des effets du colonialisme lui-même. Comme l'écrirait de Gaulle dans les *Mémoires d'espoir*, « en leur apportant notre civilisation nous avions institué dans chacun des territoires, au lieu des divisions anarchiques d'autrefois, un système centralisé préfigurant un État national, et formé des élites pénétrées de nos principes de droits de l'homme et de liberté et avides de nous remplacer tout au long des hiérarchies ».

La guerre acheva de transformer radicalement la donne : les grandes puissances impériales, très affaiblies, durent compter sur les ressources de leurs empires pour faire face aux forces de l'Axe (Allemagne, Italie, puis Japon) – pour la France, à partir de 1943[6]. Or les

6. Si l'on met à part les contingents de l'Afrique noire (80 000), c'est l'Afrique du Nord qui connut l'effort de mobilisation le plus considérable : selon Benjamin Stora, « la contribution "française" et "musulmane", pour reprendre la terminologie de l'époque, atteignait respectivement 176 500 et 233 000 personnes sous les drapeaux au 1er novembre 1944 ». En proportion, ce sont les pieds-noirs qui fournirent la contribution la plus importante. Cette exceptionnelle fraternité d'armes aurait pu forger un ressort irremplaçable pour l'avenir.

peuples colonisés avaient évolué dans leurs conditions de vie et leurs mentalités. Leurs attentes s'étaient insensiblement modifiées. Le spectacle de l'affaiblissement de la France après le désastre de 1940 puis l'impérieuse nécessité du recours à l'empire apparurent aux populations indigènes, ou du moins à leurs élites, comme les signes annonciateurs de plus grandes transformations encore. Mais les Français ne voyaient qu'une réalité : le rôle décisif joué par les colonies dans la guerre, qui ne faisait que renforcer l'obligation morale de les conduire vers leur développement et leur lointaine émancipation. Pour tous, pétainistes et gaullistes, l'outre-mer avait été dès 1940 le réservoir de l'énergie future : comment penser s'en séparer, dès lors qu'au sortir du conflit la France, à l'honneur retrouvé, qui avait terminé dans le camp des vainqueurs une guerre si mal engagée, espérait tant regagner sa force et renouer avec la puissance ?

Les ambiguïtés de Brazzaville

On ne pouvait cependant ignorer l'existence d'aspirations nouvelles. Le 10 février 1943, le *Manifeste du peuple algérien*, publié sous l'impulsion de Ferhat Abbas, demandait une Constitution pour l'Algérie qui pût reconnaître la pleine et entière égalité des droits pour tous ses habitants. De Gaulle le sentit fort bien, et c'est ainsi qu'il faut comprendre le célèbre discours de Brazzaville : non comme l'annonce prophétique de ce que serait, en définitive, et par le jeu des événements, sa politique de décolonisation à partir de 1958, mais comme la prise en compte d'une réalité nouvelle avec laquelle il allait falloir compter. La conférence de Brazzaville (30 janvier-8 février 1944) avait été réunie pour préparer l'après-guerre, en prenant de vitesse d'éventuels arbitrages internationaux susceptibles d'émaner des organisations mondiales en train de naître. Ses participants furent essentiellement des cadres dirigeants de l'administration coloniale, notamment des gouverneurs, porteurs de préconisations en bien des points réformatrices – au moins sur la question du statut des indigènes et de l'égalisation des conditions professionnelles et sociales. Mais la conférence posa clairement en principe et en lettres capitales : « Les fins de l'œuvre de civilisation accomplie par la France dans les colonies écartent toute idée d'autonomie, toute possibilité d'évolution hors du bloc français de l'empire ; la constitution éventuelle, même lointaine, de *self-governments* dans les colonies est à écarter. » On ne pouvait être plus clair : si des réformes importantes devaient être engagées dans le domaine économique et dans celui de l'administration, l'émancipation politique n'était pas pour demain. Il faudrait sans doute ouvrir davantage l'empire au commerce mondial : mais rien de plus. C'était d'ailleurs le sens de l'intervention de De Gaulle pour l'ouverture de la conférence :

« Vous avez, Messieurs les Gouverneurs généraux et Gouverneurs, les pieds assez bien enfoncés dans la terre d'Afrique pour ne jamais perdre le sens de ce qui y est réalisable et, par conséquent, pratique. [...] Vous étudierez ici, pour les soumettre au gouvernement, quelles conditions morales, sociales, politiques, économiques et autres vous paraissent pouvoir être progressivement appliquées dans chacun de nos territoires, afin que, par leur développement même et le progrès de leur population, ils s'intègrent dans la communauté française avec leur personnalité, leurs intérêts, leurs aspirations, leur avenir. »

Le contexte global changeait, et de Gaulle l'avait pressenti. Mais pour lui, seule la prudence était de mise. Sa seule obsession était de donner des institutions politiques stables et puissantes à la France. Ce fut son rendez-vous manqué avec la Quatrième République : après son départ du gouvernement, le connétable prit date avec ses discours successifs de Bayeux et d'Épinal (1946). Le spectacle de l'impuissance institutionnelle de la Quatrième République et des atermoiements de ses gouvernements en Indochine puis en Algérie devait le convaincre du bien-fondé de ses positions – et de l'urgence de son retour.

L'émergence des nouvelles institutions internationales à partir de 1945 ranima à l'échelle du monde le principe du droit des peuples à disposer d'eux-mêmes ; mais cette fois, les États-Unis étaient au cœur du système, ils en étaient devenus les garants. Hostiles au maintien des empires coloniaux, par principe mais aussi au nom de la plus grande liberté des mers et des marchés, ils firent comprendre à la France et à la Grande-Bretagne que la donne avait changé : la démonstration majeure eut lieu lors de la crise de Suez en novembre 1956, sévère rappel à l'ordre pour les vieilles puissances européennes qui avaient cru pouvoir faire plier devant leurs intérêts le nouveau maître de l'Égypte, Nasser. De surcroît, à mesure que le processus de décolonisation se poursuivait, de nouveaux États faisaient leur apparition au sein des Nations unies et devenaient peu à peu des forces de pression. À partir de 1946-1947, un élément nouveau, capital, était venu modifier les règles du jeu : l'affrontement Est-Ouest, les débuts de la guerre froide. Dans la grande compétition idéologique qui s'ouvrait, les peuples colonisés devenaient des enjeux vitaux pour lesquels les puissances coloniales ne pouvaient plus espérer s'engager seules. Enfin, des forces profondes, irrépressibles, étaient à l'œuvre : le poids de l'empire sur la métropole était devenu écrasant, la capacité économique et financière d'un pays comme la France ne permettait plus de porter de telles possessions à l'échelle du monde.

Il est pourtant certain qu'au lendemain de la Seconde Guerre mondiale ni les élites politiques et administratives ni l'opinion publique n'étaient dans leur majorité prêtes à envisager ces réalités nouvelles. La répression brutale des premières manifestations d'indépendance et surtout la vigueur avec laquelle la jeune Quatrième République s'engagea dans la guerre d'Indochine furent en elles-mêmes très révélatrices. Certes, de fortes oppositions se manifestèrent, pour une très large part dans les rangs, très nombreux alors, du parti communiste. Mais la détermination des gouvernants, très nette à partir de 1947 – date du départ des communistes du gouvernement –, n'eut d'égale que le soutien tacite de la population. Le cœur du sujet, encore une fois, c'était l'impuissance du régime à porter une politique de long terme, quelle qu'elle fût.

Les débuts de l'engrenage

En Tunisie, avant même la fin de la guerre en Europe et malgré les réformes mises en œuvre par le nouveau résident, le général Mast, l'opposition nationaliste publiait le *Manifeste du front tunisien* (novembre 1944) et réclamait le *self-government* si précisément proscrit à Brazzaville quelques mois plus tôt. Depuis l'Égypte où il s'était installé, le leader nationaliste Habib Bourguiba, fin, intelligent et manœuvrier, fondateur dès 1934 du Néo-Destour (parti de la « Constitution »), tentait de mobiliser pour sa cause les États-Unis et les institutions internationales naissantes. Au Maroc, l'agitation organisée par l'Istiqlal (parti de l'indépendance) fut plus grave, et des affrontements violents à Fez firent une quarantaine de morts (février 1945). En Algérie, l'opposition conduite par Ferhat Abbas ne se satisfaisait pas des réformes favorables aux musulmans annoncées par de Gaulle dès le discours de Constantine (12 décembre 1943). Mais Abbas, partisan d'une république algérienne autonome « fédérée » à la France, fut bientôt débordé par des mouvements nationalistes plus résolus : après une série d'incidents de plus en plus graves, une insurrection de grande ampleur se déclencha dans le Constantinois, à Sétif. Une centaine d'Européens furent massacrés, et la répression fit entre 3 000 et 8 000 morts, selon des estimations souvent controversées. La fracture entre la communauté indigène et la communauté européenne était flagrante, mais personne ne pensait alors qu'elle était irréversible. La guerre n'était pas finie en Europe : il était bien tôt pour se remettre à raisonner… De même, à Madagascar, l'insurrection de mars 1947, qui commença par le massacre de cent quarante Français, devait entraîner une répression très brutale (plus de 10 000 morts au total).

Le premier choc décisif vint pourtant de plus loin : d'Indochine. Les choses s'expliquent aisément. La position française en Extrême-Orient était historiquement très fragile. L'Indochine française était un ensemble composite sur le plan ethnique et géographique, constitué dans le dernier tiers du XIXᵉ siècle, et qui n'avait pas totalement effacé l'emprise séculaire qu'exerçait sur la région l'ancien empire d'Annam[7]. Cet ensemble était administrativement hétérogène – une colonie, deux protectorats, deux régions de régime mixte –, mais en réalité soumis à une seule et même autorité effective, le gouvernement général de l'Indochine : autorité au demeurant efficace,

---

7. La conquête de l'empire d'Annam (le nom ancien de Vietnam sera repris plus tard par les nationalistes), engagée sous Napoléon III, avait pour but, au-delà du souci affiché de protéger les chrétiens, d'ouvrir la voie vers la Chine du Sud. La Troisième République reprit l'entreprise : la Cochinchine, le Cambodge, l'Annam, le Tonkin, le Laos passèrent sous domination française dans le dernier tiers du siècle. L'Indochine fut ainsi une pure création coloniale, correspondant à l'espace de souveraineté de l'Empire annamite largement entendu. Le nom d'Annam désignait à la fois l'ensemble du Vietnam actuel et sa partie centrale.

entreprenante, porteuse de progrès, procurant une réelle fierté à toute une génération d'administrateurs. En 1940, tout s'était précipité. Restée sous le contrôle nominal de Vichy, dont le représentant, l'amiral Decoux, était isolé et dépourvu de véritables moyens militaires, l'Indochine française était en réalité passée sous l'influence indirecte du Japon. À dire vrai, Vichy n'avait guère eu le choix, ayant en vain sollicité un soutien matériel des États-Unis, puis des Britanniques – soutien qui eût été de toute manière illusoire et sans lendemain. Parallèlement, un mouvement nationaliste s'était constitué en 1941 sous le nom de Viêt-minh (Front de l'indépendance du Vietnam), projetant, sous la direction de Nguyên Ai-Quôc (bientôt nommé Hô Chi Minh) et Vô Nguyên Giáp, de libérer le Vietnam des dominations française et japonaise et de transformer le vieil empire de Bao Dai en république démocratique et sociale. Le 9 mars 1945, devant l'évolution rapide de la situation dans le Pacifique, l'armée japonaise attaqua les garnisons françaises et prit le contrôle direct de l'Indochine ; après la capitulation japonaise, dès le 13 août, le Viêt-minh organisait l'insurrection dans l'impuissance totale de la France et formait un gouvernement provisoire, avant de proclamer l'indépendance du Vietnam le 2 septembre. Le souvenir encore présent de la vieille domination annamite était repris à son compte et revivifié par l'idéologie communiste.

Une république impuissante et guerrière

La Quatrième République était née de deux choix parallèles empreints d'un fort conservatisme : d'un côté, celui d'institutions traditionnelles, portées par les partis (socialistes, communistes, démocrates-chrétiens) et radicalement opposées aux orientations constitutionnelles voulues par de Gaulle et une partie de la Résistance ;

de l'autre, celui de maintenir l'empire sous une forme rénovée, mais sans engager une évolution consciente et maîtrisée vers la décolonisation. Les institutions nouvelles, mollement approuvées par référendum, ressemblaient fortement à celles de la Troisième République, elles renforçaient même les pouvoirs de l'Assemblée et les risques afférents d'instabilité ministérielle. De Gaulle avait démissionné en janvier 1946, tirant les conséquences de ce choix qui lui paraissait contre nature. Le nouveau texte constitutionnel redessinait les contours de la « France de 100 millions d'habitants », sous le nom nouveau d'« Union française ». Le principe ne changeait guère par rapport à Brazzaville : il s'agissait de promouvoir l'égalité des droits et d'ouvrir les fonctions publiques le plus largement possible, mais sans renoncer à la souveraineté exclusive de la France. Si l'égalité des individus, « sans distinction de race ni de religion », était consacrée, si l'éventualité d'une évolution future vers l'autonomie était dans tous les esprits (« fidèle à sa mission traditionnelle, la France entend conduire les peuples dont elle a pris la charge à la liberté de s'administrer eux-mêmes et de gérer démocratiquement leurs propres affaires »), si l'Union française avait les allures d'une fédération, la réalité était tout autre : la métropole restait maîtresse du jeu, simplement bordée par un Haut Conseil et une Assemblée de l'Union française au rôle essentiellement consultatif. Ce conservatisme très réel ne faisait que recouvrir l'attachement presque unanime des partis politiques français à l'empire, à l'exception toujours notable du parti communiste. Même les dirigeants de la SFIO se rallièrent assez vite à une certaine fermeté face à la montée de revendications nationalistes qu'il allait être de plus en plus difficile d'ignorer.

Les esprits allaient progressivement évoluer, sous l'influence de la conjoncture internationale et de l'émergence du tiers-monde, mais surtout face aux réalités de la guerre d'Indochine qui fit ressortir crûment le coût matériel et humain du maintien de l'empire. Car en Extrême-Orient, après de courtes négociations avec le Viêt-minh, la France, qui avait repris pied en Cochinchine, au sud de la péninsule, et s'efforçait de récréer, dans le cadre de l'Union française, une fédération indochinoise qui fût encore à sa main, se dirigea très tôt vers la confrontation militaire. La donne avait changé : le Vietnam était désormais ouvertement soutenu par la Chine communiste, et l'Indochine française était devenue une pièce essentielle dans la doctrine du *containment* adoptée par l'administration Truman. Mais il y eut dans les premiers temps des hésitations, des atermoiements, des tractations sans fin, Paris s'efforçant de jouer la carte Bao Dai contre le Viêt-minh. Le Vietnam n'était pas seul en jeu, il y avait aussi l'évolution du Laos et du Cambodge, que la France s'efforçait de conduire vers une demi-indépendance dans le cadre de l'Union française. Mais peu à peu, la tactique diplomatique française trahit ses limites, Hô Chi Minh jouant habilement de la dynamique nationaliste sans mettre en avant l'idéologie communiste. Comme l'écrit l'historien Jacques Dalloz : « Un territoire lointain et mal connu, pas de communauté européenne importante, pas d'appelés du contingent, pas de grandes batailles, des gouvernements fort discrets : tout concourt à faire de cette guerre une guerre oubliée. »

À la fin de 1950, alors que la situation militaire et les négociations politiques s'enlisaient, la France se décida à envoyer le « roi Jean », le général de Lattre de Tassigny. Ce grand chef militaire était aussi un politique qui comprenait qu'il fallait donner à cette guerre une autre allure – non plus celle d'une guerre « coloniale », mais celle d'une guerre du « Vietnam pour le Vietnam », avec la perspective d'une émancipation dans l'Union française. La guerre changeait de méthode et de dimension, du moins dans l'esprit de De Lattre, mais les réalités demeuraient : en face, des forces militaires de plus en plus organisées et la persistance d'une guérilla meurtrière en des points multiples ; côté français, une armée professionnelle entraînée mais peu nombreuse et soumise à une direction politique incertaine à Paris. Le conflit s'éternisa tandis que de Lattre, qui disait n'attendre aucun miracle et sut jusqu'à son départ (novembre 1951) redresser et stabiliser la situation, redoutait une catastrophe à tout moment : elle survint le 7 mai 1954 avec la chute de Diên Biên Phu et ses 15 000 combattants pris au piège, première grande défaite d'une puissance coloniale à la face du monde. Cette « étrange débâcle » eut raison de la molle détermination du gouvernement français et fut suivie des accords de Genève (juillet 1954). C'est Pierre Mendès France, ancien ministre de De Gaulle dans le gouvernement de la Libération, qui conduisit à son terme cette guerre lointaine dont les objectifs n'avaient jamais été clairs et dont le coût humain fut considérable : plus de 90 000 morts dont 20 000 Français de métropole, 11 600 légionnaires et plus de 15 000 soldats africains et nord-africains. Elle marquait la première fracture véritable entre la République et son armée. Le général Navarre, ancien commandant en chef, exprima dès 1956, dans *Agonie de l'Indochine,* un sentiment universellement répandu en disant que ces huit années d'erreurs et de tergiversations s'achevant sur une défaite étaient « les fruits du régime » et procédaient de « la nature même du système politique français ».

Cette expérience servit à peine de leçon aux dirigeants de la Quatrième République. Si, dans les deux années qui suivirent, les deux protectorats de Tunisie et du Maroc obtinrent leur indépendance (mars 1956), ce ne fut pas sans incidents, au vu et au su de la communauté internationale et au prix de multiples reculades et volte-face. L'accession du Maroc à l'indépendance fut particulièrement laborieuse et intervint au terme d'un long rapport de forces entre les résidents généraux successifs (le général Juin, puis le général Guillaume) et le sultan Sidi Mohammed Ben Youssef. La France utilisa toutes les stratégies de retardement possibles, oubliant que la monarchie marocaine avait été reconstruite par Lyautey et que le sultan avait connu le maréchal et été formé à son école. Le processus de décolonisation, pour être singulièrement mal conduit, ne fut néanmoins pas si désastreux qu'il en vînt à effacer l'héritage du passé ou compromettre le maintien des liens futurs avec les deux anciens protectorats.

Le 23 juin 1956, une loi-cadre votée sous l'impulsion de Gaston Defferre montra qu'en Afrique la République était enfin décidée à franchir une étape décisive dans des conditions rapides (le gouvernement était habilité à procéder par décret) : institution du suffrage universel direct et d'un collège unique dans chaque territoire, avec une assemblée élue dotée de pouvoirs délibérants et un conseil de gouvernement qui était bien l'esquisse d'un authentique pouvoir exécutif. Pour les pays d'Afrique noire, anciennes colonies d'AOF et AEF, se dessinait ainsi, dans le non-dit, le *self-government* avec marche progressive vers l'indépendance dans le cadre d'une association étroite avec la France. Les événements allaient s'accélérer et simplifier les choses, sous l'influence de l'affaire algérienne.

En effet, cette prise de conscience née de l'interminable et coûteux conflit indochinois, et qu'on ne peut séparer de l'histoire politique chaotique de la Quatrième République, ni d'un contexte international dominé par les tensions de la guerre froide, avait laissé hors champ la question algérienne, comme s'il ne s'agissait plus d'un sujet strictement colonial et comme si cette terre si proche de la métropole devait échapper aux réalités du monde. Le statut de 1947, adopté sans passion par l'Assemblée à Paris, avait été un compromis entre les aspirations de la communauté française et les intérêts propres des indigènes. L'Algérie était désormais définie comme un « groupe de départements français dotés de la personnalité civile, de l'autonomie financière et d'une organisation particulière ». L'Assemblée algérienne pouvait délibérer sur des sujets d'une certaine importance et la représentation des musulmans y était assurée dans de bonnes conditions. Mais le gouverneur général conservait l'essentiel du pouvoir, et rien ne garantissait vraiment la « qualité » des consultations électorales. Les nationalistes algériens étaient relativement divisés, mais c'est un petit groupe clandestin qui prit l'initiative de l'insurrection, le 1er novembre 1954, sous l'emblème du Front de libération nationale (FLN). Une spirale de violences allait s'ensuivre, entraînant la mise en œuvre par la France de moyens militaires de plus en plus considérables. Chacun, ou presque, pouvait souscrire alors à la célèbre sentence partagée par la majorité des milieux dirigeants : « L'Algérie, c'est la France. » Parce qu'elle avait noué avec la métropole des liens plus anciens et plus puissants que les autres territoires, parce qu'elle abritait un million de Français solidement implantés, l'Algérie était considérée moins comme une colonie que comme le prolongement de la mère patrie au-delà de la Méditerranée. Ni les Français de métropole ni les Français d'Algérie n'avaient pour autant, depuis la fin de la guerre, joué le jeu d'une véritable intégration, malgré les efforts ponctuels de quelques puissantes personnalités : réformes sabotées, élections truquées avaient sapé les bases du parti des modérés incarné par Ferhat Abbas. Le malentendu des origines allait se dénouer dans la douleur et précipiter l'achèvement de la décolonisation.

L'Algérie dans la tourmente

L'engrenage de la guerre d'Algérie est connu : il accompagne l'agonie de la Quatrième République, précipite sa chute et la naissance de la Cinquième. En fin de compte, le régime tombe de n'avoir pas su choisir entre deux politiques et de n'avoir pu imposer une ligne ferme de part et d'autre de la Méditerranée. Sur le plan militaire, il a tenu bon, mais au prix d'un engagement considérable, onéreux sur le plan politique – avec le recours au contingent et une montée en force rapide du pouvoir des généraux –, sur le plan moral – avec le débat sur la torture, qui va naître de la lutte soutenue contre le terrorisme, notamment le terrorisme urbain[8] – et enfin sur le plan diplomatique. Les réformes engagées par Jacques Soustelle et Robert Lacoste auraient pu arrimer la masse de la population algérienne à la France : mais elles interviennent trop tard et sont compromises par le cycle des violences qui se répondent. Portés par des institutions trop faibles, confrontés à de graves difficultés financières, exposés à une instabilité permanente, les gouvernements successifs glissent vers le gouffre. L'armée détient désormais le véritable pouvoir en Algérie, et c'est elle qui, le 13 mai 1958, sous la direction du général Salan, engage la véritable révolution politique

---

8. C'est à la fin de l'année 1956 que la guerre d'Algérie prend une tournure particulièrement cruelle avec la multiplication des actes de terrorisme, notamment en milieu urbain. La « bataille d'Alger » commence en janvier 1957, avec l'arrivée dans la ville de 8 000 paras : il leur faudra de nombreux mois pour extirper les bases urbaines du FLN, au prix d'une recrudescence des attentats, de nombreuses pertes civiles et du coût moral de la torture – dont l'utilisation va nourrir une forte mobilisation chez les intellectuels de métropole, avec une mention particulière pour l'approche très pesée, souvent profonde, de François Mauriac dans son *Bloc-notes*.

qui fait de De Gaulle, appelé comme un sauveur, le dernier président du Conseil de la Quatrième République.

À la faveur de ce grand désordre, le général revient en effet au pouvoir, selon une mécanique imposée par les faits et activement favorisée par ses partisans. Pour beaucoup, son retour est la promesse du maintien de l'Algérie dans la France. Pour de Gaulle, la priorité est tout autre : elle est de donner au pays des institutions qui soient à sa mesure, celles qu'il a cherchées en vain depuis la chute de la monarchie et qui lui rendront sa grandeur perdue. La déception est donc inévitable et va s'aggraver à mesure que le chef de l'État infléchira sa politique. De Gaulle s'empresse d'abord de régler la question de l'Afrique noire, en créant, dans le cadre de la nouvelle Constitution, la « Communauté », qui succède à l'Union française et qui, comme elle, a les allures d'une fédération, mais garantit en réalité la prépondérance de la France au sein d'un ensemble vaste et flou. Seule différence : elle est sujette à évolution rapide, puisque tout État membre peut, s'il le souhaite, quitter la Communauté et accéder à l'indépendance… En deux ans, l'expérience aura vécu, la décolonisation de l'Afrique noire sera devenue réalité, et viendra le temps de la coopération et de la politique africaine. Décolonisation en douceur, mais néanmoins rapide, qui permet, dans la plupart des cas, de ménager un avenir pour l'influence française.

Le cours des événements en Algérie ne saurait aller au même rythme, tant la situation est différente. La France est montrée du doigt par l'ensemble de la communauté internationale. L'Algérie est devenue un boulet, l'obstacle ultime au grand redressement dont le régime nouveau doit être l'instrument. Pour de Gaulle, elle devient même une menace pour l'indépendance de la France. Coûteuse et porteuse de discrédit, elle détourne le pays des voies qui seules peuvent lui assurer son indépendance. Début 1959, la solution militaire paraît conserver sa préférence, puisque les opérations de pacification sont relancées. En réalité, le général souhaite fragiliser les positions du FLN, pour mieux dégager les voies d'une négociation. En octobre 1958, il a offert au Gouvernement provisoire de la République algérienne (GPRA) la « paix des braves », mais sans succès. En 1959, il joue sur les rivalités internes de l'adversaire, toujours en vain. Il faut donc prendre un avantage décisif sur le terrain strictement militaire. Toutefois, dans une guerre de ce type, il n'est jamais de victoire claire, la guérilla ne cessant de poursuivre son œuvre de déstabilisation. Convaincu que le recours à la force est une impasse et que la solution ne saurait passer davantage par le très hypothétique – et dangereux – processus d'intégration préconisé par Soustelle, de Gaulle fixe une nouvelle orientation par son discours du 16 septembre 1959. Ce jour-là, il utilise pour la première fois le terme d'« autodétermination ». L'expression est ambiguë, mais l'intention est claire : à terme, ce sont les Algériens qui décideront de leur avenir, entre la « francisation » (autrement dit l'intégration), la « sécession » et l'« association », option qui a clairement la préférence du général et qui suppose une formule souple d'autonomie largement reconnue au sein de la Communauté. En reconnaissant ouvertement aux Algériens le droit de faire « sécession », le chef de l'État n'en vient pas moins de franchir une étape décisive. Certes, la consultation n'est censée avoir lieu qu'une fois la paix rétablie, et bien rétablie, ce qui la renvoie peut-être à fort loin. Mais les tenants de l'Algérie française ne s'y trompent pas. Au sein du mouvement gaulliste, l'émotion est intense, même si beaucoup veulent encore croire possible la première option, celle du maintien de l'Algérie dans la France.

En Algérie même, les pieds-noirs ne croient guère à une formule d'association dans la Communauté, alors même que celle-ci se délite. Devant ces nouvelles incertitudes, la tension monte et atteint son paroxysme le 24 janvier 1960, lorsqu'à Alger une manifestation organisée par des activistes dégénère en affrontement avec les forces de l'ordre. On dénombre plusieurs dizaines de morts, plusieurs centaines de blessés. Le quartier des facultés se hérisse de barricades et pendant plusieurs jours les insurgés tiennent tête au pouvoir parisien. Le 29 janvier, un discours ferme du général fait, apparemment, tout rentrer dans l'ordre. Les activistes ne sont pas parvenus à créer de mouvement de masse, et sans doute, à ce stade, ne le désiraient-ils pas. Mais de Gaulle a pris la mesure des risques qui pèsent sur la politique d'« autodétermination ». Chacun sait à Alger que les parachutistes ont été près de fraterniser avec les manifestants. Le seul danger pour le général et sa politique provient dès lors de l'armée. La guerre d'Algérie devient un duel entre de Gaulle et son milieu d'origine, avec lequel il n'a jamais vraiment été en bonne intelligence. Au lendemain de la semaine des barricades, le général se veut apaisant. Il visite les troupes, fait sa « tournée des popotes », rassure. Parallèlement, il poursuit la mise en œuvre du processus d'autodétermination, tentant de relancer, sans succès, des négociations avec le FLN tout en conservant l'espoir qu'une « troisième force » se dégage durablement chez les musulmans et permette d'échapper au face-à-face sans issue avec le GPRA. C'est compter sans la détermination de l'adversaire et sans ses actions terroristes qui visent par prédilection les Algériens modérés. Au fur et à mesure que les mois passent, le chef de l'État ressent de plus en plus les effets du pourrissement du conflit. Les succès très réels remportés par les troupes françaises ne permettent pas d'espérer une pacification à brève échéance. En outre, l'opinion évolue, moins sous l'influence des controverses suscitées presque quotidiennement par les intellectuels et les partis de gauche sur la torture que sous l'effet de la lassitude. Le 4 novembre

1960, de Gaulle franchit enfin le Rubicon et évoque la perspective d'une « République algérienne », dotée de ses propres institutions. Le doute n'est plus permis, d'autant que le chef de l'État annonce quelques jours plus tard un prochain référendum sur la politique d'autodétermination.

En décembre, le général se rend en Algérie. Il y trouve une population européenne excédée par ses nouvelles orientations et, ce qui est plus grave, une population musulmane qui subit l'emprise croissante du FLN. L'hypothèse d'une sortie honorable et concertée de la crise lui paraît de moins en moins vraisemblable. Désormais, le cours des événements échappe à l'ensemble des protagonistes. De Gaulle, qui reste avant tout un politique, s'efforce au moins de maîtriser les sentiments contradictoires de la métropole. Le référendum du 8 janvier 1961 reflète les incertitudes du milieu politique. L'opposition à de Gaulle, qui rassemble les partisans de l'Algérie française et les communistes dans un même refus, même si leurs raisons sont opposées, ne progresse guère. Le taux d'abstention, seul, a gagné en force. Pour le reste, avec 56 % de « oui » en métropole et 70 % en Algérie, le président de la République peut légitimement s'estimer fondé à poursuivre sa politique. L'heure est donc à la négociation. Des contacts officieux se nouent avec le FLN et débouchent sur l'annonce commune de pourparlers, prévus pour avril, à Évian. Mais à la suite d'une ultime discordance, la rencontre est en définitive retardée. Dans la nuit du 21 au 22 avril 1961, sous l'autorité des généraux Challe, Jouhaud et Zeller, bientôt rejoints par le général Salan, le 1er régiment étranger de parachutistes se rend maître de tous les leviers civils et militaires à Alger. Si l'objectif immédiat – la prise de contrôle de l'Algérie – est clair, les visées à moyen ou long terme des putschistes sont moins nettes. Ont-ils pour projet

la sécession avec la métropole ? Cherchent-ils, en provoquant une crise politique grave en France, à susciter l'irrémédiable, autrement dit une guerre civile
qui donnerait, par la force des choses, le pouvoir aux
militaires ? Ou s'agit-il d'un geste désespéré, destiné à
enrayer coûte que coûte l'inéluctable marche vers l'indépendance algérienne ? Quelle que soit la réponse, les
insurgés ont surestimé leur force. Les unités, en Algérie
même, ne les suivent que très partiellement. En métropole, de Gaulle dénoue la crise en prononçant un de ces
discours majeurs dont il a le secret. Le 23 avril 1961, il
ordonne que « tous les moyens » soient employés pour
barrer la route aux généraux putschistes. Sa détermination contre le *pronunciamiento* est sans faille. Le choix
du terme est bien entendu intentionnel : il renvoie à
Franco, au fascisme, et permet en retour de fédérer les
forces de défense républicaines au profit de l'homme du
18 juin. Le général que, trois ans plus tôt, ses adversaires
de gauche soupçonnaient d'intentions dictatoriales revêt
subitement l'habit de lumière du chef républicain, défenseur des libertés et de la démocratie contre les factieux.
Il annonce la mise en œuvre de la dictature républicaine,
celle qui s'incarne dans l'article 16 de la Constitution
et son très impressionnant dispositif. Quand il stigma-
tise le « quarteron de généraux en retraite », la phrase
essentielle est en réalité celle-ci : « Mais ils ne voient et
ne comprennent la nation et le monde que déformés à
travers leur frénésie. » La raison et le poids des réalités,
contre le sentiment et la passion déréglée…

   Les chefs du putsch ne sont pas, loin de là, des
médiocres, mais dès le soir du 25 avril leur échec est
patent. L'armée, notamment les appelés d'Algérie, n'a
pas suivi. Le général Challe donne l'ordre de cesser la
rébellion et se livre aux autorités légales. Les autres
entrent dans la clandestinité. L'épreuve de force avec
les partisans de l'Algérie française n'est pas achevée. Les

plus farouches poursuivent leur action, avec une violence accrue, dans les rangs de l'Organisation de l'armée secrète (OAS). Parmi eux, outre les généraux du putsch qui ne se sont pas rendus, on trouve nombre d'officiers supérieurs comme le colonel Argoud. Le sens de l'honneur et des engagements pris, l'attachement éperdu pour la terre d'Algérie sont pour ces hommes des motifs puissants. Loin de se considérer comme des extrémistes fascistes, ils se réclament de l'esprit de la Résistance, trahi, selon eux, par de Gaulle. Pour le reste, l'action de l'OAS prendra vite un sens politique plus tranché : refuge de « soldats perdus », l'organisation secrète sera aspirée par les milieux d'extrême droite, réduits à peu de choses jusqu'au début des années 1980, mais communiant dans une même ferveur au souvenir de l'Algérie française[9].

De Gaulle a désormais toute liberté pour conduire les négociations avec le FLN. En réalité, celles-ci se révèlent longues et laborieuses, tandis que règne en Algérie un climat de haine et que se multiplient les affrontements sanglants entre communautés. En septembre 1961, le général a pourtant levé l'un des principaux obstacles à la conclusion d'un accord, et l'a fait à très grand prix, en se résignant à reconnaître les droits de l'Algérie sur le Sahara, ce territoire immense, historiquement et géographiquement autonome, riche en ressources naturelles et d'un grand intérêt stratégique pour la France. Reste la question du destin de la population européenne, dont

---

9. La lutte contre l'OAS et son action de plus en plus violente et désespérée va durer de longs mois. L'attentat du Petit-Clamart, le 22 août 1962, manque de coûter la vie au chef de l'État. Les services gouvernementaux luttent sans merci contre l'OAS, et sans souci excessif des formes. De Gaulle a recours à des juridictions d'exception pour faciliter et accélérer l'éradication de l'organisation secrète. Il faudra plusieurs années, entre 1964 et 1968, pour que la totalité des membres de l'OAS emprisonnés (dont Georges Bidault) fassent l'objet d'une mesure de grâce.

les négociateurs français s'efforcent de préserver les intérêts. Peu à peu, l'Algérie s'enfonce dans la violence et l'anarchie, et les pieds-noirs commencent leur exode. La signature des accords d'Évian, en mars 1962, met fin à cent trente années de présence française, sans que des garanties réellement sérieuses soient assurées aux Européens. Les Français d'Algérie regagnent la métropole en abandonnant leurs biens, au milieu de violences inouïes. Le 26 mars, l'armée tire sur la foule rue d'Isly, laissant plusieurs dizaines de morts. La phase finale s'achèvera dans les larmes et dans le sang. Le départ dramatique des Français d'Algérie pour la métropole, qui constitue bien pour de Gaulle une manière d'échec, ternit quelque peu le régime nouveau. Dans les mois qui suivent l'indépendance de l'Algérie, des dizaines de milliers de harkis, supplétifs musulmans de l'armée française, qui ont été désarmés au départ des troupes françaises, seront torturés et massacrés pour être restés fidèles à la France. Mais les Français, dans leur grande majorité, sont soulagés d'en avoir fini avec la guerre. Ils le marquent dès le 8 avril 1962 en approuvant massivement par référendum les accords d'Évian : 90 % de oui à de Gaulle, qui sont autant de non à huit années de guerre conduites pour rien. Cette fois, c'est bien la fin de l'empire.

*« Ils ne voient et ne comprennent la nation
et le monde que déformés à travers leur frénésie »*

Cette phrase prononcée par de Gaulle au moment du putsch touche au cœur même de sa politique. Une des grandes questions qui se posent à propos de la guerre d'Algérie est, curieusement, celle du « mensonge ». Le général de Gaulle a-t-il sciemment menti aux Français, et surtout aux Français d'Algérie, après son arrivée au pouvoir, masquant ses intentions réelles derrière des propos à tout le moins ambigus ? Comme l'écrit Benjamin Stora, « il est des mystères qui s'épaississent à mesure qu'on s'échine à tenter de les résoudre ». Dans sa remarquable étude sur *De Gaulle et la guerre d'Algérie*, après avoir pesé et soupesé les paroles, les demi-phrases et les silences, après avoir confronté les témoignages, lu et relu les historiens, il conclut que la thèse de la duplicité – trahison envers les partisans de l'Algérie française, ou politique du secret dictée par la raison d'État – est « l'apanage des thuriféraires béats ou des accusateurs amers ». Il met en regard la force des événements, les influences, le poids des circonstances qui contraignent à d'incessants ajustements, la nécessité de décider vite et, à la fin des fins, de « composer avec le réel ». Il suffit de lire le *Testament politique* de Richelieu pour comprendre : le cardinal ne cesse de plaider pour le respect des traités et de la parole donnée, et blâme le prince qui abuserait de son pouvoir ; mais, dans le même temps, il met les « intérêts publics » au-dessus de tout et souligne le besoin de trancher, de décider vite, lorsque ces intérêts sont en cause – car l'hésitation perpétuelle, la tergiversation aboutissent toujours, pour les grandes affaires, à des situations désastreuses pour les peuples. La pire cruauté, explique-t-il, n'est autre que la faiblesse du prince car elle perd ceux dont il a la charge plus sûrement que toute chose. « Beaucoup se sauveraient comme personnes privées qui se damnent en effet comme personnes publiques. » Tout est dit : il ne s'agit pas d'être contre la morale, mais de rappeler qu'une exigence morale singulière et supérieure s'impose à l'État.

De Gaulle est dans une situation proche de celle qu'a connue « l'homme rouge » : il est exposé de toutes parts et livré à une certaine solitude – solitude qu'au demeurant il connaît et que peut-être il prise. Nous ne connaîtrons jamais les réflexions d'ordre général que lui inspirait son rôle dans l'histoire récente[10]. À l'évidence, de Gaulle a compris assez vite que l'histoire s'était accélérée et que le coût humain, économique et financier, mais plus encore le coût politique et moral de la guerre d'Algérie était devenu intolérable[11]. Ce constat fait, sa décision a naturellement émergé, et les inflexions apparentes qui ont suivi n'étaient que les conditions de sa mise en œuvre. L'issue fut assurément brutale, douloureuse, souvent meurtrière même, notamment pour les pieds-noirs et les harkis. Ceux qui se dressèrent contre lui furent, pour beaucoup d'entre eux, aussi sincères que déterminés. Contrairement à un amalgame souvent entretenu, leurs dirigeants, du moins au début, n'étaient pas des nervis d'extrême droite ni même des nostalgiques de Vichy. Certains, comme Jacques Soustelle ou Georges Bidault, étaient des figures historiques de la Résistance, de la France libre ou de l'antifascisme, ce qui ne fut pas toujours le cas dans l'entourage du fondateur de la Cinquième République. Après le désastre de l'Indochine, le règlement douloureux et peu glorieux de l'affaire algérienne devait nécessairement produire amertume et ressentiment. De Gaulle, que son caractère portait peu à

---

10. Le tome II des *Mémoires d'espoir* est resté inachevé, interrompu par la mort, mais devait comporter « un chapitre d'ordre "philosophique" où je formulerai *mon* jugement sur la situation de la France, de l'Europe, du monde ».

11. Une des autres raisons majeures qui ont conduit de Gaulle à renoncer à l'Algérie est le choix de l'indépendance nucléaire. Au sein de certains milieux militaires, l'inquiétude était grande dès le mitan des années 1950, lorsque la Quatrième République, à l'initiative de Pierre Mendès France, avait posé les premiers jalons en ce domaine. La détention de l'arme atomique supposait à la fois des moyens financiers très importants et des choix stratégiques nouveaux, qui paraissaient peu compatibles avec le maintien d'une forte présence outre-mer – surtout dans le contexte algérien. Un certain nombre d'officiers avaient pris position sur ce plan, dans des revues de réflexion stratégique, à l'image, par exemple, d'un certain Bastien-Thiry, futur artisan du Petit-Clamart…

l'indulgence ou au pardon, fut ulcéré de se heurter à des hommes, à des soldats qui invoquaient légitimement l'honneur et la parole donnée. Que pensa-t-il au fond de lui-même ? Nous savons qu'il aurait voulu écrire dans ses *Mémoires* un passage sur ce sujet, laissant entrevoir ses sentiments, peut-être ses scrupules, au-delà du propos narratif, froid, impersonnel qui donnait le ton de son ouvrage. Il en fut dissuadé, et le texte conserva cette dimension « romaine », dépourvue d'émotion, ou cette simplicité janséniste qui le rend aujourd'hui toujours aussi fascinant, sinon émouvant.

Après l'empire

En définitive, si les adieux de la France à son empire furent plus difficiles et douloureux que ceux de la Grande-Bretagne, c'est parce que les racines de l'impérialisme français étaient plus composites. La décolonisation a bien mis fin à une certaine forme d'épopée patriotique, fortement empreinte d'universalisme, que de Gaulle a tenté de faire renaître avec la fameuse politique de « grandeur » – que l'on analyse souvent, dans les pays anglo-saxons, et en partie à tort, comme une forme de *soft power*. Ses moments historiques sont connus : les discours de Mexico en 1964 et de Phnom Penh en 1966. La France tente de reprendre, dans le cadre de l'affrontement Est-Ouest, un rôle de médiatrice. Mère de la Révolution, elle prend la défense des identités culturelles face au nivellement universel que l'on n'appelle pas encore « mondialisation ». Ses successeurs reprendront tous, avec plus ou moins d'élégance ou de crédibilité, cette fonction tribunitienne, depuis le discours de François Mitterrand à Cancún jusqu'aux prises de position françaises sur l'Irak sous la présidence de Jacques Chirac. D'une certaine façon, cette politique ou ces postures pourraient aisément s'analyser comme une survivance de l'esprit colonial à la française : car on y trouve toujours la même conviction, parfois exaspérante pour les étrangers, que la France est porteuse d'un message universel et entend donner des leçons à l'univers, sur le même pied que l'autre grande nation à vocation émancipatrice, les États-Unis d'Amérique. On trouve même, sur un autre plan, avec la politique africaine de la France et la continuité dans ses lignes de force, une autre forme de survivance du colonialisme dont les aspects les plus sombres ou obscurs sont âprement discutés.

En somme, de Gaulle aurait pu faire siennes les idées formulées en 1868 par Prévost-Paradol dans son grand ouvrage, *La France nouvelle*. Ce penseur patriote et libéral adhérait en son temps à l'idée d'une expansion coloniale, notamment en Afrique, parce qu'il y voyait à l'époque le seul moyen d'accroître durablement le poids de la France dans le monde et de l'arracher aux tensions et aux rivalités sans issue du continent européen. Son raisonnement était clair : « Il n'y a que deux façons de concevoir la destinée future de la France ; ou bien nous resterons ce que nous sommes, nous consumant sur place dans une agitation intermittente et impuissante, au milieu de la rapide transformation de tout ce qui nous entoure, et nous tomberons dans une honteuse insignifiance, sur ce globe occupé par la postérité de nos anciens rivaux, parlant leur langue, dominé par leurs usages et rempli de leurs affaires […] ou bien de quatre-vingts à cent millions de Français, fortement établis sur les deux rives de la Méditerranée, au cœur de l'ancien continent, maintiendront à travers le temps, le nom, la langue et la légitime considération de la France. » Près d'un siècle plus tard, il suffisait de reprendre l'objectif, mais en renversant radicalement les voies et les moyens.

Il y a toujours un prix : la France le paie aujourd'hui avec les difficultés considérables qu'elle rencontre en matière d'immigration et d'intégration[12]. Le passé survit à travers les liens de langue et de civilisation, qui expliquent pour une large part l'attractivité du territoire français pour les anciens peuples colonisés. Il entretient une relation ambiguë entre les cultures, où se mêlent revendication identitaire et sentiment de culpabilité : où l'on retrouve Lyautey et son esprit visionnaire. Lyautey, en vérité, n'était pas colonialiste. Il n'adhérait pas à l'idéologie universaliste de la Troisième République. L'expérience du protectorat au Maroc l'avait passionné, parce qu'il y voyait l'occasion de reconstruire la monarchie traditionnelle chérifienne tout en l'aidant à maîtriser les outils du développement moderne. Il jugeait dangereux tout croisement, toute interférence trop profonde entre la culture européenne et la culture arabo-musulmane. Le 19 octobre 1922, il avait présidé la cérémonie de pose de la première pierre du *mihrab* (sanctuaire) de la mosquée de Paris, et avait pu ainsi préciser sa conception personnelle de l'islam : « Ce dont il faut être bien pénétré, si l'on veut bien servir la France en pays d'islam, c'est qu'il n'y suffit pas de respecter *leur* religion, mais aussi les autres, à commencer par celle dans laquelle est né et a grandi notre pays, sans que ce respect exige d'ailleurs la moindre abdication de la liberté de pensée individuelle. » À ses yeux, l'islam n'était par nature ni destructeur ni anarchique, mais au contraire « conservateur » – conservateur de ses traditions ancestrales. Il redoutait que la colonisation, telle qu'elle était pratiquée dans le reste de l'Afrique du Nord, n'apportât des bouleversements impossibles à maîtriser. Il appréhendait

---

12. Ce que de Gaulle avait lui-même exprimé un jour en des termes très directs, si l'on en croit Alain Peyrefitte : « On peut intégrer des individus ; et encore, dans une certaine mesure seulement. On n'intègre pas des peuples, avec leur passé, leurs traditions, leurs souvenirs communs de batailles gagnées ou perdues, leurs héros. »

de terribles interactions entre l'islam et le matérialisme croissant de l'Occident.

La fin de l'Empire colonial français n'a pas mis un terme à l'héritage colonial lui-même ni à toutes ses « entraves ». Certes, les « vieilles colonies » des Antilles sont depuis longtemps intégrées à la France. Les derniers vestiges de l'empire que la France conserve dans le Pacifique (Polynésie, Nouvelle-Calédonie, Wallis et Futuna), dans l'Atlantique Nord (Saint-Pierre-et-Miquelon), aux Antilles (Guadeloupe, Martinique, Saint-Martin et Barthélemy), en Amérique du Sud (Guyane), dans l'océan Indien (la Réunion, Mayotte…) et dans l'Antarctique lui assurent un vaste espace maritime et une présence visible très réelle. Mais que de difficultés, de non-dits et de malentendus s'attachent à cet héritage, dont témoignent encore les graves difficultés rencontrées dans les années 1980 en Nouvelle-Calédonie, mais aussi les relations complexes de la métropole avec la Guadeloupe, la Martinique, la Réunion… Si la France rayonne encore au-delà de ses frontières, elle le doit pour une part, à l'évidence, aux relations privilégiées qu'elle a pu maintenir – parfois même développer grâce aux politiques de coopération – avec les anciens peuples colonisés. Mais ce rayonnement crée des responsabilités, compliquées par de bien abusives repentances. Il est, de surcroît, aujourd'hui menacé par le grand réveil de l'islam que Lyautey avait pressenti il y a presque un siècle. Il a donc un prix, en termes politiques, économiques, mais aussi culturels, mémoriels et moraux.

Et ce prix est d'autant plus lourd que les institutions de la Cinquième République, brisées par des pratiques institutionnelles déviantes et le retour en force des partis, sont progressivement revenues à cette « jachère perpétuelle du pouvoir » que dénonçait de Gaulle dans les *Mémoires d'espoir*, qui rendit le processus de décolonisation si désastreux et empêche aujourd'hui la France de réinventer son rôle dans le monde.

BIBLIOGRAPHIE SÉLECTIVE

Ageron, Charles-Robert, *La Décolonisation française*, Paris, Armand Colin, coll. « Cursus », 1994.

Dalloz, Jacques, *La Guerre d'Indochine, 1945-1954*, Paris, Seuil, coll. « Points Histoire », 1987.

Elgey, Georgette, *Histoire de la IVᵉ République*, Paris, Fayard, 6 volumes, 1965-2012.

Facon, Patrick, *La IVᵉ République*, Paris, Pygmalion, coll. « Histoire politique de la France », 1997.

Gaulle, Charles de, *Mémoires d'espoir*, Paris, Plon, 1970.

Girardet, Raoul, *L'Idée coloniale en France de 1871 à 1962*, Paris, La Table Ronde, 1972 ; Paris, Hachette, coll. « Pluriel », 2005.

Marseille, Jacques, *Empire colonial et capitalisme français : histoire d'un divorce*, Paris, Albin Michel, 1984 ; nouvelle édition 2005.

Planchais, Jean, *L'Empire embrasé, 1946-1962*, Paris, Denoël, coll. « L'aventure coloniale de la France », 1990.

Ratte, Philippe, et Theis, Laurent, *La Guerre d'Algérie, ou le Temps des méprises*, Paris, Mame, 1974.

Stora, Benjamin, *De Gaulle et la guerre d'Algérie*, Paris, Fayard, coll. « Pluriel », 2012.

Teyssier, Arnaud, *Histoire politique de la Vᵉ République*, Paris, Perrin, coll. « Tempus », 2011. Nous renvoyons aussi, pour la genèse, à notre ouvrage sur *Lyautey*, Paris, Perrin, coll. « Tempus », 2009.

Yacono, Xavier, *Les Étapes de la décolonisation française*, Paris, PUF, coll. « Que sais-je ? », 1971 (nombreuses rééditions).

19

LA FIN DE L'URSS
OU LA SECONDE MORT
DE L'EMPIRE RUSSE
(1989-1991)

par Lorraine de MEAUX

Le 25 décembre 1991, la démission de Mikhaïl Gorbatchev de la présidence de l'Union des républiques socialistes soviétiques entérine une situation de fait : depuis
la déclaration d'indépendance de la Lituanie, le 11 mars
1990, jusqu'à la reconnaissance de la souveraineté de la
Russie, le 12 décembre de l'année suivante, l'une après
l'autre les quinze « républiques sœurs » ont quitté l'Union.
Le septième et dernier secrétaire du Comité central du
PCUS n'a pas réussi à enrayer l'implacable mécanique :
certes il a expédié l'armée pour mater les pays Baltes en
janvier 1991, mais les quatorze victimes civiles de Vilnius
ont provoqué l'onde de choc finale. Au nom de la liberté
et de la démocratie, la majorité des citoyens de l'URSS
ont choisi d'en finir avec le monstre politique né de la
révolution bolchevique.

CARTE POLITIQUE DE L'URSS (AVEC LES RÉPUBLIQUES) EN 1985

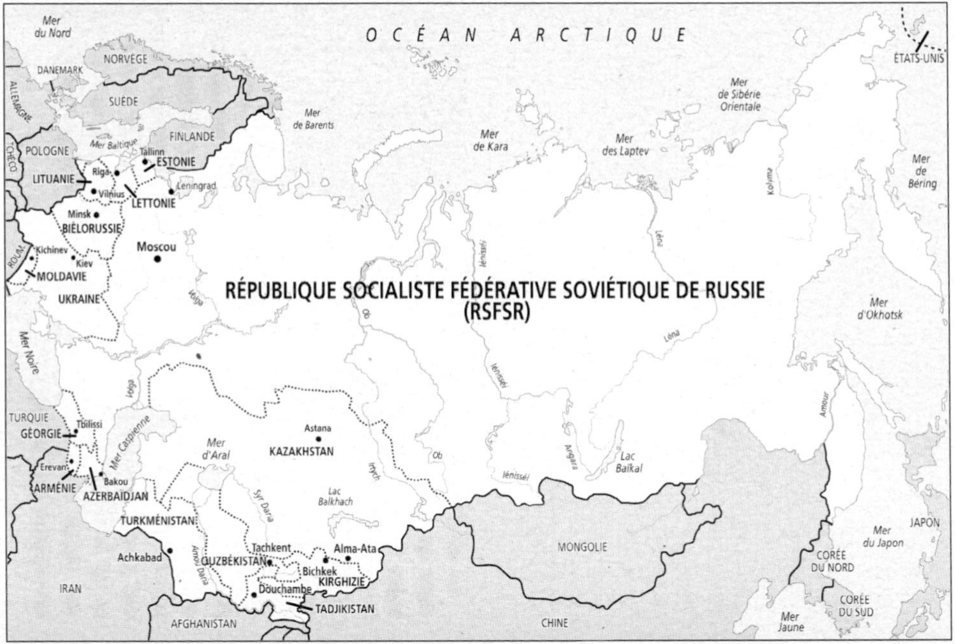

Dans sa chute, l'URSS a emporté la soviétologie. Face à cette secousse d'extrême amplitude qui bouleversa, de Vladivostok à Riga, la vie de 275 millions de personnes, la disparition d'une discipline académique peut sembler un détail. Et pourtant, le phénomène est digne d'intérêt : car les spécialistes occidentaux de l'État soviétique se sont montrés incapables d'en prédire la fin. Il doit être difficile de programmer la mort de son sujet d'étude. Et lorsqu'ils en furent réduits à constater la disparition pure et simple de l'URSS, ils trouvèrent alors des arguments pour montrer le caractère imprévisible de cet effondrement, qui aurait – selon eux – pris tout le monde de court.

Tout le monde, vraiment ? En 1970 paraissait la traduction française de l'essai de l'historien russe Andreï Amalrik, *L'Union soviétique survivra-t-elle en 1984 ?* L'auteur y défend la thèse d'une impossible libéralisation de la société soviétique – il est alors en avance sur les débats qui agiteront la période de la *Perestroïka* – et prédit qu'il sera l'heureux témoin de sa fin dans un futur proche, programmée – en hommage à Orwell – en 1984. Avec un décalage de sept années seulement, en 1991, l'histoire lui donne raison. Amalrik précise : « Je tiens à souligner que ce texte n'est pas fondé sur des recherches, mais seulement sur des observations et des réflexions. De ce point de vue, il peut apparaître comme un creux bavardage, mais il présente, du moins pour les soviétologues occidentaux, le même intérêt qu'aurait pour les ichtyologistes un poisson qui se mettrait soudain à parler. »

L'humour grinçant du dissident révèle son absence d'illusions : la foi en l'URSS, en sa puissance, en sa « réalité » sera toujours plus forte que toute entreprise de dénonciation du mensonge soviétique. Entre un scepticisme attentiste et une certaine « Gorbimania », l'Occident n'a pas vu venir l'effondrement pourtant prévisible. Un empire ne finit-il pas toujours par disparaître ? Écrites en 1969, en pleine exaltation de la science et de la technique soviétiques, quelques années après le vol spatial de Iouri Gagarine, ces pages d'Amalrik sont d'une insolente et courageuse vérité, qu'il paiera de quelques années d'internement dans un camp de la Kolyma suivies d'un exil forcé tragiquement interrompu par un mystérieux accident de voiture en Espagne en 1980. Car l'idée de la puissance soviétique a contribué à son maintien. La nature même de cette puissance restait objet de débat : union volontaire ou empire colonial ?

La plus grande réussite des bolcheviks réside peut-être dans leur capacité à avoir prolongé l'œuvre impériale de Pierre le Grand, sans le dire. Formellement, l'empire de Russie est né en 1721, lorsque Pierre, vainqueur de la guerre du Nord, se déclara Empereur. Mais depuis le xve siècle et la chute de Constantinople, Moscou caressait le rêve de s'en faire l'héritière, adhérant à la célèbre formule : « Deux Rome sont tombées, la troisième est solide, et il n'en sera point de quatrième. » En 1547, Ivan IV le Terrible avait pris le titre de « tsar de toute la Russie », issu du khan mongol et dérivé du césar latin, revendiquant le double héritage de la Horde d'Or et de Byzance. Amalrik prophétise : « De même que le christianisme avait différé la chute de l'Empire romain sans le sauver, de même la doctrine marxiste retarda la désagrégation de l'Empire russe – la troisième Rome – mais elle fut impuissante à l'empêcher. »

Depuis la fondation de Saint-Pétersbourg sur la Baltique en 1703, l'empire n'a cessé de croître, au point d'atteindre en 1914 la superficie de 21,8 millions de kilomètres carrés. Catherine II intégra les territoires issus du partage du royaume de Pologne (Lituanie, Courlande, Ukraine, Biélorussie), auxquels elle joignit en 1783 la Crimée, porte stratégique sur la mer Noire et donc la Méditerranée ; si la Transcaucasie devint possession impériale au début du XIXe siècle, les montagnes du Caucase devinrent officiellement russes en 1864, après plusieurs décennies de guerres de conquête ; l'annexion de l'Asie centrale se fit progressivement, de 1867 – fondation du Turkestan russe – jusqu'en 1884 – domination des nomades Turkmènes-Tekké –, dans un contexte d'intenses rivalités avec les Britanniques ; parallèlement, la conquête de la Sibérie, commencée par les Cosaques au XVIe siècle, se poursuivit : en 1860, la fondation de Vladivostok – « maître de l'Orient » –, sur la mer du Japon, aiguisa l'appétit extrême-oriental des tsars qui aboutit en 1905 à la guerre russo-japonaise, tournant majeur qui sanctionna – dans la douleur – l'expansionnisme des Romanov et annonça les difficultés à venir.

L'empire est mort, vive l'union

L'Union des républiques socialistes soviétiques est née sur les ruines de l'Empire russe. Alors même que les bolcheviks jouent la carte de la désagrégation de l'empire pour précipiter la chute du tsar, ils parviennent à recréer sept années seulement après la disparition du régime tsariste une entité de type impérial, non sans précautions oratoires et renonciations territoriales…

Alliée de la France et de l'Angleterre, la Russie est alors engagée contre les Empires centraux dans un conflit qui accélère la fragilisation du pouvoir tsariste. Depuis la révolution de 1905 et les espoirs suscités par le manifeste du 17 octobre[1], Nicolas II a freiné la transformation de l'autocratie en une monarchie constitutionnelle. Le

---

1. Par ce manifeste, le tsar s'engage à accorder des libertés civiques ; l'élection des membres de la Douma au suffrage universel masculin institue en théorie un régime représentatif, mais Nicolas II continue d'exercer son veto et dissout l'Assemblée à plusieurs reprises.

désordre né de la guerre vient renforcer les mécontentements qui alimentent l'opposition au régime et finit par entraîner sa chute. Cependant, la proclamation de la république quelques mois après la révolution de février 1917 n'entraîne pas l'immédiat effondrement de l'empire, précipité dans un chaos économique et politique dont nul ne peut imaginer ce qu'il va donner. Si le gouvernement provisoire accorde sans tarder la liberté à la Pologne, les autres « marches » attendent, confiantes, une complète autonomie et l'égalité des droits. La mise en route du nouveau régime est laborieuse : d'un côté, se refusant à renier la parole donnée aux Alliés, libéraux et démocrates ne parviennent pas à mettre un terme à la guerre ; de l'autre, le conflit ralentit le processus électoral nécessaire à la réunion d'une Assemblée constituante chargée de résoudre les questions sociales, et notamment la question paysanne. Parallèlement, le parti révolutionnaire bolchevique poursuit son travail de sape : les slogans réclament la paix séparée, la terre aux paysans, la fin de l'empire. La dénonciation de la domination occidentale est une des cartes du jeu léniniste, au même titre que la lutte des classes : dans *L'Impérialisme, stade suprême du capitalisme* (1917), les peuples colonisés sont rangés dans la catégorie des masses opprimées, même si les États colonisés n'ont pas atteint le stade capitaliste du développement économique. Quand le parti bolchevique prend le pouvoir le 25 octobre 1917, la guerre civile se déchaîne de l'été 1918 à la fin de 1921 dans l'immensité russe, de la Crimée à la Mandchourie.

Deux proclamations visent à convaincre les peuples dominés qu'ils ont dans le nouveau pouvoir un allié désintéressé : en novembre, la Déclaration des droits des peuples de Russie, et en décembre, la Proclamation adressée à tous les travailleurs de Russie et d'Orient. Mais il s'agit de reculer pour mieux sauter. Lénine inaugure l'art du compromis, le *chag nazad* ou « pas en arrière » :

il abandonne une grande partie du territoire de l'Empire tsariste – 800 000 kilomètres carrés – mais sauve l'État et prépare la reconquête. De façon significative, le commissariat aux Nationalités est confié au Géorgien Staline, brutal adversaire des indépendances.

Comme le fait remarquer l'historien Michel Heller, Lénine n'a rien contre l'empire ; son ennemi, c'est le tsar. Il s'inscrit dans une politique de rupture : le 1er juillet 1918, le nouvel État prend le nom de République socialiste fédérative soviétique de Russie, un ensemble multiethnique dont la capitale est Moscou, régi par de nouvelles institutions : le parti communiste, cœur du nouvel organisme, la police politique, l'Armée rouge... Parallèlement, les négociations de paix séparée avec l'Allemagne aboutissent à la signature du traité de Brest-Litovsk le 3 mars 1918 : ses conclusions territoriales – bientôt remises en cause par la défaite des Empires centraux – sont révélatrices du pragmatisme bolchevique. Il prévoit de laisser à la Turquie les provinces de l'Arménie turque et de lui donner les trois districts frontières du Caucase de Kars, de Batoum et d'Ardahan. L'armée allemande doit occuper la Livonie et l'Estonie. Lénine obtient Riga et son arrière-pays, la Courlande, la Lituanie et une partie de la Biélorussie, et s'engage à payer une indemnité de guerre fixée à 6 milliards de marks. La Russie soviétique se trouve alors en position d'extrême faiblesse : en Ukraine, des troupes allemandes la privent de son accès à la mer, et en Transcaucasie, les forces britanniques et turques la menacent.

Afin de compenser leur isolement diplomatique et leur faiblesse militaire, les bolcheviks renforcent l'agitation révolutionnaire, tant en Occident qu'en Orient. Derrière un encouragement de façade aux sécessions pour se libérer de la « tyrannie » des exploiteurs, la ligne léniniste est limpide : les membres du parti communiste doivent sur le terrain s'opposer aux tendances nationalistes au profit d'un État fort, centralisé. La défaite de l'Armée rouge devant Varsovie en août 1920 signe l'arrêt de mort de la révolution en Europe. Moscou conduit alors une politique duplice, profitant de la complexité politique et ethnique des anciennes régions de l'empire : terrain de luttes nationales et de rivalités internationales acharnées, les nouveaux États indépendants de Géorgie, d'Azerbaïdjan et d'Arménie sont rapidement déstabilisés par les coups de force des communistes locaux aidés par l'Armée rouge et deviennent, dans le sang, en 1921, des républiques socialistes soviétiques. En Asie centrale, les anciens protectorats de Khiva et Boukhara subissent un sort identique. Lénine s'est préalablement assuré de la non-intervention des nouveaux hommes forts de la région, Mustafa Kemal[2] en Turquie et Reza Khan[3] en Iran. Il abandonne l'éphémère République soviétique du Gilan, au nord de la Perse, trahissant les armées révolutionnaires du rebelle jangali Kutchik Khan[4]. Dans les pays Baltes, la résistance plus forte qu'ailleurs empêche la soviétisation. Lorsqu'en 1922 l'Union des républiques socialistes soviétiques est proclamée, le territoire est réduit par rapport à 1913, amputé de la Pologne, des pays Baltes, de la Finlande et de la Bessarabie. Si la Constitution du nouvel ensemble stipule l'indépendance

---

2. Après la défaite de l'Empire ottoman dans la Première Guerre mondiale, le général Mustafa Kemal constitue un nouveau pouvoir politique en Anatolie. Élu président d'une nouvelle Assemblée siégeant à Ankara en 1920, il instaure la république de Turquie en 1923.

3. Porté par un coup d'État au poste de Premier ministre, l'officier Reza Khan consolide le pouvoir central en Iran et prend la place d'Ahmed Shah, fondant ainsi la nouvelle dynastie des Pahlavi.

4. De 1914 à 1921, dans le Gilan – région de petite montagne des bords de la Caspienne, boisée et au climat subtropical –, les rebelles Jangali (« de la jungle »), fédérés par la doctrine sociale et religieuse de leur chef, Kutchik Khan, remettent en cause l'autorité du shah.

théorique des républiques, en réalité toutes les entités politiques sont régies de façon totalitaire par un parti unique, le Parti communiste d'Union soviétique (PCUS). Pendant la Seconde Guerre mondiale, fort à la fois du pacte germano-soviétique[5] puis de la victoire finale sur l'Allemagne nazie, Staline restaure les anciennes frontières et même les élargit : l'URSS crée le bloc des pays socialistes, deuxième cercle de l'empire[6]. Le terme même d'empire est remis à l'honneur, favorisant un discours nationaliste.

Dans la lignée des travaux anciens de l'historien Vassili Klioutchevski, le processus d'extension impériale est présenté comme naturel, sans allusion à une quelconque politique coloniale : l'État soviétique déferle comme un rouleau compresseur, apportant « émancipation, civilisation et culture ». Dans le contexte de propagande stalinienne, le puissant État devient un objet de culte. En 1946, l'académicien Evgueni Tarlé s'enthousiasme : « L'homme qui, pour notre bonheur, dirige notre patrie possède parmi ses nombreux dons celui de distinguer les mérites de ceux qui ont fidèlement servi le peuple. La génération stalinienne sait bien ce qu'est l'histoire de la Russie, l'amour de la Russie. »

En décembre 1979, Brejnev théorise la nécessité d'un nouveau bond en avant : les troupes soviétiques entrent en Afghanistan, renouant avec de vieilles ambitions expansionnistes mais allant bien au-delà des limites impériales fixées depuis 1907 à Merv, oasis de l'actuel

---

5. Celui-ci assure à l'URSS la conquête des pays Baltes et d'une partie de la Pologne.

6. Entre 1945 et 1949, des pouvoirs communistes s'installent en Albanie, en Allemagne de l'Est (RDA), en Bulgarie, en Hongrie, en Pologne, en Roumanie, en Tchécoslovaquie, en Yougoslavie. À l'exception de cette dernière, où Tito rompt avec Moscou, ces pays calquent leur politique sur celle de l'URSS à laquelle ils sont liés à partir de 1955-1956 par un accord militaire, le pacte de Varsovie.

Turkménistan. Certains ont analysé *a posteriori* cette guerre laborieuse comme le premier pas vers la chute de l'Empire soviétique...

L'« Homo sovieticus », nouvel homme supranational ?

Staline hérite des idées et des méthodes de Lénine : il expérimente l'édification du « socialisme dans un seul pays » à l'échelle de l'URSS. Officiellement, c'en est fini des statuts d'infériorité de l'ancien Empire tsariste : les peuples dits « allogènes » sont considérés comme des citoyens à part entière, tandis qu'aux Juifs, autrefois limités à la « zone de résidence », on propose un territoire – le Birobidjan, Sion de l'Extrême-Orient soviétique. En pratique, l'État soviétique s'attache surtout à la destruction des cultures locales. Lénine avait qualifié l'Empire tsariste de « prison des peuples ». L'expression est plus appropriée à l'URSS, véritable *Archipel du Goulag*.

La politique de soviétisation ou néorussification des provinces non russes est pensée pour réduire les risques d'opposition nationale. « Égale entre les égaux », la république de Russie est de fait la plus puissante. Par stratégie transfrontalière, le particularisme azéri est encouragé au détriment d'une identité turque, ou encore l'ouzbek est imposé comme langue officielle à la place du persan. En Ukraine, la famine répressive entraîne la mort de plusieurs millions de personnes. La soviétisation passe par la déformation des relations interethniques, l'imbroglio des alphabets, des statuts juridiques hiérarchisés, la volonté d'inscrire les processus ethniques complexes dans un schéma unique... Les mesures vexatoires frappent particulièrement les pays Baltes où le pouvoir soviétique s'attache à gommer toute trace de l'indépendance passée : le russe redevient la langue officielle de l'administration, de l'enseignement et des médias. Les institutions culturelles, les hymnes et les drapeaux sont interdits. En Estonie, la très vive résistance à la collectivisation des terres entraîne la déportation de 80 000 personnes en 1948-1949. Le pays se bat militairement jusque dans les années 1950 contre l'occupation soviétique, tout comme en Lituanie où des partisans luttent dix ans durant dans les forêts profondes du sud du pays.

Loin de cette réalité meurtrière et destructrice, la fiction d'une union fraternelle des peuples est l'objet d'une propagande continue, qui se reflète jusque dans les manuels de géographie ou les études des historiens occidentaux, y compris les plus compétents d'entre eux : dans *Les Slaves, peuples et nations*, publié en 1965, Roger Portal, professeur à la Sorbonne, met en valeur l'« assimilation morale » intégrant les éléments ethniques variés, insistant sur la rupture avec l'ère tsariste : « Il n'y a pas comme autrefois simple juxtaposition de peuples différents. [...] Les fortes nationalités non slaves du Caucase (Arméniens, Géorgiens, Azerbaïdjanais) et d'Asie centrale (Ouzbeks, Turkmènes, Kirghiz, etc.), en même temps qu'elles affirment leurs caractéristiques nationales comme elles ne pouvaient le faire dans le passé, n'ont pas davantage une manière de penser la vie politique, sociale, économique, différente de celle des peuples slaves de l'ouest. » Dans la seconde moitié des années 1970, la thèse du « peuple soviétique » comme communauté historique fait l'objet d'un concept idéologique renforcé : partageant un toit commun, le « peuple soviétique » a forgé des habitudes communes. S'inspirant des travaux fantaisistes du biologiste Lyssenko, les savants de l'Académie des sciences de l'URSS en arrivent à la conclusion que le concept de « peuple soviétique » s'exprime génétiquement par un génotype qui imprime un caractère internationaliste transcendant les appartenances ethniques.

Le discours est différent dans les *samizdats* en circulation : *L'Homme du MINAP* ou *La Journée des meurtres* de Iouli Daniel font état de l'hostilité entre Arméniens, Géorgiens et Azerbaïdjanais en Transcaucasie, des tensions entre les peuples d'Asie centrale entre eux et à l'égard des « colons » russes... Il raconte les massacres et rappelle que tous ces massacres, c'est le parti qui les dirige... Loin de l'*Homo sovieticus*, les citoyens des différents territoires de l'union continuent d'aspirer à la reconnaissance de leurs différences culturelles : en 1977, le pouvoir central est contraint de reconnaître que l'existence d'une seule nation socialiste n'est pas encore réalisée. La Constitution brejnévienne revient à l'idée très tsariste du rôle civilisateur et protecteur du peuple russe, frère aîné des autres peuples de l'URSS. En 1978, Hélène Carrère d'Encausse diagnostique, dans *L'Empire éclaté. La révolte des nations en URSS*, une crise des nationalismes : d'une part, la réalité démographique révèle un effondrement de la Russie et une explosion des nationalités d'Asie centrale ; d'autre part, l'éveil des mouvements nationaux, en particulier en Ukraine et dans les pays Baltes, crée des tensions entre les bases locales des partis et le centre moscovite.

Avec l'arrivée au pouvoir de Mikhaïl Gorbatchev, despote éclairé, le parti lance une politique de réforme centrée sur trois slogans : *Ouskoréniié* (« accélération »), *Glasnost* (« transparence », lancée après la catastrophe de Tchernobyl en 1986) et *Perestroïka* (« restructuration »). Profitant surtout d'une nouvelle liberté d'expression, les oppositions informelles se multiplient. Les pays Baltes sont à la pointe des mouvements émancipateurs : en Lettonie, le groupe « Helsinki 86 » cherche à obtenir des moyens légaux pour freiner l'arrivée de nouveaux immigrants russes afin de mettre un terme au processus « de perte d'identité ethnique ». En Estonie, des philologues luttent pour la langue nationale. Le combat écologique catalyse aussi l'opposition aux Soviétiques : 100 000 personnes se réunissent en Lituanie le 9 juillet 1989 pour protester contre l'implantation d'une centrale nucléaire. Au cours des années 1988-1989, les rassemblements populaires mobilisent de plus en plus de monde, notamment au cours des festivals de *daïnas*, chant choral traditionnel, qui avaient déjà sonné le réveil des nations estoniennes et lettones dans les années 1860-1870. L'Estonie, située à quatre-vingts kilomètres de la Finlande dont elle reçoit l'influence occidentale, est traversée par un mouvement d'émancipation plus moderniste que les autres pays Baltes : le 16 novembre 1988, le parlement de Tallinn adopte à main levée sous les yeux de centaines de milliers de spectateurs un texte proclamant la « souveraineté de la République ». En 1989, une loi oblige les fonctionnaires à parler estonien. L'ampleur de la crise dépasse très largement la question des nationalismes : la désintégration de l'Empire soviétique est déjà en cours. Vladimir Boukovski le rappelle : « Les Soviétiques, eux, savaient bien sur quel volcan ils se trouvaient. Longtemps avant Gorbatchev, l'empire faisait eau de toutes parts. »

Chronique d'une mort annoncée

Dans *La Russie à la croisée des chemins*, Michel Heller se souvient : « Le drapeau rouge, avec la faucille et le marteau, fut amené le 25 décembre [1991] à 19 h 32, exactement vingt minutes après que M. Gorbatchev eut annoncé qu'il cessait ses activités. À 19 h 45 fut hissé le drapeau tricolore russe. Les journalistes étrangers notèrent avec une certaine perplexité que la cérémonie ne suscita pas d'émotions particulières chez les Moscovites peu nombreux qui se trouvaient ce soir-là sur la place

Rouge. Quelques-uns applaudirent, d'autres sifflèrent, et ce fut tout [...]. L'empire avait rendu le dernier soupir dans une atmosphère d'indifférence méprisante. Il avait vécu soixante-quatorze ans et quelques semaines. »

Le monde entier assiste à la dissolution de l'URSS et à la mort politique de Mikhaïl Gorbatchev dans une atmosphère étrangement pacifique, sans tirs de kalachnikovs ni menaces de missiles. Les observateurs occidentaux sont médusés : perçu comme dirigeant charismatique, ce fils de paysan a séduit médias et personnalités politiques occidentales ; à peine né, le communisme des temps nouveaux doit quitter la scène.

Les Soviétiques, eux, ne sont guère étonnés par ce dénouement : depuis l'arrivée à la tête du PCUS de Mikhaïl Gorbatchev le 11 mars 1985, le pouvoir central a essayé sans succès toute une panoplie de réformes économiques et sociales dans le cadre du régime. Mais les tares de l'économie sont inhérentes au système : centralisation excessive, planification rigide, hypertrophie de la sphère militaro-industrielle par rapport aux industries de consommation, faible réceptivité au progrès technique, corruption. Durant l'été 1989, la crise est manifeste, tant à l'intérieur de l'URSS que dans l'ensemble du bloc socialiste : étalages des magasins vides, hausse de la criminalité, instabilité politique. Sur le plan international, la situation est délicate. Gorbatchev a joué la carte du désarmement pour mettre fin à la course aux matériels les plus sophistiqués donc les plus coûteux, un poids devenu insupportable pour l'économie soviétique. À l'égard du bloc socialiste, Gorbatchev ne veut pas recommencer l'erreur d'une intervention militaire et espère que les appareils communistes locaux parviendront à gérer les inévitables crises d'adaptation. Les cas hongrois et polonais où des compromis semblent donner satisfaction en 1988-1989 peuvent servir d'exemples positifs. En Tchécoslovaquie, une évolution très limitée mais pacifique est à noter. En Bulgarie et en Roumanie, où les solutions futures seront de façon prévisible plus délicates, la situation reste momentanément stable. C'est l'Allemagne qui prend de court le premier secrétaire : après l'ouverture du mur de Berlin, les successeurs d'Erich Honecker sont dépassés et le chancelier Kohl, de façon inattendue, joue la carte de l'unité allemande. Toute la construction politique et diplomatique qui façonnait l'Est européen disparaît dans la tourmente : à partir de la victoire du parti d'opposition Solidarność aux élections parlementaires en Pologne en juin 1989, le raz de marée démocratique s'étend à tous les pays communistes européens.

En URSS, l'opposition à Mikhaïl Gorbatchev prend de l'ampleur : au sein du parti le courant réformateur est mis en minorité, tandis que dans la société les idées libérales et démocratiques nées de la dissidence – de Sakharov à Soljenitsyne – ont fini par représenter un large courant d'opinion. Avec la *Glasnost* et la disparition de la censure, les lecteurs de la *Pravda* ou des *Izvestia* prennent connaissance de faits cachés : la lutte pour le pouvoir au sein du parti après la mort de Lénine, la famine en Ukraine, la responsabilité de Staline dans les défaites du début de la guerre. L'histoire passionne : la critique des événements de 1939-1940 sert de base juridique et morale pour la sortie de l'URSS des républiques baltes et de Moldavie. Le mouvement anti-impérial s'étend : à partir de 1989, des « Fronts populaires » surgissent en Lituanie, en Estonie, en Lettonie, en Moldavie, en Azerbaïdjan, en Géorgie et en Arménie. En Transcaucasie, la critique des événements de 1921 s'expriment ouvertement. Chez les Tatars de la Volga et chez les musulmans d'Asie centrale, l'éveil religieux accompagne l'éveil national. On parle d'une « euphorie de souveraineté » pour traduire le désir fébrile de toutes les républiques, des régions, des districts, parfois même des villes, de se transformer en États souverains. L'URSS est moribonde. Son dirigeant a atteint le fond de l'impopularité, comme Nicolas II en 1917. Au moment où les dissidents exilés s'expriment sans détour, tel Vadim Kozovoï, dans *Le Débat* : « La réputation de Gorbatchev est au plus bas dans toutes les couches de la société », le président François Mitterrand, reçu au Kremlin le 25 mai 1990, est rassuré par le président du Soviet suprême en sursis : « Ici, la situation est sous contrôle, lui déclare-t-il. Nous avons évité des poussées de fièvre trop brusques, en particulier dans le domaine des nationalités. »

Si les causes générales de la chute de l'URSS sont de natures diverses, l'enchaînement même des événements de la phase finale est politique, entérinant la victoire de Boris Eltsine, président de la république de Russie, sur son ancien ami devenu adversaire, Mikhaïl Gorbatchev. Ce dernier ne s'attendait pas à être lâché par la première des nations, la république de Russie. Mais le jour où le sang des Lituaniens coule à Vilnius, Eltsine signe un document historique : l'alliance de la république de Russie et des républiques baltes pour préserver leur souveraineté nationale. Contre l'intervention armée des Soviets, il en appelle à une conférence internationale sous l'égide de l'ONU. La République socialiste fédérative soviétique de Russie (RSFSR) n'échappe pas au mouvement de révolte contre le centre. Pis, il en prend la tête.

Le 8 décembre 1991, les leaders de la Russie, de l'Ukraine et de la Biélorussie proclament la dissolution de l'URSS et forment la Communauté des États indépendants. Ce putsch est dirigé contre Gorbatchev, auquel Eltsine et Kravtchouk reprochent de les empêcher de devenir aux yeux de l'Occident les chefs de leurs républiques. En jouant sur la fibre nationale, les grands féodaux savent qu'ils entraîneront facilement leurs concitoyens. Ils construisent un « axe slave » qui doit servir de pôle d'attraction pour les autres républiques de l'ex-URSS. Michel Heller commente : « Il n'est sans doute pas d'autres cas dans l'histoire, où une nation impériale sorte de l'empire, avec, en l'occurrence, l'accord des deux républiques-sœurs slaves. La "première parmi les égales" part avec la seconde et la troisième, les autres restent seules. »

Souveraineté russe et crise d'identité impériale

L'histoire récente de la Russie, avec la mainmise sur la Crimée en 2014 et la déstabilisation de l'Ukraine de l'Est, pose de façon visible le problème d'une résurgence impériale de la Russie depuis l'effondrement de l'URSS.

En 1991, la victoire politique de Boris Eltsine consacre l'émergence de la souveraineté russe. Dès 1987, celui-ci, alors premier secrétaire du Gorkom (comité de parti) de Moscou, a critiqué la politique de Gorbatchev. En 1989, au Soviet suprême d'URSS, premier Parlement digne de ce nom, Eltsine est député de la Russie. En mai 1990, le premier congrès des députés du peuple de la Fédération de Russie commence ses travaux et met à son ordre du jour la question de « la souveraineté de la Russie ». Contre les partisans de Gorbatchev, Eltsine présente une motion alternative : « La Russie ne peut plus accepter la situation selon laquelle, alors qu'elle est au premier rang dans l'union pour la productivité du travail, elle se trouve au quinzième rang [le dernier] pour les dépenses de nature sociale. » Pour évincer la majorité communiste du congrès, il lance un appel à la télévision, obligeant les députés, la population, les leaders des autres républiques à définir leur position : sont-ils avec lui ou avec le centre ? La confrontation entre Eltsine et Gorbatchev dure sept mois, au cours desquels la popularité du dynamique président de Russie ne cesse de croître au profit d'une

étonnante mue : l'*apparatchik* métamorphosé en démo-
crate. Au cours du défilé du 1ᵉʳ mai 1991, Gorbatchev
hué doit quitter la tribune du mausolée : brandissant les
portraits de Staline, Nicolas II et Eltsine, les manifestants
osent exprimer leur opinion politique. Août est le point
culminant de la libération des mœurs politiques lorsque
des milliers de Moscovites se rendent devant la Maison
blanche, siège du parlement russe, pour y dresser des
barricades et organiser la défense contre les putschistes,
communistes intransigeants. L'image d'Eltsine juché sur
un char fera le tour de la planète.

Au-delà de l'échec et de la critique du système soviétique, les années de *Perestroïka* correspondent à une
réappropriation par les Russes de leur passé et de
leur culture. Dès l'automne 1991, le maire de Lenin-
grad, Anatoli Sobtchak, organise un référendum sur le
retour à l'ancien nom Saint-Pétersbourg : tandis que le
oui l'emporte, il invite le grand-duc Vladimir, chef de
famille des Romanov, à honorer de sa présence les fes-
tivités organisées à cette occasion. Teintée de nostalgie,
la quête identitaire touche l'ensemble de l'opinion. Historiens, intellectuels, hommes politiques renouent avec
l'idée russe, soit la foi en la grandeur de la Russie, de
son peuple, de sa culture, et surtout de sa religion. Un
formidable renouveau spirituel souffle sur le pays, entraînant baptêmes, restauration et construction d'églises, diffusion des grands textes orthodoxes. Dans ce contexte
particulier, Eltsine tente une réforme économique et politique. Il assure la transition vers la démocratie et une
économie de marché tout en insistant sur la nécessité
d'un État fort, nommant un représentant personnel dans
chacune des soixante-cinq unités administratives de sa
république. Lorsque l'union s'effondre, toutes les valeurs
qui la composaient avaient déjà été détruites. Dans le
chaos général, la construction de la nouvelle Fédération
de Russie s'apparente à un pari.

Le contraste entre la grandeur passée et la mauvaise santé économique du pays, son recul sur la scène internationale, la désorganisation de l'armée, le climat général d'incertitudes ne peut qu'entraîner une crise identitaire. La disparition de l'URSS laisse indéniablement un vide : une certaine représentation manichéenne du monde, des habitudes collectives, une stabilité et une sécurité économiques (certes de façade). Parallèlement à l'apprentissage des libertés, la multiplicité des possibilités et les nouvelles difficultés provoquent une angoisse nouvelle.

Au-delà des problèmes concrets – salaires et retraites des fonctionnaires impayés, chômage de masse lié à la restructuration, secteurs de l'éducation et de la santé en profonde mutation, creusement des inégalités, insécurité et criminalité –, le pays traverse une période troublée suscitant des analyses contradictoires, de la *Victorieuse Russie* d'Hélène Carrère d'Encausse à *Ma Russie fatale* de Iouri Afanassiev. La question même de la voie de développement resurgit : les vieux débats du XIXe siècle sur l'appartenance de la Russie à l'Orient ou à l'Occident et l'idée d'une particularité russe sont remis à l'honneur[7]. Pour Eltsine, le prix de la démocratie est source de dilemme : comment assurer le fonctionnement de l'État dans le contexte de crise économique ? Le président est conduit à demander de l'aide à l'Occident lors du sommet russo-américain de Vancouver en octobre 1993. Priorité des instances monétaires internationales, la lutte contre l'hyperinflation oblige à des mesures d'assainissement. Les prix peuvent grimper de 2 000 % en un an. Rapidement, la déception provoque la division de l'opinion

---

7. À partir des années 1830, la vie intellectuelle est divisée par une *disputatio* restée irrésolue : tandis que les « occidentalistes » soutiennent l'idée d'un développement russe dans la continuité de l'européanisation voulue par Pierre le Grand, les « slavophiles » fondent l'idée d'une particularité russe reposant sur son identité orthodoxe.

russe : choqués de voir la Russie ravalée à une condition humiliante de mendiante, les nationalistes essaient de mobiliser le pays contre la politique du gouvernement. La hiérarchie ecclésiastique cautionne les dérives nationales inquiétantes...

Résurrection ?

Dès la disparition de l'URSS, la question de l'existence d'une Russie non impériale se pose. Ses frontières, à l'exception de la Sibérie conquise plus tardivement, rappellent celles de l'État moscovite du xvie siècle. Les rives de la Baltique et de la mer Noire ont été perdues, ou réduites dans les deux cas à une minuscule bande de terre, de même que la Crimée, pour laquelle la Russie s'était battue à plusieurs reprises[8]. D'un autre côté, les lignes de chemin de fer, le réseau des gazoducs et des oléoducs, les liens économiques reliant des régions lointaines ont été préservés. L'héritage de l'empire reste bien vivant, alors même que ses formes politiques ont été anéanties. Le différend avec l'Ukraine portant sur la Crimée, avec notamment le port de Sébastopol, la flotte de la mer Noire et les missiles nucléaires, a été, dès l'éclatement de l'URSS, un sujet grave de préoccupation. D'autres régions suscitent des conflits : l'Ossétie du Sud et l'Abkhazie en lutte contre la Géorgie, les guerres des indépendantistes tchétchènes contre la Russie, la Transnistrie, État sécessionniste de la Moldavie non reconnu

---

8. La guerre de Crimée, qui oppose de 1853 à 1856 la Russie à une coalition européo-ottomane, transforme cet isthme de la mer Noire en terre sanctuarisée. Terrain de la guerre civile, la Crimée fut à nouveau l'objet d'âpres combats entre la Wehrmacht et l'Armée rouge durant la Seconde Guerre mondiale. « Offerte » par Khrouchtchev à l'Ukraine, elle reste un espace de cristallisation de l'identité russe.

internationalement, ou encore la querelle territoriale russo-japonaise concernant les îles Kouriles.

La difficile réappropriation de l'identité nationale s'accompagne d'un sentiment d'humiliation qui ressuscite les ressentiments historiques accumulés contre l'Occident depuis le XIXe siècle. La diplomatie des États-Unis ou de l'Union européenne semble vouloir minimiser la puissance de la nouvelle Russie. L'existence d'environ 20 millions de Russes vivant hors de Russie – dans toute l'ex-URSS et majoritairement, en pourcentage des populations, en Estonie, en Lettonie, au Kazakhstan, en Biélorussie et en Ukraine – cristallise les tensions. Dans ces pays, les indépendances s'accompagnent d'un rejet de la minorité russe assimilée aux Soviétiques. En Estonie, ils ont obligation d'apprendre l'estonien pour obtenir la nationalité. L'amertume aidant, le citoyen russe se révèle l'héritier de l'*Homo sovieticus* : en Russie, l'effondrement du totalitarisme n'a pas entraîné une réflexion sur les responsabilités collectives et individuelles. L'idée d'un ennemi extérieur ou intérieur – dogme fondamental du régime soviétique – a durablement façonné les esprits. Pessimisme et sentiment de peur latente sont renforcés par les difficultés économiques. La figure du « *sovok* » apparaît bientôt dans la littérature : ce néologisme péjoratif, qui est aussi l'homonyme de la pelle qui sert à ramasser les ordures, désigne le Russe déboussolé, attaché à ses anciennes prérogatives, hostile aux acquis démocratiques assimilés à un Occident prétendument avili.

Contradictoires et déstabilisantes à plus d'un titre, les années 1990 favorisent l'émergence d'un nouvel homme fort porté au pouvoir en 2000. Président de la Fédération de Russie, Vladimir Poutine a su faire de la crise identitaire un atout politique : en joignant nostalgies tsaristes et soviétiques, il tient un discours néo-impérialiste qui séduit ses électeurs. À l'intérieur, il impose ses méthodes issues des forces de sécurité – contrôle des médias, mise au pas des oligarques, valorisation des *siloviki* – membres de l'armée, de la police et des services spéciaux. À l'extérieur, il soigne ses relations avec les États autoritaires – Syrie, Iran, Chine. À en croire Édouard Limonov, sulfureux leader du Parti national-bolchevique, son récent coup de force en Crimée a renforcé sa popularité : « Depuis vingt-trois ans, depuis l'effondrement de l'URSS, nous vivions une dépression nationale. Nous étions devenus un peuple insignifiant. Avec la Crimée, nous sommes sortis de cette dépression. On le voit sur le visage des gens. »

La « Grande Russie » est bien de retour, contribuant au durcissement croissant du contexte international manifeste depuis le 11 Septembre.

LA DISLOCATION DE L'URSS

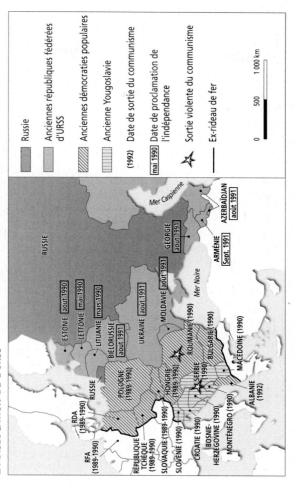

Légende :

- Russie
- Anciennes républiques fédérées d'URSS
- Anciennes démocraties populaires
- Ancienne Yougoslavie
- (1992) Date de sortie du communisme
- mai 1990 Date de proclamation de l'indépendance
- ✳ Sortie violente du communisme
- Ex-rideau de fer

0   500   1 000 km

Éléments cartographiés :

RUSSIE

Mer Caspienne

ESTONIE août 1990
LETTONIE mai 1990
LITUANIE mars 1990
BIÉLORUSSIE août 1991
UKRAINE août 1991
MOLDAVIE août 1991
GÉORGIE août 1991
ARMÉNIE Sept. 1991
AZERBAÏDJAN août 1991

Mer Noire

RUSSIE
RDA (1989-1990)
RFA (1989-1990)
RÉPUBLIQUE TCHÈQUE (1989-1990)
POLOGNE (1989-1990)
SLOVAQUIE (1989-1990)
SLOVÉNIE (1990)
CROATIE (1990)
HONGRIE (1989-1990)
BOSNIE-HERZÉGOVINE (1990)
MONTÉNÉGRO (1990)
SERBIE (1990)
ROUMANIE (1990)
BULGARIE (1990)
ALBANIE (1992)
MACÉDOINE (1990)

Bibliographie sélective

Sources

Alexievitch Svetlana, *La Fin de l'homme rouge ou le temps du désenchantement*, Arles, Actes Sud, 2013.

Amalrik, Andreï, *L'Union soviétique survivra-t-elle en 1984 ?*, préface d'Alain Besançon, Paris, Fayard, 1970.

Boukovski, Vladimir, *URSS : de l'utopie au désastre*, Paris, Robert Laffont, 1990.

Carrère d'Encausse, Hélène, *L'Empire éclaté. La révolte des nations en URSS*, Paris, Grasset, 1978.

Gratchev, Andreï, *L'Histoire vraie de la fin de l'URSS*, Paris, Éditions du Rocher, 1993.

Heller, Michel, *La Russie à la croisée des chemins*, Moscou, Mik, 3 janvier 1992.

Études

Carrère d'Encausse, Hélène, *Le Grand Défi, bolcheviks et Nations, 1917-1930*, Paris, Flammarion, 1987.

Carrère d'Encausse, Hélène, *Six années qui ont changé le monde 1985-1991. La chute de l'Empire soviétique*, Paris, Fayard, 2015.

Heller, Michel, *Histoire de la Russie et de son empire*, Paris, Perrin, coll. « Tempus », 2015 (nouvelle édition).

Jobert, Véronique, *La Fin de l'URSS et la Crise d'identité russe*, Paris, Presses de l'université de Paris-Sorbonne, 1993.

Kappeler, Andreas, *La Russie, empire multiethnique*, Paris, Institut d'études slaves, 1994.

Lecomte, Bernard, *Gorbatchev*, Paris, Perrin, 2014.

Le Livre noir du communisme. Crimes, terreur, répression, Paris, Robert Laffont, 1997.

Lévesque, Jacques, *La Fin d'un Empire. L'URSS et la libération de l'Europe de l'Est*, Paris, Presses de la Fondation nationale des sciences politiques, 1995.

Niqueux, Michel (dir.), *La Question russe. Essais sur le nationalisme russe*, Paris, Éditions universitaires, 1992.

Rey, Marie-Pierre, *De la Russie à l'Union soviétique : la construction de l'Empire, 1462-1953*, Paris, Hachette, coll. « Carré Histoire », 1994.

Verdès-Leroux, Jeannine, *Des signaux avant la ruine. L'URSS vue par ses écrivains. 1954-1991*, Paris, Éditions du Félin, 2013.

20

LE DÉCLIN DE L'EMPIRE AMÉRICAIN ?

par Pierre Melandri

L'empire américain est-il en déclin ? Fin 2013, pour la première fois depuis quarante ans, une majorité d'Américains estimait que les États-Unis jouaient un rôle international moins important que dix ans auparavant. Pourtant, certains analystes jugent cette anxiété exagérée : « Les Américains, a rappelé en 2011 le politologue Joseph Nye, ont cru dans leur déclin après le lancement du *Spoutnik* par l'Union soviétique en 1957, après les dévaluations du dollar par Richard Nixon et les chocs pétroliers des années 1970, après la fermeture des industries de la *Rust Belt* et les déficits budgétaires de l'administration de Ronald Reagan dans les années 1980. » Bref, la puissance des États-Unis aurait rebondi chaque fois qu'elle paraissait affaiblie et la peur même qu'ils ont du déclin en protégerait les Américains. Pourtant, si leur pays reste « le premier », il semble ne plus éprouver la même foi dans sa destinée et a toujours plus de mal à imposer sa volonté à un monde à la fois globalisé et éclaté.

L'EMPIRE AMÉRICAIN AU MILIEU DES ANNÉES 1950

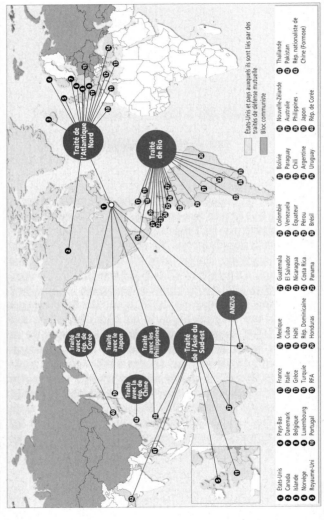

Traité de l'Atlantique Nord

Traité de Rio

Traité avec la rép. de Corée

Traité avec le Japon

Traité avec les Philippines

Traité avec la rép. de Chine

Traité de l'Asie du Sud-est

ANZUS

États-Unis et pays auxquels ils sont liés par des traités de défense mutuelle

Bloc communiste

❶ États-Unis
❷ Canada
❸ Islande
❹ Norvège
❺ Royaume-Uni

❻ Pays-Bas
❼ Danemark
❽ Belgique
❾ Luxembourg
❿ Portugal

⓫ France
⓬ Italie
⓭ Grèce
⓮ Turquie
⓯ RFA

⓰ Mexique
⓱ Cuba
⓲ Haïti
⓳ Rép. Dominicaine
⓴ Honduras

㉑ Guatemala
㉒ El Salvador
㉓ Nicaragua
㉔ Costa Rica
㉕ Panama

㉖ Colombie
㉗ Venezuela
㉘ Équateur
㉙ Pérou
㉚ Brésil

㉛ Bolivie
㉜ Paraguay
㉝ Chili
㉞ Argentine
㉟ Uruguay

㊱ Nouvelle-Zélande
㊲ Australie
㊳ Philippines
㊴ Japon
㊵ Rép. de Corée

㊶ Thaïlande
㊷ Pakistan
㊸ Rép. nationaliste de Chine (Formose)

Naissance d'un empire

Dès leurs origines, les États-Unis ont voulu incarner un modèle à la fois unique et universel : un pays garantissant la liberté et la prospérité à ses citoyens et montrant le chemin au reste du genre humain. Du coup, ils n'ont longtemps vu dans leur politique extérieure qu'un simple moyen au service de ce destin. Soucieux de ne pas mettre leur unité en danger en s'engageant dans des guerres non vitales pour leur sécurité, ils embrassent à partir de 1815 l'isolationnisme comme une panacée : tout en s'empressant de développer leurs relations commerciales avec l'étranger et en proclamant leur ascendant sur l'ensemble des Amériques (doctrine de Monroe, 1823), ils refusent de se laisser aspirer dans des querelles européennes où ils auraient plus à perdre qu'à gagner. Inversement, ils s'étendent, durant la première moitié du XIXᵉ siècle, sur le continent que, selon la doctrine de la « destinée manifeste », la Providence leur a réservé[1].

Seulement, à terme, l'isolationnisme est condamné. Leur succès – leur élévation, à la fin du XIXᵉ siècle, au rang de première puissance économique – les incite d'abord à étendre, à l'occasion de la guerre hispano-américaine (1898), leur emprise sur des territoires éloignés. Par le

---

1. Dès 1803, ils doublent le territoire que la Grande-Bretagne leur a concédé lors du traité de Paris (1783) en achetant la Louisiane à la France ; ils s'assurent entre 1810 et 1819 le contrôle de la Floride (jusqu'ici possédée par l'Espagne) ; ils annexent en 1845 le Texas qui a déclaré en 1836 son indépendance. Ils complètent ensuite leur expansion vers le Pacifique : en se faisant reconnaître dès 1846 par l'Angleterre les terres au sud du 49ᵉ parallèle et en « achetant » en 1848, à l'issue d'une guerre avec le Mexique, un immense territoire entre le Texas et le Pacifique. Il ne leur restera plus qu'à venir à bout de la résistance des tribus indiennes qui s'efforcent désespérément de garder leurs terres, à acheter en 1867 l'Alaska à la Russie et à annexer Hawaï en 1898.

traité de Paris, l'Espagne leur vend pour 20 millions de dollars les Philippines et leur cède à titre d'indemnité Porto Rico et l'île de Guam tout en reconnaissant l'indépendance de Cuba sur laquelle ils établissent aussitôt un véritable protectorat. S'ils ne tardent pas à juger ce type d'impérialisme « colonial » incompatible avec leur projet et lui préfèrent une stratégie de conquête des marchés, ils n'en multiplient pas moins les interventions armées dans la région Amérique centrale-Caraïbes jugée vitale pour leur sécurité. Sous Theodore Roosevelt (1901-1919), qui invite son pays « à parler doucement et à porter un gros bâton », ils n'hésitent plus à peser sur d'importantes négociations. Surtout, la Première Guerre mondiale vient leur rappeler qu'ils sont désormais « embarqués » dans un monde dont l'Empire britannique n'est plus à même d'assurer la stabilité. Contraint en 1917 d'engager son pays dans les hostilités, Thomas Woodrow Wilson estime le moment d'une révolution copernicienne arrivé : puisqu'il n'est plus possible d'isoler l'expérience américaine des influences de l'étranger, le seul moyen de la protéger est d'instaurer un ordre mondial conforme à ses valeurs et propice à ses intérêts. Il publie à cet effet un plan en « quatorze points » le 8 janvier 1918 : il vise en particulier à garantir la paix, la liberté des mers et le droit des peuples à l'autodétermination à travers un système de sécurité collective dont les États-Unis partageront le coût avec les autres démocraties industrialisées.

Le prix – un abandon potentiel de souveraineté – paraît néanmoins trop élevé à ses concitoyens qui préfèrent s'en remettre pour la défense de leurs intérêts à la puissance financière dont la guerre les a dotés en faisant d'eux, dès 1917, des créanciers nets face à l'étranger. La crise des années 1930 ne tarde pourtant pas à illustrer les périls de cette approche unilatéraliste et Pearl Harbor vient confirmer l'inanité de l'isolationnisme où, face à la montée des dangers, ils ont alors tenté de se réfugier.

Aussi, durant la guerre, Franklin D. Roosevelt s'attache-t-il à ressusciter l'approche que Wilson avait imaginée. Tout en confiant à la communauté internationale, à travers l'Organisation des Nations unies et son Conseil de sécurité, le soin de préserver la paix, il utilise l'écrasante puissance dont son pays dispose au sortir de la guerre pour ancrer son hégémonie économique et financière : en érigeant le dollar en monnaie étalon et en assurant aux États-Unis la prépondérance au sein des grandes institutions comme la BIRD ou le FMI.

C'est de l'échec de ce projet que l'empire américain est né. Forts du monopole nucléaire, de la plus grande partie des réserves d'or de la planète et de 50 % de la production industrielle de cette dernière, les États-Unis ne doutent pas de dominer le monde à la fin des hostilités. C'est compter sans l'obstruction – militaire et idéologique – que l'URSS est décidée à déployer et sans le climat prérévolutionnaire que, dans bien des contrées, la guerre a généré. Redoutant de voir Moscou contrôler les ressources industrielles, humaines et technologiques du continent eurasiatique, et désireux d'endiguer, partout dans le monde, l'expansionnisme communiste, ils s'efforcent d'abord de parer au danger à travers des programmes d'aide économique (le plan Marshall en particulier). Force leur est pourtant bientôt de doubler cette approche de garanties de sécurité. Ils sont ainsi peu à peu amenés à instaurer, à travers d'innombrables traités, « un empire sur lequel le soleil de se couche jamais », un empire informel, « postterritorial », différent de tous ceux du passé dans la mesure où il repose non sur une domination *de jure*, mais sur un ascendant *de facto*, résultant du différentiel de puissance entre eux et leurs alliés.

Au milieu des années 1960, ils gèrent ainsi une sorte d'étrange hybride des anciens Empires romain et britannique. Ils ont repris le rôle de chantre du libre-échange et d'ordonnateur du système monétaire longtemps assumé par l'Angleterre : leurs firmes sont en train de multiplier leurs implantations ou rachats à l'étranger, le dollar a remplacé largement la livre comme principale monnaie de réserve et leurs représentants dominent le système financier. Mais, telle une « nouvelle Rome », ils ont dû aussi dépêcher leurs légions, proconsuls et émissaires sur le *limes*, intervenir dans des conflits limités mais au coût parfois élevé et s'employer à faire régner partout la *Pax Americana* grâce à leurs armes, à leurs deniers et à leurs services secrets. Leurs alliances englobent alors des dizaines de pays et leur assurent, outre l'appui des troupes de ces derniers, plus de 2 000 bases dans le monde entier. Leurs diplomates veillent partout jalousement à la promotion de leurs intérêts, en particulier dans le monde sous-développé. Mais ils cherchent aussi à respecter autant que possible ceux des autres démocraties industrialisées : la surpuissance dont ils sont dotés leur permet, en effet, de faire preuve de souplesse et de générosité, de rendre le poids de leur domination plus que supportable pour leurs protégés et d'assurer ainsi à leur hégémonie une forme de légitimité.

Du Spoutnik au Vietnam : les premiers états d'âme

Pourtant, en dépit des avantages économiques qu'ils ne manquent pas d'en tirer, les Américains tendent toujours davantage à voir dans l'empire un « fardeau » bien lourd à porter. Divers épisodes – la disparition de leur monopole atomique, la « perte » de la Chine, puis une guerre frustrante en Corée[2] – leur rappellent bientôt que leur puissance n'est pas illimitée. Surtout, en 1957, le

---

2. Les États-Unis doivent se contenter, à l'issue de cette guerre (juin 1950-juillet 1953) qui leur a coûté 33 600 morts et 115 000 blessés et a nourri le maccarthysme, d'un simple retour au *statu quo ante*.

lancement du *Spoutnik* par les Soviétiques sème l'inquiétude sur leur avance technologique. En janvier 1959, la
victoire de Castro à Cuba laisse redouter des relations
parfois difficiles avec les anciennes colonies en train
de s'émanciper. En 1958, surtout, ils sont confrontés à
ce qui peut leur paraître à terme comme le phénomène le
plus inquiétant : le premier déficit grave de leur balance
des paiements. Reflet du coût de leur politique impériale
– l'aide, les investissements et l'entretien des troupes et
des bases à l'étranger –, ce déficit était resté jusqu'ici
modéré parce qu'il était en partie compensé par le large
excédent de leur balance commerciale. Mais, en 1958,
ce dernier a brutalement diminué. Pour l'empire américain, c'est la contrepartie d'un succès : la reconstruction
des économies de l'Europe de l'Ouest et du Japon que
l'Amérique a elle-même impulsée. Ce n'en est pas moins
une source d'anxiété : pour la première fois, des alliés
ont demandé de l'or contre les dollars que jusqu'ici ils
s'efforçaient d'accumuler. Alors que les réserves de Fort
Knox représentent tout juste, en 1960, le montant des
billets verts détenus à l'étranger, à terme la question du
financement de la politique impériale est posée.

C'est dans ce contexte que, chez les politiques, les
experts et le public, la thématique du « déclin » commence à pointer. « Les États-Unis, écrit Henry Kissinger
en 1961, ne peuvent se permettre un autre déclin du
type de celui qui a caractérisé la dernière décennie et
demie. » Pourtant, un an après, avec l'éclatant succès
qu'à l'occasion de la crise des missiles de Cuba Kennedy
donne l'impression de remporter[3], loin d'avoir décliné,

---

3. Le 16 octobre 1962, Kennedy reçoit la preuve que les Soviétiques
sont en train d'installer des fusées nucléaires offensives sur l'île. C'est,
à ses yeux, un défi que l'Amérique ne peut tolérer. Conjuguant habilement manifestations de fermeté et volonté de négocier, il convainc le
28 octobre, à la suite d'une semaine où le monde redoute un conflit
nucléaire, Khrouchtchev de retirer ses fusées. Le Soviétique s'étant

l'empire américain paraît plus puissant que jamais. La question de son financement n'est pas pour autant réglée. Le président espère sans doute voir l'excédent de la balance commerciale se gonfler de façon à compenser le coût des engagements à l'étranger. Seulement, le *Kennedy Round*, la négociation qu'il engage à cet effet, repose sur le principe de la réciprocité. Du coup, son espoir manque de se concrétiser. Loin de se redresser, la situation va s'aggraver.

Le sentiment de surpuissance créé par la crise des missiles de Cuba provoque, en effet, ce que le sénateur J. William Fulbright qualifiera d'« arrogance de la puissance ». Il incite les Américains à porter un coup définitif à l'expansionnisme communiste... en s'engageant au Vietnam dans ce qui ne tarde pas à se révéler un inextricable « bourbier ». Sur l'empire américain, cette guerre a de terribles retombées. Elle démontre les limites de ce que l'impressionnante puissance militaire des États-Unis peut réaliser, alors que jusqu'à 543 000 hommes y ont été à un moment déployés, 58 000 y ont été tués et 270 000 blessés. Elle provoque un réflexe de rejet (le « syndrome vietnamien ») face à toute intervention susceptible d'entraîner des morts américaines dans des conflits où les intérêts vitaux du pays ne seront pas engagés. Elle altère l'image d'une Amérique championne des libertés – qui devient celle d'une puissance impérialiste et militariste déversant du napalm sur des populations civiles – et dope à l'étranger l'antiaméricanisme. Elle déchire tellement la société que le sénateur George McGovern croira pouvoir parler de « seconde guerre civile » à son sujet. Surtout, conjugué aux dépenses entraînées par la Grande Société, l'ambitieux programme de réformes sociales que Lyndon Johnson, le successeur de Kennedy, s'est efforcé

---

engagé à ne pas révéler les importantes concessions qu'il a lui aussi arrachées, le succès du président américain apparaît éclatant et complet.

d'instaurer, son coût provoque une inflation et une perte de compétitivité au moment même où la production américaine est toujours plus confrontée à la concurrence des démocraties industrialisées, mais aussi, désormais, à celle des pays moins développés.

Après l'empire libéral, un empire plus autoritaire

« En janvier 1969, rappellera en mai 1973 Richard Nixon, le successeur de Johnson, l'Amérique avait besoin de modifier les principes et la pratique de sa politique étrangère. Tout président qui serait entré en fonctions il y a quatre ans aurait été placé en face de ce problème. » Dès avril 1970, il a déjà annoncé son intention de mettre fin à une conscription toujours plus mal vécue par la nation. Surtout, il renforce spectaculairement sa main en renouant avec Pékin[4] et parvient ainsi à instaurer une ère de « détente » avec le Kremlin. Pourtant, le coût de l'empire reste toujours plus lourd à porter : dès 1971, pour la première fois depuis 1893, les États-Unis ont moins vendu à l'étranger qu'ils ne lui ont acheté. Alors que Kennedy avait vu dans le gonflement de l'excédent de leur balance commerciale le seul moyen de le financer, son déficit représente un défi difficile à relever.

Nixon semble initialement séduit par l'idée d'une dévolution partielle du rôle impérial de son pays. Le 6 juillet 1971, il dit en être venu à la conclusion que « les États-Unis ne sont plus en position de prééminence

---

4. Profitant de sa réputation inattaquable d'anticommuniste, le président est à même, à la différence de ses prédécesseurs, d'exploiter le schisme sino-soviétique. Le 15 juillet 1971, à la suite d'un voyage d'Henry Kissinger, son conseiller, à Pékin, il peut annoncer qu'il sera le premier président américain à être reçu par la Chine communiste. « Cela a été la semaine qui a changé le monde », exultera-t-il après sa visite (février 1972).

ou de prédominance complète » et ajoute que « dans cinq, dix ans…, mais en tout cas de notre temps », l'hégémonie américaine sera remplacée par le jeu des cinq « puissances dominantes » : les États-Unis, l'Union soviétique, le Japon, la Chine et l'Europe occidentale. Pourtant, Kissinger ne tarde pas à le persuader que ni l'Europe ni le Japon n'étant en mesure de prendre en charge l'ordre international, les États-Unis sont en droit de leur arracher le soutien qu'ils renâclent à lui accorder. Aussi le président bouscule-t-il ses alliés : le 15 août 1971, il décroche le dollar de l'or tout en imposant une surtaxe provisoire de 10 % sur les importations. L'ère de l'« empire libéral » vient de s'achever et celle d'un empire plus « autoritaire » de commencer. Dans le compromis final, les Alliés obtiennent sans doute que le dollar soit modérément dévalué et la surtaxe abrogée. Pourtant, écrit Michel Jobert, pour Georges Pompidou qui l'a négocié, Nixon a « réussi "ce qui est le plus difficile, à faire de nécessité vertu. De l'affaiblissement du dollar, il a tiré une position de force". […] Car les États-Unis, en se libérant de la déférence due à la convertibilité du dollar, démontreraient quand même que l'empire du dollar, faible ou puissant, restait le même et justifiait leur *leadership* international ».

La suite illustre sa lucidité. La substitution d'un étalon-dollar à l'étalon-dollar-or et celle, moins de deux ans après, d'un régime de change flottant au régime de change fixe que les Américains avaient eux-mêmes imposé décuplent l'avantage dont, dès 1965, le général de Gaulle avait reproché aux Américains d'abuser : le pouvoir de s'endetter gratuitement à l'étranger. Pourtant, dans l'immédiat, le sentiment de déclin est tout sauf écarté. Tout au contraire, il est renforcé par la deuxième dévaluation du dollar, le « premier choc pétrolier », le scandale du Watergate et la démission de Nixon qu'il finit par provoquer et, évidemment, la chute de Saigon

(1975). Dans la foulée de cette dernière, le *Spiegel*, sur sa couverture, représente la statue de la Liberté avec un bras bandé : « Ne peut-on plus faire confiance à l'Amérique ? » n'hésite-t-il pas à demander. Au milieu des années 1970, le président de la Gulf Trading Oil Company ne cache pas sa nostalgie du temps où l'empire était encore à un zénith : « Être un *businessman* américain représentait alors un formidable atout. [...] C'était le commerce suivant le drapeau – l'énorme crédibilité et le respect dont bénéficiaient les États-Unis. [...] Puis ceci commença à s'éroder. Je pouvais le sentir partout. C'était le déclin de la puissance américaine – les Romains faisant retraite du mur d'Hadrien. »

Un « empire de la consommation »

Sous Carter, loin de s'arrêter, la retraite semble s'accélérer. L'année 1979 est essentielle sous cet aspect. À terme, en raison de la conversion de la Chine de Deng Xiaoping au « marchisme-léninisme », qui va permettre à son pays de se propulser en quelques dizaines d'années au rang de deuxième puissance économique et de rival le plus menaçant pour l'Amérique. Dans l'immédiat, du fait de la litanie des revers que celle-ci ne cesse d'essuyer : la chute du shah d'Iran, le second « choc pétrolier » qui en est une des retombées, l'invasion soviétique de l'Afghanistan. À l'instar du Royaume-Uni, l'Amérique se voit alors reprocher « d'avoir perdu un empire et de n'avoir pas encore retrouvé un rôle ».

Son *leadership* paraît, en tout cas, sérieusement rogné, tant auprès des pays sous-développés que de ses alliés. Alors qu'elle redoute de se voir ravalée au deuxième rang par le Japon sur le plan économique et par l'Union soviétique dans la sphère stratégique, c'est autour du déclin que tourne l'élection de 1980. L'humeur est alors, il est vrai, déjà en train de changer : avec le second « choc pétrolier », les Américains découvrent que, loin d'avoir assuré leur paix et leur prospérité en réduisant, après le Vietnam, leur engagement à l'étranger, ils les ont en réalité mises en danger. Aussi choisissent-ils, à une large majorité, le républicain Ronald Reagan qui s'engage à rendre au pays sa grandeur passée.

Si elle rétablit sa posture stratégique et rend à l'Amérique l'initiative sur l'Union soviétique, la « révolution reaganienne » présente un bilan beaucoup plus mitigé sur le plan économique. Elle prétend sans doute réconcilier baisse des impôts, hausse des dépenses militaires et rétablissement de l'équilibre du budget. Mais elle enclenche en réalité un envol du déficit de la balance commerciale et de celui du budget et, avec eux, de l'endettement du pays à l'étranger. Elle précipite ainsi la métamorphose qu'à partir du milieu des années 1970 les États-Unis ont entamée : de ce que Charles Maier a appelé un « empire de la production », qui avait un temps fourni à ses protégés les biens dont ils avaient besoin et les moyens de les payer, en un « empire de la consommation », important des volumes toujours plus grands de pétrole et de produits manufacturés, bref jouant pour le monde le rôle de marché – rôle qui avait été celui du monde pour les États-Unis au lendemain de la Seconde Guerre mondiale. Au lieu d'exporter des capitaux comme la Grande-Bretagne le faisait, l'empire américain ne cesse d'en importer, moins de l'Europe et du Japon désormais que du Moyen-Orient et d'Asie. Manifestement, son financement repose sur un pari, celui qu'il pourra indéfiniment s'endetter sans jamais avoir à rembourser les emprunts qu'il aura contractés : d'abord parce que ses créanciers hésiteront à mettre en danger la stabilité internationale qu'il est le seul à pouvoir assurer ; ensuite parce qu'ils ne voudront ni ralentir sa propension à consommer désormais essentielle pour leur propre activité, ni fragiliser les actifs en dollars qu'ils auront accumulés.

Aussi la présidence Reagan n'est-elle pas encore achevée que le thème du déclin revient sur le devant de l'actualité, exacerbé par l'appréhension alors provoquée par la montée en puissance du Japon. En témoigne l'incroyable succès du livre de l'historien Paul Kennedy, *Naissance et déclin des grandes puissances*, paru en 1987, l'année même où les États-Unis perdent le statut de créancier net vis-à-vis de l'étranger que, depuis 1917, ils avaient gardé. L'idée que les États-Unis souffrent d'une « sur-extension impériale » – le concept selon lequel les empires meurent d'avoir contracté plus d'engagements qu'ils ne peuvent en supporter – est alors couramment évoquée.

Un nouvel « empire du Milieu » ?

Pourtant, alors que l'image d'un « Pearl Harbor économique » progresse dans les esprits, la chute du mur de Berlin puis la disparition de l'Union soviétique provoquent un regain, voire un excès de confiance chez les Américains. Certes, toutes les inquiétudes ne sont pas dissipées. La première guerre du Golfe qu'en février 1991 les États-Unis choisissent de déclencher contre l'Irak de Saddam Hussein – qui, à l'été 1990, a envahi le Koweït – reflète les limites de leur primauté. D'un côté, la guerre rompt avec les années Reagan caractérisées par une préférence donnée aux opérations des services secrets et une grande prudence en matière de recours direct aux forces armées : les États-Unis réunissent une coalition impressionnante et remportent une victoire éclatante. De l'autre, pour la financer, ils se voient obligés de « passer la sébile » auprès de leurs alliés : au point qu'Alain Joxe évoque une « Amérique mercenaire » et que l'opération reçoit pour surnom « À votre bon cœur, m'sieurs, dames » au sein de l'administration. Ainsi, en 1992, le sénateur Paul Tsongas peut-il encore déclarer : « La guerre froide est finie, le Japon et l'Allemagne l'ont gagnée. » Mais, la même année, la victoire de Clinton qui affirme que l'Amérique a tout pour dominer la nouvelle économie « globalisée » où elle est désormais intégrée, suggère que l'optimisme pourrait finir par retrouver droit de cité. Dès l'été 1989, le philosophe Francis Fukuyama s'est demandé si le monde ne venait pas de vivre la « fin de l'histoire », c'est-à-dire l'« universalisation de la démocratie occidentale comme forme ultime de la gouvernance de l'humanité ». Puis le journaliste Charles Krauthammer a salué la naissance d'un « moment unipolaire ». Aussi, tandis qu'ils entrent, à partir de 1993, dans une ère de croissance et de prospérité, les États-Unis font-ils bientôt figure de « première et seule vraie puissance globale » (Zbigniew Brzeziński), « d'hyperpuissance » (Hubert Védrine), voire de nouvel « empire du Milieu ».

L'effondrement de l'étatisme soviétique assure, il est vrai, un regain de légitimité à la vision pure et dure du marché que, sous le label de « consensus de Washington », les États-Unis se mettent à diffuser. Conjuguée avec la chute de l'URSS et l'instauration de l'Organisation mondiale du commerce (OMC), la révolution de l'informatique et des communications précipite l'avènement du monde économique ouvert qu'ils avaient toujours souhaité voir émerger, un monde où ils jouissent d'une indéniable primauté. Pourtant, même s'ils réussissent, à partir de 1998, à rééquilibrer leur budget, leur posture est moins solide qu'elle ne paraît. Tout d'abord, si leur suprématie militaire est plus écrasante que jamais, le doute plane sur leur détermination à l'utiliser. Déjà, après avoir subi en 1993 des pertes en Somalie, l'administration Clinton a préféré un temps reporter un débarquement prévu à Haïti et fermer les yeux sur le génocide lancé au Rwanda par les Hutu contre les Tutsi. Surtout, si après s'être longtemps fait reprocher leur passivité face à la guerre qui, depuis 1992, déchire la Bosnie, les États-Unis finissent par imposer le 21 novembre 1995 un règlement de paix, et si en 1999, en riposte à la répression brutale que Slobodan Milošević exerce au Kosovo, ils persuadent l'OTAN de passer outre à l'aval du Conseil de sécurité et de se lancer dans une guerre où le Serbe est défait, dans les deux cas le président américain a préféré recourir à la force aérienne ou aux missiles de croisière plutôt que de risquer un engagement au sol où un de ses soldats aurait pu être tué.

Par ailleurs, le fort taux de croissance du pays est lié à ce que dès 1996 le président de la Fed, Alan Greenspan, qualifie « d'exubérance irrationnelle des marchés », en l'occurrence à une « bulle » informatique qui, à l'été 2000, commence à éclater. De plus, il s'accompagne d'un endettement toujours croissant à l'étranger. Enfin, leur prédilection pour la globalisation comme voie royale vers la prospérité et vers la paix finit par provoquer la contestation tant aux États-Unis mêmes, où les délocalisations suscitent toujours plus l'anxiété chez les salariés, qu'à l'étranger, où la crise asiatique nourrit la méfiance et les arrière-pensées.

Néanmoins, alors que le XXe siècle touche à sa fin, l'humeur est plus à l'autocélébration qu'à la peur du déclin : tandis que Clinton érige l'Amérique au rang de « nation indispensable », le néoconservateur Robert Kagan croit pouvoir identifier, en 1998, les États-Unis à un empire si « bienveillant » qu'aucune nation, sauf la Chine, ne cherche à rivaliser avec sa puissance militaire. Pourtant, ce triomphalisme n'est pas sans danger : il redouble le risque de voir les États-Unis menacés, comme le théologien Reinhold Niebuhr le redoutait, « autant par leurs propres prétentions à la vertu que par le désordre mondial ».

La fin du « moment unipolaire »

L'arrivée en 2001 d'une administration républicaine décidée à pratiquer un unilatéralisme musclé, puis les attentats du 11 septembre qui anéantissent les réticences du pays à se lancer dans des guerres exacerbent ce danger. Aveuglés par leur sentiment d'omnipuissance et déterminés à instrumentaliser la peur qui s'est emparée du pays, les dirigeants républicains s'attachent à retremper l'empire dans une « guerre contre le terrorisme »... qui aura l'effet très exactement opposé à celui escompté. Proclamant leur droit de conduire des guerres préventives, ils embrassent un « archi-unilatéralisme ». Surtout, ils espèrent, en renversant Saddam Hussein, le dictateur irakien, dissuader à jamais tout autre leader de les défier. À un coût très élevé pour leur légitimité – ils passent outre à l'opposition du Conseil de sécurité – et pour leur crédibilité – ils ne trouveront jamais les armes de destruction massive qui ont servi de prétexte à leur intervention armée –, ils s'enfoncent dans un nouveau « bourbier ».

Si, en effet, tant en Afghanistan qu'en Irak, ils viennent facilement à bout des gouvernements qu'ils entendent renverser, ils se révèlent bientôt impuissants à rétablir l'ordre et la stabilité et se retrouvent aspirés dans des guerres interminables d'où leur puissance et leur image sortent ébranlées. Leur intervention en Irak renforce la position de l'Iran au Moyen-Orient, tandis que leur empêtrement dans ces deux conflits laisse la voie libre à l'« ascension pacifique » de la Chine en Asie. Leur image internationale est ternie par le choc des photos d'Abou Ghraib, les récits en provenance de Guantanamo, les révélations sur l'usage de la torture et les écoutes téléphoniques non autorisées. Enfin et surtout, la solidité de leur système financier et, avec elle, la crédibilité du dollar se retrouvent fragilisées. Redoutant de voir le coût de ses interventions provoquer dans le pays un réflexe de rejet, l'administration républicaine de George W. Bush a en effet procédé non pas à des hausses, mais à des baisses radicales de la fiscalité. Au risque de voir le déficit du budget et des comptes courants (en 2006 ce dernier atteint 6,5 % du PNB) se gonfler, l'endettement du pays à l'étranger s'envoler et « l'empire » se fondre dans une « Chinamérique » où seuls les prêts consentis par Pékin entretiennent un haut niveau d'activité aux États-Unis.

La crise qui, en 2007-2008, secoue d'abord leur système financier avant de menacer leur santé économique et celle du monde met à nu le caractère illusoire d'une prospérité que seules « des dettes étalées sur des dettes et glacées de dettes » avaient artificiellement dopée. « Notre nation est en difficulté sur deux fronts, résume en 2008 Bill Clinton. Le rêve américain est assiégé chez nous et le *leadership* de l'Amérique sur le monde a été affaibli. » Longtemps masquées par la diffusion du crédit et l'envol des prix immobiliers, les retombées intérieures de la globalisation – le creusement des inégalités, la stagnation des salaires et la montée potentielle du chômage – se font sentir de plein fouet. La suprématie militaire des États-Unis contraste plus que jamais avec leur dépendance financière et leur *leadership* économique est ouvertement contesté. « L'ère du *leadership* américain global est achevée », note dès 2008 dans *The Observer* le philosophe John Gray, tandis qu'un article de *Time* qualifie les États-Unis de leader déchu (« *Lost Leader* ») en octobre de la même année. Évidemment, le débat sur le déclin s'en trouve relancé.

En déclin, mais encore les premiers

« Oui, les États-Unis sont en déclin ; non, ils sont encore les premiers. » Le titre de la couverture de *Time* du 14 mars 2011 résume bien les deux thèses qui tendent à s'affronter mais peuvent aussi se conjuguer. D'un côté, nul doute que les États-Unis restent globalement « les premiers ». C'est d'abord vrai de leur puissance armée : alors qu'ils n'y consacrent que 4,5 % de leur PNB, leurs dépenses militaires représentent presque la moitié (49 % en 2012) de celles du monde entier[5]. Leur suprématie est encore renforcée par l'avance technologique des équipements et armements dont leurs forces sont dotées comme par le réseau « impérial » des sept cents bases dont elles disposent encore à l'étranger[6]. Bref, ils restent la seule puissance à même d'intervenir dans le monde entier et jouissent d'une capacité unique à organiser des actions multilatérales en réaction à une provocation ou à un danger. Quoique moins écrasante que par le passé (leur part dans le PNB mondial est tombée de 26 % en 1980 à 22,5 % en 2014), leur puissance économique et financière demeure inégalée, comme le suggèrent

---

5. Les forces armées d'active comptent aujourd'hui un peu plus de 1,3 million de soldats (auxquels il faut ajouter plus d'1 million dans la réserve et la garde nationale). Plus d'un 1,1 million des forces d'active sont stationnées aux États-Unis et un peu plus de 200 000 à l'extérieur (autour de 80 000 en Asie orientale, 65 000 en Europe, 45 000 entre le Moyen-Orient et l'Asie méridionale et centrale). L'armée de terre compte actuellement 490 000 hommes (mais devrait voir ses effectifs réduits à 450 000 dans les deux ans), la marine près de 300 000 (et près de cinq cents navires), l'aviation plus de 300 000, les *Marines* 188 000.

6. Les États-Unis disposent actuellement de quelque sept cents bases outre-mer, surtout en Allemagne, au Japon et en Corée du Sud, mais aussi dans quelque soixante-dix autres pays, du Kenya à la Thaïlande. Par comparaison, la Grande-Bretagne, la France et la Russie réunies n'ont ensemble qu'une trentaine de bases outre-mer.

la façon dont ils ont réussi depuis 2008 à se redresser mais aussi le rôle essentiel que la Fed a joué dans la stabilisation de nombre d'établissements étrangers. Ils continuent à bénéficier d'un rôle prépondérant dans les grandes instances économiques mondiales, restent le siège de plus d'un quart des cinq cents plus importantes firmes mondiales, y compris des plus innovantes, et concentrent plus du tiers de la capitalisation boursière. Ils continuent d'abriter, de la Silicon Valley à la région de Boston, d'incomparables centres d'innovation qui leur assurent une indéniable domination dans les technologies de l'information. Grâce à la révolution du forage horizontal et de la fracturation hydraulique[7], leur vieil objectif – l'« indépendance énergétique » – n'apparaît plus utopique. Déjà, la chute des prix de l'énergie a boosté la compétitivité de leur industrie. Ils continuent par ailleurs de produire une culture populaire qui exerce une formidable attraction et bénéficient de l'élévation de l'anglais en nouvelle *lingua franca* du monde « *internetionalisé* ».

Plus généralement, dotés d'un immense territoire riche en ressources naturelles, ils profitent d'une démographie dynamique (325 millions d'habitants) et continuent d'attirer et d'intégrer des immigrants ambitieux et créatifs (plus de 41 millions sont nés à l'étranger). Conjuguant incitations étatiques et dynamisme du marché, leur système économique encourage l'innovation et l'esprit d'entreprise et maximise les potentialités offertes par un réseau sans pareil de centres de recherche et de

---

7. Le pétrole et le gaz de schiste sont bloqués dans des roches très compactes et imperméables. À la différence du forage vertical qui ne permettrait d'en capter qu'une faible partie, le forage horizontal rend l'exploitation de toute la couche possible. Mais il ne se fait qu'associé à la « fracturation hydraulique » : l'injection sous très haute pression d'un fluide qui fissure et microfissure la roche, libérant le gaz et le pétrole qui peuvent dès lors être drainés.

grandes universités. À son adversaire républicain qui lui reprochait en 2012 d'avoir conduit les Américains « sur le chemin du déclin », Obama a pu répliquer que le XXIe siècle serait « le siècle américain exactement comme le XXe l'a été ».

Pourtant, ses concitoyens n'en semblent plus tellement persuadés : dès 2014, ils étaient 60 % à juger les États-Unis sur le déclin. Toutes sortes d'indices – leur impuissance à stabiliser le Moyen-Orient et à empêcher l'État islamique de les défier, leurs difficultés à concrétiser le pivot vers l'Asie et à y préserver leur hégémonie, le recul de leur influence en Amérique latine, l'échec de la relance (le *reset*) avec la Russie – suggèrent en effet que la puissance américaine est en retrait. Un retrait qui s'explique sans doute par l'ascension d'autres acteurs, mais aussi par des contraintes d'ordre intérieur.

L'ascension de nouveaux acteurs

Le recul a, en premier lieu, résulté de la conjugaison de deux dynamiques : un glissement de la puissance d'ouest en est, qui s'est accompagné de la « désoccidentalisation » d'une partie du monde, c'est-à-dire d'une remise en cause des valeurs et normes que les États-Unis avaient longtemps définies ; un transfert de la puissance des États vers des acteurs non étatiques – multinationales, réseaux terroristes, organisations non gouvernementales, mafias internationales – qui rendent toujours plus difficile et complexe l'exercice du pouvoir impérial.

Pour les États-Unis, ces deux forces ont avant tout pris le visage de la Chine et du terrorisme islamiste. Ce dernier s'est nourri du ressentiment que suscitent dans une partie du monde musulman tant la politique américaine aux Proche et au Moyen-Orient que la menace représentée par la globalisation pour sa culture et pour ses traditions. Quoique confrontée aujourd'hui à une éprouvante phase de transition, la Chine reste malgré tout la nation la plus à même de défier à terme la prééminence américaine. À la différence des deux pays qui l'ont fait jusqu'ici, l'Union soviétique obérée par l'inefficacité de son économie ou le Japon dont la taille même limitait les ambitions, l'ancien « empire du Milieu » peut espérer faire un jour jeu égal avec Washington. Son PNB global (13,43 % du total mondial en 2014) est loin d'atteindre celui des États-Unis et reste très en deçà quand on le calcule sur une base *per capita*. Il l'a inversement dépassé en parité de pouvoir d'achat (16,32 % du total mondial contre 16,14 %). La Chine est surtout la première puissance mondiale pour les transactions commerciales et le premier détenteur de bons du Trésor américain (1 300 milliards de dollars). Sa puissance économique et financière (elle détient quelque 3 700 milliards de réserves de change) constitue une source d'influence en Afrique, en Amérique latine, mais aussi en Asie, y compris auprès de partenaires des États-Unis qui dépendent de ses investissements et de ses échanges.

L'acuité de la menace qu'elle représente trouve son reflet dans l'ampleur des efforts déployés par l'administration Obama pour effectuer un « pivot » vers l'Asie et assurer le succès du partenariat commercial transpacifique (TTP) qu'elle a conçu pour la neutraliser : « Si nous ne contribuons pas à façonner les normes, a averti le président, [...] la Chine fixera les règles qui avantageront ses travailleurs et ses entreprises. » Pourtant, indice de l'influence que Pékin s'est assurée, Obama n'a pas réussi à dissuader ses plus proches alliés (sauf le Japon) de participer à la Banque asiatique d'investissement (AIIB) qu'en 2015 la Chine a lancée. Au point qu'un de ses anciens conseillers a vu dans cet échec « le moment où les États-Unis ont perdu leur rôle d'ordonnateurs du système économique global ».

Peut-être trop brutal – en particulier au regard de la difficile phase de transition à laquelle la Chine semble confrontée –, le diagnostic n'en met pas moins l'accent sur deux données. Tout d'abord, la création de l'AIIB affaiblit le système international qui, depuis 1944-1945, soutient l'hégémonie des États-Unis. Ensuite, il illustre les dangers de la paralysie politique causée par leurs divisions idéologiques : l'initiative chinoise semble, en effet, avoir été précipitée par le refus du Congrès de voter la réforme du FMI qu'en 2009 la diplomatie américaine avait négociée pour convaincre les pays émergents d'intégrer ce système.

Le peuple contre l'empire ?

Dwight D. Eisenhower avait un jour expliqué que la sécurité était le produit de « la force spirituelle multipliée par la force économique multipliée par la force militaire ». Si l'un de ces facteurs s'annulait, avait-il ajouté, le produit l'imitait. Plus que la domination économique ou la puissance militaire, c'est aujourd'hui la force spirituelle qui apparaît, pour l'empire américain, le problème essentiel. D'abord, sans doute, parce que, comme Niall Ferguson l'a remarqué, le peuple américain « n'a pas le tour d'esprit impérialiste. Il préfère consommer à conquérir » et « construire des centres commerciaux » à édifier des empires. Tel est l'obstacle auquel la gestion de l'empire s'est d'emblée heurtée. Parfois, en invoquant l'urgence ou l'acuité du danger, les dirigeants américains ont réussi à persuader le public de consacrer les ressources et l'attention nécessaires à la conduite de leur politique étrangère. Mais, pour surmonter la difficulté, ils ont de plus en plus cherché à financer l'exercice de leur hégémonie à travers un recours systématique au crédit. Ils ont du coup accumulé un formidable endettement à l'étranger qui rend sans doute leurs créanciers dépendants de leur bonne santé mais est aussi une source potentielle de vulnérabilité.

Le problème est qu'à ce prix ils n'ont pu empêcher la condition de la grande majorité de la population de stagner, sinon de se dégrader. La précarisation des classes moyennes et le désenchantement du « rêve américain » que la globalisation a engendrés ont eu deux effets : susciter une lassitude profonde face aux engagements à l'étranger ; rendre le jeu politique toujours plus polarisé. D'un côté, échaudé par le coût et les revers des aventures militaires où, dans la foulée du 11 septembre, il s'était laissé aspirer, le pays semble de moins en moins enclin à allouer à la politique impériale les ressources qu'il préférerait voir consacrées à la solution des problèmes – en matière d'infrastructures, de pauvreté, d'éducation, de taux d'incarcération, de distribution des richesses et de santé – qui lui valent souvent d'être classé derrière les autres nations industrialisées. En 2013, une majorité (52 %) estimait même que les États-Unis devaient se préoccuper de leurs propres affaires et laisser les autres pays se débrouiller. Même si avec l'émergence de l'État islamique et l'activisme russe en Ukraine cette belle indifférence s'est un peu atténuée, le sentiment dominant reste que les engagements extérieurs doivent rester étroitement contrôlés.

D'un autre côté, l'effet de la polarisation – le grippage des institutions – n'a pas seulement limité la marge de manœuvre de l'exécutif à l'étranger. Il a empêché le pays de s'attaquer à une dette nationale que l'amiral Michael Mullen, alors chef d'état-major des armées, a qualifié en 2010 de « plus grave menace pour leur sécurité ». Son poids va déjà les contraindre à réduire les effectifs de leur marine et de leur armée, et pourrait obérer leur capacité de réaction si une crise grave devait émerger. Il risque de se révéler encore plus dirimant quand le déficit va se gonfler sous l'impact conjugué de la faiblesse de la fiscalité, du coût croissant des intérêts de la dette et de l'envol, avec le vieillissement des *baby-boomers*, du coût des programmes publics de retraite (la *Social Security*) et d'assurance santé (le *Medicare*). Évoquant en juillet 2012 la crainte de Pékin de voir le « pivot » des États-Unis vers l'Extrême-Orient cacher une politique d'endiguement, l'éditorialiste Thomas Friedman ironisait : « La Chine s'inquiète à tort. Le problème n'est pas que nous allons dépêcher nos *Marines* du Moyen-Orient vers l'Asie ; il est que nous allons les transférer du Moyen-Orient vers San Diego – parce que nous ne pouvons plus supporter d'être le gendarme du monde ; et la Chine aura à remplir une partie du vide. »

L'histoire dira si la dette sera le « talon d'Achille » de l'empire ou si, comme d'autres analystes semblent le penser, ses retombées pourront facilement être endiguées dans un monde où l'épargne ne cesse de s'accumuler. Il est inversement déjà clair que l'Amérique d'Obama a eu pour objectif prioritaire de restaurer sa santé économique et financière et de se débarrasser de la « bulle de politique étrangère » qui avait conduit l'administration Bush à contracter des engagements excédant ses capacités financières. « J'ai été élu pour finir des guerres, a lancé le président, pas pour en commencer. » Pour assurer la pérennité de l'empire, il a dû modifier les modalités de son exercice. Non seulement la diplomatie a été privilégiée – le rapprochement avec Cuba et l'accord avec l'Iran en sont le reflet –, mais les interventions militaires ont été soit évitées – comme en Syrie – ou, quand elles ont été menées, conduites au coût le moins élevé – comme celle contre le terrorisme puis contre l'État islamique ou celle contre la Libye de Kadhafi. Les formules que l'administration a popularisées – « *smart power* », « *leading from behind* », « *light footprint* » et, plus encore peut-être, « *No stupid stuff* » –, de même que l'élévation des drones en arme favorite de la lutte antiterroriste, reflètent toutes la même priorité. Elles traduisent, explique le Canadien Michael Ignatieff « le sentiment, tant chez les conservateurs que chez les progressistes, que l'Amérique n'a plus le pouvoir de modeler l'ordre international comme elle l'a fait à une époque ».

Un monde postaméricain ?

« Les États-Unis ne sont plus le soleil entouré de planètes, ils sont une planète parmi d'autres. » Avancé prématurément en 1973, ce diagnostic d'un Premier ministre japonais est aujourd'hui d'actualité : les revers et échecs qu'ont accumulés les États-Unis ont peu à peu altéré l'éclat unique dont ils avaient un temps brillé. Ils restent, il est vrai, une puissance plus importante que les autres et, dans la mesure où ces dernières ne semblent pas prêtes à prendre le relais, ils chercheront sans doute à réaffirmer leur *leadership*. Mais, dans le monde apolaire en train de pointer, ils ne l'exerceront probablement que de façon intermittente et comptée.

BIBLIOGRAPHIE SÉLECTIVE

Aron, Raymond, *République impériale, les États-Unis dans le monde (1945-1972)*, Paris, Calmann-Lévy, 1973 ; Seuil, 2011.

Bacevich, Andrew J., *American Empire : The Realities and Consequences of U.S. Diplomacy*, Cambridge (Mass.), Harvard University Press, 2002.

Ferguson, Niall, *Colossus : The Rise and Fall of the American Empire*, New York, Penguin, 2005.

Golub (Philip), *Une autre histoire de la puissance américaine*, Paris, Seuil, 2011.

Kennedy, Paul, *Naissance et déclin des grandes puissances*, Paris, Payot, 2004.

Maier, Charles S., *Among Empires : America Ascendancy and Its Predecessors*, Cambridge (Mass.), Harvard University Press, 2006.

Mandelbaum, Michael, *The Frugal Superpower : America's Global Leadership in a Cash-Strapped Era*, New York, PublicAffairs, 2010.

Melandri, Pierre, *Histoire des États-Unis*, Paris, Perrin, coll. « Tempus », 2013.

Melandri, Pierre, et Vaïsse, Justin, *L'Empire du Milieu : les États-Unis et le monde depuis la fin de la guerre froide*, Paris, Odile Jacob, 2001.

Nye, Joseph S., *The Future of Power*, New York, PublicAffairs, 2011.

Todd, Emmanuel, *La Fin de l'empire. Essai sur la décomposition du système américain*, Paris, Gallimard, 2002.

Zakaria, Fareed, *Le Monde post-américain*, préface d'Hubert Védrine, Paris, Perrin, 2011.

Notices biographiques des auteurs

Bartolomé BENNASSAR, spécialiste du monde méditerranéen des XVIe et XVIIe siècles, traduit dans une dizaine de langues, a publié notamment chez Perrin plusieurs ouvrages de référence sur l'Espagne, comme *La Guerre d'Espagne et ses lendemains*, *Histoire des Espagnols* et *Franco*, ainsi que *Le Temps de l'Espagne*, en collaboration avec Bernard Vincent (Hachette). Son dernier ouvrage, publié chez Perrin, est *Histoire de Madrid*.

Jean-Paul BLED est professeur émérite d'histoire contemporaine à l'université Paris-IV-Sorbonne. Spécialiste de l'Allemagne et de l'Autriche habsbourgeoise, il a notamment publié les biographies de référence de François-Joseph, Marie-Thérèse et Bismarck, disponibles en « Tempus ». Il vient de publier *Les Hommes d'Hitler* chez Perrin.

Spécialiste de l'histoire de la guerre et de la stratégie, Arnaud BLIN est l'auteur de plusieurs ouvrages remarqués dont *Iéna ; 1648, La paix de Westphalie* ; *Tamerlan* et, avec Gérard Chaliand, d'un *Dictionnaire de stratégie militaire*. Il vient de publier *Les batailles qui ont changé l'histoire* chez Perrin.

Docteur en histoire (EHESS) et en sciences politiques (IEP de Paris), Hamit BOZARSLAN est directeur d'études à l'EHESS. Il a été codirecteur de l'IISMM (2002-2008) et membre du bureau de l'EHESS (2009-2011). Il est l'auteur, notamment, de *Histoire de la Turquie. De l'Empire à nos jours* (Tallandier).

Danielle ELISSEEFF figure au rang des meilleurs spécialistes de l'Asie, en particulier de la Chine. Docteur en études extrême-orientales, diplômée de l'École pratique des hautes études, membre correspondant de l'Académie des sciences d'outre-mer, archiviste-paléographe, elle est l'auteur de nombreux ouvrages de référence. Elle a récemment publié *Puyi, Le dernier empereur de Chine* chez Perrin.

Agrégé et docteur en histoire, ancien élève de l'École normale supérieure Lettres et Sciences humaines (ENS-LSH) de Lyon, David GALLO est actuellement attaché temporaire d'enseignement et de recherche et chargé de travaux dirigés à l'université Lumière Lyon 2. Ses recherches portent principalement sur l'histoire de l'Allemagne contemporaine, l'histoire du nazisme et l'histoire de la Shoah.

Agrégé d'histoire, médiéviste reconnu, professeur à l'ENS-LSH de Lyon, Sylvain GOUGUENHEIM est l'auteur de plusieurs ouvrages qui font autorité. Fin connaisseur de l'espace germanique au Moyen Âge, il a déjà publié *Les Chevaliers teutoniques* et *Tannenberg : 15 juillet 1410*. Il vient de publier *Frédéric II, un empereur de légendes* chez Perrin.

Patrice GUENIFFEY est directeur d'études à l'École des hautes études en sciences sociales, au Centre de recherches politiques Raymond-Aron. Il a notamment publié *Histoires de la Révolution et de l'Empire* (coll. « Tempus », Perrin) et plus récemment *Bonaparte* (Gallimard), unanimement salué par la critique et récompensé par de nombreux prix. Il a également dirigé l'ouvrage collectif *Les Derniers Jours des rois* (Perrin/Le Figaro Histoire).

Normalien et agrégé, Michel KERAUTRET a enseigné au Collège français de Berlin et à l'École pratique des hautes études. Ses travaux portent essentiellement sur les rapports de la France et de la Prusse aux XVIIIe et XIXe siècles, ainsi que sur les relations internationales à l'époque napoléonienne. Il a notamment publié l'*Histoire de la Prusse* (Seuil).

Thierry Lentz, directeur de la Fondation Napoléon à Paris, s'est fait connaître comme l'un des meilleurs spécialistes du Consulat et du Premier Empire par de nombreux ouvrages, dont, chez Perrin, *Le Congrès de Vienne. Une refondation de l'Europe, 1814-1815*, qui a reçu le prix Pierre-Lafue, *Les Vingt Jours de Fontainebleau* et *Waterloo*. L'album *Napoléon* vient de paraître chez Perrin.

Jean-Louis Margolin, ancien élève de l'ENS, agrégé d'histoire, est maître de conférences à l'université Aix-Marseille et chercheur à l'Institut de recherches asiatiques de Marseille. Il travaille notamment sur les violences politiques en Asie orientale depuis la fin du XIXe siècle et a publié *L'Armée de l'empereur : violences et crimes du Japon en guerre, 1937-1945* (prix des Rendez-vous de l'Histoire de Blois), chez Armand Colin, ainsi que *Les Indes et l'Europe. Histoires connectées, XVe-XXIe siècle* (avec Claude Markovits), chez Gallimard.

Lorraine de Meaux, agrégée et docteur en histoire, spécialiste de la Russie moderne et contemporaine, a notamment publié *La Russie et la tentation de l'Orient* (Fayard) et l'édition critique du *Roman d'une impératrice. Catherine II de Russie* (Perrin) de Kazimierz Waliszewski.

Pierre Melandri est un historien spécialiste des relations internationales et de l'histoire des États-Unis. Ancien élève de l'ENS et de l'université de Harvard, agrégé d'histoire, il a été professeur à l'université de Lille-III, de Paris-X-Nanterre, de la Sorbonne-Nouvelle et professeur des Universités à l'Institut d'études politiques de Paris. Il a présidé l'Institut d'histoire des relations internationales contemporaines (IHRIC) et codirigé avec Serge Ricard l'Observatoire de la politique étrangère américaine (OPEA). Il est l'auteur notamment de l'*Histoire des États-Unis* (coll. « Tempus », Perrin, 2013).

Historien spécialiste de l'histoire du Mexique, Jean Meyer est le premier historien français des Cristeros. À ce jour, il est l'auteur de plus de trente livres traduits dans plusieurs langues.

Il a notamment publié *La Cristiada, la guerre du peuple mexicain pour la liberté religieuse* (CLD Editions).

Georges Minois, ancien élève de l'ENS, agrégé, est docteur en histoire et docteur d'État ès lettres. Spécialiste de l'histoire culturelle, il a publié une quarantaine d'ouvrages traduits en quinze langues, dont chez Perrin *Charlemagne*, *La Guerre de Cent Ans*, *Philippe le Bel* et récemment *Charles le Téméraire*.

Professeur émérite à l'université de Paris-VIII, Claude Mossé est spécialiste de l'histoire de la Grèce antique. Elle a écrit une vingtaine d'ouvrages, principalement sur la Grèce classique et la période hellénistique, tous traduits dans différentes langues, dont l'incontournable *Histoire d'une démocratie, Athènes* et *Périclès, l'inventeur de la démocratie*. Elle a publié chez Perrin *Regards sur la démocratie athénienne*.

Normalien (ENS Saint-Cloud), agrégé d'histoire et docteur d'État, boursier de l'université d'Oxford, professeur émérite d'histoire contemporaine à Sciences-Po Bordeaux, François-Charles Mougel est un spécialiste reconnu de l'histoire britannique sur laquelle il a consacré une dizaine d'ouvrages et de nombreux articles. Il a récemment publié chez Perrin *Une histoire du Royaume-Uni de 1900 à nos jours*.

Jacques Paviot est professeur d'histoire du Moyen Âge à l'université Paris-Est-Créteil. Ses recherches portent plus spécifiquement sur l'histoire maritime, l'expansion occidentale, les croisades, les relations avec l'Orient et les cours d'Occident. Il a collaboré à *La Noblesse et la Croisade à la fin du Moyen Âge* et dirigé la publication de l'ouvrage *Les Projets de croisades : géostratégie et diplomatie européenne du XIVᵉ au XVIIᵉ siècle* (Presses universitaires du Midi).

Arnaud Teyssier, ancien élève de l'ENS et de l'ENA, est haut fonctionnaire et professeur associé à l'ENS. Il a publié chez Perrin plusieurs ouvrages salués par la critique, parmi lesquels des biographies de Lyautey, Charles Péguy et Richelieu.

Jean-Louis Voisin, agrégé d'histoire, ancien membre de l'École française de Rome, a enseigné aux universités de Caen, de Bourgogne et Paris-XII. Spécialiste reconnu du monde romain, il a notamment collaboré à une *Histoire romaine* et a participé à la conception du MuséoParc Alésia. Son *Alésia* est paru en 2014 dans la collection « Tempus ».

Table

Préface. L'éternel retour,
   par Patrice Gueniffey et Thierry Lentz 7

1. La fin de l'empire d'Alexandre (323-331 av. J.-C.)
   par Claude Mossé 31

2. La longue agonie de l'Empire romain d'Occident
   par Jean-Louis Voisin 49

3. La chute vertigineuse de l'Empire perse sassanide
   (début du VIIe siècle)
   par Arnaud Blin 77

4. Les cinq morts de l'Empire carolingien (800-899)
   par Georges Minois 119

5. Le rêve inachevé des empires arabes
   (VIIe-XVe siècle)
   par Jacques Paviot 141

6. L'Empire mongol, un géant aux pieds d'argile
   (XIIIe-XIVe siècle)
   par Arnaud Blin 165

7. Les cinquante-cinq jours de Constantinople (1453)
   par Sylvain GOUGUENHEIM 199

8. D'un empire, l'autre : du mexicain à l'espagnol
   (1519-1522)
   par Jean MEYER 223

9. Chronique d'une mort annoncée :
   la fin du Saint Empire (1806)
   par Michel KERAUTRET 247

10. Le long déclin de l'Empire espagnol (1588-1898)
    par Bartolomé BENNASSAR 273

11. Napoléon ou la fin d'un rêve français (1812-1815)
    par Thierry LENTZ 297

12. Les neuf vies de l'Empire chinois
    par Danielle ELISSEEFF 315

13. *Finis Austriae* (1918)
    par Jean-Paul BLED 345

14. La fin de l'Empire ottoman (1918-1922)
    par Hamit BOZARSLAN 369

15. Les derniers jours du Troisième Reich (1945)
    par David GALLO 387

16. L'atomisation de l'Empire japonais (1945)
    par Jean-Louis MARGOLIN 413

17. Le reflux de l'Empire britannique :
    de la puissance à l'influence (de 1945 à nos jours)
    par François-Charles MOUGEL 447

TABLE 571

18. La tragédie de l'Empire colonial français
    (1945-1962)
    par Arnaud Teyssier 475

19. La fin de l'URSS ou la seconde mort
    de l'Empire russe (1989-1991)
    par Lorraine de Meaux 513

20. Le déclin de l'Empire américain ?
    par Pierre Melandri 537

Notices biographiques des auteurs 563

Table des cartes

L'empire d'Alexandre le Grand 32
Le partage de l'Empire romain en 395 50
L'Occident romain en 475 75
Empire sassanide au VIe siècle 78
La dislocation de l'Empire carolingien au IXe siècle 120
L'Empire musulman vers l'an mil 142
L'Empire mongol au XIIIe siècle 166
L'Empire byzantin aux XIVe-XVe siècles 200
Constantinople 202
L'expansion aztèque 224
L'Allemagne du Sud-Ouest en 1800 265
L'Allemagne du Sud-Ouest en 1810 270
L'Empire européen de Charles Quint 274
Le monde vers 1600 295
L'Empire français en 1812 298
L'Empire Qing 316
Les concessions étrangères dans l'Empire Qing 317

La monarchie des Habsbourg à la veille
de la Première Guerre mondiale 346

L'Empire ottoman 370

L'Empire ottoman en 1914 371

Extension maximale des zones soumises
aux puissances de l'Axe en 1942 388

L'effondrement du Troisième Reich, mars 1945 389

Le temps des offensives japonaises : 1937-1942 414

Le temps des défaites japonaises : 1943-1945 415

L'espace britannique de nos jours 448

L'Empire colonial français à la veille
de la Seconde Guerre mondiale 476

Carte politique de l'URSS
(avec les Républiques) en 1985 514

La dislocation de l'URSS 535

L'Empire américain au milieu des années 1950 538

collection tempus
Perrin

Déjà paru

603. *Mémoires sur la cour de Louis XIV* – Primi Visconti.
604. *Histoire de la Russie et de son empire* – Michel Heller.
605. *Voltaire* – Pierre Milza.
606. *Le Roi-Soleil et Dieu* – Alexandre Maral.
607. *De Lattre* – Pierre Pellissier.
608. *La France occupée* – August von Kageneck.
609. *Sadate* – Robert Solé.
610. *Les grandes figures de l'islam* – Malek Chebel.
611. *Trotski* – Robert Service.
612. *La bataille du Vatican* – Christine Pedotti.
613. *La bataille de Verdun* – Philippe Pétain.
614. *Des hommes irréguliers* – Étienne de Montety.
615. *Lauzun* – Jean-Christian Petitfils.
616. *Les voix de la foi* – François Huguenin.
617. *L'Europe barbare* – Keith Lowe.
618. *1914* – Jean-Yves Le Naour.
619. *Mahomet et Charlemagne* – Henri Pirenne.
620. *La guerre de Corée* – Ivan Cadeau.
621. *La seconde gloire de Rome* – Jean Delumeau.
622. *Biribi* – Dominique Kalifa.
623. *Joffre* – Rémy Porte.
624. *Paroles de Verdun* – Jean-Pierre Guéno.
625. *Le salaire de la destruction* – Adam Tooze.
626. *Le dernier des cathares, Pèire Autier* – Anne Brenon.
627. *Maurice et Jeannette, biographie du couple Thorez* – Annette Wieviorka.
628. *La dynastie rouge* – Pascal Dayez-Burgeon.
629. *Les secrets du Gotha* – Ghislain de Diesbach.
630. *Notre jeunesse* – Charles Péguy.
631. *Une histoire du Liban* – David Hirst.
632. *Aristide Briand* – Bernard Oudin. 633. Boni de Castellane – Eric Mension-Rigau.
634. *La grande histoire de la Belgique* – Patrick Weber.

635. *La police des mœurs* – Jean-Marc Berlière.

636. *Joseph II* – François Fejtö.

637. *Considérations sur Hitler* – Sebastian Haffner.

638. *Les batailles qui ont changé l'histoire* – Arnaud Blin.

639. *Entretiens avec Mussolini* – Emil Ludwig.

640. *Grandeurs et misères d'une victoire* – Georges Clemenceau.

641. *Les couples royaux dans l'histoire* – Jean-François Solnon.

642. *Roger II de Sicile* – Pierre Aubé.

643. *Carrier et la terreur nantaise* – Jean-Joël Brégeon.

644. *C'était le XXᵉ siècle*, tome I – Alain Decaux.

645. *C'était le XXᵉ siècle*, tome II – Alain Decaux.

646. *Reines d'Afrique* – Vincent Hugeux.

647. *Les ducs et duchesses de Bretagne* – Philippe Tourault.

648. *L'âme romaine* – Pierre Grimal.

649. *Lénine* – Robert Service.

650. *Les derniers jours* – Michel De Jaeghere.

651. *Histoire des Arabes* – Eugene Rogan.

652. *Leipzig* – Bruno Colson.

653. *La France et son armée* – Charles de Gaulle.

654. *Baden-Powell* – Philippe Maxence.

655. *Les vichysto-résistants* – Bénédicte Vergez-Chaignon.

656. *L'édit de Nantes* – Bernard Cottret.

657. *Chamfort* – Claude Arnaud.

658. *La captivité et la mort de Marie-Antoinette* – G. Lenotre.

659. *Les ministres de Napoléon* – Thierry Lentz.

660. *Les dynasties du luxe* – Yann Kerlau.

661. *Les aigles foudroyés* – Frédéric Mitterrand.

662. *Mémoires d'exil* – Frédéric Mitterrand.

663. *Histoire des Juifs* – Michel Abitbol.

664. *Dictionnaire de stratégie* – Gérard Chaliand, Arnaud Blin.

665. *Washington* – François Guizot

666. *Russie, réformes et dictatures* – Andreï Kozovoï.

667. *L'enfance des chefs de la Vᵉ République* – Robert Schneider.

668. *Histoire des présidents de la République* – Maxime Tandonnet.

669. *La haine et la honte* – Friedrich Reck-Malleczewen.

670. *La Grande Guerre oubliée* – Alexandre Sumpf.

671. *Histoires de l'Élysée* – François d'Orcival.

672. *Extension du domaine de la guerre* – Pierre Servent.

673. *Versailles au temps des rois* – G. Lenotre.

674. *La fin des empires* (dir. Patrice Gueniffey et Thierry Lentz).

Composition et mise en pages
Nord Compo à Villeneuve-d'Ascq

Imprimé en France par

Maury Imprimeur
à Malesherbes (Loiret)
en février 2017

N° d'impression : 215720
Dépôt légal : mars 2017
K06968/01